"十四五"职业教育国家规划教材

道路工程制图

（第四版）

AR版

主　编　罗玉柱　邵丽芳
副主编　赵剑丽　武国平
主　审　贺振通

大连理工大学出版社

图书在版编目(CIP)数据

道路工程制图 / 罗玉柱，邵丽芳主编. -- 4 版. --
大连 ：大连理工大学出版社，2023. 8
ISBN 978-7-5685-4283-8

Ⅰ. ①道… Ⅱ. ①罗… ②邵… Ⅲ. ①道路工程—工程制图—高等职业教育—教材 Ⅳ. ①U412. 5

中国国家版本馆 CIP 数据核字(2023)第 049910 号

大连理工大学出版社出版
地址:大连市软件园路 80 号　邮政编码:116023
发行:0411-84708842　邮购:0411-84708943　传真:0411-84701466
E-mail:dutp@dutp. cn　URL:https://www. dutp. cn
辽宁星海彩色印刷有限公司印刷　　大连理工大学出版社发行

幅面尺寸:185mm×260mm　　印张:17　　字数:412 千字
插页:2
2011 年 8 月第 1 版　　2023 年 8 月第 4 版
2023 年 8 月第 1 次印刷

责任编辑:康云霞　　责任校对:吴媛媛
封面设计:张　莹

ISBN 978-7-5685-4283-8　　定　价:56. 80 元

本书如有印装质量问题,请与我社发行部联系更换。

前　言

《道路工程制图》(第四版)是"十四五"职业教育国家规划教材、"十三五"职业教育国家规划教材。

本次修订基本上保持了上版教材的体系、模式和风格,体现了当前高等职业教育改革的精神。教材结合道路桥梁工程技术专业特色,在内容定位上,根据高职高专学生的特点和现状,以"必需、够用、实用"为原则,降低理论难度,舍去繁杂的直线与平面投影的部分内容,强化、细化体的投影,增加实做内容,凸显简练、实用和可操作的特色,突出读图能力培养。

本次修订主要在以下几方面做了改进:

1. 增加或替换了部分实例

如第一篇任务 1 的实例 1 由"绘制梯形柱三面投影图"改为"绘制 T 形柱的三面投影图";第一篇任务 3 增加实例"绘制圆柱的轴测投影图";第一篇任务 5 中加入"绘制四棱锥截切体的三面投影图"和"绘制圆锥截切体的三面投影图"两个实例。

2. 删除部分不常用内容

删除了"工程图手绘图""徒手绘制轴测图"等内容。

3. 整合相关知识

将"常用制图工具的使用""工程图样中的字体"等内容由第二篇调整到第一篇中讲述;"绘制平面交线的标高投影"作为独立任务在第一篇中讲述。

为了不影响对原视图的阅读,投影图之间的对正线采用了"……"线型。

本书包括绪论、投影基础篇和专业工程图篇。投影基础篇的内容为投影理论,采用任务驱动模式,有 13 个教学任务,共包含三十余个教学实例;专业工程图篇采用项目教学模式,共有 4 个教学项目,十余个子项目。

4.“互联网+”创新型教材

本书配有AR、微课视频、课件、习题及答案等教学资源。其中，AR资源需先在手机应用商店里下载“大工职教学生版”APP并安装，然后点击“教材AR扫描入口”按钮进入应用，扫描教材中带有 AR 标识的图片，即可开启3D学习之旅。

本书由石家庄铁路职业技术学院罗玉柱、浙江交通职业技术学院邵丽芳担任主编；浙江交通职业技术学院赵剑丽、石家庄铁路职业技术学院武国平担任副主编；中铁一局集团新运工程有限公司朔黄铁路肃宁分公司康亚鹏担任参编。具体编写分工如下：罗玉柱编写绪论和第一篇；邵丽芳编写第二篇的项目1；赵剑丽编写第二篇的项目2；武国平编写第二篇的项目3；康亚鹏编写第二篇的项目4。全书由石家庄铁路职业技术学院贺振通担任主审。

在编写本教材的过程中，我们参考、引用和改编了国内外出版物中的相关资料以及网络资源，在此对这些资料的作者表示诚挚的谢意！请相关著作权人看到本教材后与出版社联系，出版社将按照相关法律的规定支付稿酬。

由于编者水平有限，书中仍有许多需要完善之处，我们将以虚心和诚恳的态度听取广大读者和同行的批评指正。

编 者

2023年8月

所有意见和建议请发往：dutpgz@163.com
欢迎访问职教数字化服务平台：https://www.dutp.cn/sve/
联系电话：0411-84707424 84708979

目　录

第二篇 专业工程图

本书数字资源列表

序号	资源名称	资源形式	页码
1	涵洞模型	AR	170
2	隧道模型	AR	201
3	桥梁总体布署	AR	211
4	铁路桥的全桥布置	AR	215
5	板式梁钢筋混凝土结构模型	AR	插页 1
6	工程制图课程介绍	微视频	2
7	投影的基本知识	微视频	5
8	基本体——柱体的投影	微视频	11
9	椎、台、基本体二补三	微视频	30
10	轴测图	微视频	33
11	叠加式组合体视图的画法	微视频	45
12	形体分析法绘制组合体三面图	微视频	47
13	组合体——叠加式	微视频	47
14	曲面截切的内容	微视频	58
15	截切体投影图	微视频	68
16	组合体的尺寸标注	微视频	77
17	桥台模型的三视图	微视频	90
18	组合体的轴测图	微视频	104
19	路线平面图	微视频	150
20	路线纵断面图	微视频	155
21	路线横断面图	微视频	162
22	涵洞纵剖面图	微视频	168

序号	资源名称	资源形式	页码
23	混凝土盖板涵构造图	微视频	184
24	制图的基本规定	微视频	185
25	隧道洞门图	微视频	197
26	衬砌断面图	微视频	197
27	避车洞图	微视频	198
28	桥位图、地质断面图	微视频	204
29	识读桥梁总体布置图	微视频	212
30	桥墩构造图	微视频	217
31	桥台结构图	微视频	225
32	钢混结构	微视频	234

绪 论

一、本课程的地位、性质和任务

工程图样被喻为“工程技术界的语言”，是表达设计意图、进行技术交流的重要工具和工程技术部门的一项重要技术文件，也是指导施工、施工管理、检查验收、维修改造等必不可少的技术资料与依据。

土木建筑工程，包括道路与桥梁、房屋、给水与排水等工程建设，都是先进行设计，绘制图样，然后按图样进行施工的，所以土建类工程技术人员必须能够熟练地绘制和阅读本专业的工程图样。因此，为了培养工程技术应用型人才，在高职高专土建类专业的教学计划中，都设置了工程制图这门专业基础课。该课程研究绘制和阅读工程图样的理论和方法，其培养的制图技能和读图能力，是学生学习后继专业课程、完成课程设计与毕业设计不可缺少的基础，同时又是工程技术人员必须具备的素质。

本课程的主要任务是：

(1)学习投影法(主要是正投影法)的基本理论及其应用。

(2)学习、贯彻国家相关制图标准。

(3)培养绘制和阅读本专业的工程图样的基本能力。

(4)培养空间想象能力和绘图技能。

此外，还必须培养学生认真负责的工作态度、严谨细致的工作作风和积极进取的创新精神。

二、本课程的内容与要求

本课程的主要知识包括制图的基本知识和技能、正投影原理和投影图、标高投影、专业工程图等部分内容。

主要内容与要求：

(1)通过学习制图的基本知识和技能，熟悉并遵守国家标准的基本规定，学会正确使用绘图工具和仪器，掌握绘图的方法与技巧。

(2)通过学习正投影原理和投影图,掌握用正投影法表示空间物体的基本理论与方法,具有绘制与阅读空间物体投影图的能力。

(3)通过学习专业工程图,熟悉有关专业工程图(如道路、桥梁、涵洞、隧道等图样)的内容和图示特点,包括专业制图有关国家标准规定的图示特点和表达方法,视图名称和配置、比例、图线、尺寸标注、材料符号、图例、编号等;初步掌握绘制与阅读本专业工程图样的方法;能根据专业需要正确绘制和阅读钢筋混凝土结构、钢结构的图样。

三、本课程的学习方法

本课程具有很强的实践性,因此,必须加强实践性教学环节,认真完成一定数量的作业和训练。

(1)在学习投影基础模块中,要手脑并用,尤其要勤于动手。在熟练掌握基本体投影的基础上,结合点、线、面的投影知识,灵活运用于组合体投影绘制和识读学习中,并由浅入深、由简单到复杂,逐步掌握组合体的投影。

(2)进入学习专业图阶段后,在可能的条件下,宜尽量多地阅读和绘制一些专业图,必须在读懂已有图纸的基础上进行制图,将制图和读图的训练紧密地结合起来。在绘制专业工程图时,仍必须继续严格地进行绘图技能的操作训练,熟悉、遵守和综合运用专业制图国家标准的各项规定及常用表达方法,进一步发展空间想象能力,以达到培养绘制和阅读本专业工程图样的基本能力的目的。

(3)增强自学能力,养成查阅的习惯。通过自己阅读作业指示和查阅教材来解决习题和作业中的问题,并以此作为培养查阅有关标准、规范、手册等资料来解决工程实际问题能力的起步。

微视频

工程制图课程介绍

第一篇

投影基础

素养目标

1.通过学习三面投影图的形成和画法、绘图工具的使用与绘图的基本要求，养成遵守国家标准和生产规范的习惯；形成细致、认真的工作作风；传承优秀图学史。

2.结合点坐标和尺规作图等知识，养成严谨的工作态度，培养分析问题、解决问题的能力及自主学习的素质。

3.通过基本体轴测图的学习，掌握具有从不同角度、不同方向观察事物本质的思想和方法，培养学生正确的设计思想和严谨的工作作风。

4.通过学习叠加式组合体三面投影的画法，养成善于思考，勤于观察的习惯，形成由简到繁、层层递进的解决问题的思维方式。

5.通过学习直线、平面的投影特性，解决平面体和曲面体截切的问题，培养组合体绘图与读图能力，提升空间想象能力，形成注重细节、追求完美的工匠精神。

6.通过学习尺寸标注的相关知识，要求在绘图、标注上遵守国家标准，注重细节；培养一丝不苟、精益求精的工作作风；树立诚实守信、严谨负责的职业道德。

7.通过学习叠加式组合体三面投影图的画法，掌握从物体的结构特征去思考和解决问题的方法，培养理论联系实际的工作作风。

8.通过学习挖切式组合体三面投影图的画法，掌握分步解决问题的方法，培养多方面、多角度考虑问题和解决问题的能力。

9.通过学习组合体轴测图的画法，提升识图能力和空间思维能力，掌握整体和部分的分割与联系关系，养成注重细节、精益求精的工匠精神。

10.通过识读不规则形体的三面投影图，掌握解决复杂问题的能力，形成根据实际问题，找出问题的规律的习惯，培养认真负责的工作态度和严谨、细致的工作作风。

11.通过绘制与识读物体的剖面图和断面图，掌握工程图样的各种表达方法，培养灵活运用各种视图表达图样的能力；能够遵守国家制图标准，并认识图样表达不清的危害，理解熟能生巧的内涵，树立正确的职业观。

12.通过学习标高投影的相关知识，掌握地形的表达方法，培养理论联系实际解决问题的能力，养成遵守国家标准和生产规范的习惯。

任务1

绘制柱体的投影

实例分析

实例 1 绘制 T 形柱的三面投影图

图 1-1-1 所示为一个棱柱，底面形状为“T”字形的八边形，称它为 T 形柱。若要准确表达其形状，工程上采用投影法，一般用物体的三面投影图来表示。

相关知识

一、投影法的基本知识

微视频

投影的基本知识

1. 投影法的基本概念

物体在太阳光或灯光照射下，在地面或墙壁上就会出现影子，这是一种自然的投影现象。投影法就是根据这一投影现象，经过科学总结而建立起来的一种方法。

如图 1-1-2 所示，光源 S 称为投射中心，光线 SA、SB、SC 称为投射线，H 平面称为投影面，投射线与 H 投影面的交点就是空间点在 H 投影面上的投影，三角形 abc 称为物体 ABC 在 H 投影面上的投影。

这种用投影来表现物体形状的方法叫作投影法。

2. 投影法的分类

投影法分为中心投影法和平行投影法两大类。

(1)中心投影法

投射线从一点出发，在投影面上得到物体投影的方法，称为中心投影法，所得投影称为中心投影。这种投影得到的图形大小随物体与投影面的距离远近而变化。如图 1-1-2 所示。

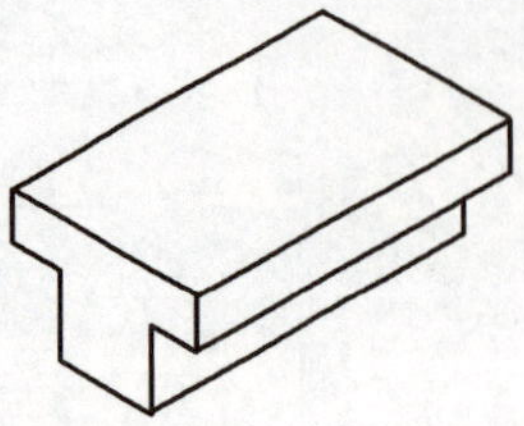

图 1-1-1 T形柱

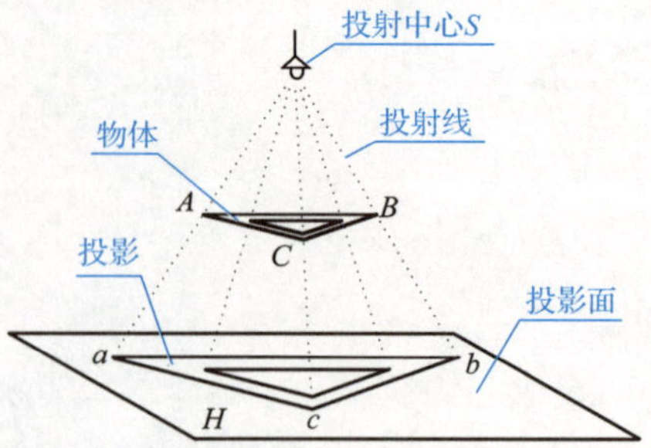

图 1-1-2 中心投影法

(2)平行投影法

若将投射中心 S 移到无穷远处,则所有投射线可视为互相平行。投射线互相平行,在投影面上得到物体投影的方法,称为平行投影法,所得投影称为平行投影。用平行投影法作出的投影大小不随物体与投影面的距离远近而变化。如图 1-1-3 所示。

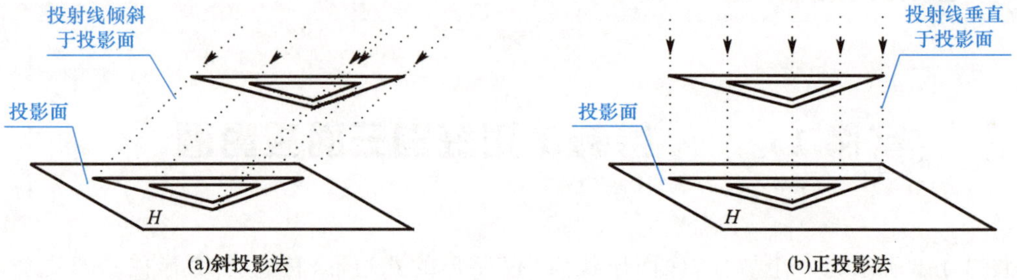

图 1-1-3 平行投影法

平行投影法又分为两种。

①斜投影法

用倾斜于投影面的平行投射线进行投影的方法称为斜投影法。用斜投影法作出的投影称为斜投影,如图 1-1-3(a)所示。

②正投影法

用垂直于投影面的平行投射线进行投影的方法称为正投影法。用正投影法作出的投影称为正投影,如图 1-1-3(b)所示。

从图 1-1-3 可看出,用正投影法画出的投影图能准确地表达物体的形状和大小,且作图简单,工程图样中主要采用正投影法。

3. 正投影法的基本性质

物体的形状主要是由直线、平面围成的。物体的投影主要是指物体上直线与平面的投影。要绘制物体的投影图,首先要了解直线和平面正投影的基本性质。

(1)真实性

当平面平行于投影面时,该平面的投影均反映其实形;当直线平行于投影面时,该直线的投影均反映其实长,如图 1-1-4(a)所示。

(2)类似性

当平面倾斜于投影面时,投影不反映实形,而是小于实形且与该平面边数相同的类似形;当直线倾斜于投影面时,其投影不反映直线的实长,且比实长要缩短,如图1-1-4(b)

所示。

(3)积聚性

当平面垂直于投影面时，其投影积聚成一条直线；当直线垂直于投影面时，其投影积聚在一点，如图 1-1-4(c)所示。

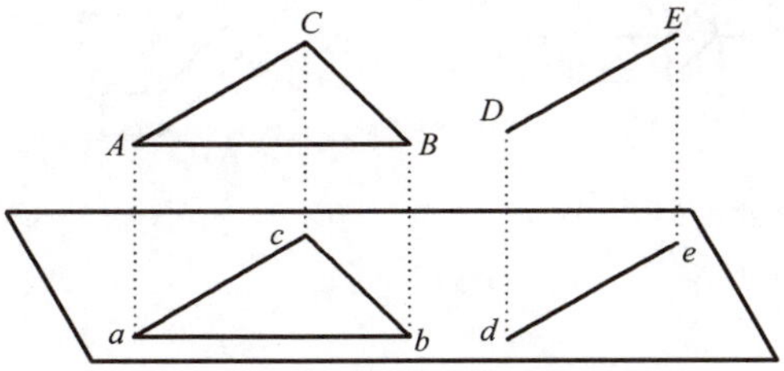

(a)平面、直线平行于投影面

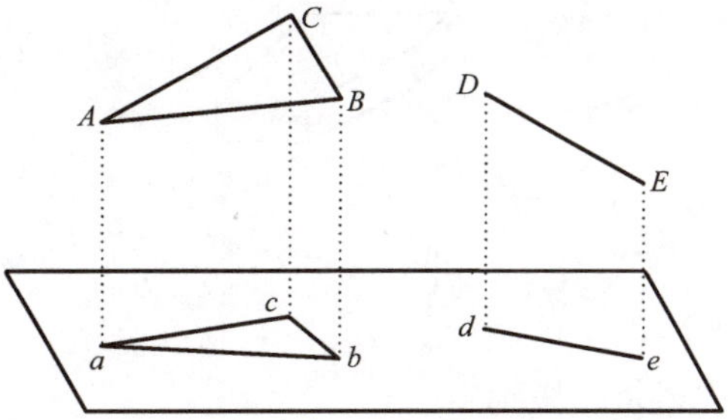

(b)平面、直线倾斜于投影面

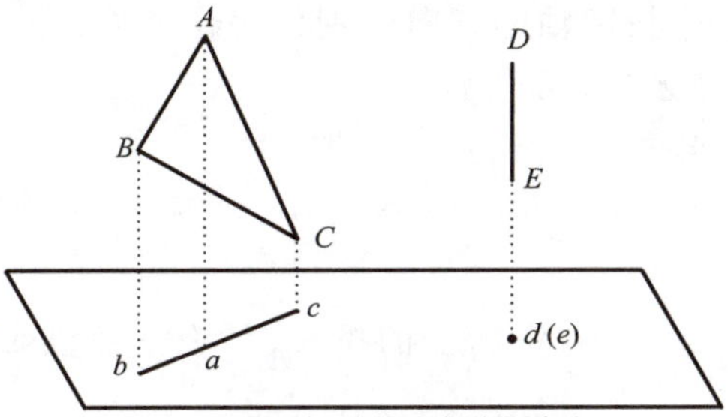

(c)平面、直线垂直于投影面

图 1-1-4　正投影法的基本性质

二、物体的三面投影图

1. 物体的长、宽、高

对物体上长、宽、高的叫法，在工程图样中有统一的规定，如图 1-1-5 所示。物体的长是指物体左、右两个侧面之间的垂直距离；物体的宽是指物体前、后两个面之间的垂直距离；物体的高是指物体上、下两个面之间的垂直距离。

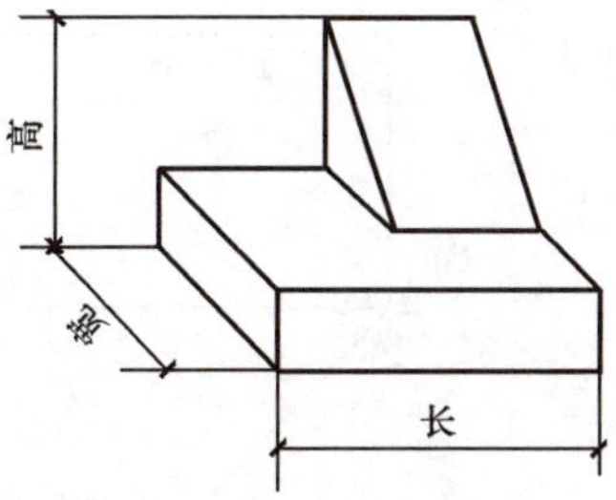

图 1-1-5　物体的长、宽、高的规定

2. 三面投影的形成

物体的一面投影只反映物体的两个向度，不能确定物体的空间形状，如图 1-1-6 所示。

为了清楚地表达出物体的形状和大小，工程上通常选取互相垂直的三个投影面上的投影，即三面投影图来表明物体的形状。

(1)三面投影体系的建立

如图 1-1-7 所示，设置互相垂直的三个投影面，称为三面投影体系。其中包括：

①三个投影面

处于正立位置的平面称为正立投影面(简称正面)，以字母 V 标记；处于水平位置的平面称为水平投影面(简称水平面)，以字母 H 标记；处于侧立位置的平面称为侧立投影面(简

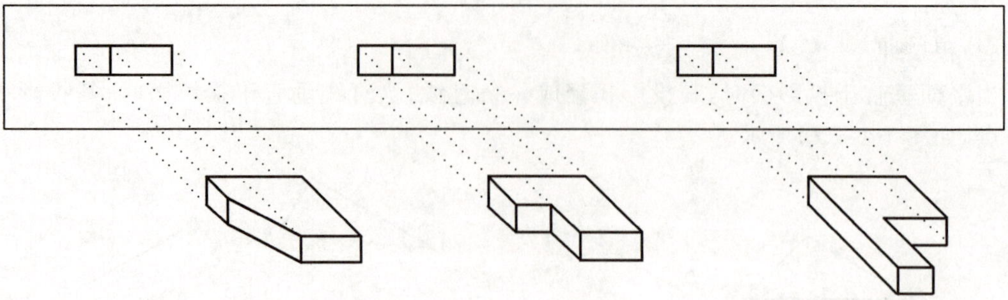

图 1-1-6 物体的一面投影

称侧面），以字母 W 标记。

②三条投影轴

V、H、W 三个投影面互相垂直相交，其交线称为投影轴。V 面和 H 面的交线标为 OX 轴；H 面与 W 面的交线标为 OY 轴；V 面与 W 面的交线标为 OZ 轴。三个投影轴的交点称为原点，以字母 O 标记。三个投影轴的方向分别代表物体长、宽、高的三个方向，即 OX 为长的方向；OY 为宽的方向；OZ 为高的方向。

（2）物体三面投影图的形成

将物体放在如图 1-1-7 所示的三面投影体系中，按图 1-1-8 中所示的箭头方向，分别向三个投影面进行投影。

①从前向后投影，得到物体在 V 面上的投影，称为正面投影图，简称正面图，亦称主视图。

②从上向下投影，得到物体在 H 面上的投影，称为水平投影图，简称平面图，亦称俯视图。

③从左向右投影，得到物体在 W 面上的投影，称为侧面投影图，简称侧面图，亦称左视图。

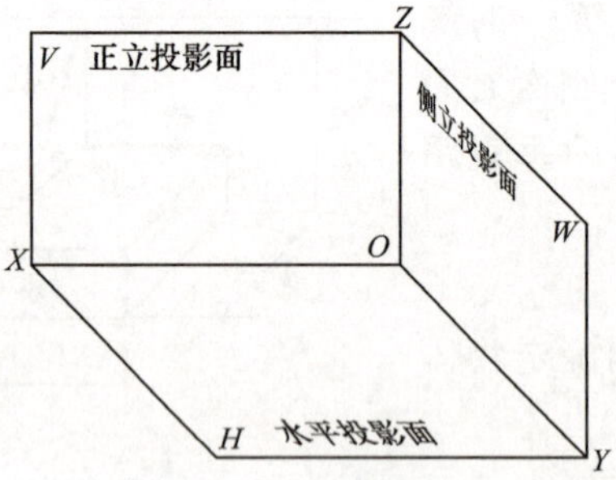

图 1-1-7 三面投影体系

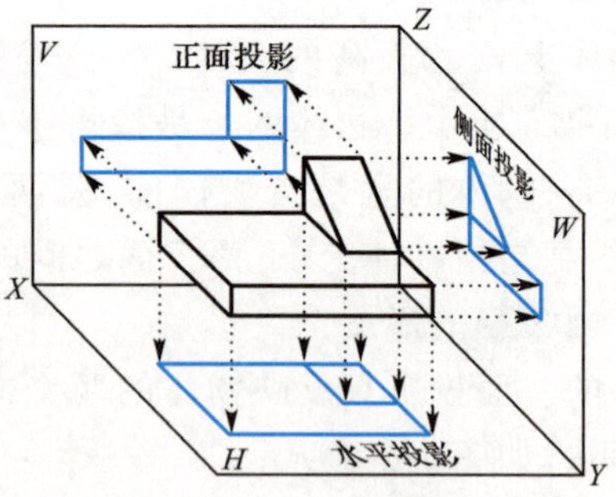

图 1-1-8 物体的三面投影

（3）三面投影体系的展开

为了把三个投影图画在同一平面上，需将三个互相垂直的投影面展开。展开规定如图 1-1-9(a)所示：正面 V 保持不动，将水平面 H 绕 OX 轴向下旋转 90°；侧面 W 绕 OZ 轴向右旋转 90°，使三个投影面位于一个平面，展开后将 OY 轴分为两处，H 面上的称 OY_H；在 W 面上的称 OY_W。

展开后三个投影图的位置关系如图 1-1-9(b)所示。以正面投影图为主,水平投影图位于正面投影图的正下方;侧面投影图位于正面投影图的正右方。由于投影面的范围可以无限大,所以不必画出其边框,如图 1-1-9(c)所示。当各投影图按上述规定位置排列时,投影轴也可以不画出,各投影面和投影图的名称亦可不必标注。

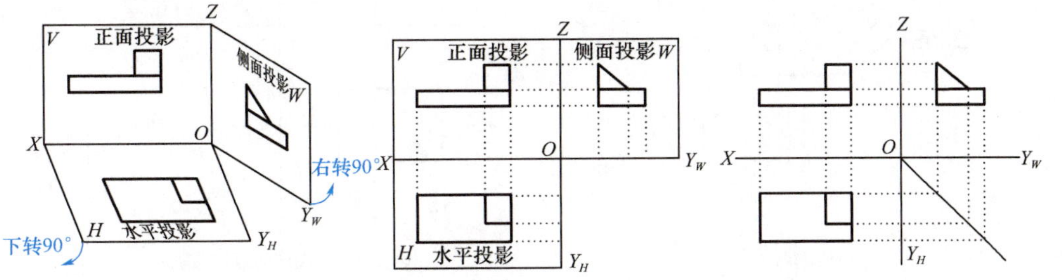

(a)三面投影图的展开方式　(b)展开后三面投影图的位置关系　(c)去掉投影面边框

图 1-1-9　物体三面投影图的形成

3. 三面投影的投影规律

由图 1-1-9(c)可知,每个投影图只能反映物体长、宽、高中两个方向的大小。即正面投影反映物体的长度(X 轴方向的大小)和高度(Z 轴方向的大小);水平投影反映物体的长度(X 轴方向的大小)和宽度(Y 轴方向的大小);侧面投影反映物体的高度(Z 轴方向的大小)和宽度(Y 轴方向的大小)。因此,一个物体的三面投影图之间必须严格保持如下投影规律:

(1)正面投影图与水平投影图,都反映了物体的长度(等长),即长度方向竖向对正,称为“长对正”。

(2)正面投影图与侧面投影图,都反映了物体的高度(等高),即高度方向横向对齐,称为“高平齐”。

(3)水平投影图与侧面投影图,都反映了物体的宽度(等宽),即宽度方向分别相等,称为“宽相等”。

“长对正,高平齐,宽相等”是三面投影的基本规律,又称“三等规律”,不仅适用于整个物体的投影,也适用物体上每个局部的投影,它是读图和绘图的重要依据。

4. 三面投影图中物体的方位关系

在深刻理解“三等规律”的基础上,还必须熟悉三面投影图与物体的方位关系。空间物体具有上下、左右、前后六个方位,这六个方位在三面投影图中的位置如图 1-1-10 所示。正面投影图和侧面投影图反映物体上下关系;正面投影图和水平投影图反映物体左、右关系;水平投影图和侧面投影图反映物体前、后关系。远离投影轴的分别是上、前、左三个方向。搞清楚三面投影图中六个方位关系,对读图过程中判断物体的方位及相对位置是十分重要的。

5. 工程图中线型的画法、规定及用途

工程图是由不同线型、不同粗细的线条所构成,这些图线可表达图样的不同内容,以及分清图中的主次,国家标准对线型及线宽做了规定。

工程图的图线线型有实线、虚线、点画线、折断线、波浪线等,其画法和用途见表 1-1-1。

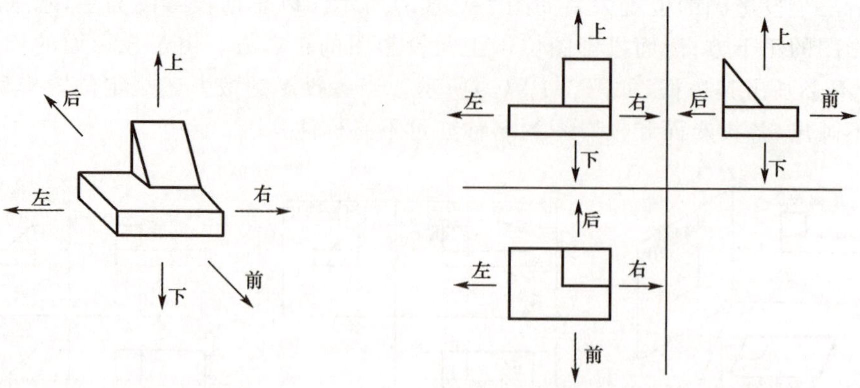

(a)物体的方位　　　　(b)三面投影图中的方位关系

图 1-1-10　物体与三面投影图中的方位关系

表 1-1-1　　　　**线型、线宽、用途及其画法**

名称	基本线型	线宽	一般用途
标准实线		*b*	可见轮廓线、钢筋线
中实线		0.5*b*	较细的、可见轮廓线、钢筋线
细实线		0.25*b*	尺寸线、剖面线、引出线、图例线等
加粗实线		1.4*b*～2.0*b*	图框线、路线设计线、地平线等
粗虚线		*b*	地下管线或建筑物
中虚线		0.5*b*	不可见轮廓线
细点画线		0.25*b*	中心线、对称线、轴线等
双点画线		0.25*b*	假想轮廓线
波浪线		0.25*b*	断开界线
折断线		0.25*b*	断开界线

图线的线宽应根据图的复杂程度及比例大小，从下列规定的线宽系列中选取：0.13 mm、0.18 mm、0.25 mm、0.35 mm、0.5 mm、0.7 mm、1 mm、1.4 mm、2 mm。

图线的宽度分为粗线、中粗线、细线三种，其线宽比为 b ∶ $0.5b$ ∶ $0.25b$。在绘图时，应先确定基本图线(标准实线及粗虚线)的线宽 b，中粗线以及细线的线宽也就确定下来了。在同一图样中，同类图线的宽度应一致。

三、基本形体的分类及形状

一些工程结构物，形状无论多么复杂，都是由一些简单的形体单元通过各种方式组合而成的，这些简单的形体单元叫基本体，如图 1-1-11 所示为常见的几种基本体。

基本体分类有两种方式：按其形成原理可分为柱体(图 1-1-11 中六棱柱、圆柱)、锥体(图 1-1-11 中五棱锥、圆锥)、台体(图 1-1-11 中四棱台)、球体等；按其表面形式可分为平面体(图 1-1-11 中六棱柱、五棱锥、四棱台)、曲面体(图 1-1-11 中的圆柱、圆锥、球体、圆环体)。

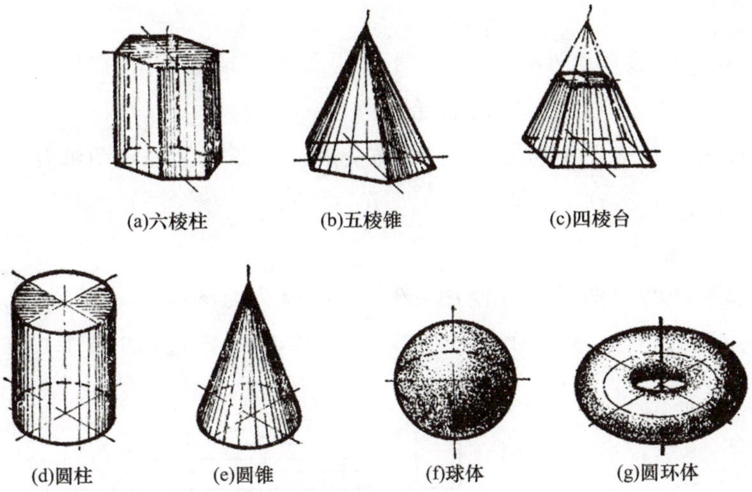

图 1-1-11　常见的几种基本体

微视频

基本体——柱体的投影

四、棱柱的形状分析

柱体按照底面形状分为棱柱和圆柱，按照侧棱是否垂直于底面分为直柱体和斜柱体。工程中遇到的大多为直柱体。

棱柱的形状与特征如图 1-1-12 所示。

(1)两个底面互相平行，并且是全等图形。底面的形状决定了该棱柱的具体特征，因此底面也叫棱柱的特征面。

(2)所有侧棱都互相平行，并且都垂直于底面。

(3)所有侧面都是矩形，并且垂直于底面。

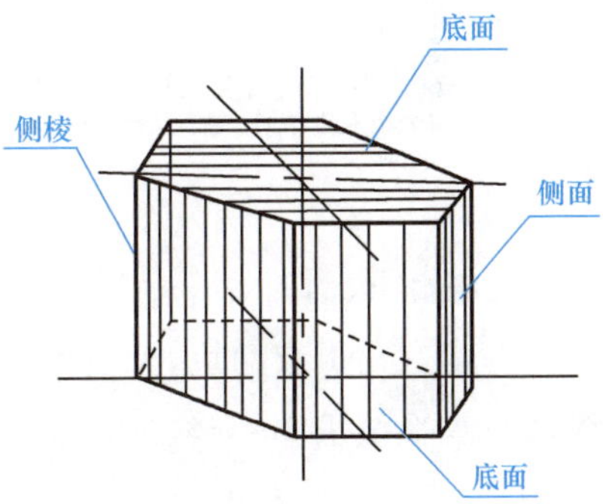

图 1-1-12　棱柱的形状与特征

五、常用制图工具及使用方法

常用的绘图工具有图板、铅笔、丁字尺、三角板、圆规、分规等，如图 1-1-13 所示。

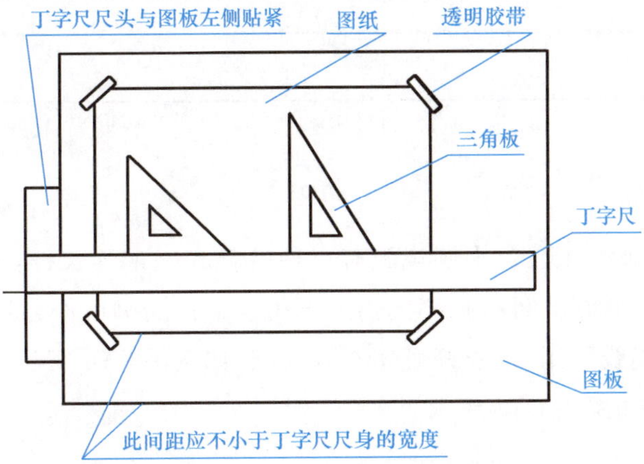

图 1-1-13　常用的绘图工具

1. 图板

图板在绘图时作为垫板使用。图板的大小有 0 号、1 号、2 号等不同规格，可根据所画的图幅大小来选用。图板的左边为工作边，用作丁字尺的导边。

图板不能受潮或曝晒，存放时应长边在下竖立放置，以防变形。在图板上固定图纸要用透明胶带，而不能用图钉。

2. 丁字尺

丁字尺的尺头与尺身垂直，绘图时与图板配合使用，必须保证尺头与图板左边贴紧；尺身的上边有刻度，为工作边，主要用于画水平线和作为三角板移动的导边，如图 1-1-14 所示。

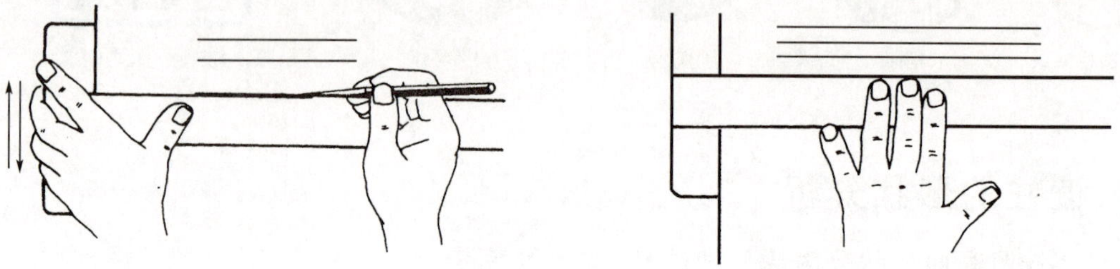

(a)左手移动丁字尺尺头至需要位置，保持尺头与图板左边贴紧，左手拇指按住尺身，右手画线

(b)当画线位置距丁字尺尺头较远时，需移动左手固定尺身

图 1-1-14 图板、丁字尺的使用

3. 三角板

一副三角板有两块，分别为 45°及 30°的直角三角形板，与丁字尺配合使用，可绘制垂直线及与水平线呈 30°、45°、60°等 15°倍角的直线，如图 1-1-15 所示。

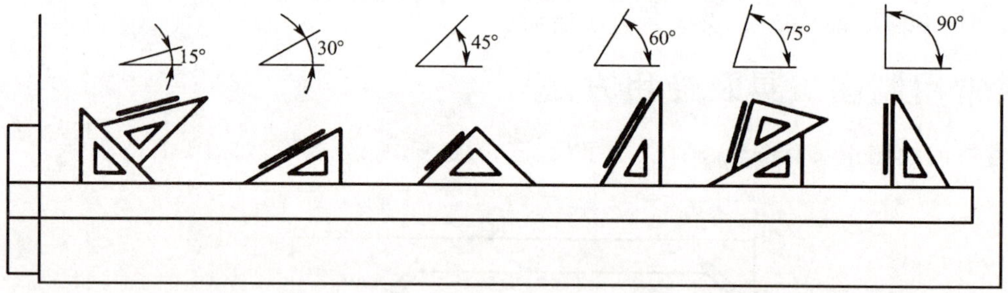

图 1-1-15 三角板的使用方法

4. 圆规

圆规是画圆或圆弧的工具。大圆规配有三种插脚和一个延长杆，三种插脚分别为钢针插脚、铅笔插脚、鸭嘴笔插脚，可根据不同需要选用。钢针插脚可作分规用，铅笔插脚画铅笔图用，鸭嘴笔插脚画墨线图用，延长杆可用于画大圆，如图 1-1-16 所示。

圆规的安装方法如图 1-1-17 所示。

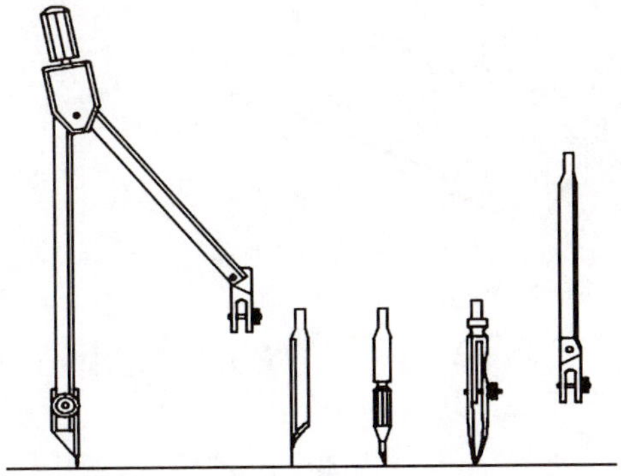

图 1-1-16　圆规

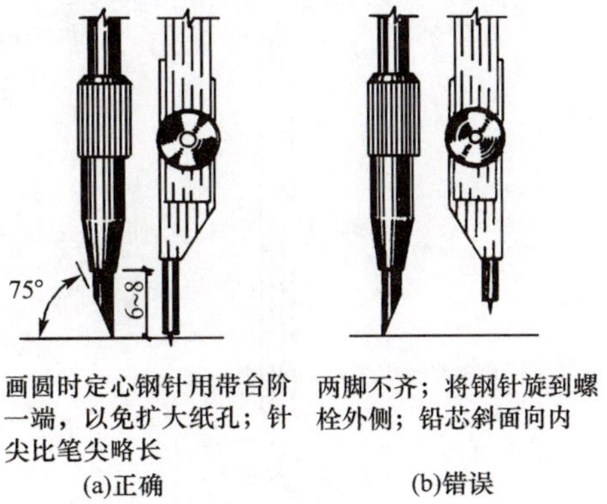

图 1-1-17　圆规的安装方法

使用圆规时，钢针与插脚均垂直于纸面，圆规略倾斜，以保持对纸面的压力，如图 1-1-18 所示。

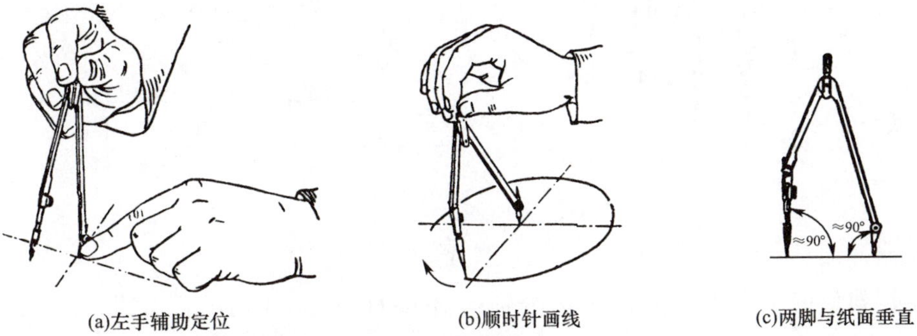

图 1-1-18　圆规的用法

小圆和大圆的画法如图 1-1-19 所示。

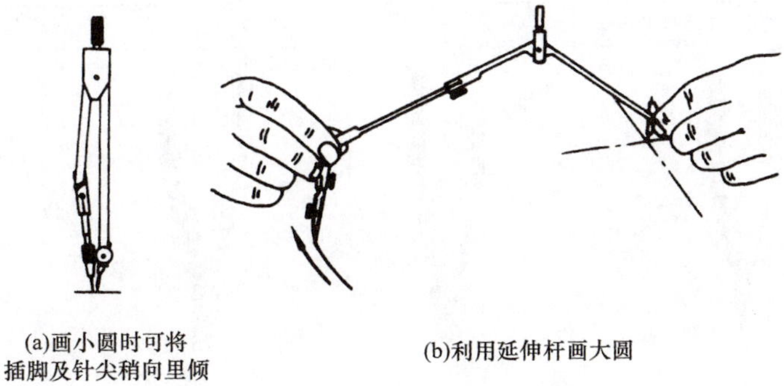

图 1-1-19　小圆和大圆的画法

5. 分规

分规是用来量取或等分线段的工具。用分规量取尺寸，再画到图纸上，如图 1-1-20 所示。当等分线段时，先估计一等份的长度，再进行试分。若盈余（或不足）为 b，则用 $l+b/n$（或 $l-b/n$）进行试分，一般试分 2～3 次即可完成。

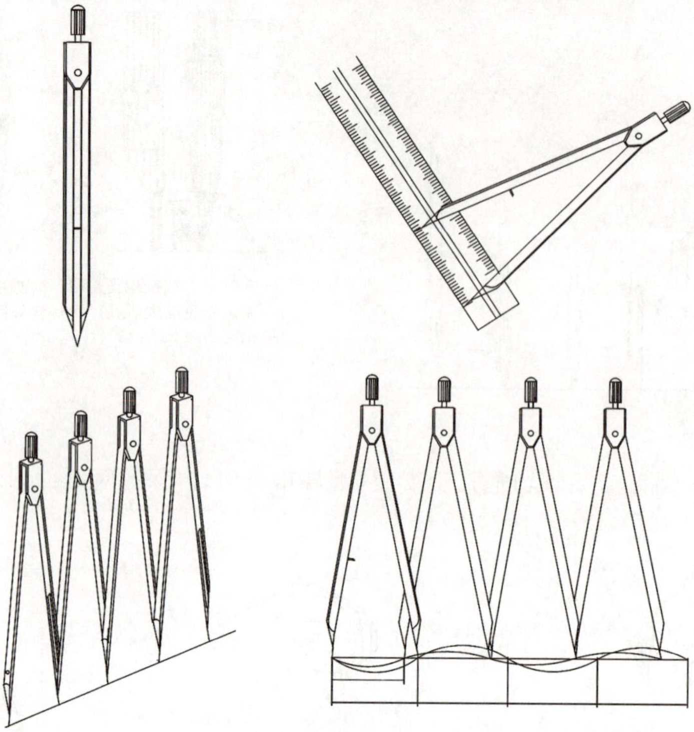

图 1-1-20 分规的使用方法

6. 铅笔

绘图用铅笔的铅芯按其软硬程度，分别用 B 和 H 表示，B 表示软而浓，H 表示硬而淡，HB 表示中等硬度，2B 表示更软，2H 表示更硬。画底稿时常用标号为 H 的铅笔，描深时常用标号为 HB 或 B 的铅笔。根据不同用途，木杆铅笔和圆规铅芯需要的硬度及形状见表 1-1-2。

表 1-1-2 **木杆铅笔和圆规铅芯**

类型	木杆铅笔		圆规铅芯	
铅芯形状	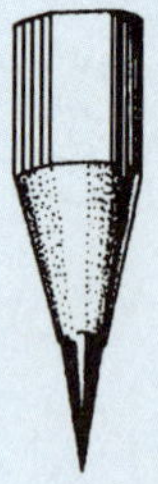	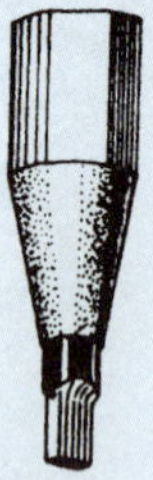	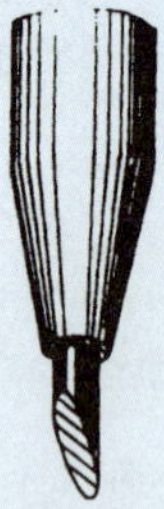	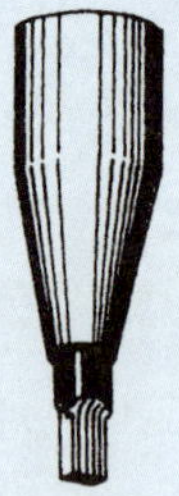
硬度	2H 或(3H)	HB	B	HB	2B
用途	画底稿线	画细线、中粗线，写字	画粗线	画底稿线、细线、中粗线	画粗线

铅笔的磨削方法：先用刀片削去木杆(注意要削没有标签的一端)，露出一段铅芯，再用细砂纸磨成需要的形状，磨削尺寸如图 1-1-21 所示。在绘图过程中，要经常磨削铅笔，以保证图线质量。

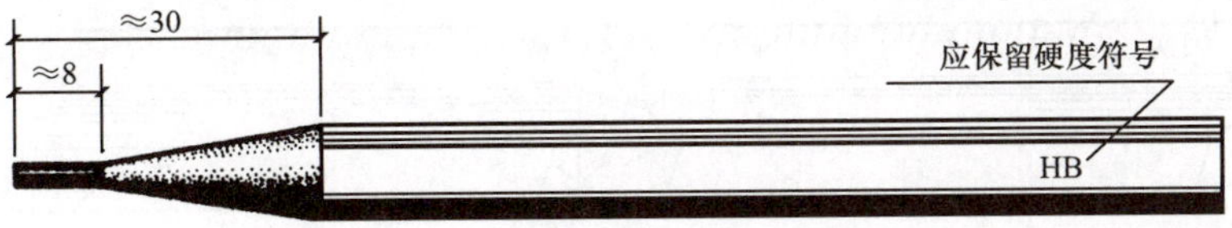

图 1-1-21 铅笔的磨削尺寸

7. 擦图片

擦图片用于擦去画错线时保护有用的图线，材质分为透明胶片、金属片两种，如图 1-1-22 所示。

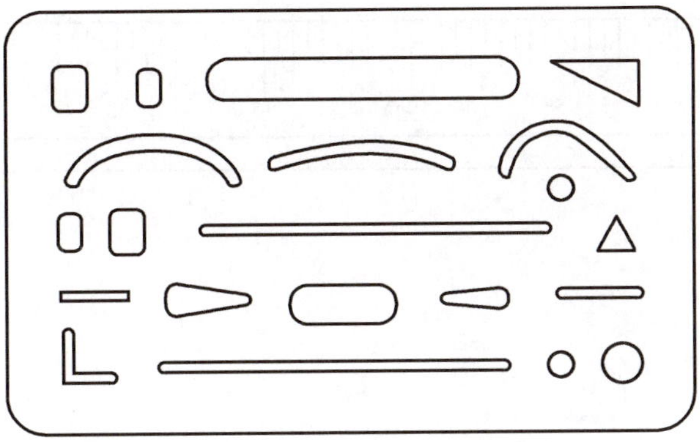

图 1-1-22 擦图片

8. 曲线板

曲线板用于绘制非圆曲线。曲线绘制的方法和步骤如图 1-1-23 所示。

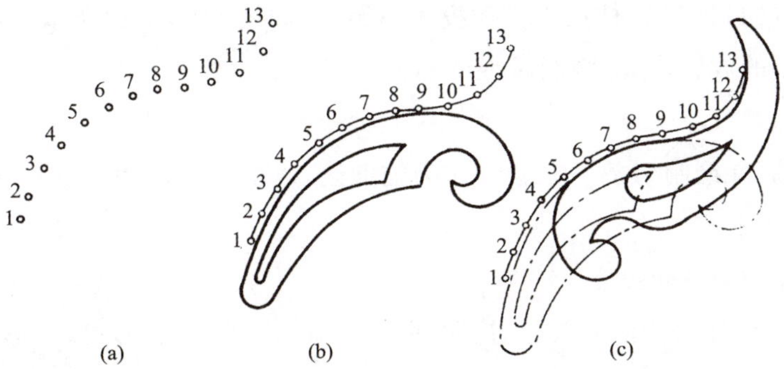

图 1-1-23 曲线绘制的方法和步骤

作图时，先徒手将曲线上的一系列点轻轻连成一条光滑曲线。然后从一端开始，找出曲线板上与该曲线吻合的一段，沿曲线板画出这段线。用同样方法逐段绘制，直至最后一段。需注意的是前后衔接的线段应有一小段重合，这样才能保证所绘曲线是光滑的。

9. 比例尺

图形与实物的线性尺寸之比称为比例，在图上直接量取实物尺寸而不用换算。如图 1-1-24 所示。

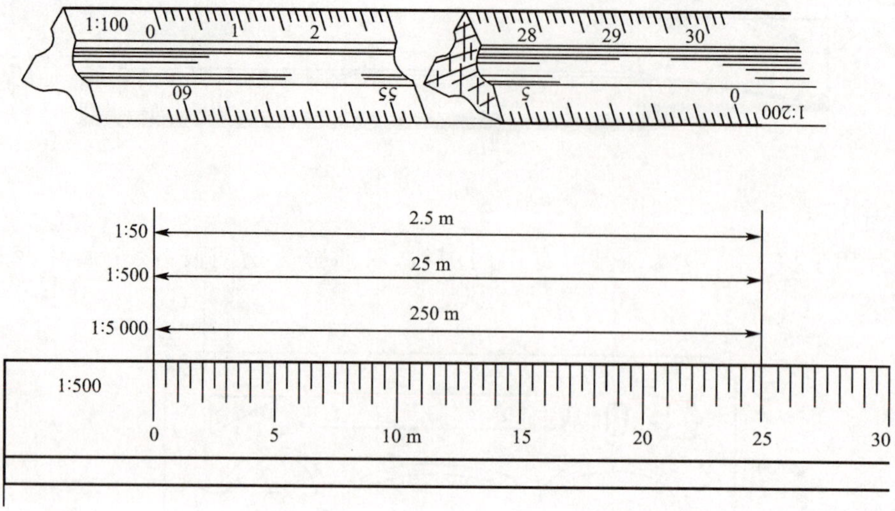

图 1-1-24 比例尺

任务实施

图 1-1-25 所示为绘制 T 形柱三面投影图的过程。

1. 确定主视方向

确定主视方向，将 T 形柱放入三面投影体系中，如图 1-1-25(a)所示。注意：T 形柱一旦确定在投影系中的放置位置，画图过程中不允许再改变位置。

2. 绘制投影轴

绘制投影轴，并绘制一条 135°斜线作为辅助线，以保证平面图与侧面图之间“宽相等”，如图 1-1-25(b)所示。

3. 绘制柱体的特征面投影

首先绘制 T 形柱的特征面投影，按照图 1-1-25(a)中的放置形式，T 形柱的侧面投影能反映其柱体的底面形状，因此侧面投影为柱体的特征面投影，如图 1-1-25(c)所示。

4. 绘制正面投影

根据“高平齐”，绘制 T 形柱的正面投影，如图 1-1-25(d)所示。

5. 绘制水平投影

根据“宽相等”与“长对正”，绘制 T 形柱的水平投影，其中不可见的轮廓线用虚线画出，如图 1-1-25(e)所示。

6. 整理

整理，去掉投影轴和对正辅助线，完成三面投影图，如图 1-1-25(f)所示。

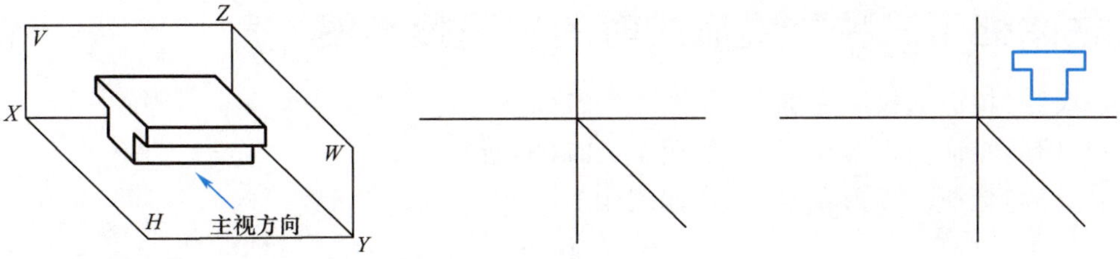

(a) 确定主视方向，将T形柱放入三面投影体系中　(b) 绘制投影轴　(c) 绘制T形柱的特征面投影

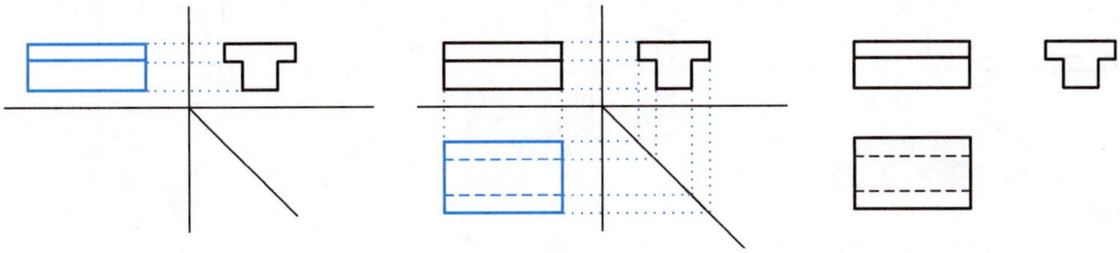

(d) 根据“高平齐”，绘制T形柱的正面投影　(e) 根据“宽相等”与“长对正”，绘制T形柱的水平投影　(f) 整理，去掉投影轴和对正辅助线

图 1-1-25　T形柱三面投影图的绘制过程

知识拓展

一、柱体的三种放置形式

柱体有三种放置形式：横卧、纵卧和立放。

(1)横卧：两个底面分别在左、右两面，如图 1-1-26(a)所示。

(2)纵卧：两个底面分别在前、后两面，如图 1-1-26(b)所示。

(3)立放：两个底面分别在上、下两面，如图 1-1-26(c)所示。

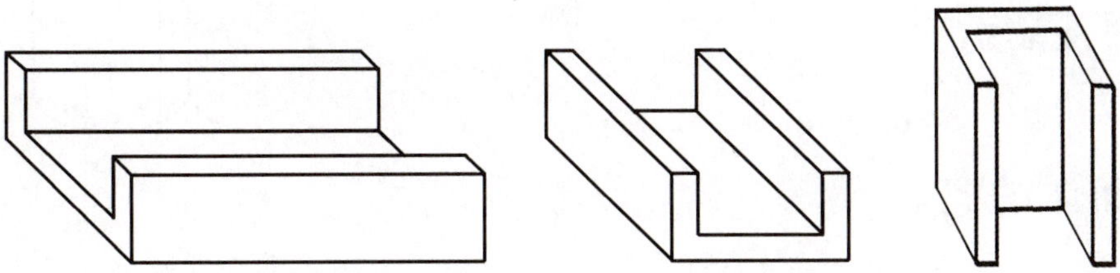

(a)横卧　(b)纵卧　(c)立放

图 1-1-26　柱体的三种放置形式

二、柱体处于三种放置形式时的三面投影图

(1)横卧:特征面投影在侧面,如图 1-1-27(a)所示。

(2)纵卧:特征面投影在正面,如图 1-1-27(b)所示。

(3)立放:特征面投影在水平面,如图 1-1-27(c)所示。

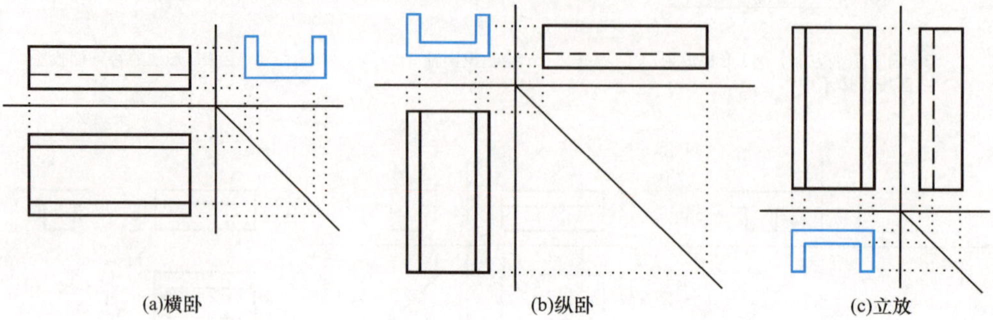

图 1-1-27 凹形柱处于三种放置形式时的三面投影图

实例 2 绘制圆柱的三面投影图

实例分析

图 1-1-28 是一个立放的圆柱,圆柱是曲面体。圆柱的表面是由圆柱面和上、下两个圆形底面组成的。圆柱面可以由一条母线绕与之平行的轴线回转而成,也可以由一个圆母线沿着轴线方向连续移动而成。

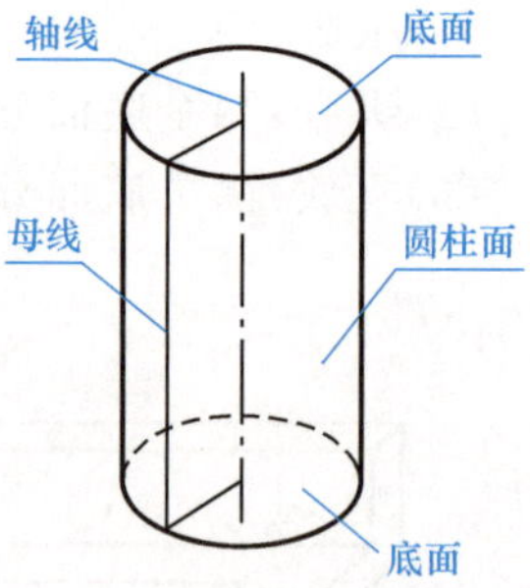

图 1-1-28 圆柱

相关知识

一、曲面体的概念

曲面体是指表面包含曲面的几何体,曲面体的投影就是组成曲面体的曲面和平面的投影组合。

常见的曲面体为回转体,如圆柱、圆锥、球体和圆环等。

二、工程图样中的字体

（1）汉字

①图样中书写的字体必须做到：字体工整，笔画清楚，间隔均匀，填满方格。

②字体高度（用 h 表示）的工称尺寸系列为：1.8、2.5、3.5、5、7、14、20（mm）。

若书写更大的字，其字体高度应按$\sqrt{2}$的比率递增。字体高度代表字体号数。

③图中的汉字应写成长仿宋体，其汉字的宽度与高度之比约为 2∶3，并采用国家正式公布推行的简化字。汉字高度 h 不应小于 3.5 mm。

④《CAD 工程制图规则》（GB/T 18229—2000）中规定的字体高度与图纸幅面的关系，见表 1-1-3。

表 1-1-3　　**字体高度与图幅的关系**　　mm

图幅	A0	A1	A2	A3	A4
汉字	7	7	5	5	5
字母与数字	5	5	3.5	3.5	3.5

在建筑工程的 CAD 制图中，汉字高度允许降至 2.5 mm，字母、数字对应降至 1.8 mm。

长方宋体汉字示例如图 1-1-29 所示。

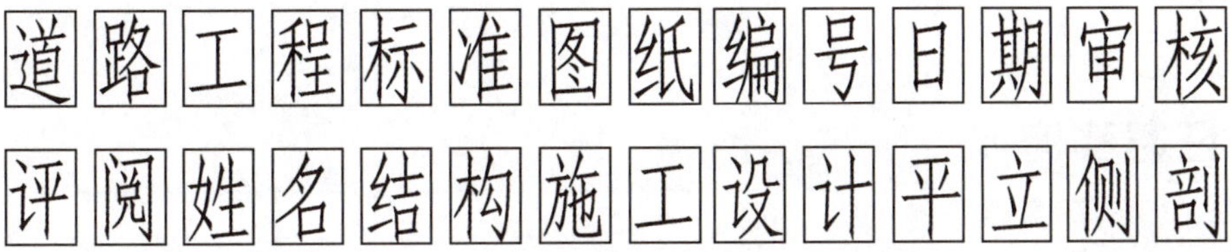

图 1-1-29　长方宋体汉字示例

（2）数字和字母

图纸中的阿拉伯数字、汉语拼音字母的笔画宽度为字高的 1/10。大写字母的字宽为字高的 2/3，小写字母的高度应以 b、f、h、p、g 为准，字宽为字高的 1/2。a、m、n、o、e 的字宽为上述小写字母高度的 2/3。

数字与字母的字体可采用直体或斜体。直体笔画的横与竖应呈 90°；斜体字字头向右倾斜，与水平方向应呈 75°。

数字或字母与汉字同行书写时，其字高应比汉字的高小一号。图 1-1-30 为国家标准所规定的数字和字母示例。

当图纸中有需要说明的事项时，宜在每张图的右下角图标上方处加以叙述。该部分文字应采用“注”字标明，字样“注”应写在叙述事项的左上角，每条注的结尾应标以句号“。”。当说明事项需要划分层次时，第一、二、三层次的编号应分别用阿拉伯数字、带括号的阿拉伯数字及带圆圈的阿拉伯数字标注。图纸中文字说明不宜用符号代替名称。当表示数量时，应采用阿拉伯数字书写。如“三千零五十毫米”应写成“3 050 mm”，“三十二小时”应写成“32 h”。分数不得用数字与汉字混合表示，如“五分之一”应写成“1/5”，不得写成“5 分之 1”。对于不够整数位的小数数字，小数点前应加“0”进行定位。

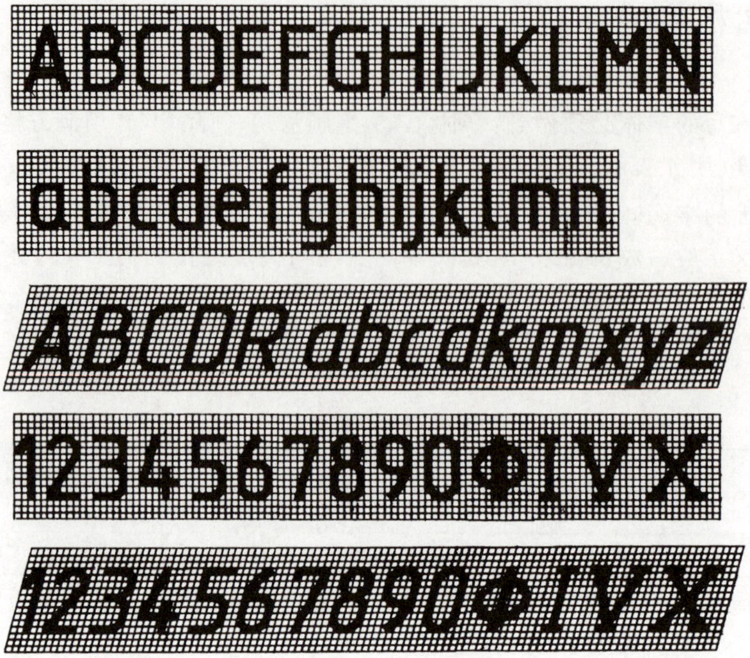

图 1-1-30 数字和字母示例

任务实施

图 1-1-31 为绘制圆柱三面投影图的过程。由于图 1-1-28 中圆柱的放置形式为立放，所以特征面投影在水平面上。

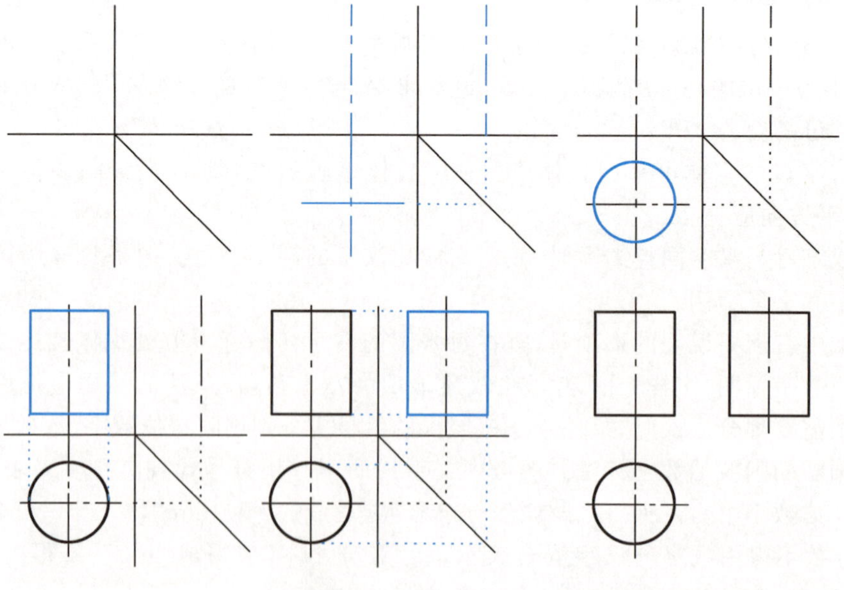

图 1-1-31 绘制圆柱三面投影图的过程

首先用点画线的方法绘制出底面圆的中心线、圆柱的轴线，然后在水平面上绘制圆柱的特征面投影，接着再画出其他两面投影。

知识拓展

一、圆柱处于其他两种放置形式时的三面投影图

图 1-1-32 所示为圆柱处于其他两种放置形式时的三面投影图。

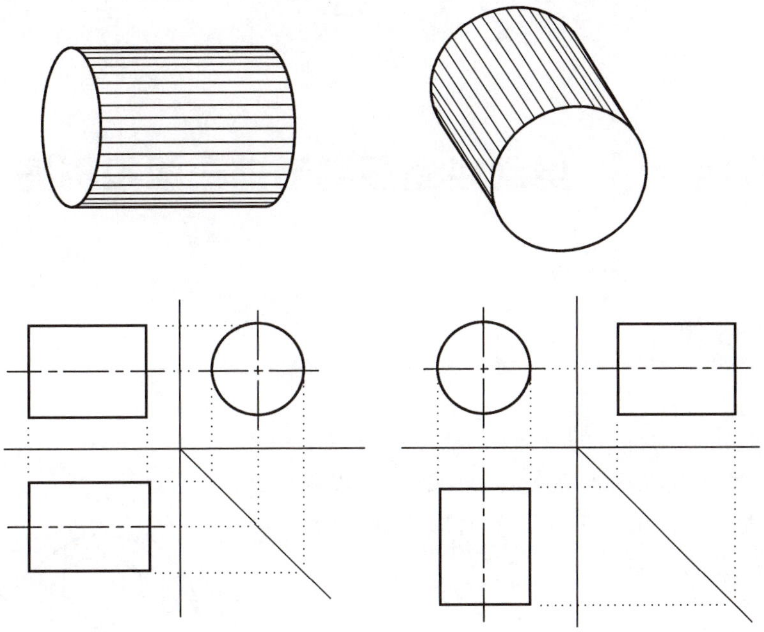

(a)横卧　　(b)纵卧

图 1-1-32　圆柱处于其他两种放置形式时的三面投影图

二、斜圆柱、半斜圆柱及其三面投影图

图 1-1-33、图 1-1-34 所示为斜圆柱、左半斜圆柱及其三面投影图。

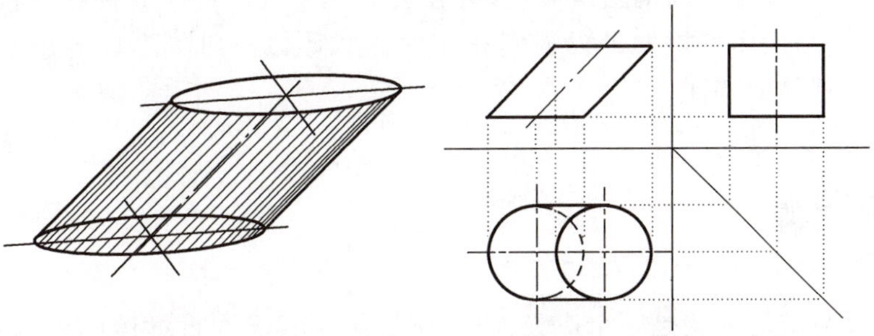

(a)立体图　　(b)投影图

图 1-1-33　斜圆柱及其三面投影图

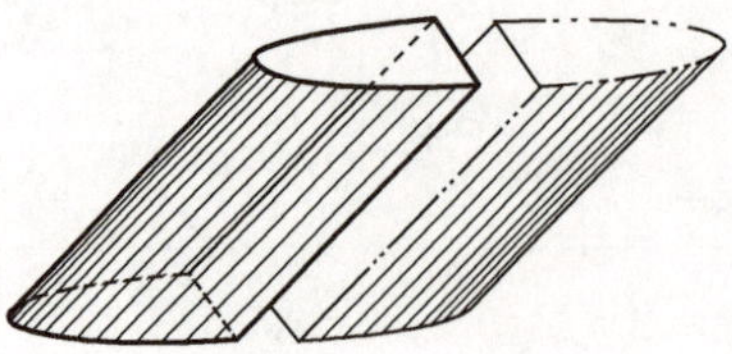
(a)立体图

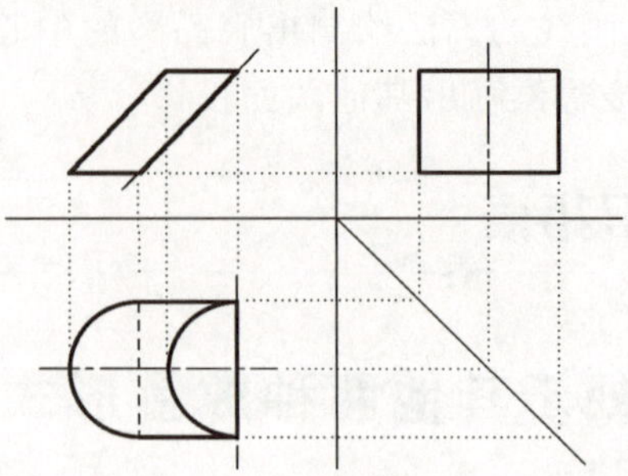
(b)投影图

图 1-1-34 在半斜圆柱及其三面投影图

实例 3 绘制拱涵洞身节的三面投影图

实例分析

图 1-1-35 是拱涵洞身节的立体图，从图中可以看出：拱涵洞身节虽然其端面形状复杂，但是它可以看成是在端面基础上拉伸出一定的厚度而形成的，其形状仍然是一个广义的柱体。

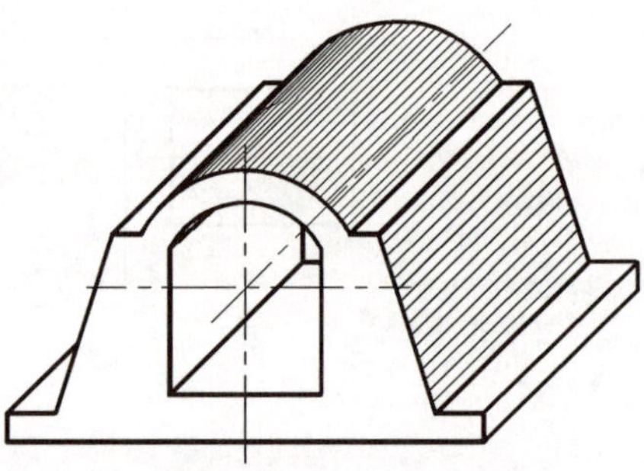
图 1-1-35 拱涵洞身节

相关知识

柱体的概念可以广泛地定义为：将一个封闭的任意平面图形，沿平面的法线拉伸出一定的厚度而形成的形体，都统称为“广义柱体”。

比如，将四边形拉伸可以得到四棱柱；将五边形拉伸可以得到五棱柱；将圆拉伸可以得到圆柱；将其他的平面图形拉伸可以得到相应的柱状形体。如图 1-1-36 所示的工程体，它们的形状都符合柱体的特征。

任务实施

由于拱涵洞身节的形状是一个广义柱体，所以绘制其三面投影图的方法与绘制其他柱体一样，先绘制特征面投影，再绘制其他两面投影。图 1-1-35 中拱涵洞身节的放置形式为纵卧，所以特征面投影在正面上。绘图过程如图 1-1-37 所示。

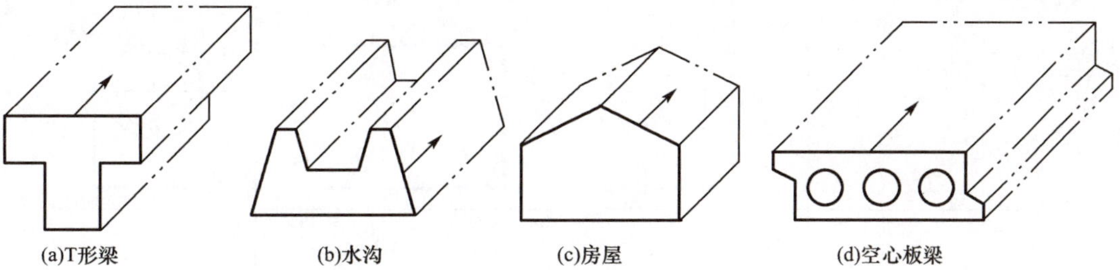

图 1-1-36 形状为“广义柱体”的工程体

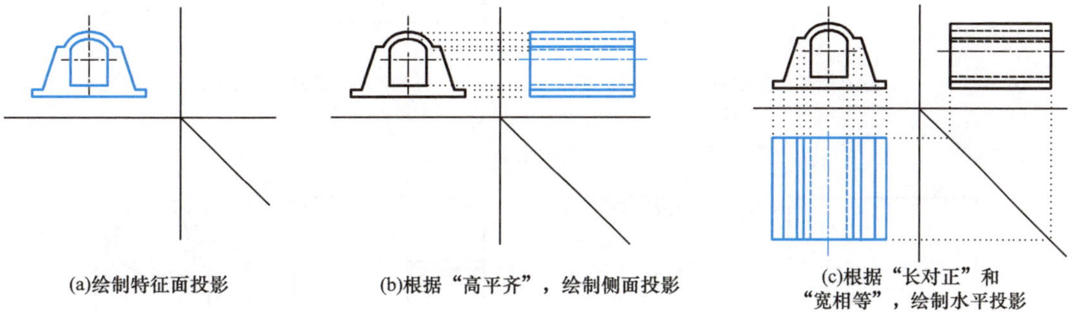

图 1-1-37 拱涵洞身节三面投影图的绘制过程

知识拓展

一、柱体三面投影图的投影特点

(1)特征面投影反映柱体的底面形状，是多边形、圆或其他封闭图形。

(2)其他两面投影，外轮廓都是矩形，内部是并列的矩形(内部的平行线是实线或虚线)。

二、利用柱体三面投影图的投影特点，绘制横卧的圆管涵洞身节的三面投影图

图 1-1-38 为一节横卧的圆管涵洞身节，若将它绘制成横卧放置的三面投影图，首先确定横卧放置时特征面在哪个投影面上，绘制出特征面投影；再根据柱体的投影特性，在其他两投影面上绘制出投影的矩形外轮廓；最后根据“三等规律”将细部结构(棱线或素线)投影得到的平行线绘制在矩形轮廓内，绘制过程如图 1-1-39 所示。

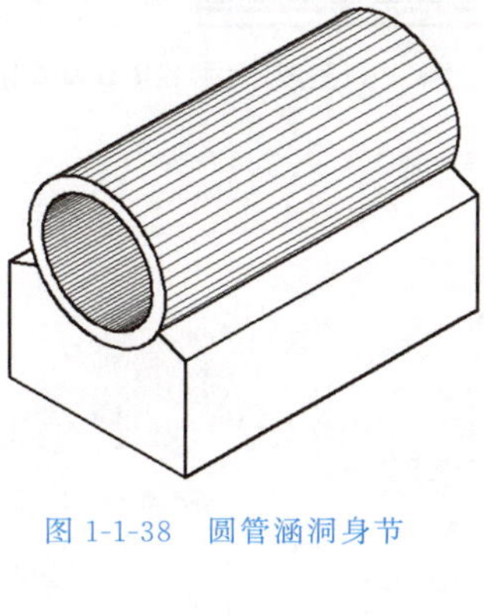

图 1-1-38 圆管涵洞身节

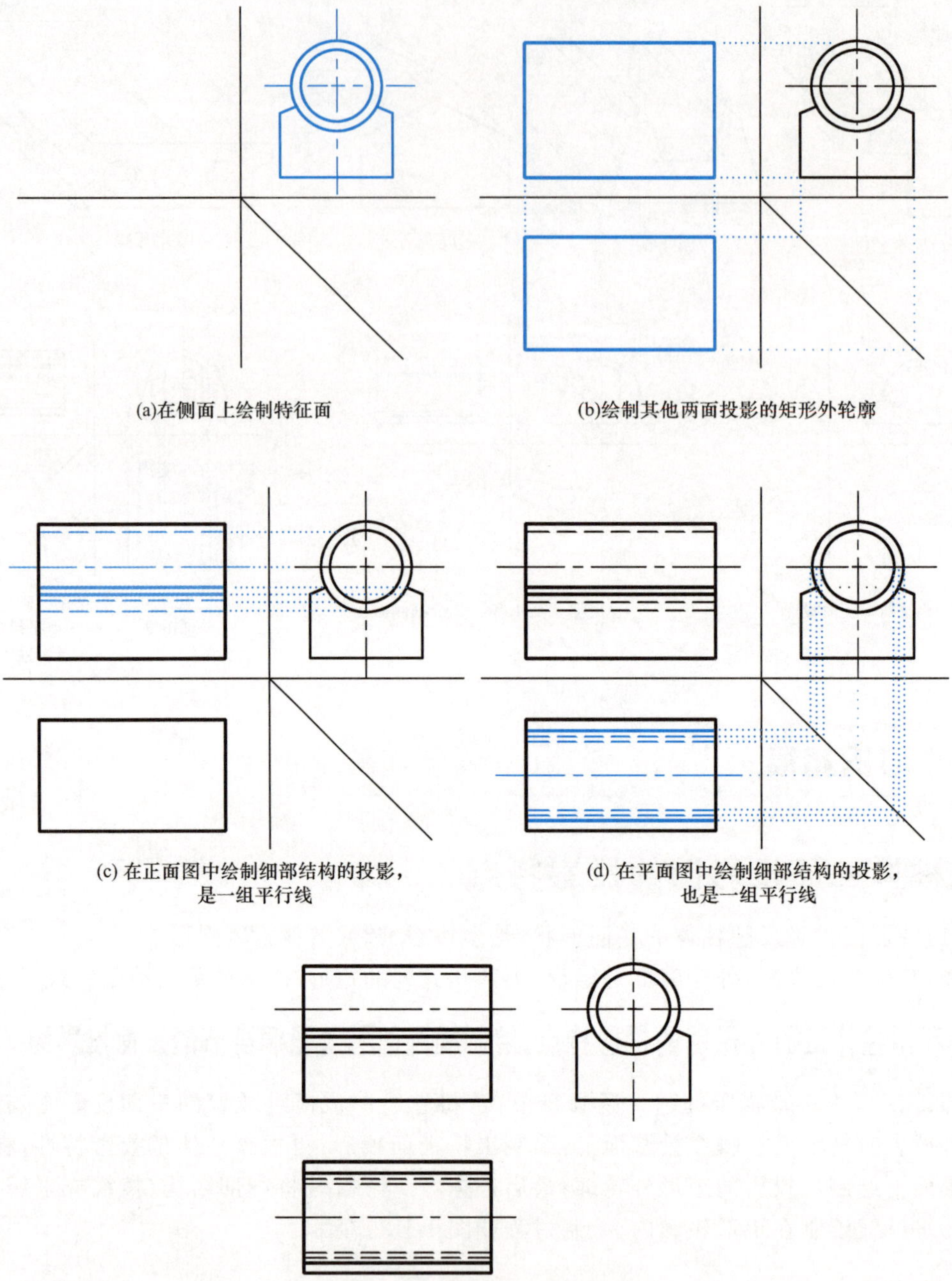

(a)在侧面上绘制特征面

(b)绘制其他两面投影的矩形外轮廓

(c) 在正面图中绘制细部结构的投影，是一组平行线

(d) 在平面图中绘制细部结构的投影，也是一组平行线

(e) 整理，去掉投影轴和辅助线

图 1-1-39 横卧放置的圆管涵洞身节三面投影图的绘制过程

任务 2

绘制锥体、台体的三面投影图

实例 1 绘制六棱锥的三面投影图

实例分析

图 1-2-1 所示为一个正六棱锥，正六棱锥是由一个正六边形的底面及六个三角形的侧面所组成的。

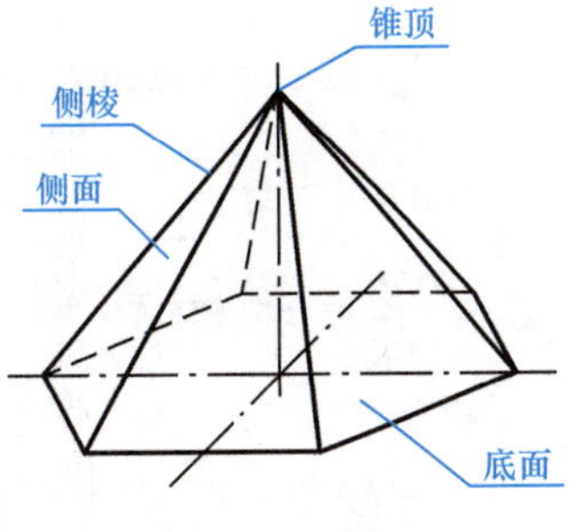

图 1-2-1 正六棱锥

相关知识

一、棱锥的概念

一个几何体中，如果一个表面是多边形，其余各表面都是具有公共空间顶点的三角形，这个几何体就叫棱锥。这个多边形表面叫作棱锥的底面，各三角形表面叫作棱锥的侧面，三角形表面的公共顶点叫锥顶，与锥顶相连的棱线叫侧棱。如果棱锥的底面是正多边形，并且锥顶到底面的垂线通过正多边形的中心，这样的棱锥叫正棱锥，如图 1-2-1 所示。

二、点的坐标及投影图

如果把三投影面体系看作直角坐标系，则可把三个投影面看作坐标面，投影轴看作坐标轴，则点到三个投影面的距离，就是点的坐标。如图 1-2-2 所示，A 点到 W 面的距离为 X 坐标；A 点到 V 面的距离为 Y 坐标；A 点到 H 面的距离为 Z 坐标。用三个坐标可以确定点 A

的空间位置，即 $A(X,Y,Z)$，则有

$$Aa''=a'a_Z=aa_Y=X$$
$$Aa'=aa_X=a''a_Z=Y$$
$$Aa=a'a_X=a''a_Y=Z$$

点的每个投影反映两个坐标，点的三面投影与点的坐标关系为：

(1)A 点的 H 面投影 a 可反映该点的 X 和 Y 坐标。

(2)A 点的 V 面投影 a' 可反映该点的 X 和 Z 坐标。

(3)A 点的 W 面投影 a'' 可反映该点的 Y 和 Z 坐标。

如果已知一点 A 的三面投影 a、a' 和 a''，就可从图中量出该点的三个坐标；反之，如果已知 A 点的三个坐标，就能作出该点的三面投影。空间点的任意两个投影都反映了三个坐标，所以给出一个点的任意两个投影即可求得第三个投影。

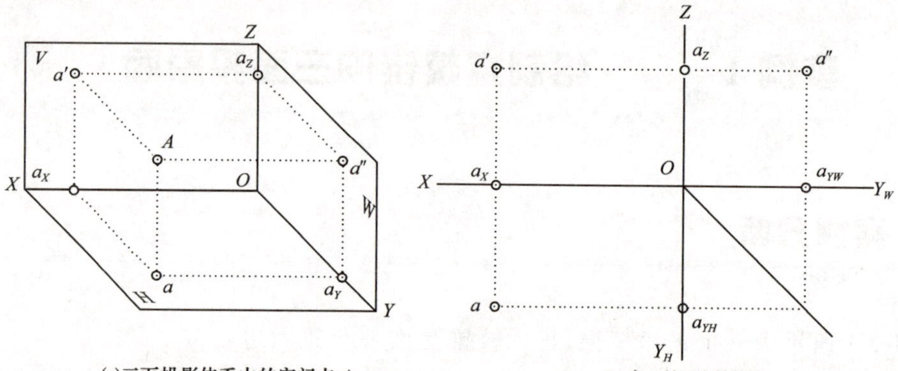

(a)三面投影体系中的空间点 A　　(b)点 A 的三面投影

图 1-2-2　点的投影与点的空间坐标

三、等分线段和等分圆周

1. 等分线段

已知线段 AB，将线段 AB 六等分，如图 1-2-3 所示。

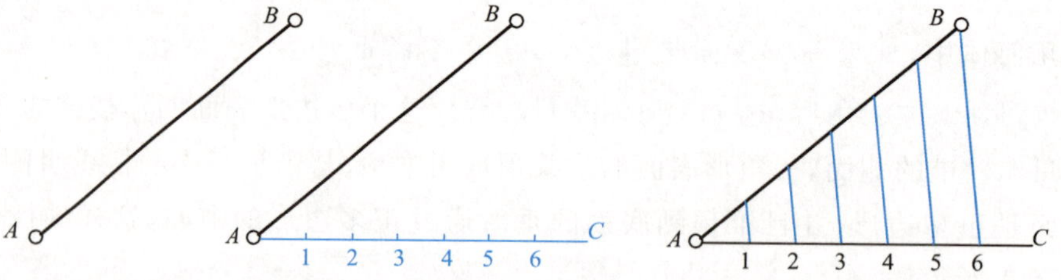

(a)已知线段 AB　　(b)过 A 点作任意直线 AC，用直尺在 AC 上任意截取六等份　　(c)连接 $B6$，再过各等分点作 $B6$ 的平行线，交 AB 得 AB 的五个等分点

图 1-2-3　六等分线段

2. 等分圆周(以七等分为例)

已知圆 O，作圆的七个等分点，如图 1-2-4 所示。

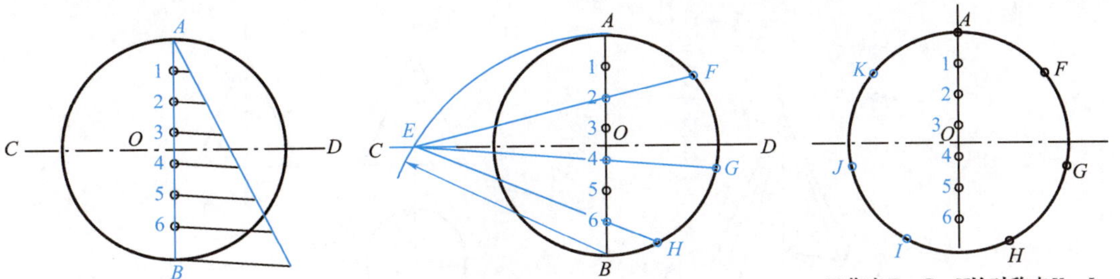

(a)将直径AB七等分

(b)以B为圆心，AB为半径，画弧交CD于E；作直线E2、E4、E6并延长，交圆周于F、G、H点

(c)作出F、G、H的对称点K、J、I，则A、F、G、H、I、J、K为七个等分点

图 1-2-4　七等分圆周

任务实施

绘制正六棱锥三面投影图的过程，如图 1-2-5 所示。

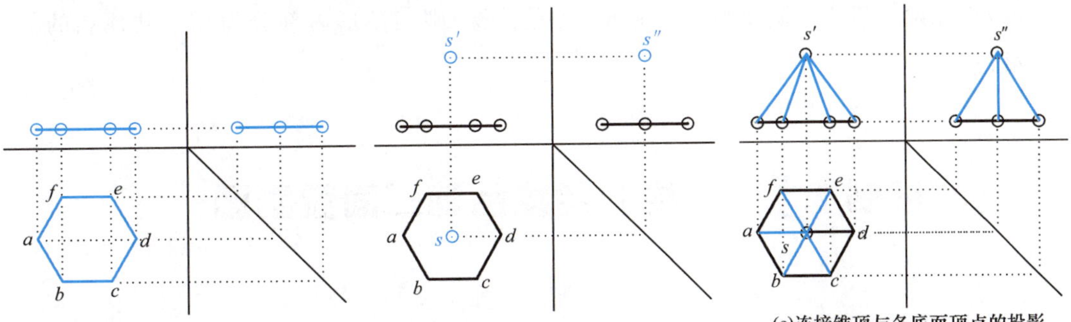

(a)绘制底面正六边形的三面投影

(b)由底面中心作锥顶的三面投影

(c)连接锥顶与各底面顶点的投影，得到侧棱的投影

图 1-2-5　绘制正六棱锥三面投影图的过程

知识拓展

一、圆锥及其投影

如图 1-2-6 所示，圆锥可以看作由一个直角三角形平面 SOA 绕其一直角边 SO 旋转而成。SO 叫轴线，SA 叫母线，母线旋转形成的曲面叫圆锥面，母线在圆锥面上任一位置时，叫圆锥面的素线。由此可知：

(1)锥轴过底面中心并和底面垂直。

(2)所有素线过顶点并和轴线的夹角相等。

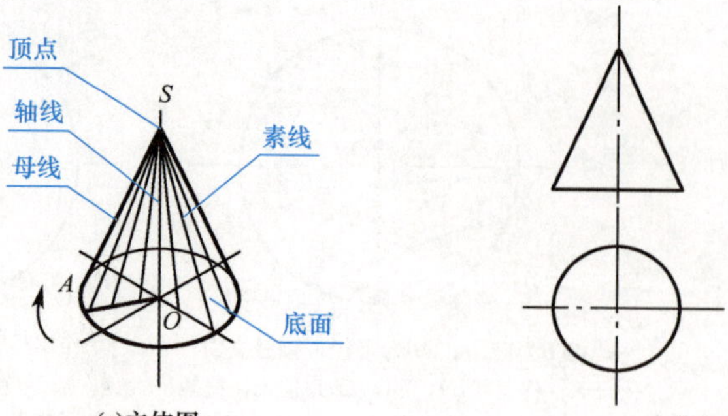

(a)立体图　　(b)三面投影图

图 1-2-6　圆锥立体图及其三面投影图

二、锥体的投影特点

（1）特征面投影反映锥体的底面形状，外轮廓是多边形或圆；若是棱锥，则多边形内部分为几个共顶点的并列三角形。

（2）其他两面投影外轮廓都是三角形；若是棱锥，则三角形内部分为几个共顶点的并列三角形。

实例 2　绘制四棱台的三面投影图

实例分析

如图 1-2-7 所示，四棱台是由四棱锥被一个平行于底面的平面截去锥顶部分得到的形体。四棱台是由上底面、下底面及前、后、左、右四个侧面组成的。

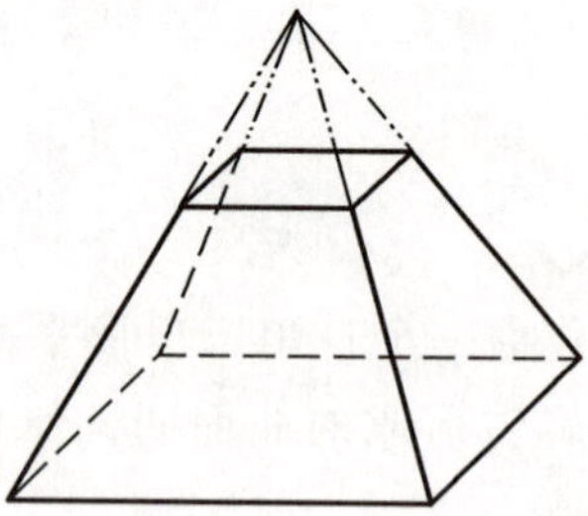

图 1-2-7　四棱台

任务实施

绘制四棱台三面投影图的过程如图 1-2-8 所示。

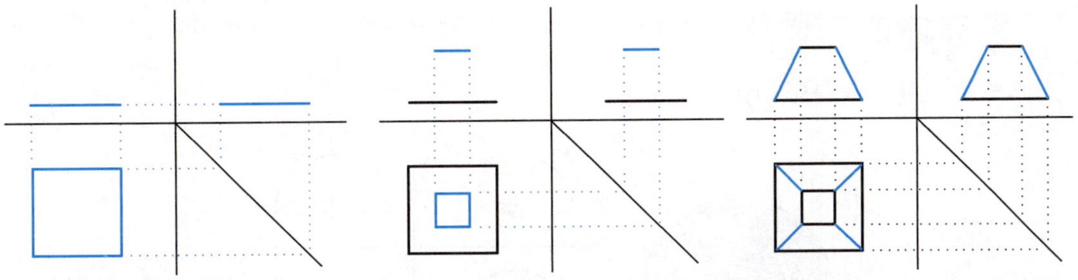

(a)绘制下底面投影　(b)绘制上底面投影　(c) 连接上、下底面的对应顶点，绘制侧棱

图 1-2-8　绘制四棱台三面投影图的过程

知识拓展

一、圆台及其投影

圆台是由圆锥被一个平行于底面的平面截去锥顶部分得到的形体，如图 1-2-9 所示。圆台是由上底面、下底面及部分圆锥面组成的。

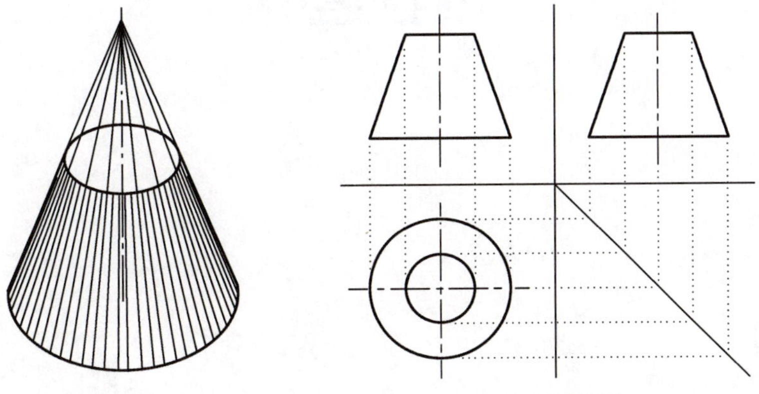

(a)立体图　(b)三面投影图

图 1-2-9　圆台立体图及其三面投影图

(1)轴线过两个底面中心并和底面垂直。

(2)所有素线过圆锥母体的顶点，并和轴线的夹角相等。

二、台体的投影特点

(1)特征面投影反映台体的两个底面形状,外轮廓是多边形或圆;若是棱台,则特征面投影内部是两个类似的多边形且对应顶点相连;若是圆台,则内部是两个同心圆。

(2)其他两面投影外轮廓都是梯形;若是棱台,则梯形内部分为几个并列的梯形。

三、半球体的三面投影图

半球体及其三面投影如图 1-2-10 所示。

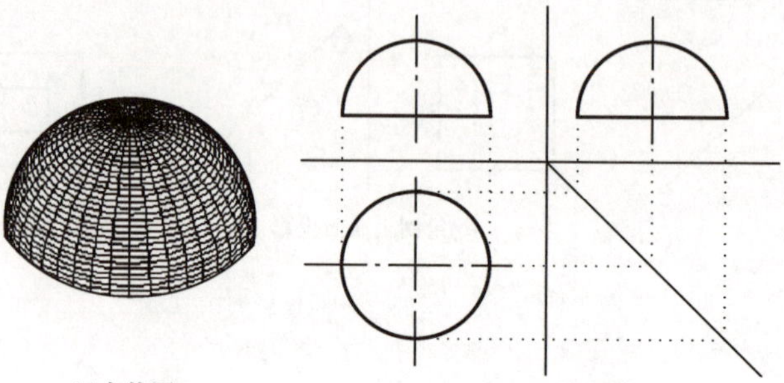

(a)立体图　(b)三面投影图

图 1-2-10　半球体立体图及其三面投影图

微视频

椎、台、基本体二补三

任务3

绘制基本体的轴测投影图

实例1 绘制T形柱的轴测投影图

实例分析

图1-3-1(a)所示T形柱的投影图能够准确地表达T形柱的形状，但是不直观，没有立体感，而图1-3-1(b)所示T形柱的轴测图则能够直观地表达其形状，所以工程上经常用轴测图作为辅助图样来表达形体的直观形状，轴测图一般是根据投影图绘制而成的。

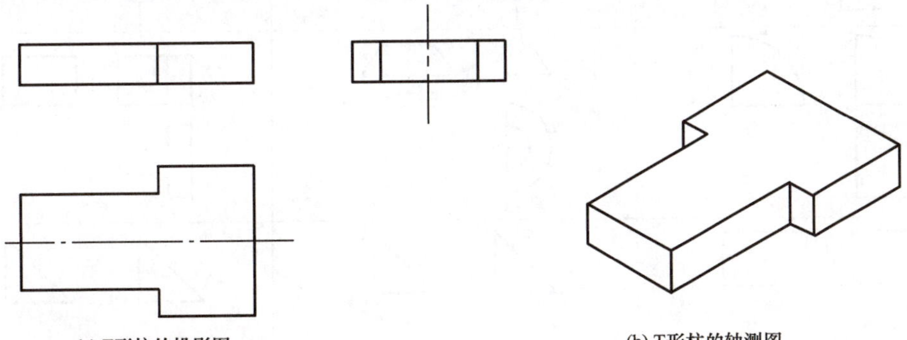

(a) T形柱的投影图　　(b) T形柱的轴测图

图1-3-1　T形柱的投影图与轴测图

相关知识

一、基本体投影图的识读

绘制基本体轴测图之前，首先要读懂基本体投影图，搞清基本体的形状。

识读表1-3-1中各基本体的投影图，说出基本体的名称和放置形式。

表 1-3-1　　识读各基本体的投影图

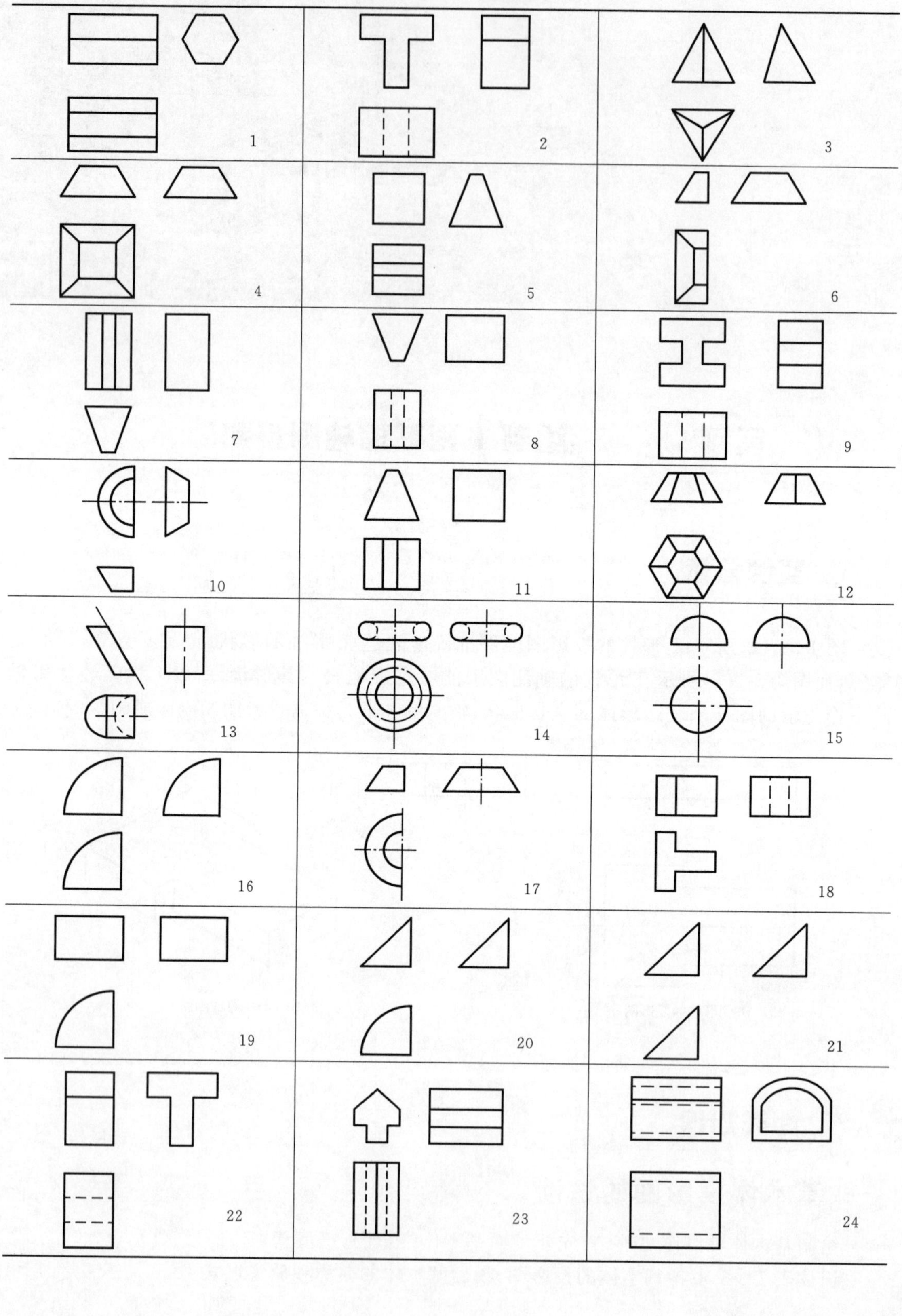

（续表）

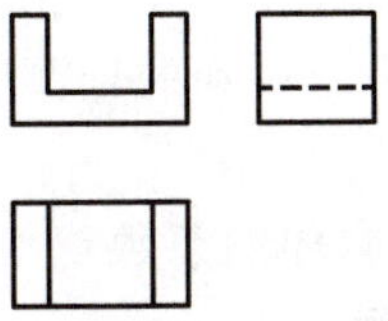 25	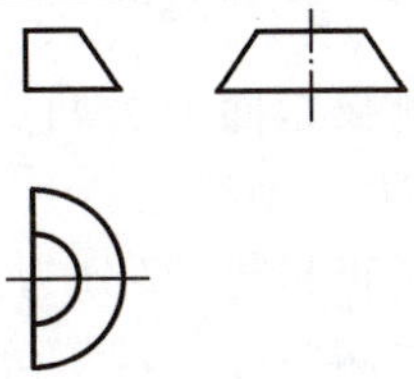 26	 27

二、轴测投影图的概念、形成

1. 轴测投影图的概念

将物体连同其直角坐标体系，沿不平行于任一坐标平面的方向，用平行投影法将其投射在某一投影面上所得到的具有立体感的图形，称为轴测投影图或轴测图。

2. 轴测投影图的形成

（1）将形体斜放，进行正投影，如图 1-3-2(a)所示，其三个坐标轴方向都倾斜于投影面 P，用这种方法画出来的图称为正轴测图。

（2）将形体正放，进行斜投影，如图 1-3-2(b)所示，一个坐标平面平行于投影面 P，用这种方法画出来的图称为斜轴测图。

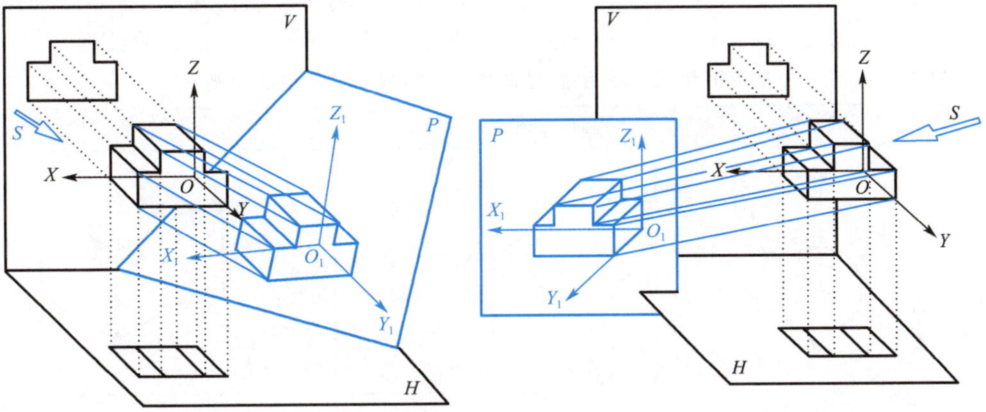

(a) 将形体斜放，进行正投影　　(b) 将形体正放，进行斜投影

图 1-3-2　轴测投影图的形成

3. 轴测投影的其他概念

（1）轴测投影面

用于画轴测图的投影面称为轴测投影面。

微视频

轴测图

（2）轴测轴

空间三个坐标轴（投影轴）OX、OY、OZ 在轴测投影面上的投影 O_1X_1、O_1Y_1、O_1Z_1 称为轴测轴。

（3）轴间角

两个轴测轴之间的夹角称为轴间角。

（4）轴向伸缩系数

轴测轴上的单位长度与相应坐标轴上的单位长度的比值，称为轴向伸缩系数。OX 轴、OY 轴、OZ 轴的轴向伸缩系数分别用 p、q、r 表示。

三、轴测投影图的分类

轴测图按投射方向是否垂直于轴测投影面分为两类：用正投影法所得到的轴测图称为正轴测图；用斜投影法得到的轴测图称为斜轴测图。

轴测图按三根轴的轴向伸缩系数是否相等，又分为三种：三个轴向伸缩系数都相等的，称为“等测”；其中有两个相等的称为“二测”；三个都不等的，称为“三测”。

常用的轴测图有正等测图和斜二测图两种。

1. 正等测图

当投射方向垂直于轴测投影面，三个轴向伸缩系数都相等，都是 0.82 时，通常我们采用简化系数 $p=q=r=1$。

2. 正面斜二测图

当轴测投影面平行于正立投影面（坐标面 XOZ），投射方向倾斜于轴测投影面时。正面斜二测图有两个轴向伸缩系数相等。

3. 水平斜二测图（鸟瞰图）

当轴测投影面平行于水平投影面（坐标面 XOY），投射方向倾斜于轴测投影面时。水平斜二测图有两个轴向伸缩系数相等。

表 1-3-2 中列出了三种常用轴测图的轴间角、轴向伸缩系数或简化系数，并分别画出了三种常用轴测图的正立方体示例。画轴测图时，通常将轴测轴 OZ 画成铅垂线。

表 1-3-2　常用轴测图的轴间角、轴向伸缩系数或简化系数及示例

种类	轴间角	轴向伸缩系数或简化系数	示例
正等测图	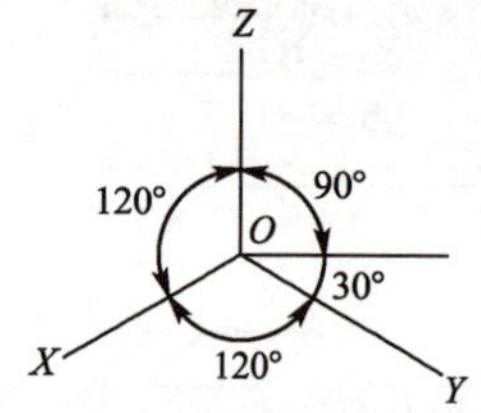	简化系数： $p=q=r=1$	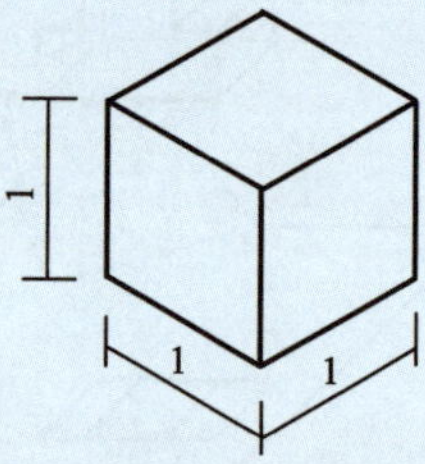
正面斜二测图	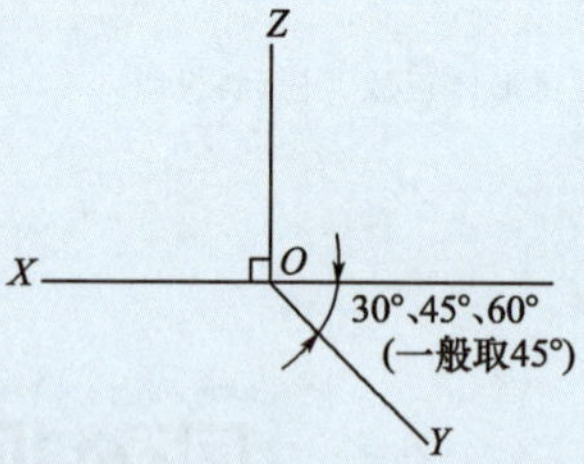	轴向伸缩系数： $p=r=1$ $q=1/2$	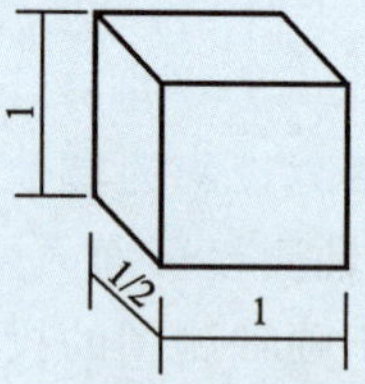
水平斜二测图	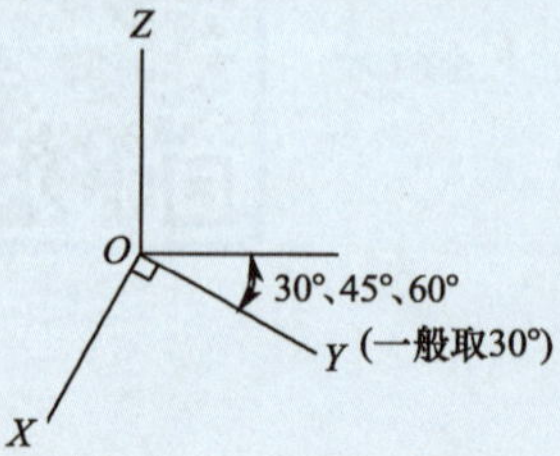	轴向伸缩系数： $p=q=1$ $r=1/2$	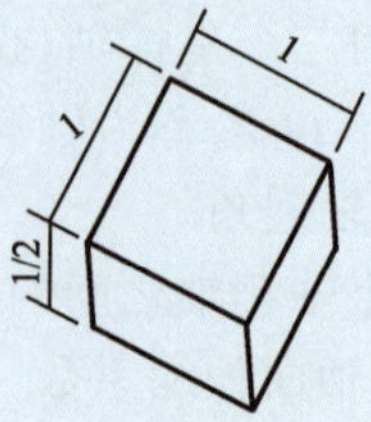

四、轴测投影图的基本作图原则

（1）轴测原则：物体上沿坐标轴方向或平行于坐标轴的距离尺寸，在轴测图中仍沿轴测轴方向或平行于相应的轴测轴，并且可以直接从投影图中量取绘制，同时乘以相应的轴向伸缩系数，再画到轴测图中去。“轴测”也就是沿轴的方向可以测量尺寸的意思。

（2）平行性原则：物体上互相平行的线段，在轴测图上仍互相平行。

任务实施

因为T形柱的两个底面相同，侧棱都互相平行且垂直于底面，所以绘制其轴测图时可先绘制一个底面，然后再绘制其侧棱即可，图1-3-3所示为T形柱正等测图的绘制过程。

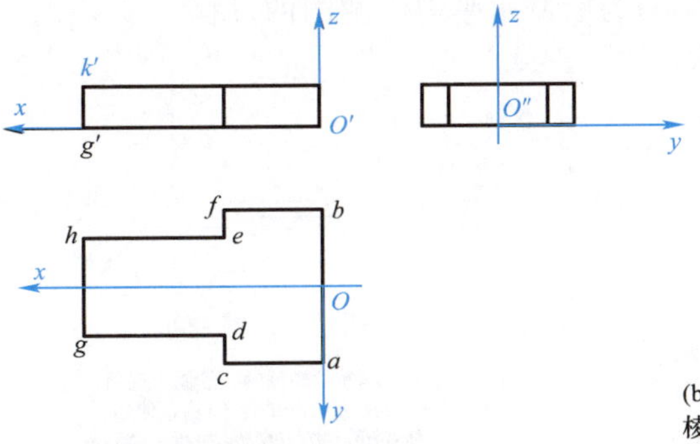

(a) 在投影图中建立坐标轴，
坐标原点放在下底面棱线ab的中点

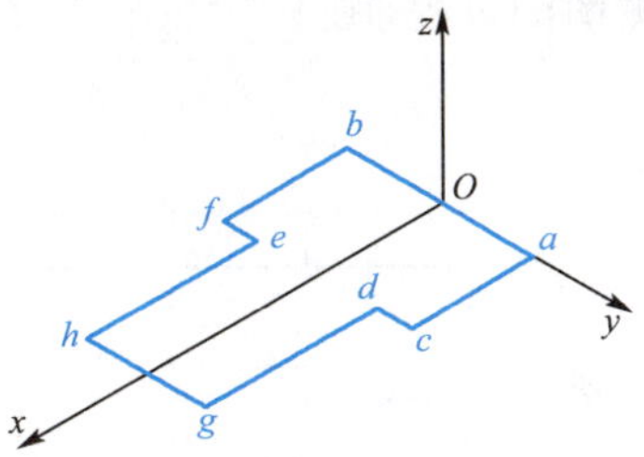

(b)绘制正等测图的轴测轴，绘制下底面，其中棱线ac、bf、dg、eh平行于x轴，棱线ab、cd、ef、hg平行于y轴，所以这些棱线的尺寸可以从投影图中直接移量，伸缩系数都为1

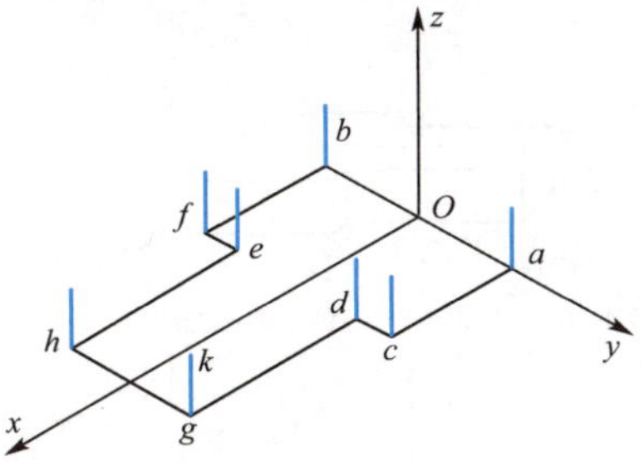

(c) 侧棱都平行于z轴，可以直接从投影图中移量，伸缩系数为1

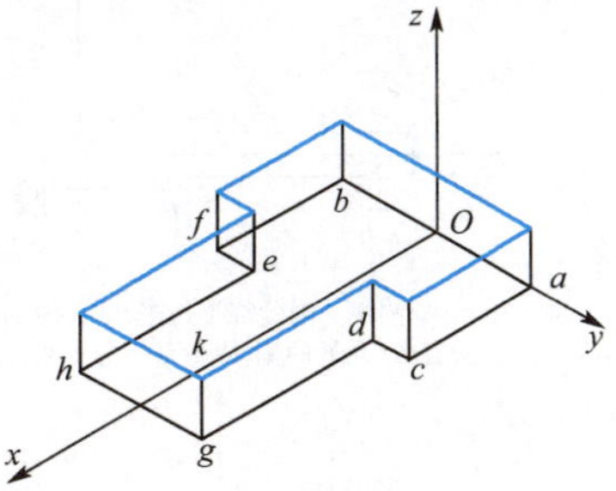

(d)依次连接侧棱的上端，绘制上底面

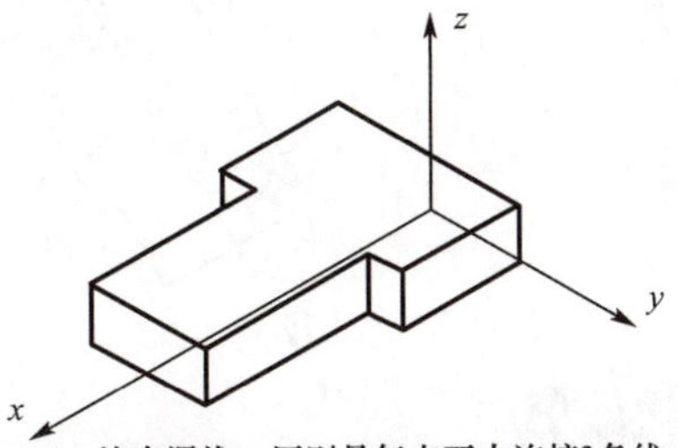

(e) 检查漏线，原则是每点至少连接3条线；
将隐藏线擦去或画成虚线；然后描深

图1-3-3　T形柱正等测图的绘制过程

知识拓展

一、柱体的斜二测轴测图及简易画法

绘制柱体斜二测图的方法与绘制正等测图的方法相同，只是轴测轴的轴间角和各轴向伸缩系数不同而已。

绘制柱体轴测图的简易方法是：将坐标原点放在柱体的可见底面上（如立放时的上底面、纵卧时的前底面、横卧时的左底面等），首先绘制这些可见底面，然后绘制侧棱和另一底面时可直接省去被隐藏的棱线，从而减少绘图工作量。

图 1-3-4 所示为 T 形柱的斜二测图的简易画法，其中图 1-3-4(a)～图 1-3-4(d)为绘制正面斜二测图的过程，图 1-3-4(e)、图 1-3-4(f)为绘制水平斜二测图的过程。

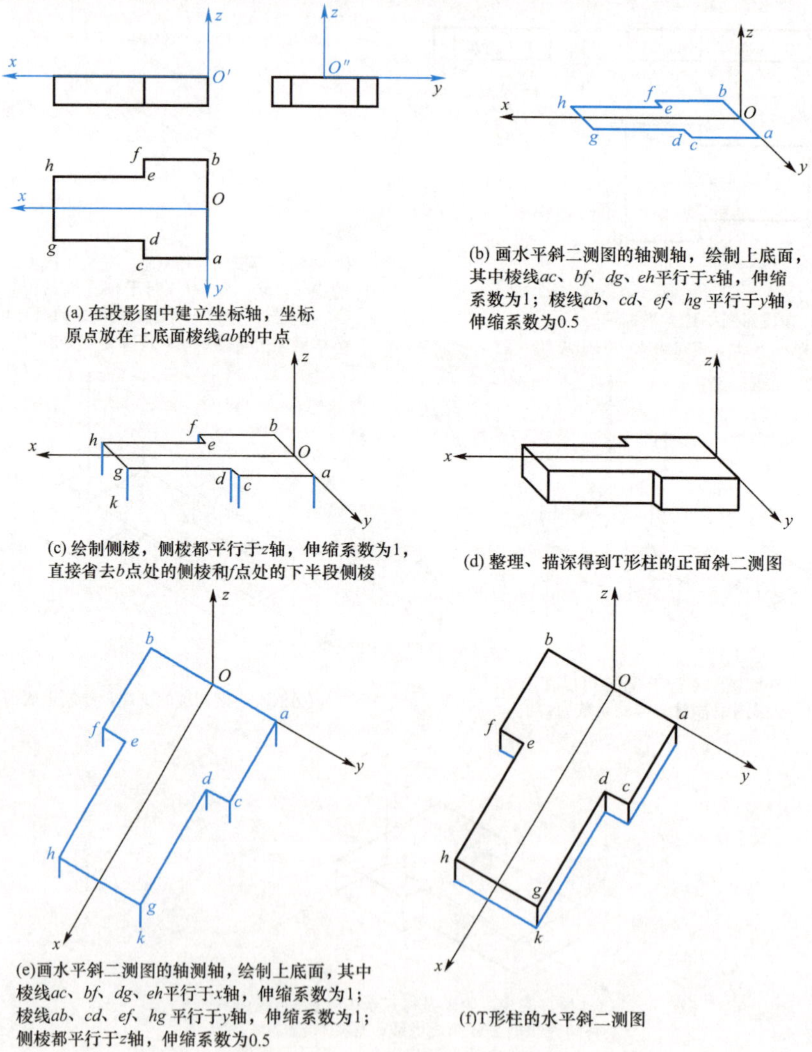

(a) 在投影图中建立坐标轴，坐标原点放在上底面棱线ab的中点

(b) 画水平斜二测图的轴测轴，绘制上底面，其中棱线ac、bf、dg、eh平行于x轴，伸缩系数为1；棱线ab、cd、ef、hg平行于y轴，伸缩系数为0.5

(c) 绘制侧棱，侧棱都平行于z轴，伸缩系数为1，直接省去b点处的侧棱和f点处的下半段侧棱

(d) 整理、描深得到T形柱的正面斜二测图

(e)画水平斜二测图的轴测轴，绘制上底面，其中棱线ac、bf、dg、eh平行于x轴，伸缩系数为1；棱线ab、cd、ef、hg平行于y轴，伸缩系数为1；侧棱都平行于z轴，伸缩系数为0.5

(f)T形柱的水平斜二测图

图 1-3-4　T 形柱的斜二测图的简易画法

二、柱体处于横卧、纵卧放置形式时轴测图的画法

画轴测轴时，先绘制可见底面，再绘制侧棱，最后绘制另一底面。图 1-3-5(a)～图 1-3-5(c)所示为绘制柱体处于横卧放置时轴测图的过程；图 1-3-5(d)～图 1-3-5(f)所示为绘制柱体处于纵卧放置时轴测图的过程。

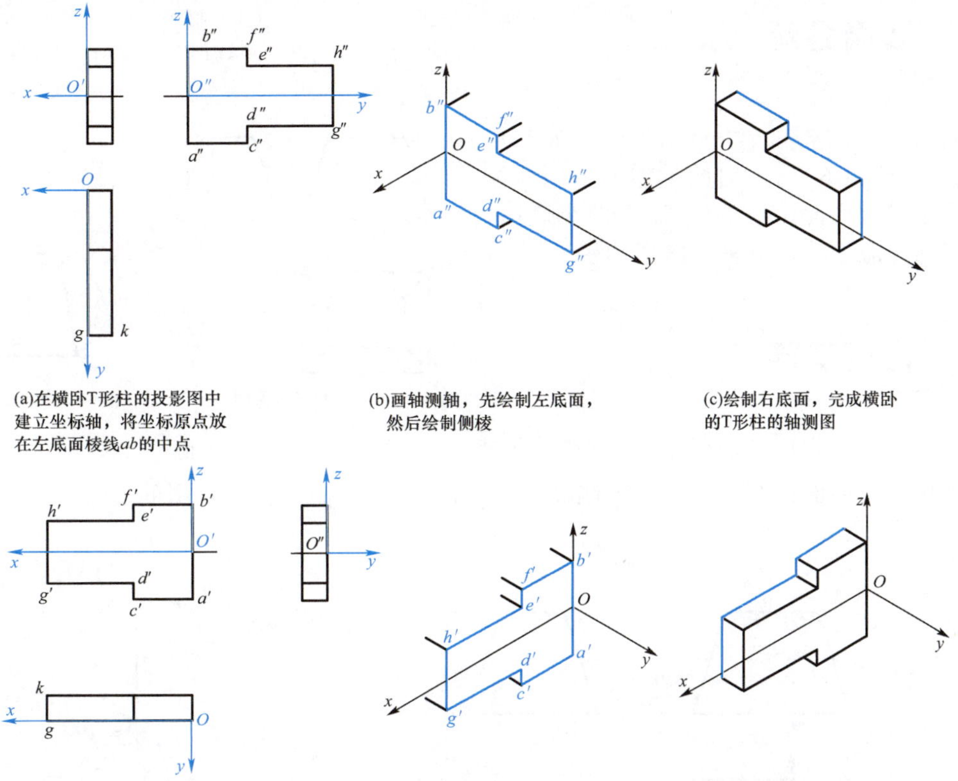

(a)在横卧T形柱的投影图中建立坐标轴，将坐标原点放在左底面棱线ab的中点

(b)画轴测轴，先绘制左底面，然后绘制侧棱

(c)绘制右底面，完成横卧的T形柱的轴测图

(d)在纵卧T形柱的投影图中建立坐标轴，坐标原点放在前底面棱线ab的中点

(e)画轴测轴，先绘制前底面，然后绘制侧棱

(f)绘制后底面，完成纵卧的T形柱的轴测图

图 1-3-5　柱体处于横卧、纵卧放置形式时轴测图的画法

三、轴测图中的尺寸标注

轴测图中的尺寸标注如图 1-3-6 所示。

(1)轴测图的线性尺寸，一般应沿轴测轴方向标注。尺寸数字应标注在尺寸线的上方，尺寸线必须和所标注的线段平行，尺寸界线一般应平行于某一轴测轴。当在图形中出现数字字头向下时，应用引出线引出标注，并将数字按水平位置注写。

(2)标注圆的直径时，尺寸线和尺寸界线应分别平行于圆所在平面内的轴测轴，标注圆弧半径和较小圆的直径时，尺寸线应通过圆心引出标注，但注写尺寸数字的横线必须平行于轴测轴。

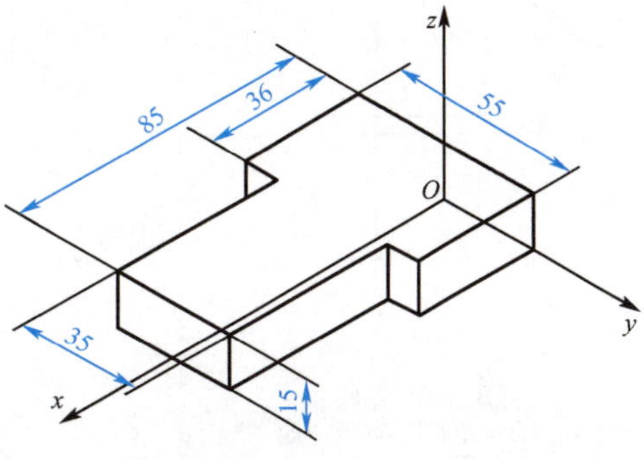

图 1-3-6　轴测图中的尺寸标注

实例 2 绘制四棱台的轴测投影图

实例分析

如图 1-3-7 所示，棱台的两个底面大小不同，几条侧棱也不平行，因此不能像绘制柱体一样只绘制一个底面，而是要绘制出两个底面，然后连接两个底面的对应顶点画出侧棱。

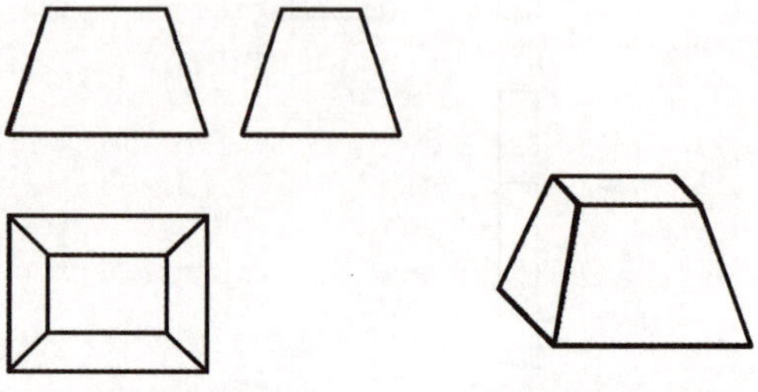

(a) 四棱台的投影图　　(b)四棱台的轴测图

图 1-3-7　四棱台的投影图与轴测图

任务实施

绘制四棱台的轴测图时，先绘制两个底面，然后连接两个底面的对应顶点画出侧棱。图1-3-8 为绘制四棱台轴测图的过程。

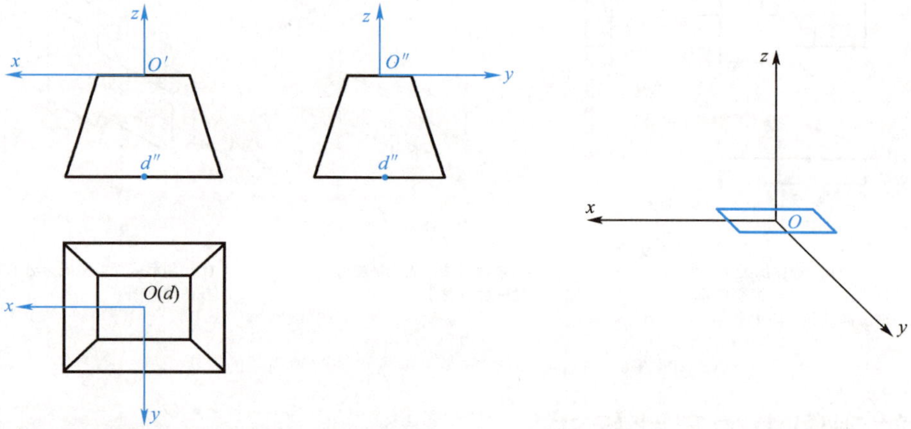

(a)在投影图中建立坐标轴　　(b)画轴测轴，绘制上底面

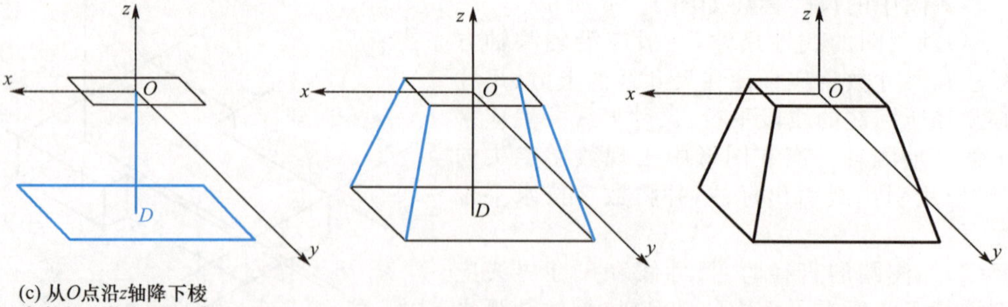

(c) 从O点沿z轴降下棱台高度，找到D点，绘制下底面　　(d) 连接对应顶点，绘制侧棱　　(e) 擦去隐藏线，描深

图 1-3-8　四棱台轴测图的绘制过程

知识拓展

绘制棱台轴测图的另一种方法

绘制棱台轴测图的另一种方法是：先将棱台的两个底面绘制于同一高度，然后再将下底面降下台体的高度，绘图过程如图 1-3-9 所示。

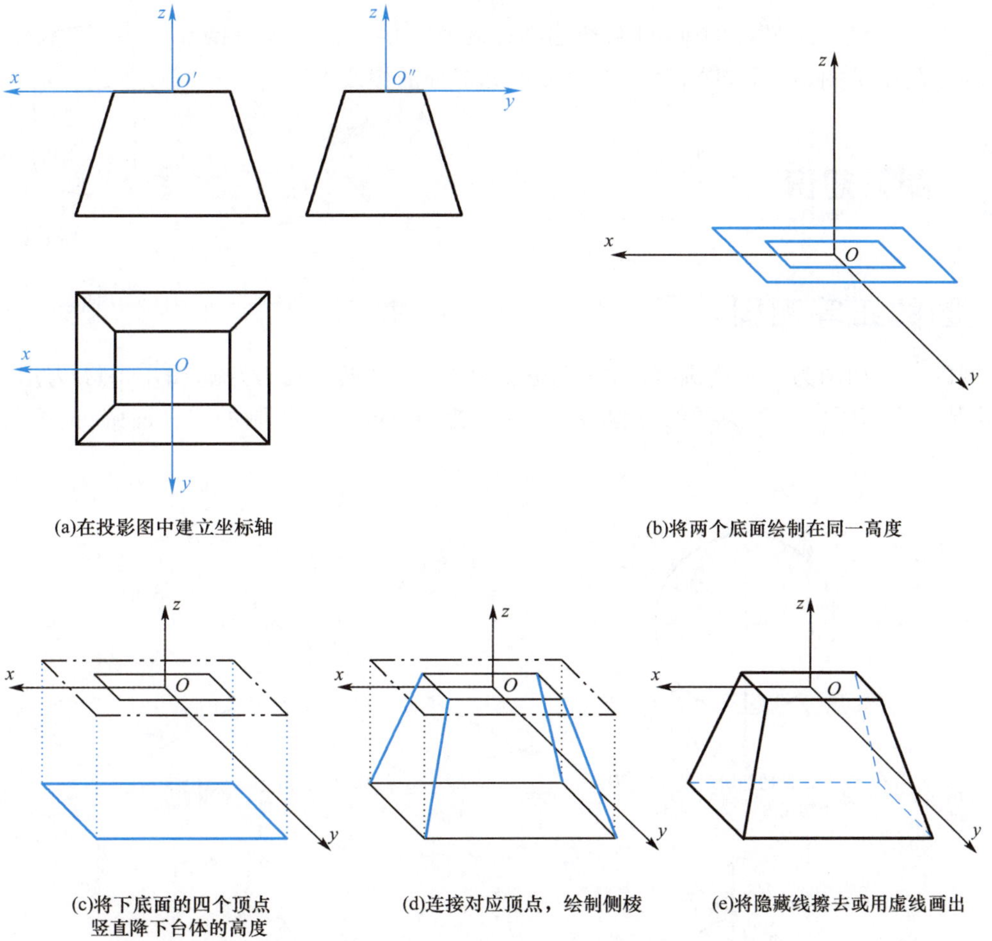

图 1-3-9　四棱台轴测图的另一种绘制方法

实例 3 绘制圆柱的轴测投影图

实例分析

图 1-3-10 所示为圆柱的轴测图，绘制圆柱轴测图的关键是绘制两个底面圆的轴测图，然后作公切线，去掉不可见部分的棱线即可。

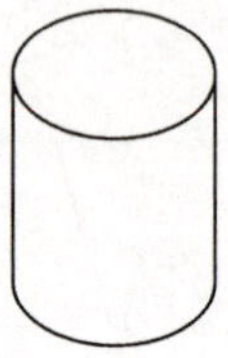

图 1-3-10 圆柱的轴测图

相关知识

一、圆的正等测图

圆的正等测图为一个椭圆，经常采用近似画法——“四心法”绘制，图 1-3-11 为用“四心法”绘制水平面圆的正等测图的过程；图 1-3-12 为用“四心法”绘制的正平面圆、侧平面圆的正等测图。

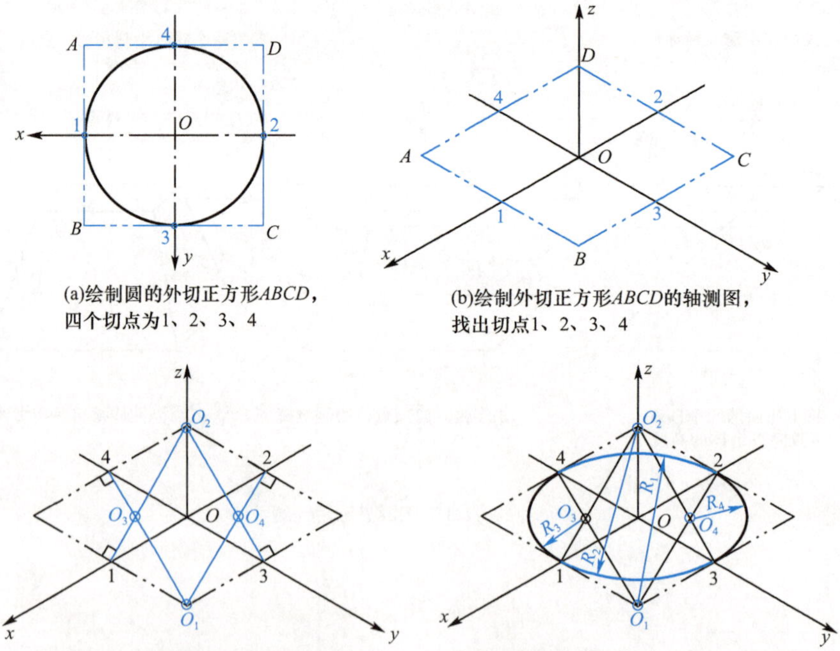

(a)绘制圆的外切正方形$ABCD$，四个切点为1、2、3、4

(b)绘制外切正方形$ABCD$的轴测图，找出切点1、2、3、4

(c)确定四段圆弧的圆心：菱形的两个钝角顶点O_1、O_2为两段大圆弧的圆心；过点1、2、3、4作各边的垂线，交点O_3、O_4为两段小圆弧的圆心

(d)画四段圆弧：以O_1、O_2为圆心，以$O_1$2、$O_2$1为半径画两段大圆弧；以O_3、O_4为圆心，以$O_3$1、$O_4$2为半径画两段小圆弧。四段圆弧相切于1、2、3、4四点

图 1-3-11 用“四心法”绘制水平面圆的正等测图的过程

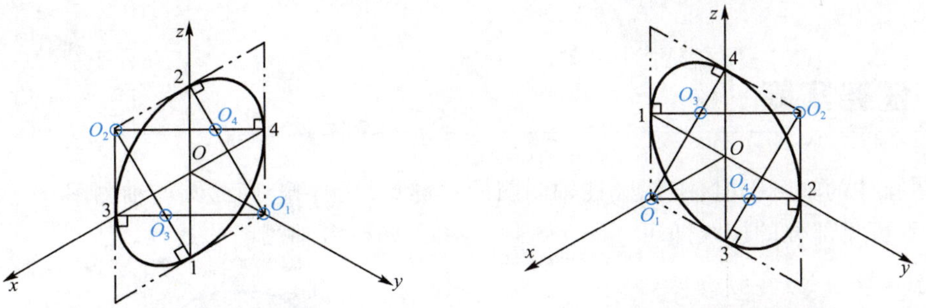

(a)正平面圆的正等测图　(b)侧平面圆的正等测图

图 1-3-12　用“四心法”绘制正平面圆、侧平面圆的正等测图

二、圆角矩形的正等测图

圆角矩形的圆角为 90°圆弧，其正等测图的作图方法与圆相同，采用“四心法”的作图过程如图 1-3-13 所示。

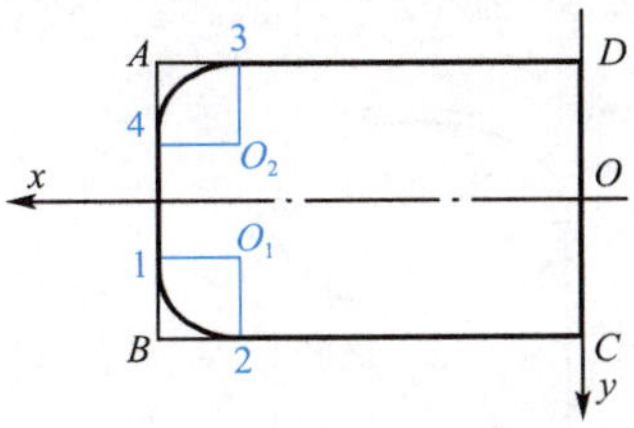

(a)在圆角矩形的投影图中建立坐标轴

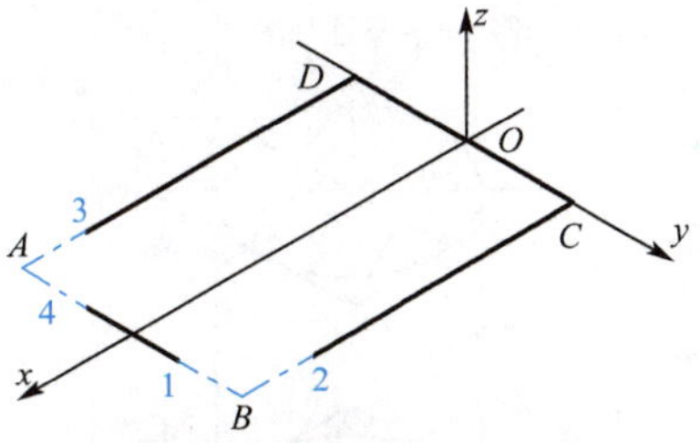

(b)在矩形轴测图中，分别从A、B两角沿两边量取圆角半径，得到圆角的四个切点1、2、3、4

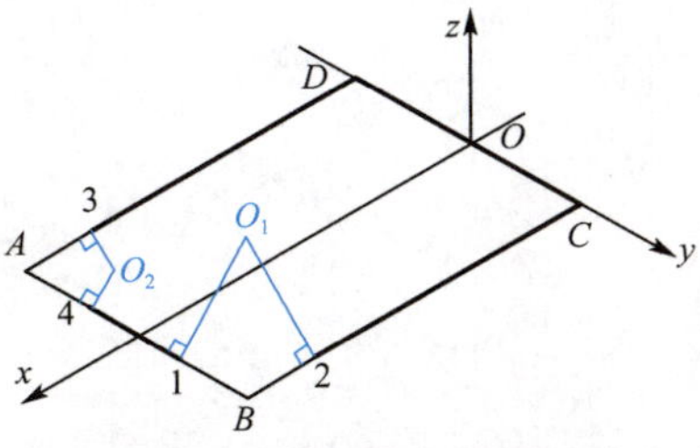

(c)从切点1、2分别作所在边的垂线，垂线的交点O_1为圆角的圆心；同理，从切点3、4分别作所在边的垂线，垂线的交点O_2为另一圆角的圆心

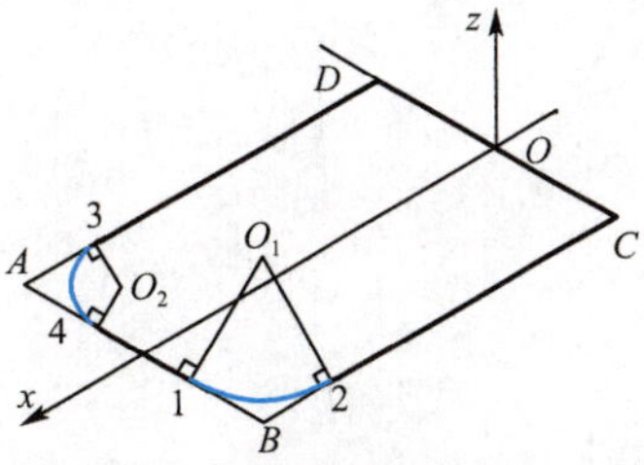

(d)分别以O_1、O_2为圆心，以$O_1 2$、$O_2 4$为半径画圆弧，得到两个圆角

图 1-3-13　用“四心法”绘制圆角矩形的正等测图的过程

任务实施

绘制圆柱的轴测图时，绘制圆柱轴测图的关键是绘制两个底面圆的轴测图，然后作公切线，去掉不可见部分的棱线即可。图 1-3-14 为绘制四棱台轴测图的过程。

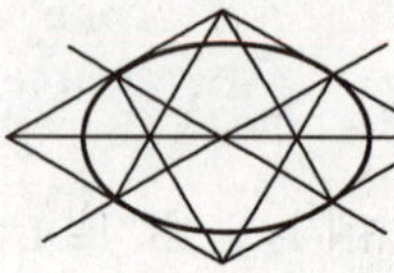

(a) 绘制下底圆轴测图

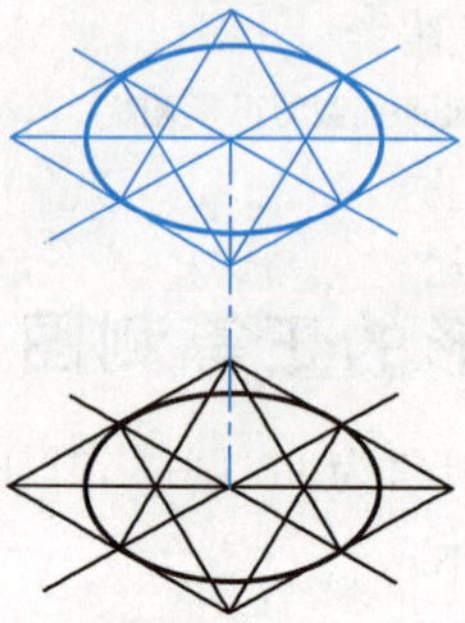

(b) 升高到圆柱高度，绘制上底圆轴测图

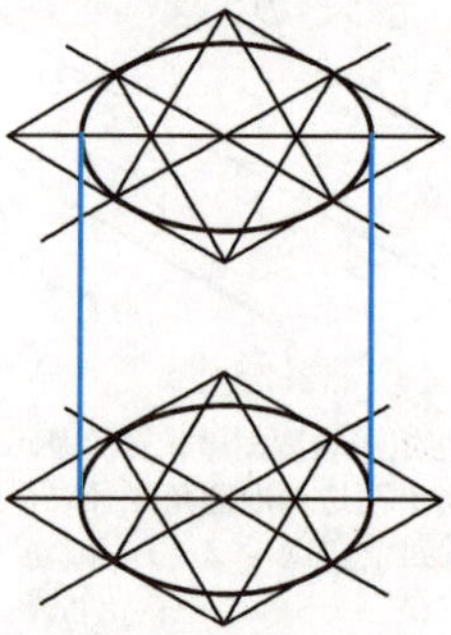

(c) 绘制上、下底圆的公切线

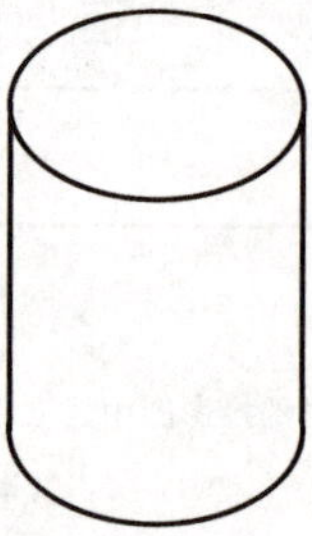

(d) 去掉不可见线，整理描深的轴测图

图 1-3-14　绘制四棱台轴测图的过程

任务4

绘制叠加式组合体的三面投影图

实例　绘制挡墙的三面投影图

实例分析

图 1-4-1 所示挡墙不是简单的基本体，而是由三块基本体组成的复杂形体，叫组合体。绘制组合体的投影图，首先要进行形体分析，分析清楚其形状后，再逐步进行其三面图的绘制。

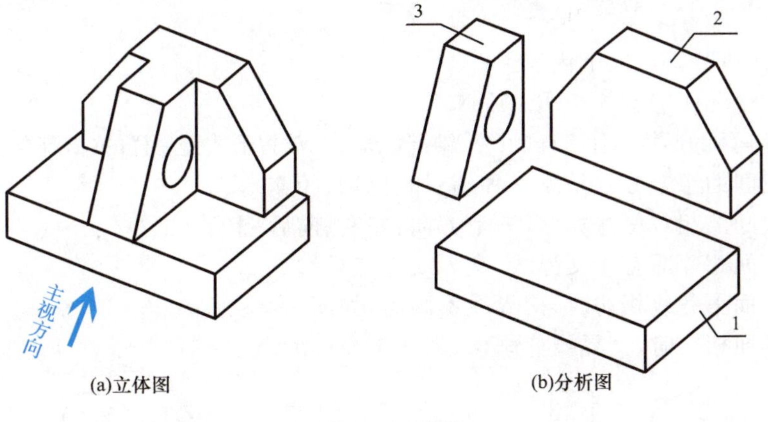

图 1-4-1　挡墙

相关知识

一、组合体及其分类

组合体是由若干个基本体按照不同的组合方式组合而成的形体。

组合体按组合方式划分一般分为四种：

(1)叠加式组合体，是由几个基本体经过简单叠放在一起组合而成的，如图 1-4-2(a)所示。

(2)挖切式组合体，是将一个基本体作为母体，在母体基础上经过一次或几次挖切或截切而形成的，如图 1-4-2(b)所示。

(3)相交式组合体，是由基本体组合在一起，并且基本体之间互有融合而形成的，如图 1-4-2(c)所示。

(4)综合式组合体，是由基本体经过以上两种或多种组合方式组合在一起而形成的，如图 1-4-2(d))所示。

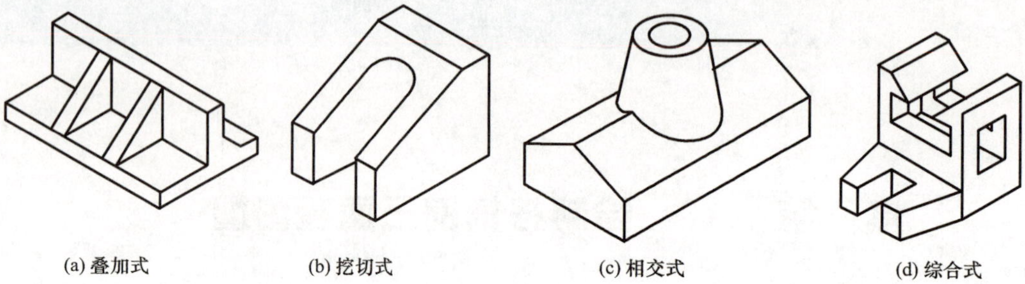

图 1-4-2　组合体的组合方式

二、组合体的形体分析

由于组合体是由基本体组合而成的，所以在分析组合体的形状时，无论一个组合体多么复杂，通常可以分解成若干个基本体，再逐步弄清每个基本体的形状、放置形式、基本体之间的相对位置以及组合方式，便可分析出组合体的形状。这种分析组合体的方法称为形体分析法。

形体分析法应分析出以下内容：

(1)组合体由几块基本体组成。

(2)每块基本体的形状是什么样的(柱、锥、台、球体)，放置形式是怎样的(横卧、纵卧、立放)。

(3)块与块间的组合方式是哪一种(叠加、挖切、相交)。

(4)块与块间的相对位置如何(三个方向：左右、前后、上下)。

(5)块与块间相邻面有无交界线，交界线是怎样的。

①相邻面平齐或相切时，交界线不画出，如图 1-4-3 所示。

②相邻面相交时，交界线应画出，如图 1-4-4 所示。

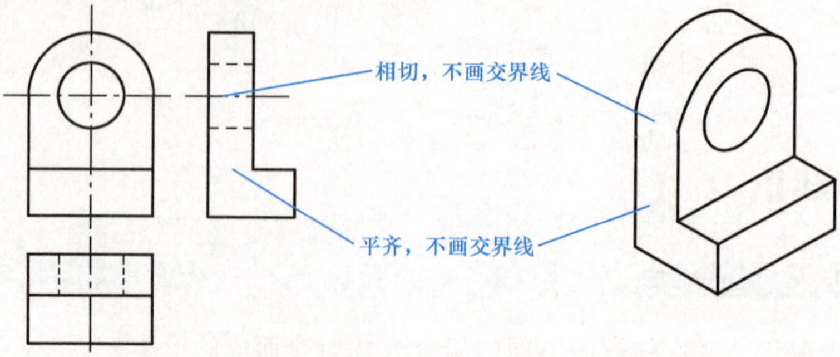

图 1-4-3　相邻面平齐或相切，不画交界线

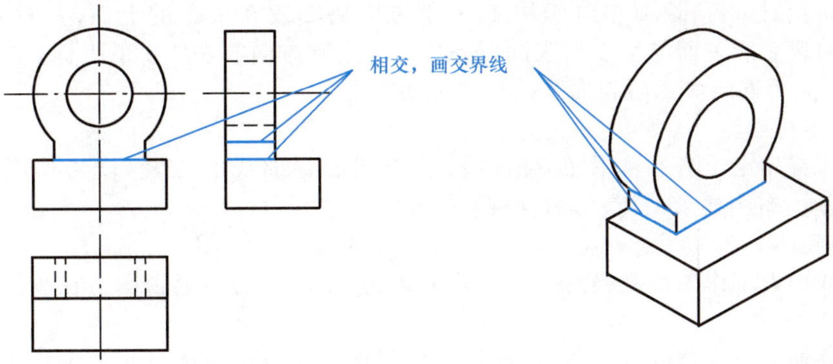

图 1-4-4　相邻面相交，画交界线

任务实施

绘制组合体投影图时，组合体的组合形式不同，采用的绘图方法也不同。绘制叠加组合体投影图一般采用形体分析法。

形体分析法绘图是绘制叠加组合体投影图的基本方法，就是将组合体分解成几个基本体，分析出它们的形状、放置形式和相互的位置关系，将基本体的投影图按其相对位置进行组合，这样就可得到组合体的投影图。

现以图 1-4-1(a)所示的挡墙为例，说明绘制叠加式组合体投影图的一般步骤。

1. 放置好物体，选择主视图的投影方向

为了把组合体的形状清晰地表达出来，主视图投影方向的选择应遵循以下原则：

(1)在主视图中能明显地反映组合体的主要形状特征，并尽量使组合体的放置形式与组合体的工作位置相一致。

(2)选择主视图时，还应考虑到尽可能减少其他投影图中的虚线。

微视频

叠加式组合体视图的画法

在图 1-4-5 两种方案中，(a)方案比较合理，(b)方案则在侧面图中出现虚线，表达效果较差。

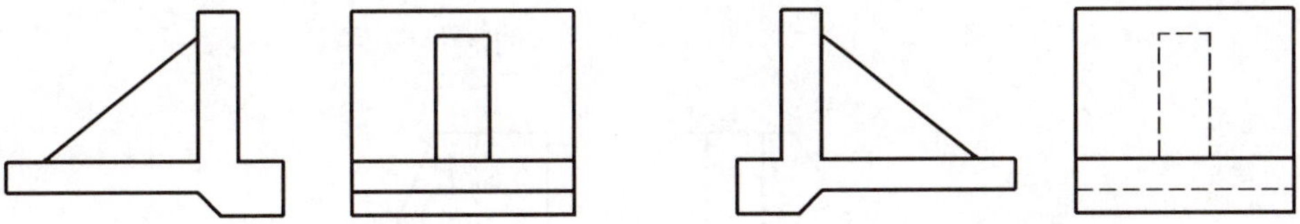

(a)合理方案　　(b)不合理方案

图 1-4-5　主视图投影方向的选择

2. 形体分析

(1)分块情况：图 1-4-1(b)中所示，该组合体可分解为块 1、块 2 和块 3 三个基本体。组合形式为叠加。

(2)每块基本体的形状：块 1 为长方体；块 2 为纵卧的六棱柱；块 3 为横卧的中间带圆孔的四棱柱。

(3)块间相对位置：块 2 相对于块 1，上下方向块 2 放在块 1 的上面，左右方向居中放置，前后方向块 2 后表面与块 1 后表面对齐。块 3 上下方向放在块 1 的上面，左右方向对块 1 居中放置，前后方向块 3 后表面紧贴在块 2 前表面。

3. 布置投影图

布图时，首先定出各投影图的对称线、主要端面轮廓线的位置，作为作图基线，如图 1-4-6(a)所示。布图要求平衡、匀称、协调。

4. 绘制底图

画底图时，力求作图准确，轻描淡写，用硬度为 H 以上的铅笔画图。在画图时，注意以下几点：

(1)画叠加式组合体的投影图时，正确的画图顺序是应按形体分析的分块来画，画完一块基本体的三面图，再开始画下一块基本体的三面图，如图 1-4-6(b)～图 1-4-6(d)所示。

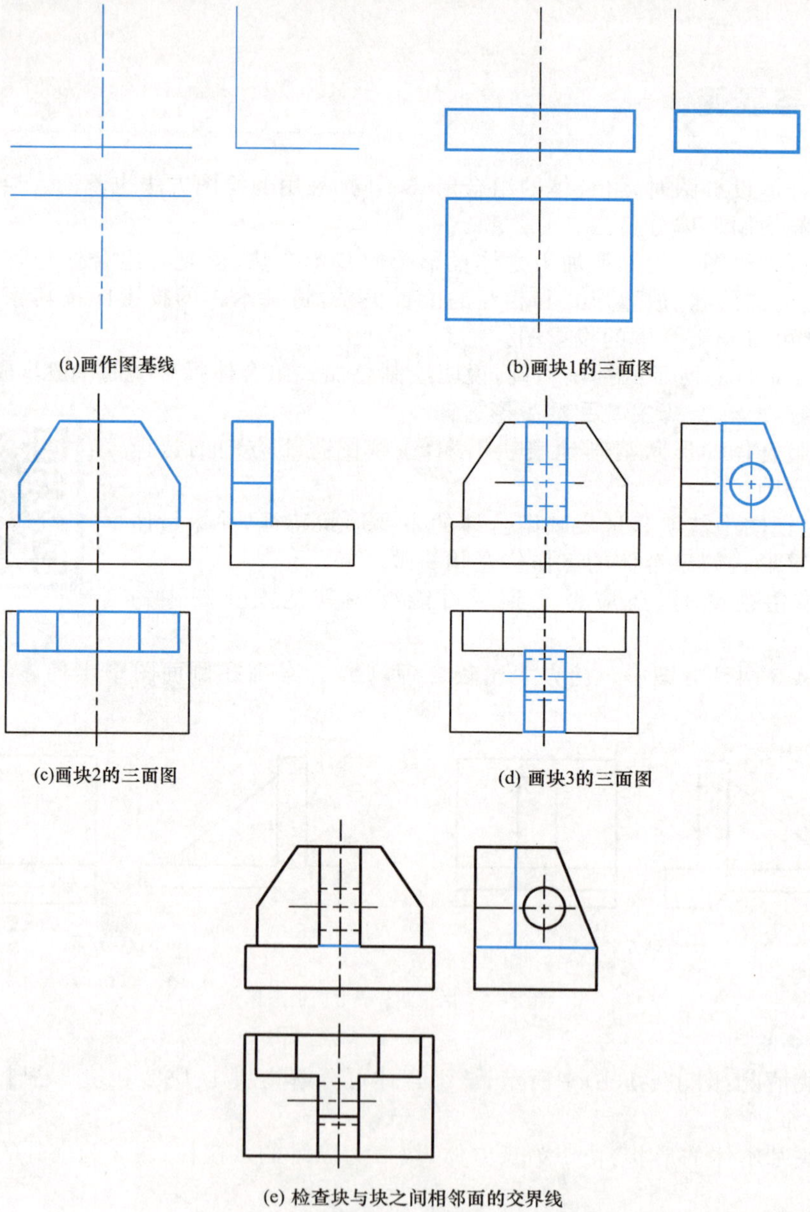

图 1-4-6　叠加式组合体投影图的绘制过程

(2)其中画某一块基本体三面图时，先从它的特征面开始画起，再画它的其他两面投影。

(3)检查块与块之间相邻面的交界线，如图 1-4-6(e)所示。

5. 检查和描深

底图画完后，应按原作图顺序仔细检查，检查无误后描深图线。

微视频

形体分析法绘制组合体三面图

知识拓展

绘制组合体的三面投影图的过程中必须注意的两个问题

(1)画图前放置好物体，一旦确定了主视图投影方向，则在画图过程中一定不要再挪动物体，以免造成画出的三面投影图之间放置形式不一致的情况。

(2)绘制叠加式组合体的三面投影图时，初学者容易将绘图顺序搞错。错误的绘图顺序是先画完整个组合体的一面图，再画整个组合体的另一面图，图 1-4-7 中所示为错误的绘图顺序。

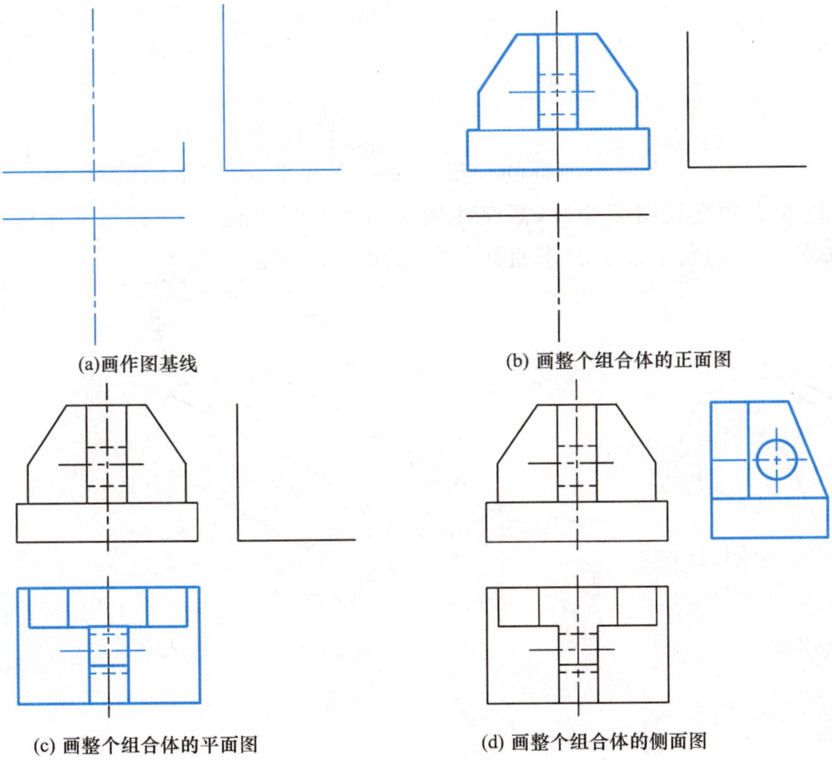

(a)画作图基线　(b) 画整个组合体的正面图

(c) 画整个组合体的平面图　(d) 画整个组合体的侧面图

图 1-4-7　错误的组合体绘图顺序

微视频

组合体——叠加式

任务5

绘制挖切式组合体的三面投影图

实例1 绘制梯形柱截切体的三面投影图

实例分析

图 1-5-1 所示的梯形柱截切体是由一个横卧的梯形柱被一个截平面(正垂面)截切得到的形体。截平面与梯形柱表面的交线叫截交线,截交线围成的平面叫截面,截平面与梯形柱棱线的交线叫截交点,体的截切问题本质上是求直线与平面交点的问题。

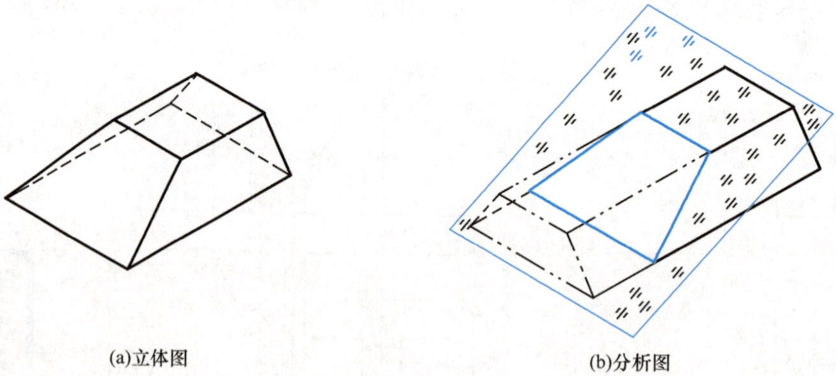

(a)立体图　　(b)分析图

图 1-5-1　梯形柱截切体

相关知识

一、直线的投影

直线按与投影面的相对位置可分为三类(七种线):不平行于任一投影面的直线,称为一般位置直线；只平行于一个投影面的直线，称为投影面平行线，对正立面（V 面）、水平面（H 面）、侧立面（W 面）的平行线，分别简称为正平线、水平线、侧平线；垂直于投影面的直线，一定也同时平行于其他两个投影面，称为投影面垂直线，对正立面（V 面）、水平面（H 面）、侧立面（W 面）的垂直线，分别简称为正垂线、铅垂线、侧垂线。投影面平行线与投影面垂直线统称为特殊位置直线。直线与投影面 H、V、W 面的倾角分别用 α、β、γ 标注。当直线平行于投影面时，倾角为 0°；垂直于投影面时，倾角为 90°。

1. 投影面平行线

表 1-5-1 列出了三种投影面平行线及其投影特性。

表 1-5-1　　三种投影面平行线及其投影特性

名称	轴测图	投影图	投影特性
正平线	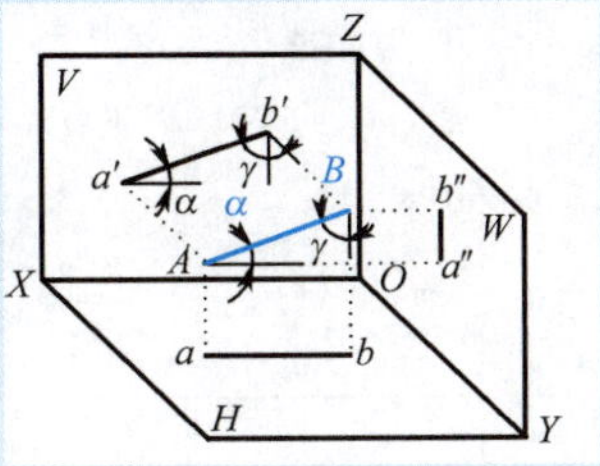	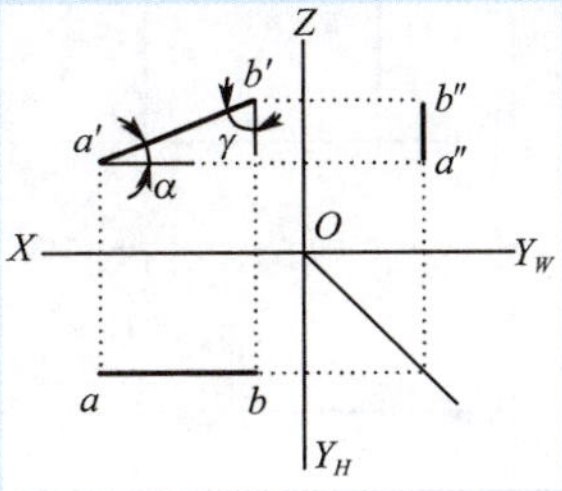	1. $a'b'$ 反映实长和 α、γ 角 2. $ab // OX$，$a''b'' // OZ$ 且长度缩短
水平线	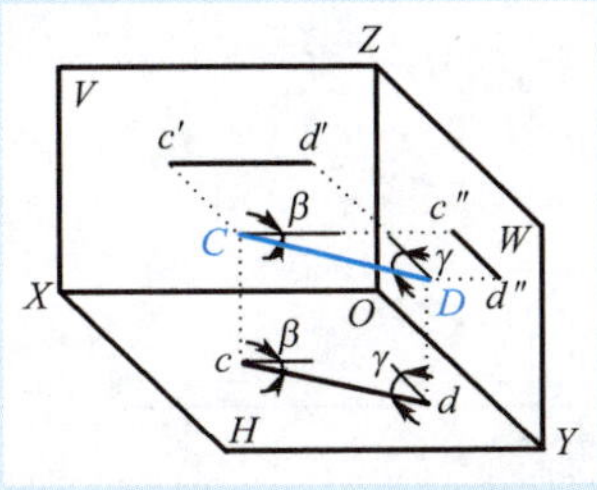	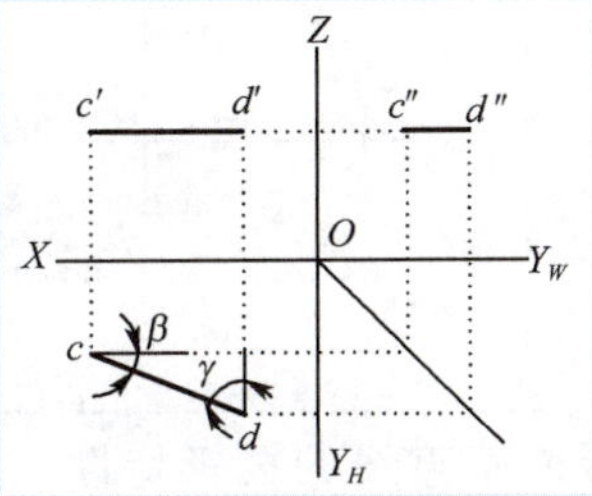	1. cd 反映实长和 β、γ 角 2. $c'd' // OX$，$c''d'' // OY_W$，且长度缩短
侧平线	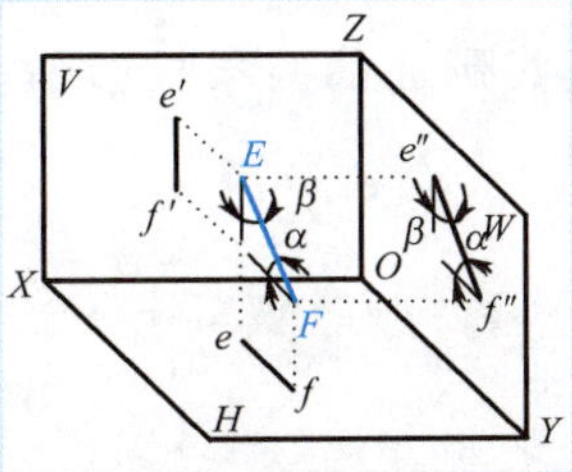	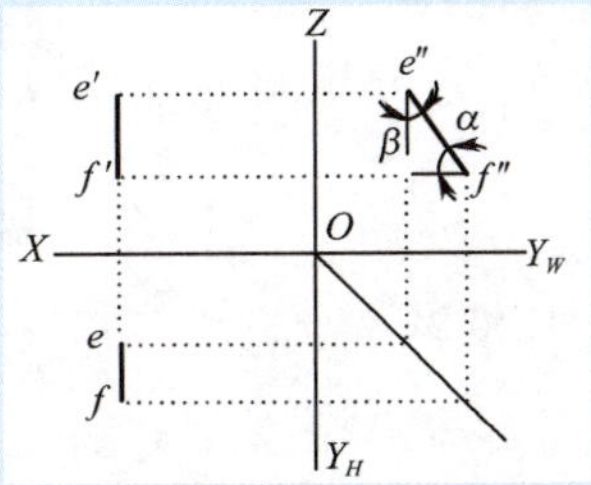	1. $e''f''$ 反映实长和 α、β 角 2. $ef // OY_H$，$e'f' // OZ$ 且长度缩短

从表 1-5-1 中可以归纳出投影面平行线的投影特性：

（1）在平行投影面上的投影，反映实长，且反映该直线与其他两个投影面的真实倾角。

（2）在另外两个投影面上的投影，分别平行于决定平行投影面的两条投影轴，且长度缩短。

2. 投影面垂直线

表 1-5-2 列出了三种投影面垂直线及其投影特性。

表 1-5-2　　投影面垂直线及其投影特性

名称	轴测图	投影图	投影特性
正垂线	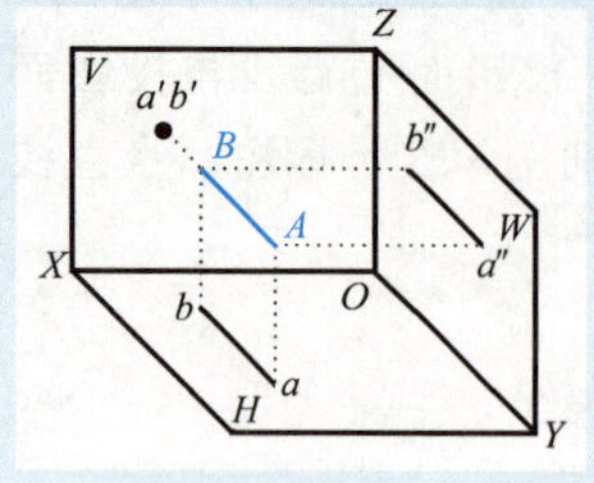	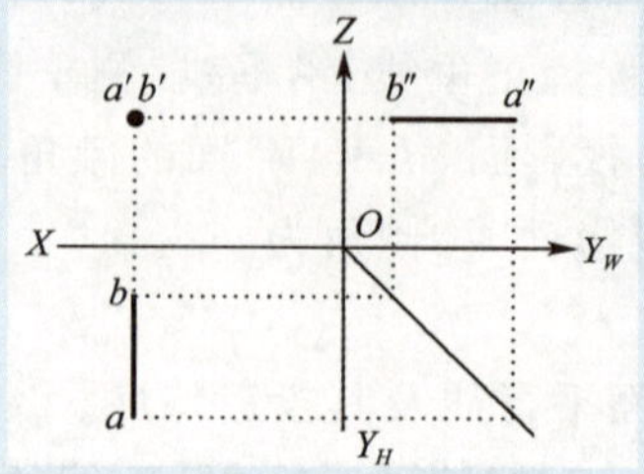	1. $a'b'$积聚成一点 2. $ab \perp OX$，$a''b'' \perp OZ$ 且反映实长
铅垂线	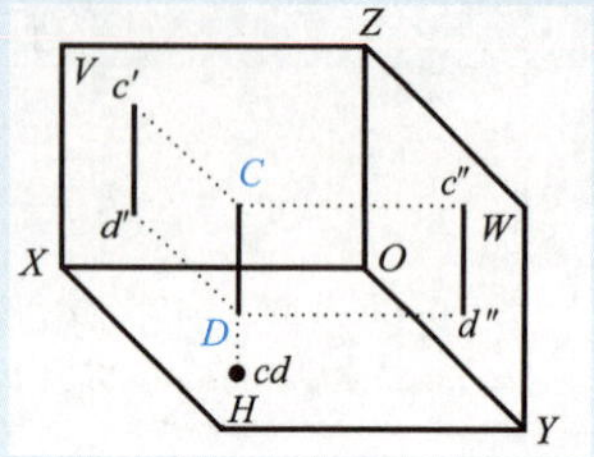	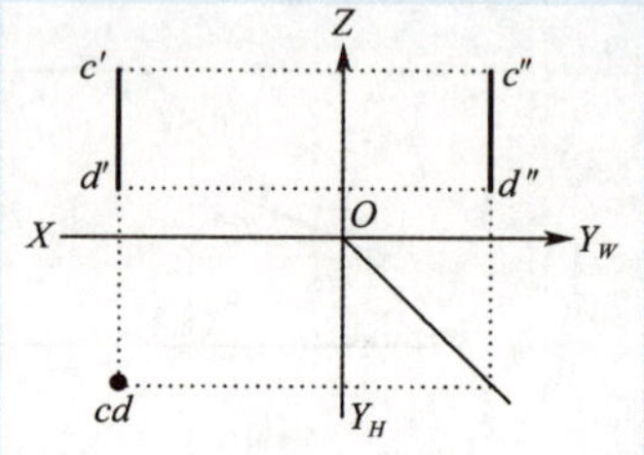	1. cd 积聚成一点 2. $c'd' \perp OX$，$c''d'' \perp OY_W$ 且反映实长
侧垂线	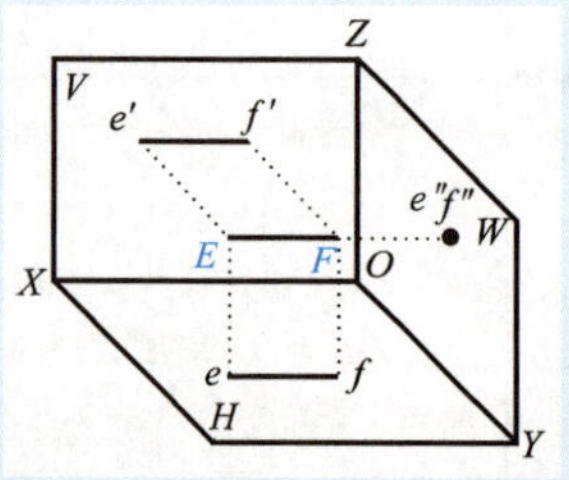	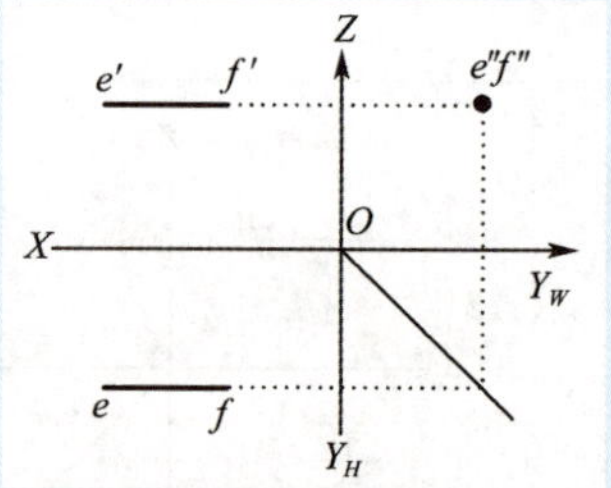	1. $e''f''$积聚成一点 2. $e'f' \perp OZ$，$ef \perp OY_H$ 且反映实长

从表 1-5-2 可以归纳出投影面垂直线的投影特性：

(1)在垂直投影面上的投影，积聚成一点。

(2)在另外两个投影面上的投影，分别垂直于决定垂直投影面的两条投影轴，且反映真长。

3. 一般位置直线

图 1-5-2 为一般位置直线及其投影。

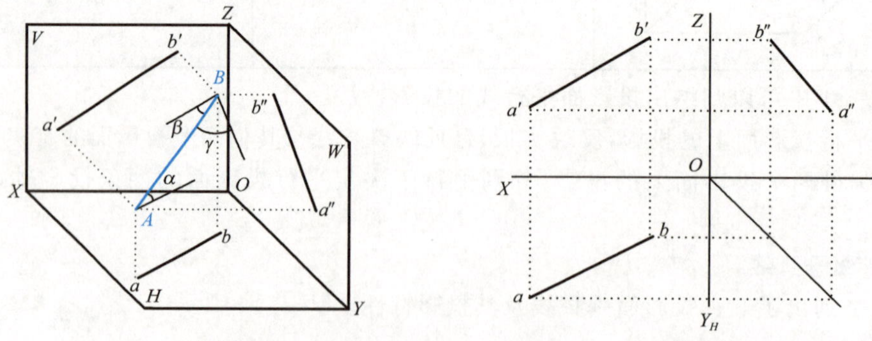

(a)立体图　　(b)投影图

图 1-5-2　一般位置直线及其投影

从图 1-5-2 可以归纳出一般位置直线的投影特性：

(1)三面投影都小于真长。

(2)三面投影都倾斜于各投影轴，各投影与相应投影轴的夹角都不反映直线对各投影面的倾角。

二、各种位置的平面及其投影特性

平面按与投影面的相对位置分为三类：不垂直于任一投影面的平面，称为一般位置平面；只垂直一个投影面的平面，称为投影面垂直面，对正立面（V 面）、水平面（H 面）、侧立面（W 面）的垂直面，分别简称为正垂面、铅垂面、侧垂面；平行于投影面的平面，也必定垂直于其他两个投影面，称为投影面平行面，对正立面（V 面）、水平面（H 面）、侧立面（W 面）的平行面，分别简称正平面、水平面、侧平面。投影面垂直面与投影面平行面统称为特殊位置平面。平面与投影面 H、V、W 面的倾角，分别用 α、β、γ 表示。当平面平行于投影面时，倾角为 0°；垂直于投影面时，倾角为 90°。

1. 投影面垂直面

表 1-5-3 列出了三种投影面垂直面及其投影特性。

表 1-5-3　　三种投影面垂直面及其投影特性

名称	轴测图	投影图	投影特性
正垂面	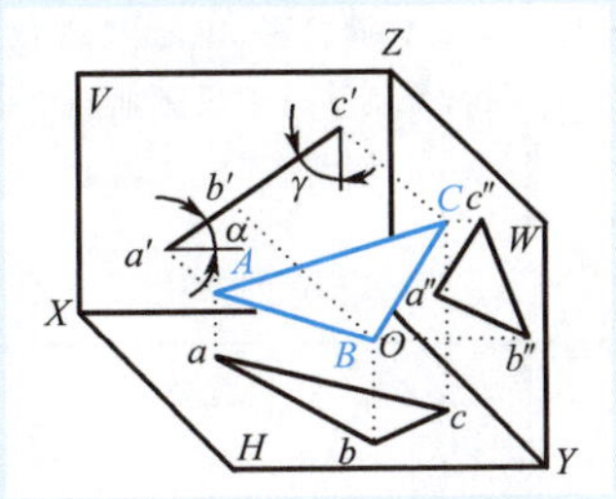	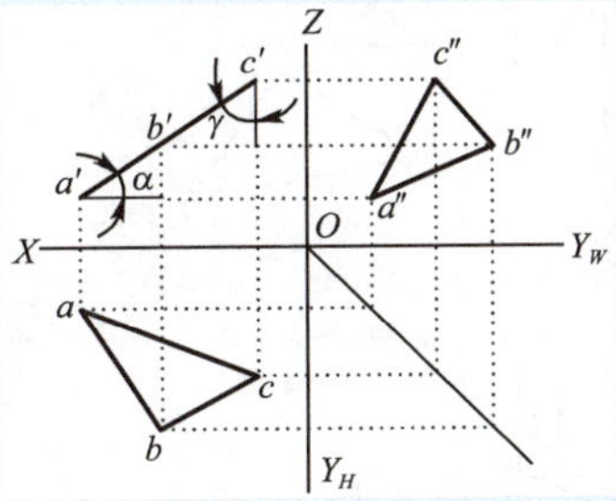	1. V 面投影积聚成一直线，并反映与 H、W 面的倾角 α、γ 2. 其他两个投影为面积缩小的类似形
铅垂面	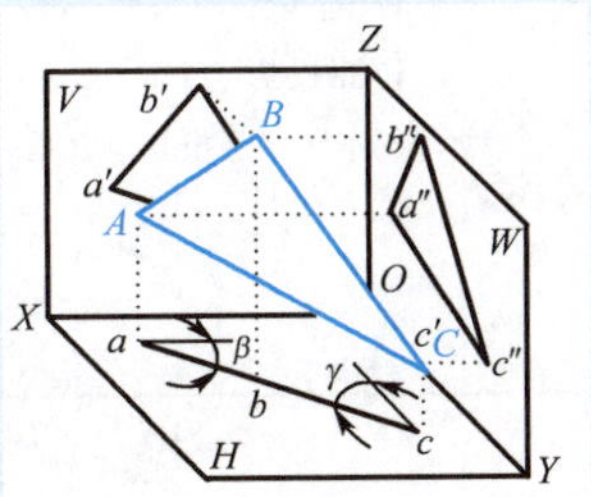	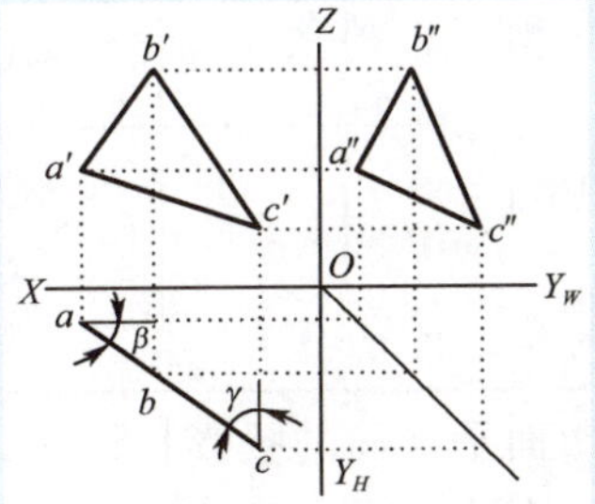	1. H 面投影积聚成一直线，并反映与 V、W 面的倾角 β、γ 2. 其他两个投影为面积缩小的类似形
侧垂面	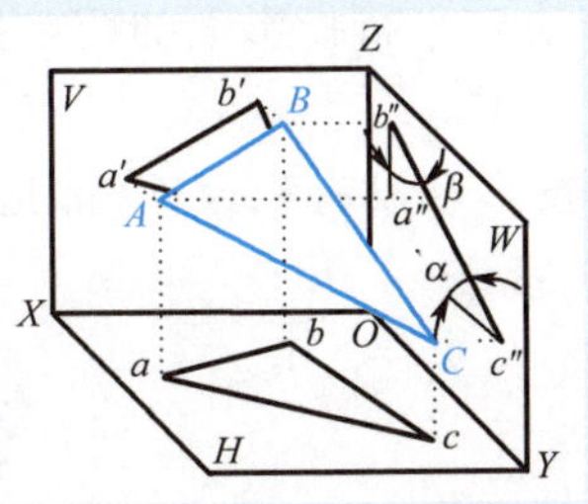	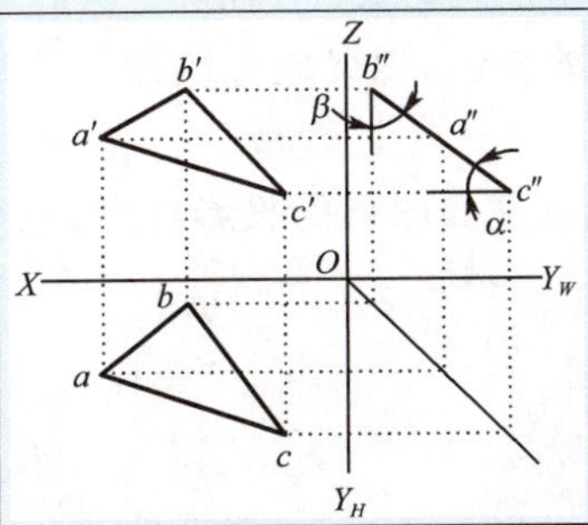	1. W 面投影积聚成一直线，并反映与 H、V 面的倾角 α、β 2. 其他两个投影为面积缩小的类似形

从表 1-5-3 可归纳出投影面垂直面的投影特性：

(1)在所垂直的投影面上的投影积聚成一直线，且反映与其他两个投影面的倾角。

(2)在其他两个投影面上的投影，为面积缩小的类似形。

2. 投影面平行面

表 1-5-4 列出了三种投影面平行面及其投影特性。

表 1-5-4　　三种投影面平行面及其投影特性

名称	轴测图	投影图	投影特性
正平面	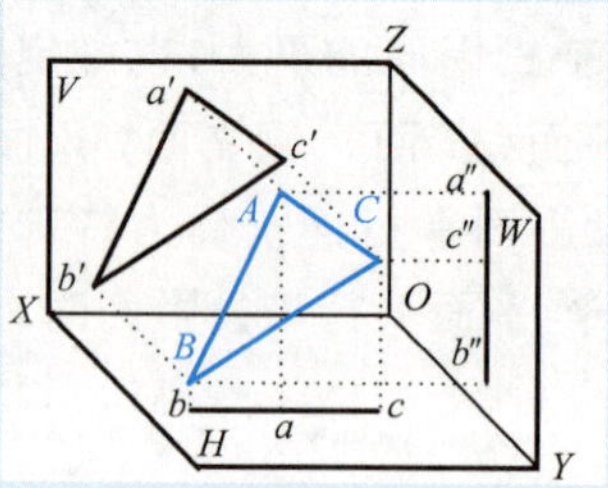	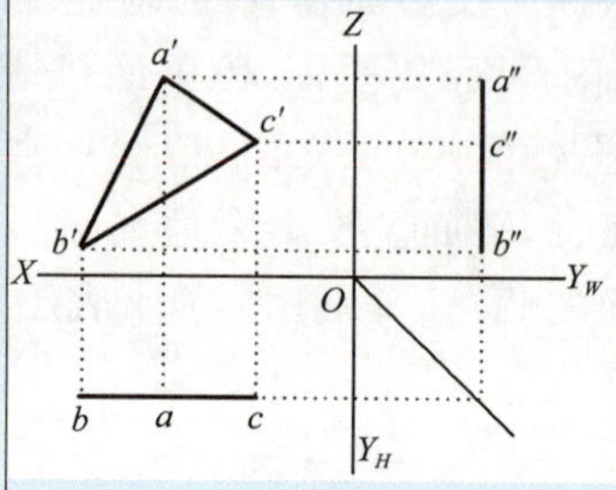	1. V 面投影反映真形 2. H 面投影、W 面投影积聚成直线，分别平行于投影轴 OX、OZ
水平面	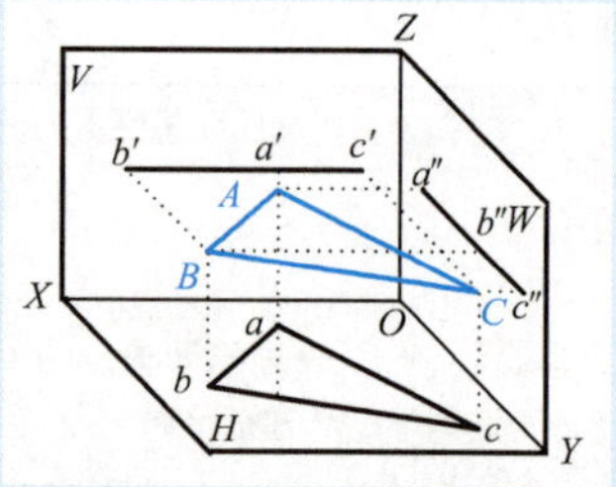	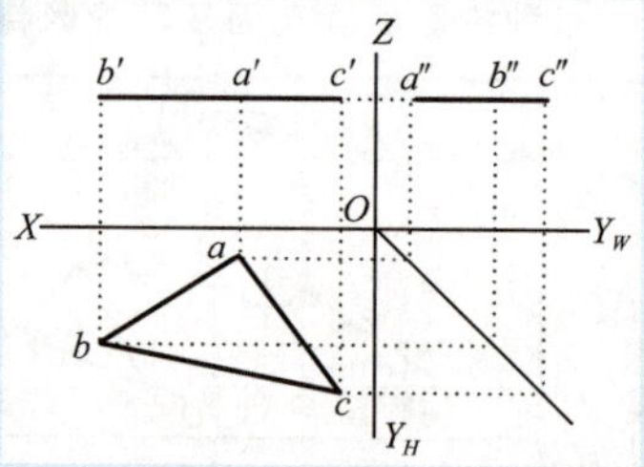	1. H 面投影反映真形 2. V 面投影、W 面投影积聚成直线，分别平行于投影轴 OX、OY_W
侧平面	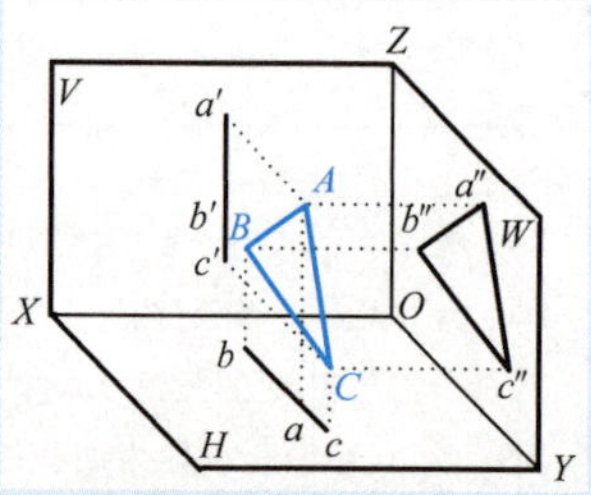	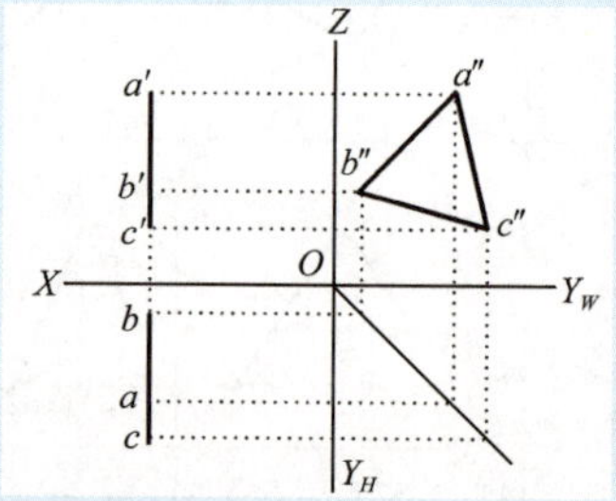	1. W 面投影反映真形 2. V 面投影、H 面投影积聚成直线，分别平行于投影轴 OZ、OY_H

从表 1-5-4 可以归纳出投影面平行面的投影特性：

(1)在它所平行的投影面上的投影反映真形。

(2)在其他两个投影面上的投影，积聚成直线，且平行于决定平行投影面的两条投影轴。

3. 一般位置平面

如图 1-5-3 所示为一般位置平面图形的投影特性：三个投影都没有积聚性，都是面积缩小的类似形。

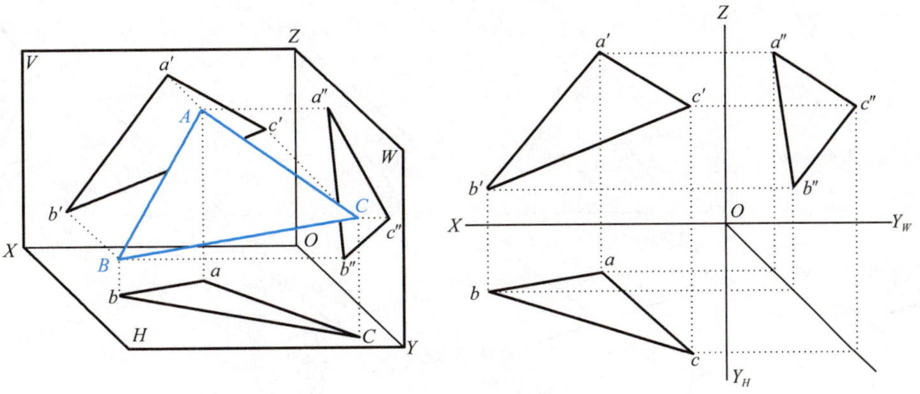

图 1-5-3　一般位置平面图形的投影

三、直线与平面的交点投影

直线与平面的交点是直线与平面的共有点，该点既在直线上又在平面上，要作出交点的投影，则需利用直线和平面的共有点的特点。在投影图中，为增强图形的清晰感，必须判别直线与平面重影点的可见性。

1. 求作投影面垂直线与一般位置平面的交点投影，如图 1-5-4(a)所示

(1)利用投影面垂直线的积聚性，可直接定出交点 K 的水平投影 k，如图 1-5-4(b)所示。

(2)作平面 ABC 内与直线 EF 相交的一条直线的水平投影。连接 ak 并延长交 bc 于 d，ad 即为平面 ABC 内与直线 EF 相交的一条直线的水平投影，如图 1-5-4(c)所示。

(3)根据“长对正”，由 d 作 D 点对正线交 $b'c'$ 于 d'，连接 $a'd'$ 就得到直线 AD 的正面投影 $a'd'$，$a'd'$ 与 $e'f'$ 的交点 k' 即为直线 EF 与平面 ABC 交点的正面投影，如图 1-5-4(d)所示。

(4)判断可见性：从平面图中可知边 AC 与直线 EF 的重影点在直线 EF 前方，所以正面图中直线 EF 上的重影点不可见，k' 以下到 $a'c'$ 之间的 $e'f'$ 段不可见，画虚线，如图 1-5-4(d)所示。

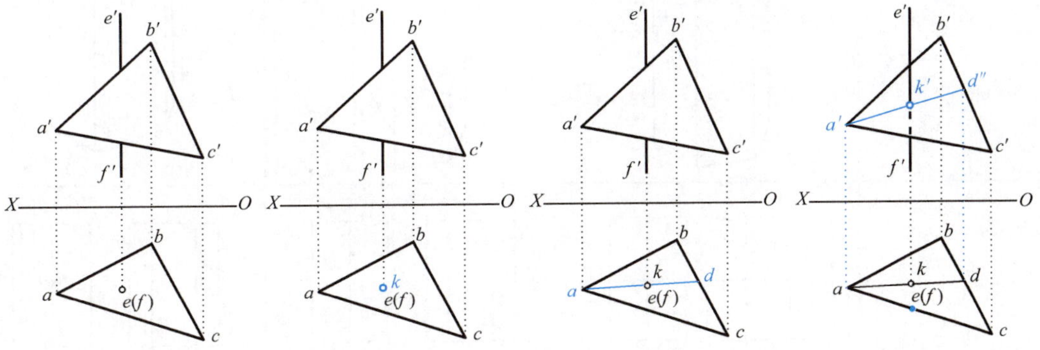

(a)已知直线与平面的投影　(b)定出交点的水平投影k　(c)过k点作平面内的一条直线AD　(d)作直线AD的正面投影$a'd'$，与$e'f'$相交，得其正面投影k'，并判断可见性

图 1-5-4　投影面垂直线与一般位置平面的交点投影

2. 求作一般位置直线与投影面垂直面的交点投影，如图 1-5-5(a)所示

(1)利用投影面垂直面的积聚性，可直接定出交点 K 的水平投影 k，如图 1-5-5(b)所示。

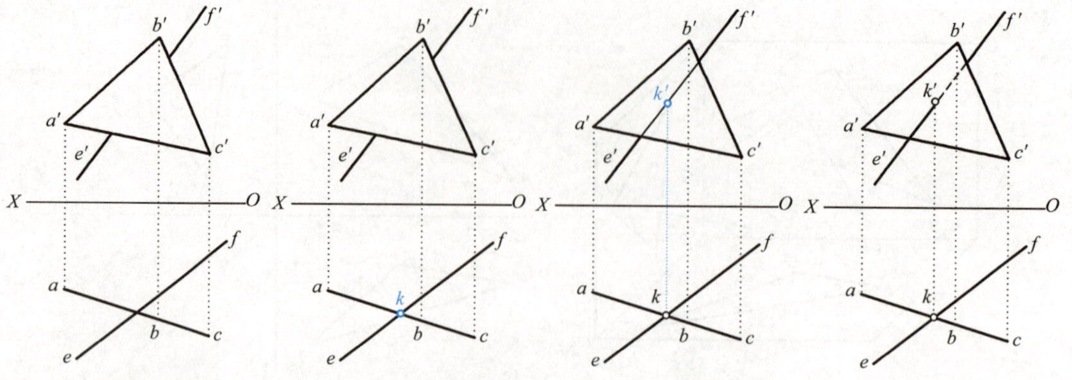

(a)已知直线与平面的投影　(b) 定出交点的水平投影k　(c)作交点的正面投影k'　(d)判断可见性

图 1-5-5　一般位置直线与投影面垂面交点投影

(2)根据“长对正”，由 k 作 K 点的对正线交 $e'f'$ 于 k'，k' 即为直线 EF 与平面 ABC 交点的正面投影，如图 1-5-5(c)所示。

(3)判断可见性：从平面图中可知直线 EF 在 K 点的右半段在平面 ABC 的后方，所以直线 EF 上的重影点不可见，k' 右方到 $b'c'$ 之间的 $e'f'$ 段不可见，画虚线，如图 1-5-5(d)所示。

四、棱柱截切的一般规律

棱柱截切的一般规律见表 1-5-5。

表 1-5-5　**棱柱截切的一般规律**

截平面位置	平行于棱柱底面	倾斜于棱柱底面	平行于棱柱侧棱
示意图	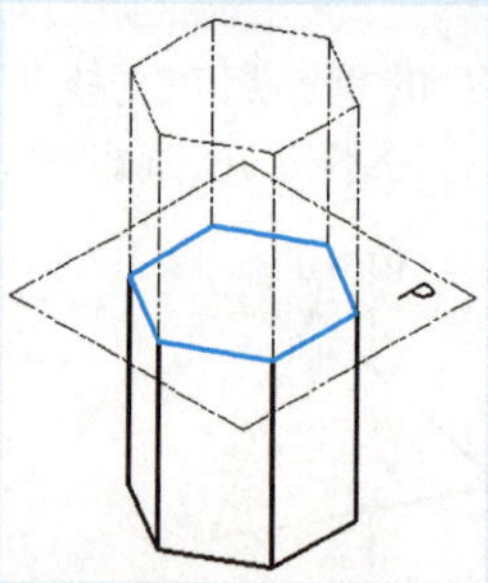	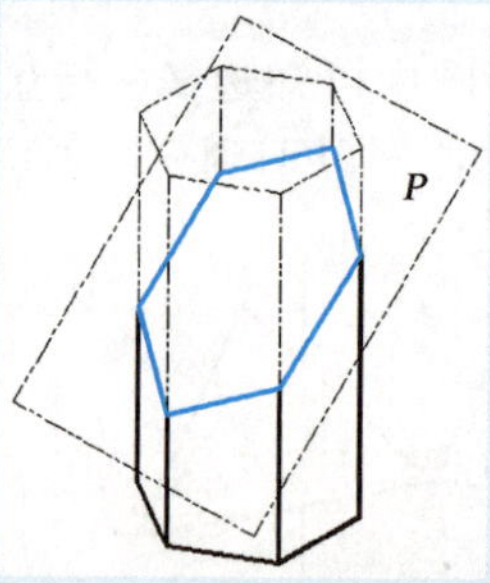	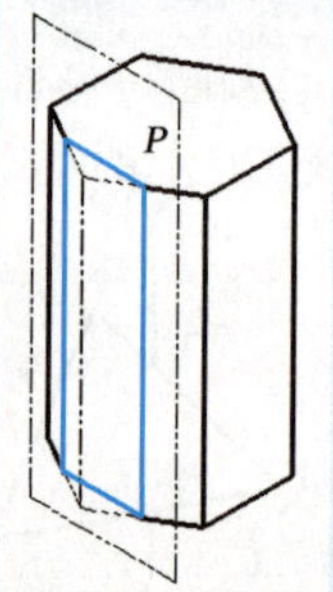
截交线	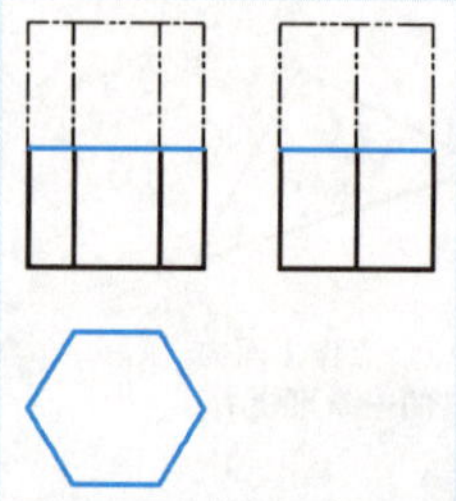	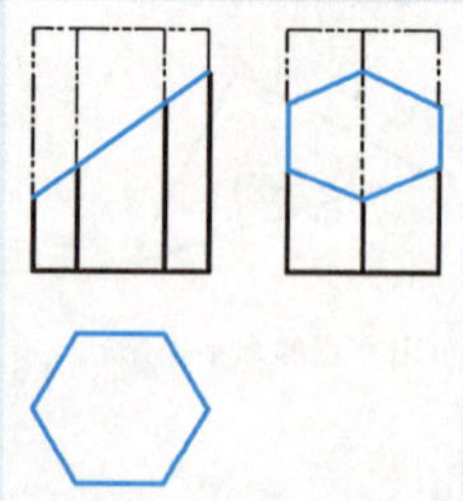	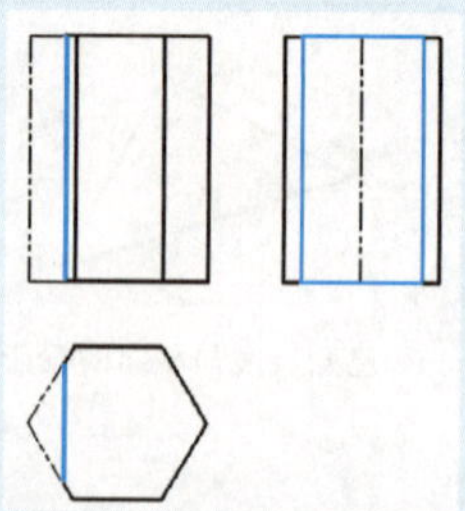
截面形状	底面的全等多边形	底面的类似多边形	矩形

任务实施

由于截平面为正垂面，倾斜于梯形柱的底面，并分别与梯形柱的上、下、前、后四个表面相交，所以截面形状为底面的类似四边形。绘制梯形柱截切体的三面投影图时，分别作出梯形柱的被截棱线与截平面的截交点投影，然后再用直线连接这些截交点的投影，即可得到梯形柱的截交线投影。图 1-5-6 为梯形柱截切体三面投影图的绘制过程。

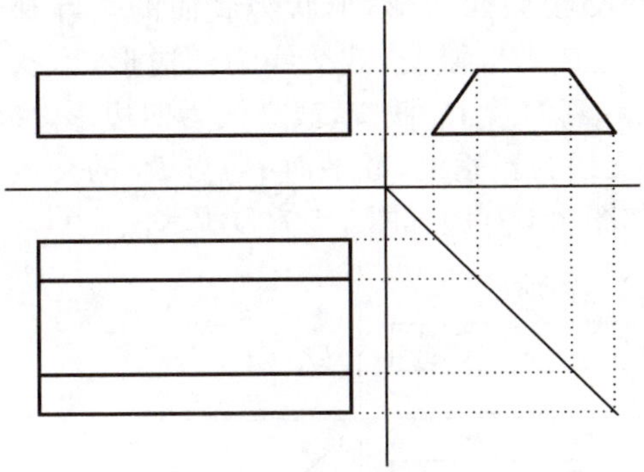

(a) 绘制梯形柱的投影图

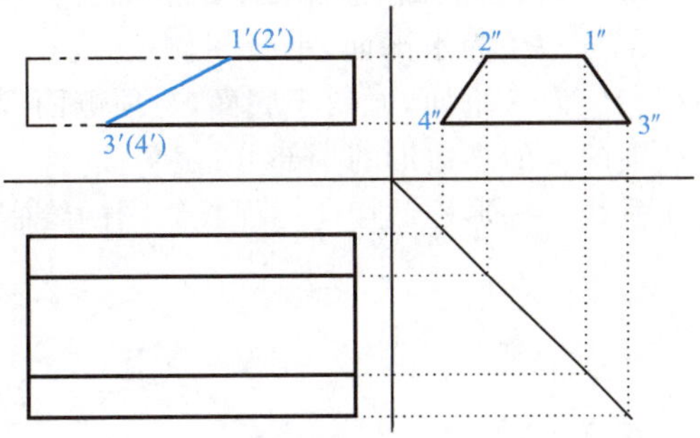

(b) 在正面图中，根据截平面的位置绘制截平面的积聚线，找出与截平面的积聚线相交的棱线并给以编号

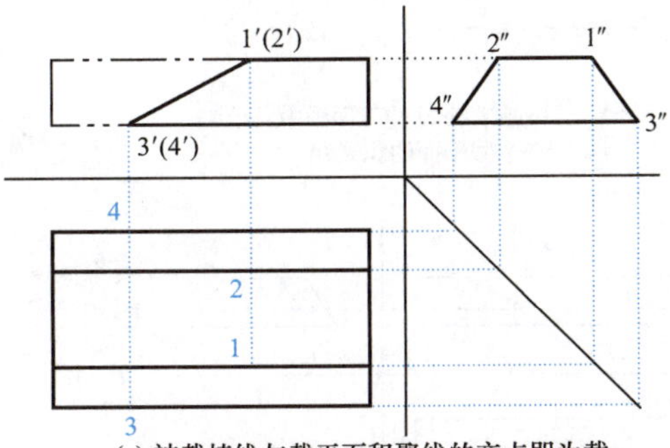

(c) 被截棱线与截平面积聚线的交点即为截交点的正面投影，再分别找出每条棱线与截平面交点的三面投影

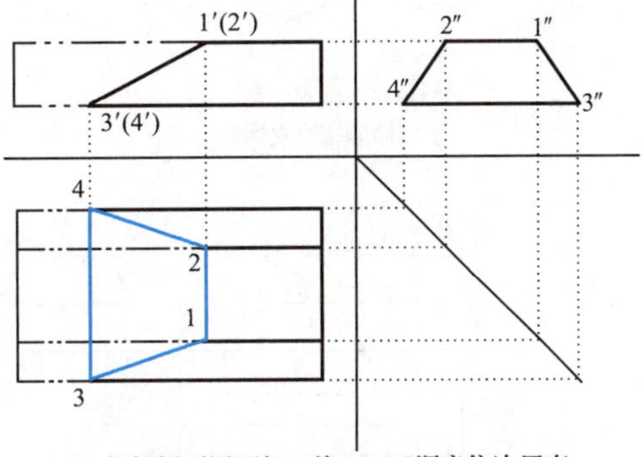

(d) 根据侧面图可知，按1-2-4-3顺序依次用直线连接截交点投影，作出截交线投影

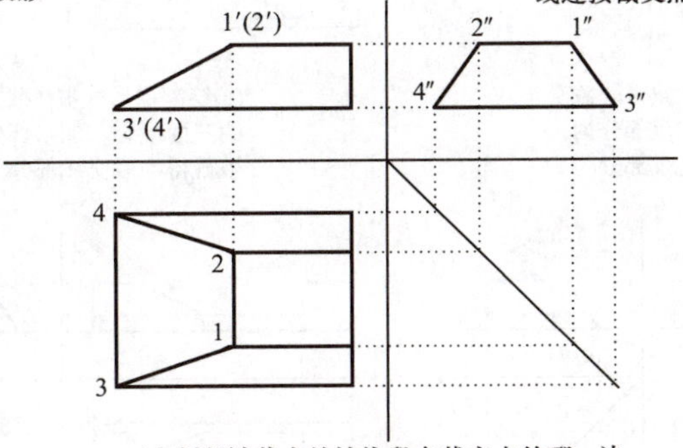

(e) 判断被截去的棱线段在截交点的哪一边，擦去被截去的部分棱线段

图 1-5-6　梯形柱截切体三面投影图的绘制过程

知识拓展

一、被多个截平面截切得到的梯形柱截切体三面投影图的绘制

分析：如图 1-5-7(a)所示，梯形柱被三个截平面截切，由表 1-5-5 可知，P_1 为侧平面，平行于底面，与顶侧面、前侧面、后侧面及 P_2 截交，截交线为四边形，形状为底面的全等梯形的一部分；P_2 为水平面，平行于侧棱，与前面、后面及 P_1、P_3 截交，截交线为四边形，形状为矩形；P_3 为正垂面，倾斜于底面，与顶侧面、前侧面、后侧面及 P_2 截交，截交线为四边形，形状为底面的类似多边形的一部分；截平面 P_1 与 P_2 的交线为正垂线，截平面 P_3 与 P_2 的交线也为正垂线。梯形柱截切体三面投影图的绘制过程，如图 1-5-7(b)～图 1-5-7(f)所示。

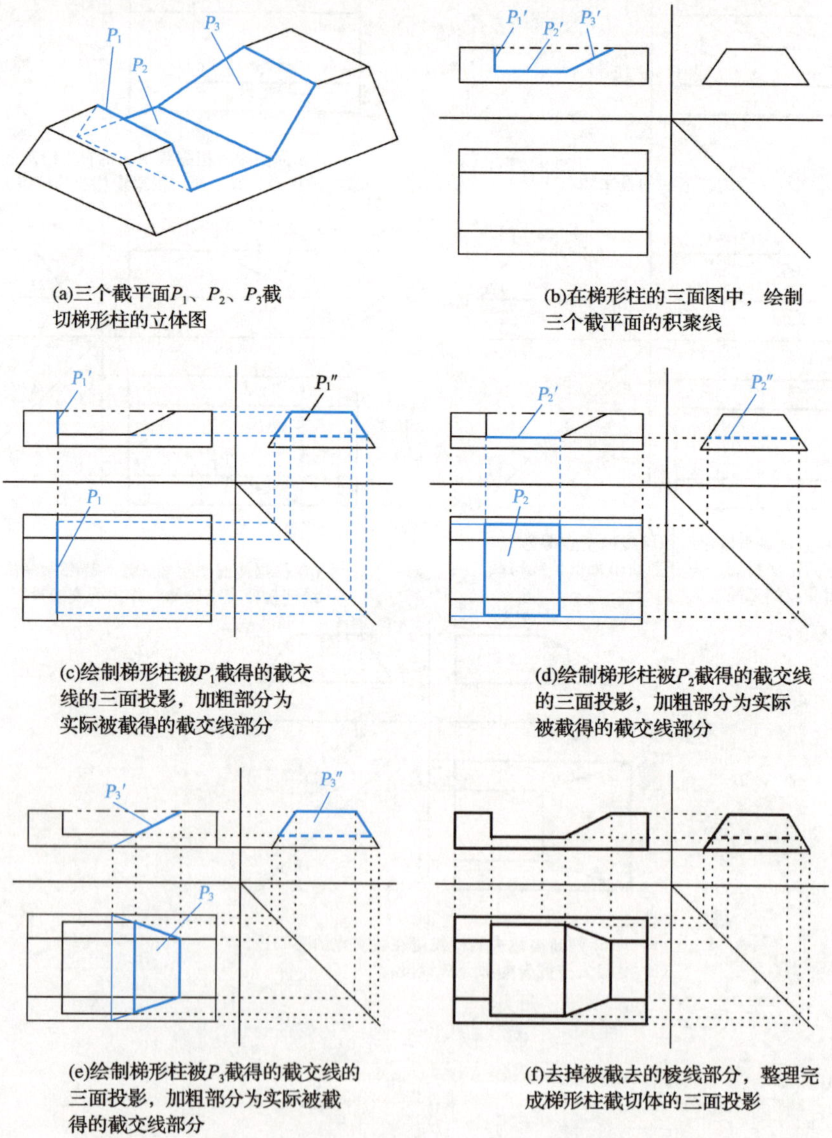

(a)三个截平面P_1、P_2、P_3截切梯形柱的立体图

(b)在梯形柱的三面图中，绘制三个截平面的积聚线

(c)绘制梯形柱被P_1截得的截交线的三面投影，加粗部分为实际被截得的截交线部分

(d)绘制梯形柱被P_2截得的截交线的三面投影，加粗部分为实际被截得的截交线部分

(e)绘制梯形柱被P_3截得的截交线的三面投影，加粗部分为实际被截得的截交线部分

(f)去掉被截去的棱线部分，整理完成梯形柱截切体的三面投影

图 1-5-7 梯形柱截切体三面投影图的绘制过程

二、截切体投影图的另一种作法——“走刀法”

“走刀法”的分析思路是将体的截切问题理解为被刀切的一个过程。如图 1-5-8(a)所示，六棱柱被两个截平面 P_1、P_2 截切，在图 1-5-8(b)中则理解成了一个被刀切的过程。刀切过程分为两步进行：第一步，把刀刃放到正垂线位置，沿着截平面 P_1 由右上向左下方向逐渐切下，最先切得的刀口线为 A_1-B_1，由 A_1-B_1 往左下走刀，刀口线逐渐变长，到达 A_2-B_2 时达到最长，再往左下走刀，刀口线逐渐变短，到达 A_3-B_3 时完成第一步截切；第二步，由第一步的终止刀口线 A_3-B_3 开始，刀沿着截平面 P_2 由右向左逐渐水平切过，最终到达 A_4-B_4 完成第二步截切，由 A_3-B_3 向 A_4-B_4 走刀，刀口线长度保持不变。

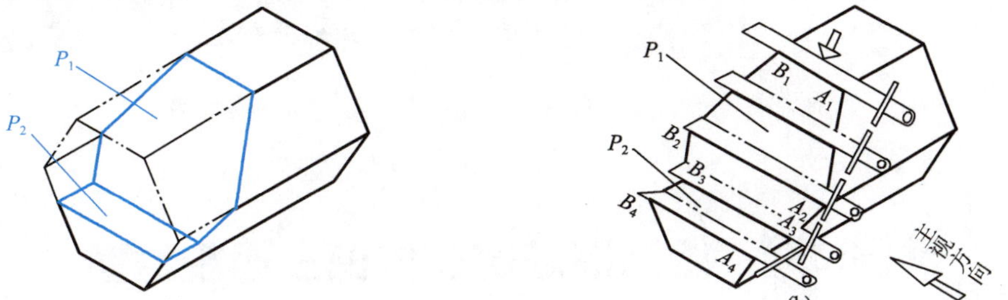

(a)　(b)

图 1-5-8　用“走刀法”分析体的截切过程示意图

“走刀法”的具体作图方法如图 1-5-9 所示：依次作出几条关键刀口线 A_1-B_1、A_2-B_2、A_3-B_3、A_4-B_4 的投影，然后连接刀口线的对应端点，得到截交线的投影。其实质上是利用投影面垂直线与投影面垂直面的积聚性求直线与平面的交点投影。

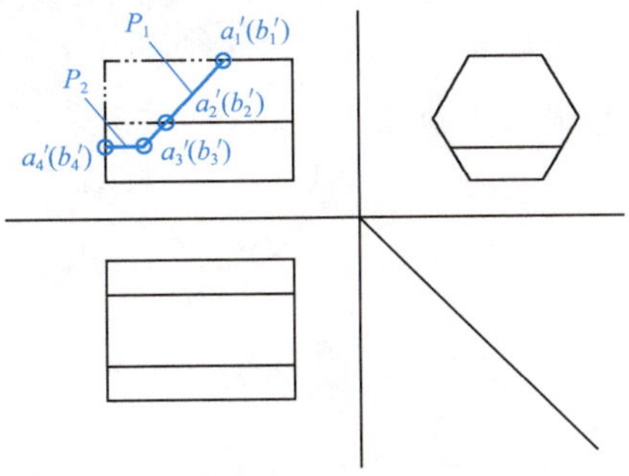

(a) 确定走刀过程，刀口线沿截平面 P_1 由 a_1' b_1' 至 a_2' b_2' 至 a_3' b_3'，再沿截平面 P_2 由 a_3' b_3' 至 a_4' b_4'

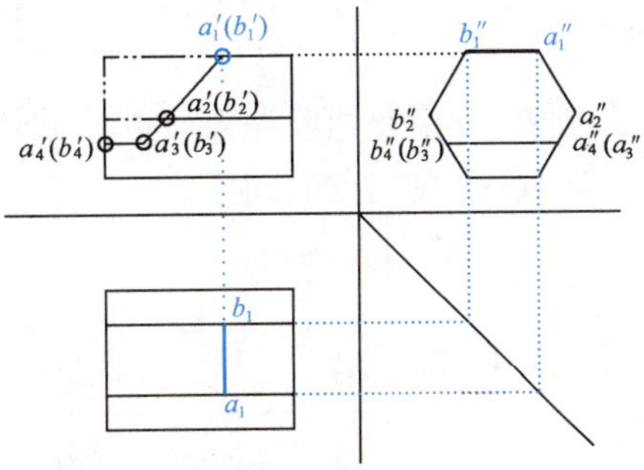

(b) 每条刀口线为一条正垂线，根据“长对正”定出平面图中刀口线的左右位置，根据“高平齐”在侧面图中定出刀口线的长度和前后位置

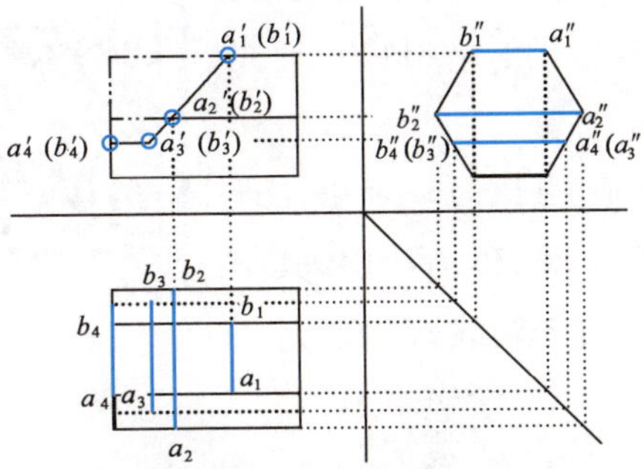

(c)依次作出几条关键刀口线 A_1-B_1、A_2-B_2、A_3-B_3、A_4-B_4 的投影

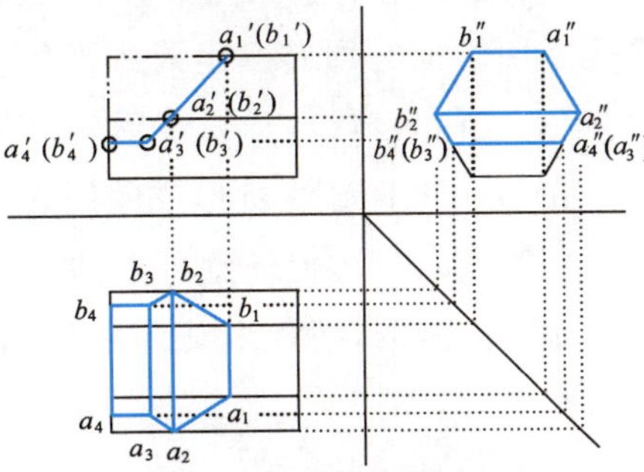

(d)连接刀口线的对应端点 a_1-a_2-a_3-a_4、b_1-b_2-b_3-b_4 得到截交线的投影

图 1-5-9　用“走刀法”绘制截切体投影图的过程

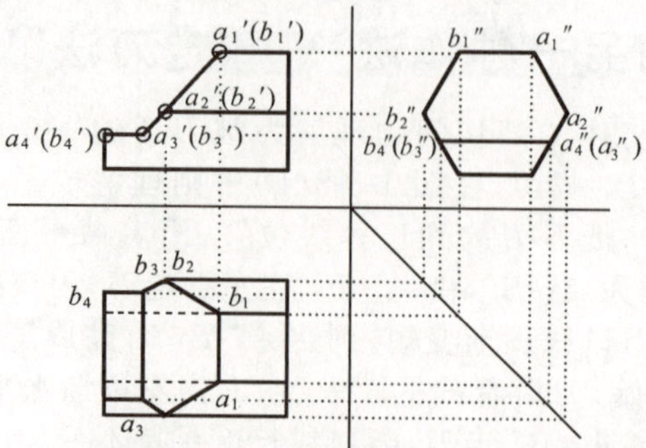

(e)分析整理：A_2-B_2为截平面P_1内的一条线，不是棱线，故擦去；A_3-B_3为截平面P_1与P_2的交线，故保留；擦去被截取的棱线

图 1-5-9 用“走刀法”绘制截切体投影图的过程(续)

实例 2 绘制圆柱截切体的三面投影图

实例分析

如图 1-5-10 所示，圆柱截切体是由一个横卧的圆柱被一个截平面(正垂面)截切得到的形体。圆柱的截切问题本质上是求圆柱的素线与截平面交点的问题。

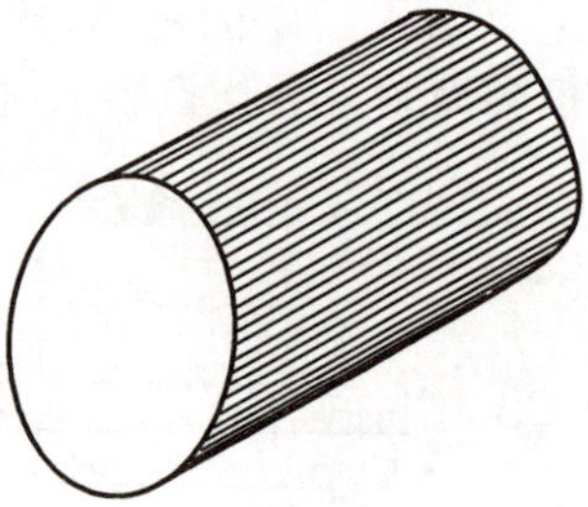

图 1-5-10 圆柱截切体的立体图

相关知识

1. 回转体上的素线与纬圆

一动线(直线或曲线)绕一定直线旋转所形成的曲面叫回转面，由回转面与平面或回转面与回转面组成的形体叫回转体(图 1-5-11)。动线称为母线，定直线称为轴线，母线在回转面上的任意位置称为素线。图 1-5-11(a)、(b)表示由直母线所形成的回转面，图 1-5-11(c)表示由曲母线所形成的回转面。母线上任意一点的轨迹是一个圆，称为纬圆，其半径是该点到轴线的距离，任意纬圆所在的平面都垂直于轴线。

微视频

曲面截切的内容

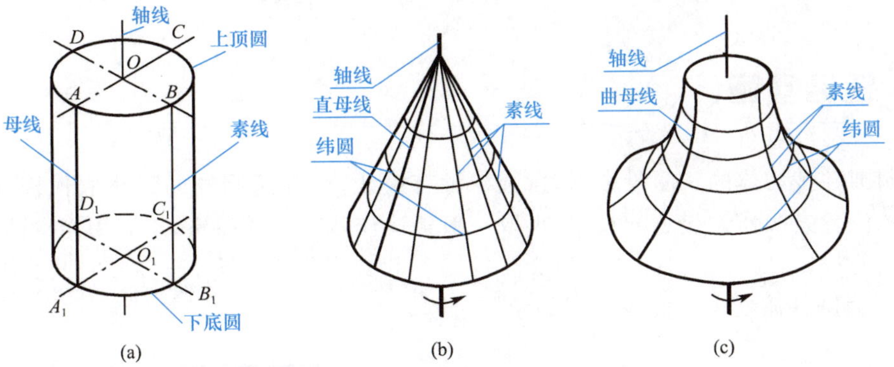

图 1-5-11　回转体及回转面的形成

2. 圆柱面截切一般规律

圆柱被平面截切，截平面与圆柱轴线的相对位置不同，得到的截交线的形状也不同。表 1-5-6 列出了圆柱面截切的一般规律。

表 1-5-6　**圆柱面截切的一般规律**

截平面位置	垂直于圆柱的轴线	倾斜于圆柱的轴线	平行于圆柱的轴线
示意图	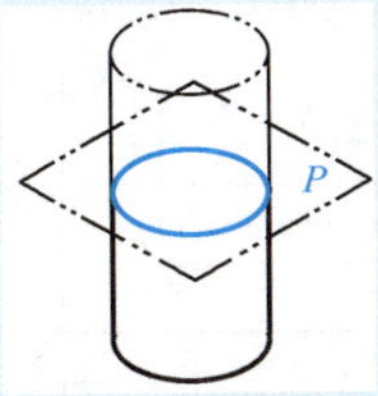	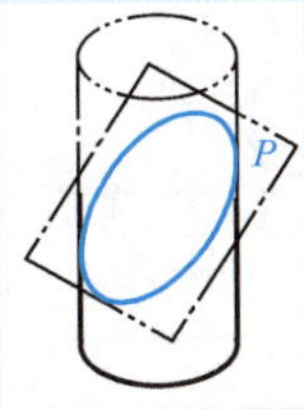	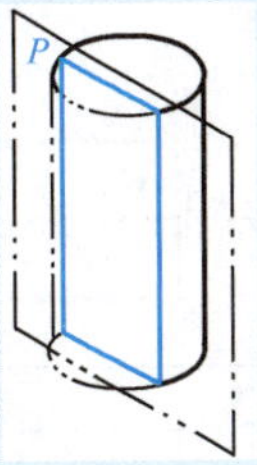
投影图	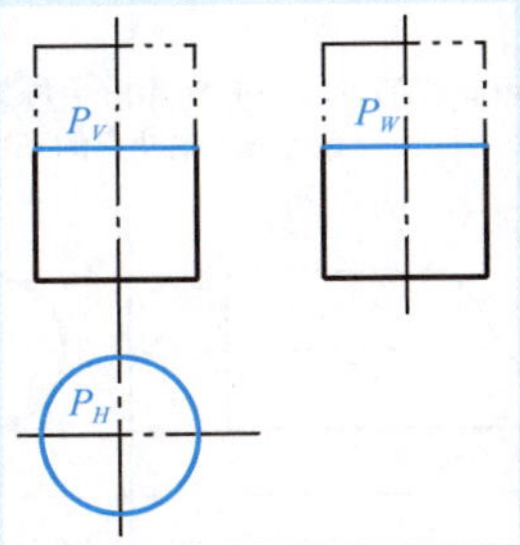	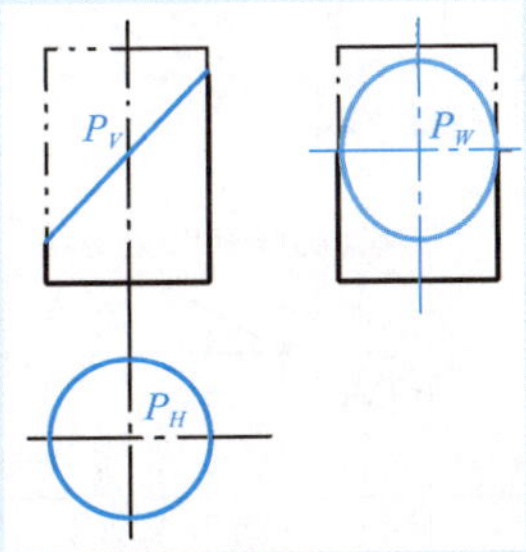	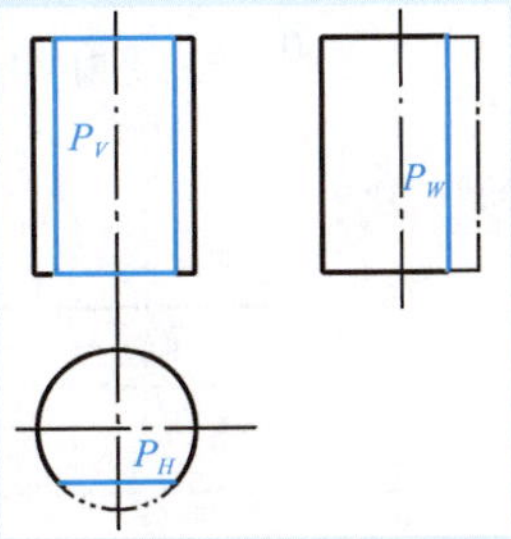
截交线	圆	椭圆	两条直线
断面	圆	椭圆	矩形

任务实施

绘制圆柱截切体的三面投影图时，圆柱没有棱线，而是用圆柱的素线取代棱柱的棱线。先取特殊位置素线作截交点的投影，再取一般素线作截交点的投影，最后用光滑曲线连接这些截交点的投影，即可得到圆柱的截交线投影。截交点作得越多，连接成的截交线越准确。图 1-5-12 为圆柱截切体三面投影图的绘制过程。

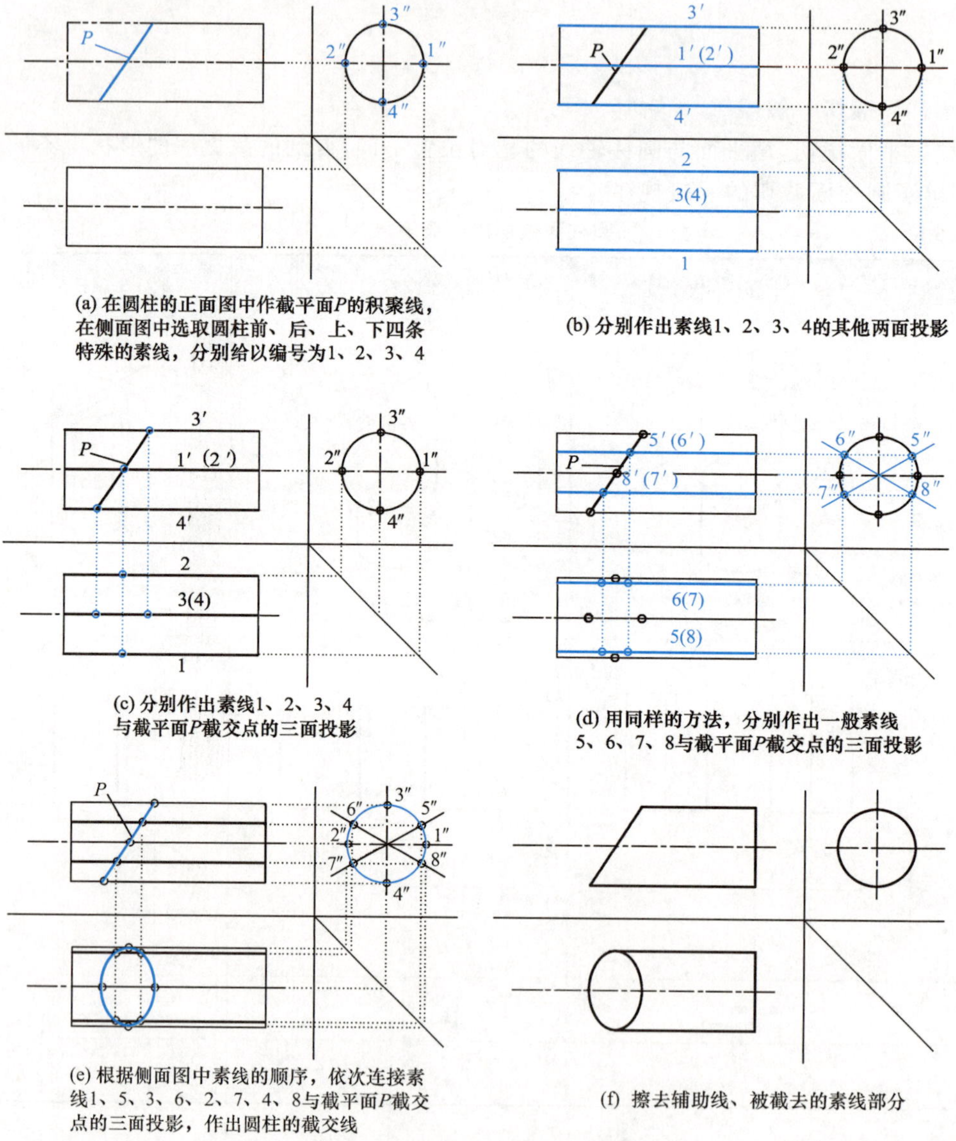

(a) 在圆柱的正面图中作截平面P的积聚线，在侧面图中选取圆柱前、后、上、下四条特殊的素线，分别给以编号为1、2、3、4

(b) 分别作出素线1、2、3、4的其他两面投影

(c) 分别作出素线1、2、3、4与截平面P截交点的三面投影

(d) 用同样的方法，分别作出一般素线5、6、7、8与截平面P截交点的三面投影

(e) 根据侧面图中素线的顺序，依次连接素线1、5、3、6、2、7、4、8与截平面P截交点的三面投影，作出圆柱的截交线

(f) 擦去辅助线、被截去的素线部分

图 1-5-12　圆柱截切体三面投影图的绘制过程

知识拓展

多个平面截切圆柱

图 1-5-13 所示为两截平面 P_1、P_2 截切圆柱，P_1 为水平面且与圆柱轴线平行，P_2 为正垂面且倾斜于圆柱轴线。由表 1-5-6 中可知，截平面 P_1 截切圆柱截面形状为矩形，截平面 P_2 截切圆柱截面形状为椭圆的一部分，截平面 P_1 与 P_2 的交线为正垂线。

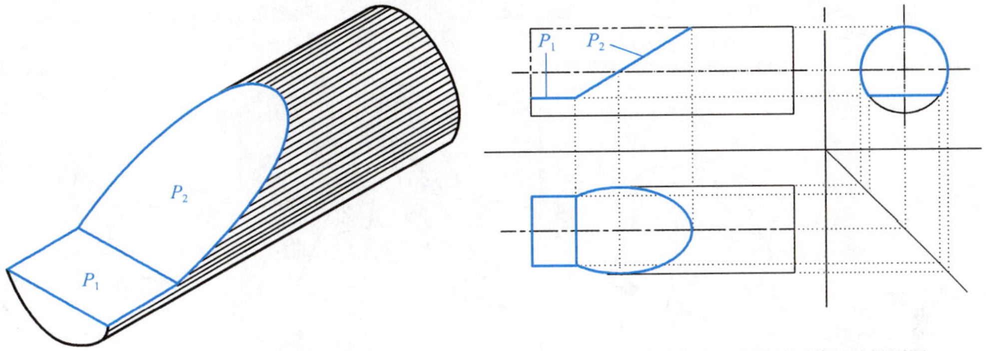

(a)圆柱被两个截平面截切的立体图　(b)圆柱被两个截平面截切的投影图

图 1-5-13　圆柱被多个截平面截切

实例 3　绘制四棱锥截切体的三面投影图

实例分析

图 1-5-14 所示，四棱锥截切体是由一个四棱锥被两个截平面截切得到的形体。通过分析每个截平面截交四棱锥表面的数量，以及截平面与棱锥的位置关系，确定截交线多边形的边数及形状，从而逐个作出截交线的三面投影图。

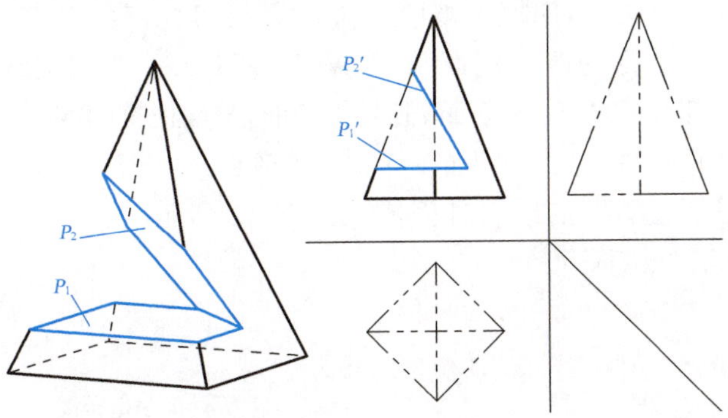

图 1-5-14　四棱锥截切体及三面投影图

相关知识

一、棱锥截切的一般规律

棱锥截切的一般规律见表 1-5-7。

表 1-5-7 **棱锥截切的一般规律**

截平面位置	平行于棱锥底面	倾斜于棱锥底面	通过棱锥顶点
示意图	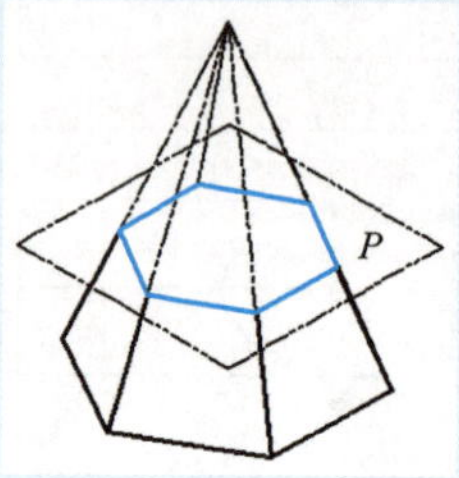	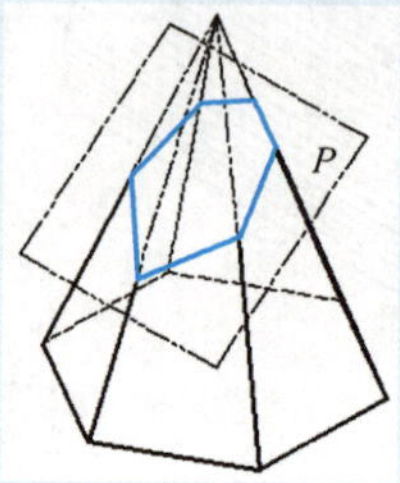	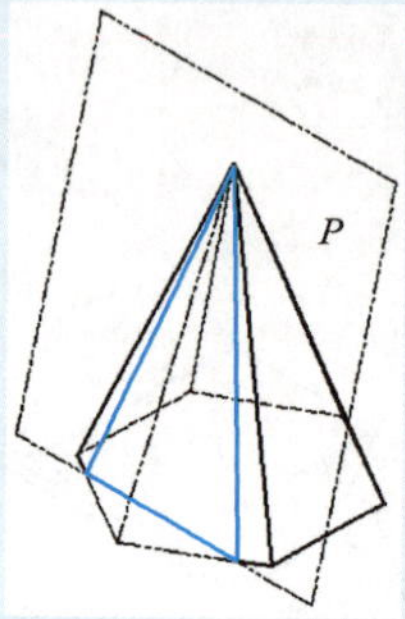
截交线	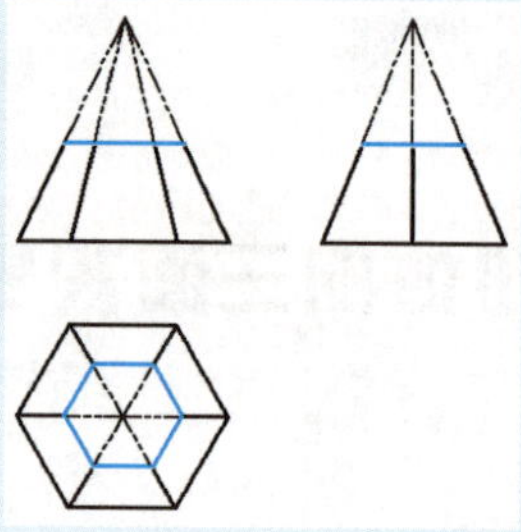	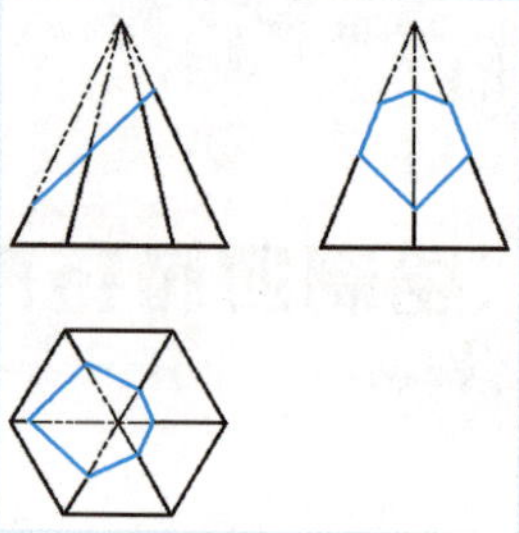	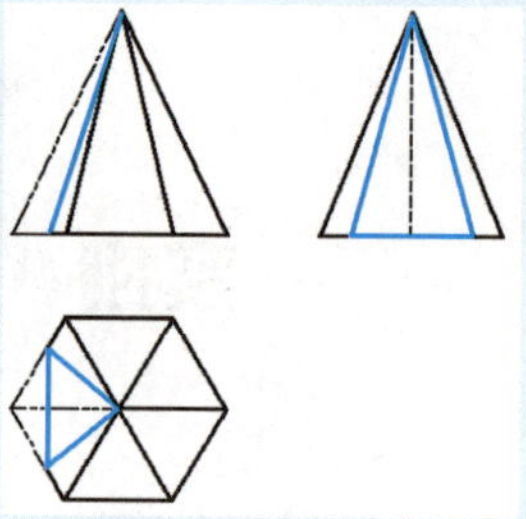
截面形状	底面的相似多边形	底面的类似多边形	三角形

任务实施

分析：如图 1-5-15(a)所示，四棱锥被两个截平面截切，由表 1-5-7 可知，截平面 P_1 为水平面，平行于底面，与四棱锥的四个侧面及 P_2 截交，所以 P_1 的截交线为五边形，形状为底面的相似四边形的一部分；P_2 为正垂面，倾斜于底面，与四棱锥的四个侧面及 P_1 截交，所以截交线为五边形，形状为底面的类似多边形的一部分；截平面 P_1 与 P_2 的交线为正垂线。

四棱锥截切体三面投影图的绘制过程，如图 1-5-15 所示。

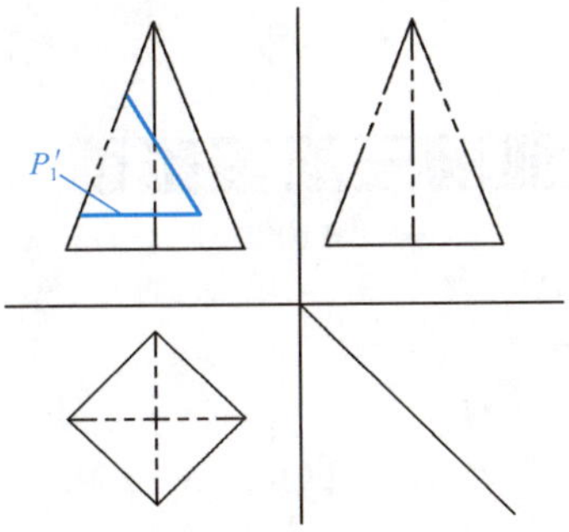

(a)在正面图中绘制截平面P_1的积聚线

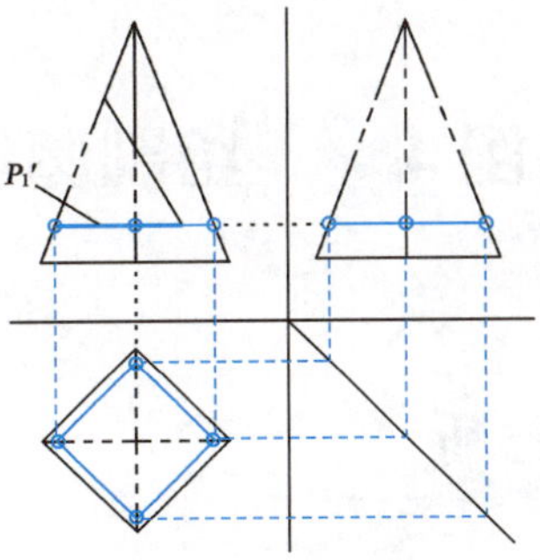

(b)绘制P_1完全截交四棱锥得到的截交线投影

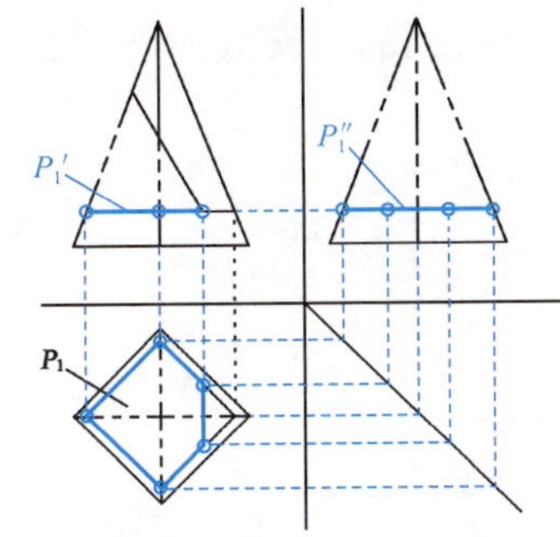

(c)绘制P_1实际截交四棱锥得到的截交线部分的投影，加粗部分为实际被截得的截交线部分

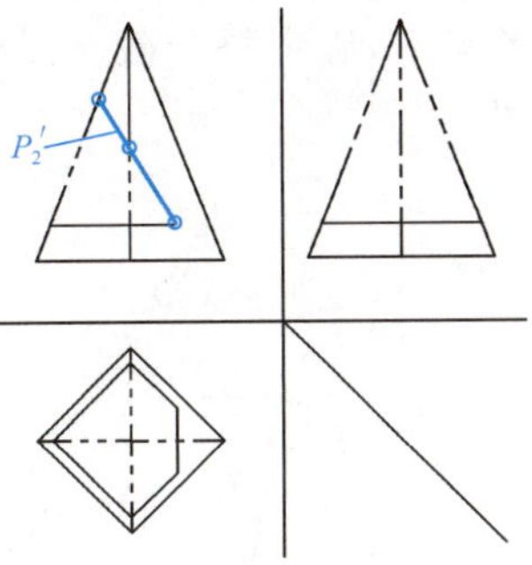

(d)在正面图中绘制截平面P_2的积聚线

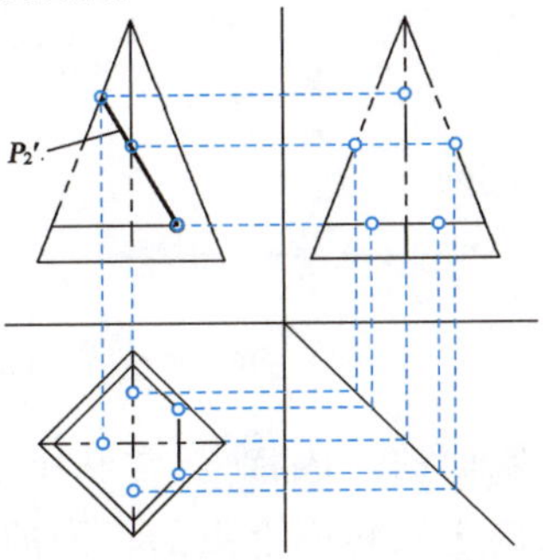

(e)找出P_2与四棱锥截交棱线的交点投影以及与P_1的交线端点投影

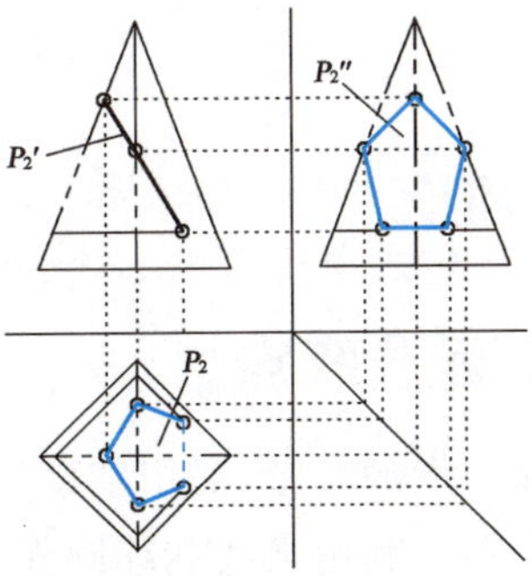

(f)绘制P_2实际截交四棱锥得到的截交线部分的投影，加粗部分为实际被截得的截交线部分

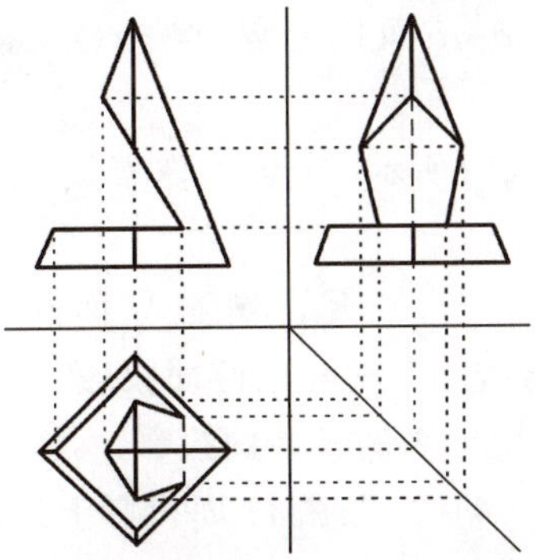

(g)去掉被截去的棱线部分，整理完成四棱锥截切体的投影

图 1-5-15　四棱锥截切体三面投影图的绘制过程

实例 4 绘制圆锥截切体的三面投影图

实例分析

图 1-5-16 所示，圆锥截切体是由一个圆锥被三个截平面截切得到的形体。通过分析截平面与圆锥的位置关系，确定每个截平面截交圆锥表面得到的截交线形状，从而逐个作出截交线的三面投影图。

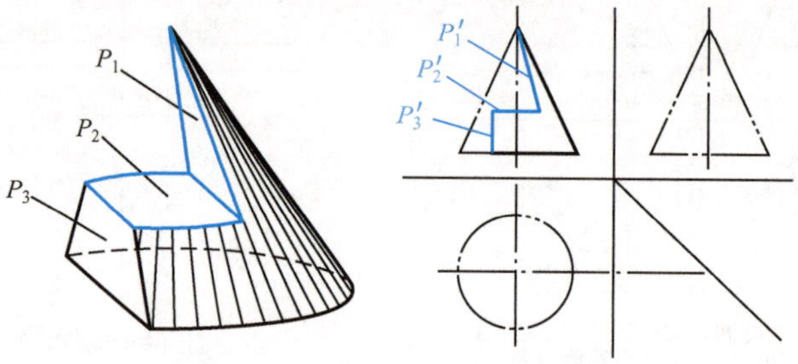

图 1-5-16 圆锥截切体及三面投影图

相关知识

一、圆锥表面上取点

确定圆锥面上点的投影，需用辅助线法。根据圆锥面的形成特点，常利用素线和纬圆作为辅助线进行作图。利用素线和纬圆作为辅助线，来确定回转面上点的投影的作图方法，分别称为辅助素线法和辅助纬圆法。

已知圆锥面上的点 A、B 的投影 a'、b，如图 1-5-17(a)所示，求作点 A、B 的其他两面投影。

分析：由点 A、B 的已知投影 a'、b 可以判定，点 A 位于前半锥面的左半部，点 B 位于后半锥面的右半部。

(1)辅助素线法：如图 1-5-17(b)所示，过点 A 作素线 SⅠ为辅助线，利用直线上点的投影特性作所求投影。

在投影图上作图步骤如图 1-5-17(c)所示，先在 V 面投影上过点 A 的已知投影 a'，作素线 SⅠ的投影 $s'1'$，再由此作出素线 SⅠ的其余两面投影 $s1$、$s''1''$，然后利用点的投影规律在 $s1$、$s''1''$ 上作出 a、a''，即分别为所求点 A 的其余两投影。

同理，过点 B 作素线 SⅡ为辅助线，先在 H 面投影上过点 B 的已知投影 b，作素线 SⅡ的投影 $s2$，再由此作出素线 SⅡ的其余两面投影 $s'2'$、$s''2''$，然后利用点的投影规律在 $s'2'$、$s''2''$ 上作出 b'、b''，即分别为所求点 B 的其余两投影。

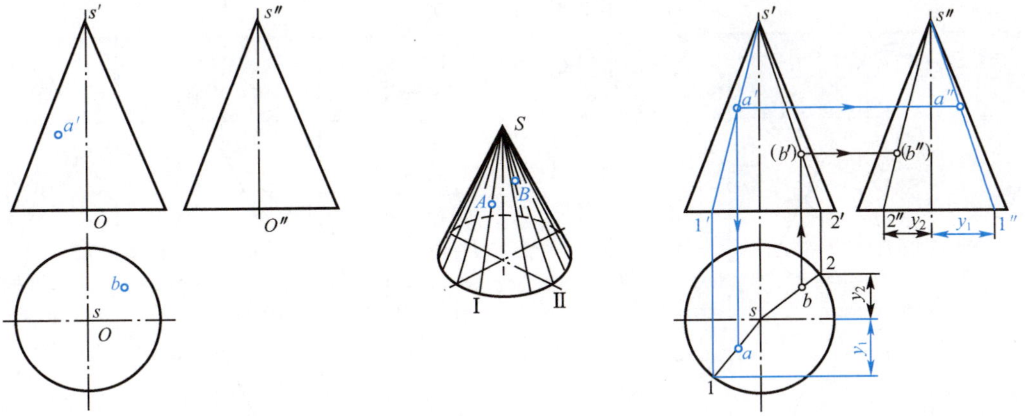

(a)已知条件 (b)分析图 (c)作圆锥面点的投影

图 1-5-17 辅助素线法在圆锥面上取点

(2)辅助纬圆法:如图 1-5-18(a)所示,圆锥面上点 A 所在的回转纬圆,V 面投影为垂直于轴线的水平线;H 面投影反映实形,纬圆直径为点 A、B 到轴线的距离。点 A 上的投影在纬圆的同面投影上。

在投影图上作图的步骤如图 1-5-18(b)所示,先过点 A 的已知投影 a',在圆锥面的 V 面投影和 W 面投影内作水平线与轮廓线相交,即为点 A 的回转纬圆的 V 面投影和 W 面投影,由此确定纬圆的直径,以此直径在 H 面上作底圆的同心圆,即为纬圆的 H 面投影。点 A 的 H 面投影应在前半纬圆上,再由 a 确定 a''。

由点 B 的投影 b 作其余两投影时,先在圆锥面的 H 面投影上以轴的 H 面投影 O 为圆心,Ob 为半径画圆,即为点 B 的回转纬圆的 H 面投影,再由此作出纬圆的 V 面、W 面投影,及点 B 的投影 b'、b''。

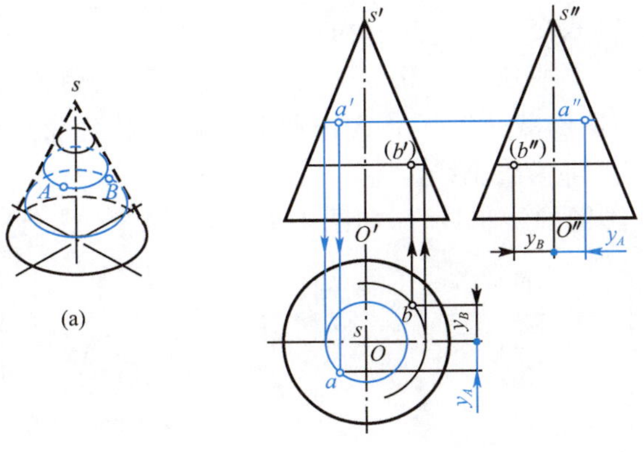

(a) (b)

图 1-5-18 辅助纬圆法在圆锥面上取点

二、圆锥截切的一般规律

圆锥被平面截切,截平面与圆锥轴线的相对位置不同,得到的截交线的形状也不同。表 1-5-8 列出了圆锥面截切的一般规律。

表 1-5-8　　　　圆锥截切的一般规律

截平面位置	垂直于圆锥的轴线	倾斜于圆锥的轴线,与素线都相交	平行于一条素线	平行于圆锥的轴线	通过锥顶
示意图	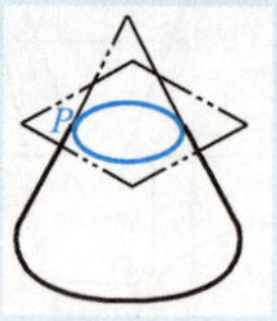	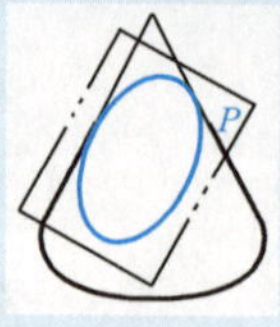	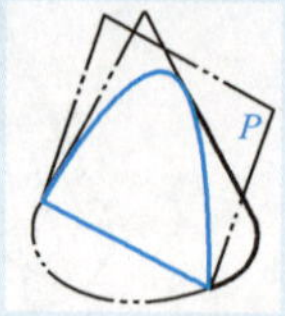	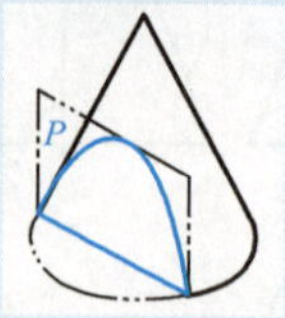	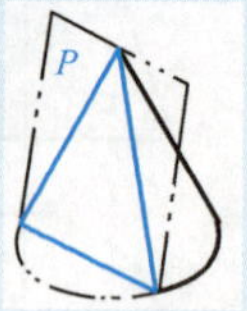
投影图	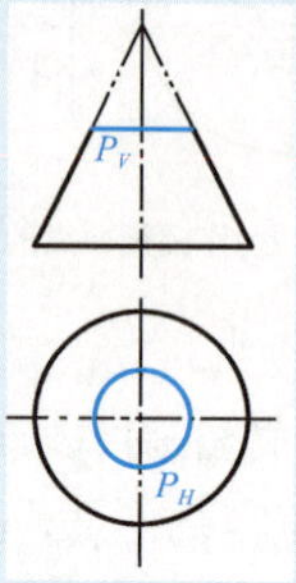	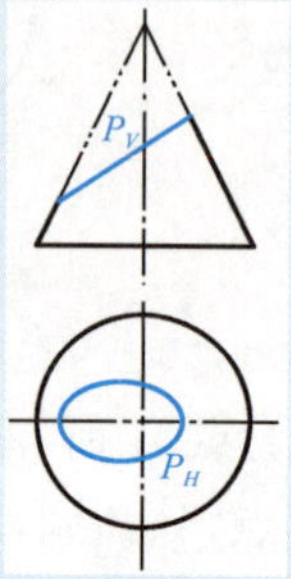	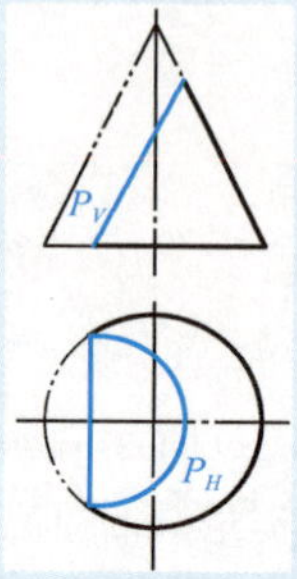	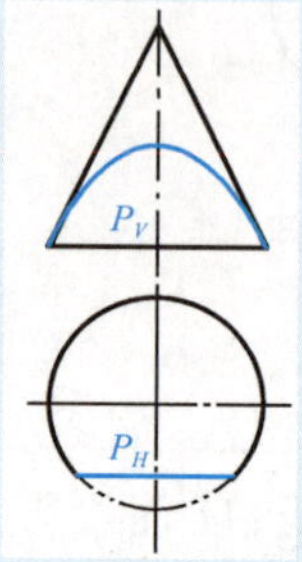	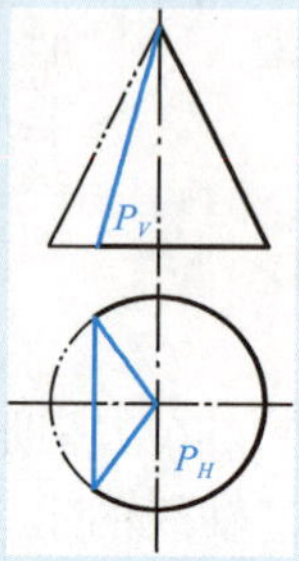
截交线	圆	椭圆	抛物线	双曲线	两条直线
断面	圆	椭圆	抛物线和直线组成的封闭的平面图形	双曲线和直线组成的封闭的平面图形	三角形

任务实施

分析:如图 1-5-16,圆锥被三个截平面截切,由表 1-5-8 可知,P_1 为正垂面,通过圆锥顶,与圆锥面及 P_2 截交,所以截交线形状为三角形;截平面 P_2 为水平面,垂直于轴线,与圆锥面及 P_1、P_3 截交,所以 P_1 的截交线形状为圆的一部分;P_3 为侧平面,与轴线平行,与圆锥面、圆锥底面及 P_2 截交,所以截交线形状为由部分双曲线及直线围成的封闭图形;截平面 P_1 与 P_2、P_2 与 P_3 的交线都为正垂线。

圆锥截切体三面投影图的绘制过程,如图 1-5-19 所示。

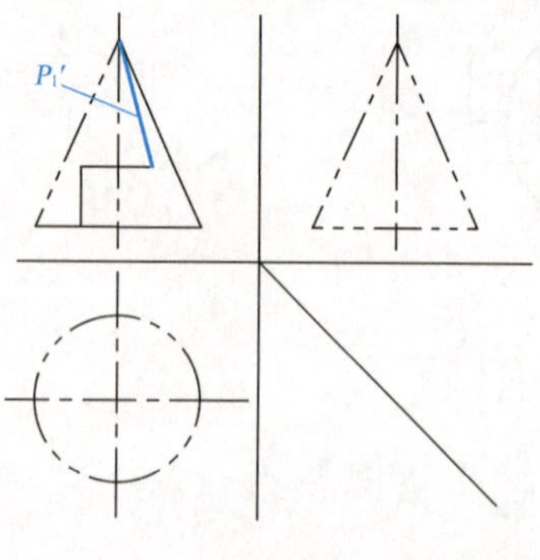

(a)在正面图中绘制截平面 P_1 的积聚线

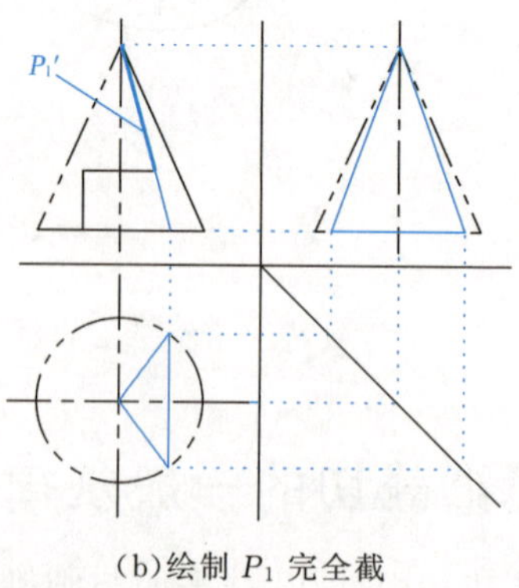

(b)绘制 P_1 完全截交圆锥得到的截交线(三角形)投影

图 1-5-19　圆锥截切体三面投影图的绘制过程

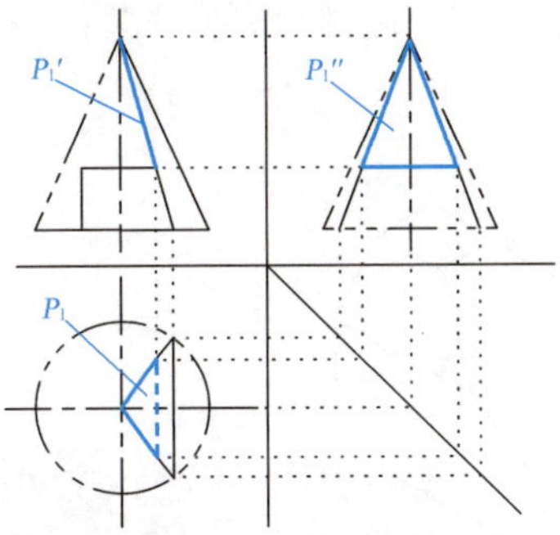

(c)绘制 P_1 实际截交圆锥得到的截交线部分的投影，加粗部分为实际被截得的截交线部分

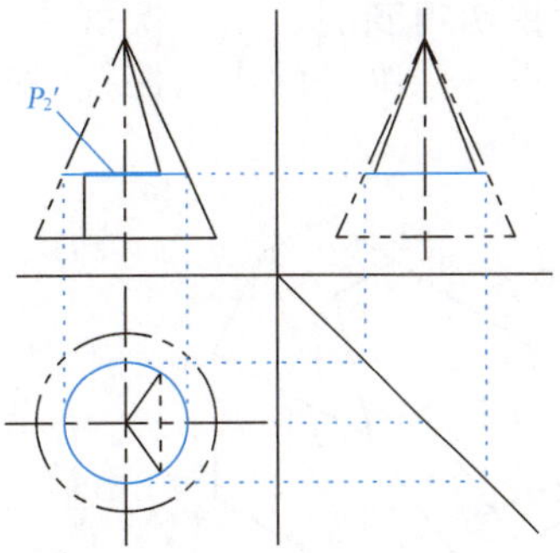

(d)在正面图中绘制截平面 P_2 的积聚线，并绘制 P_2 完全截交圆锥面得到的截交线(圆)投影

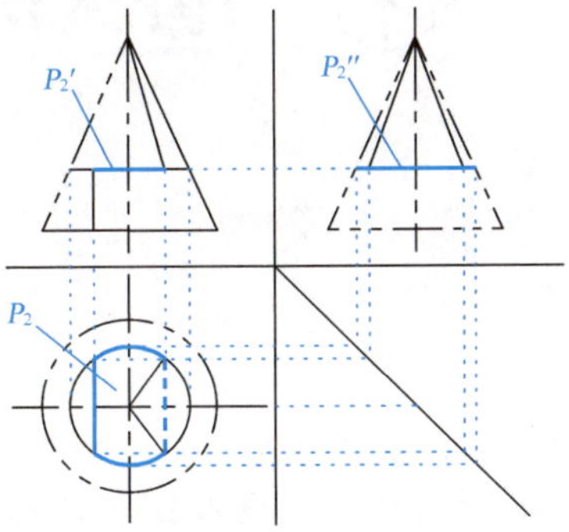

(e)绘制 P_2 实际与圆锥截交线(圆的一部分)的投影，加粗部分为实际被截得的截交线部分

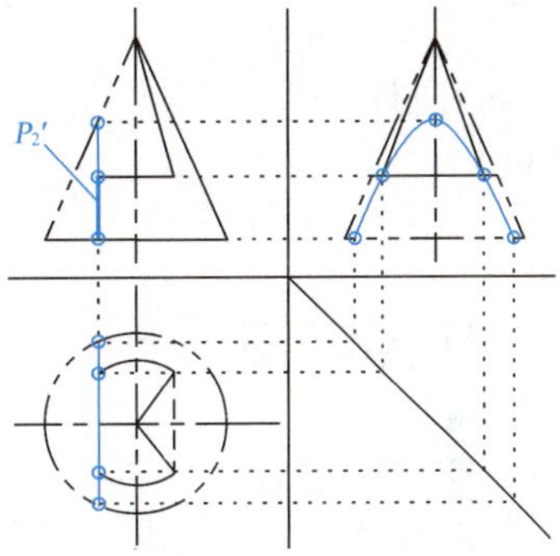

(f)在正面图中绘制截平面 P_3 的积聚线；并绘制 P_3 完全截交圆锥面得到的截交线(双曲线)投影

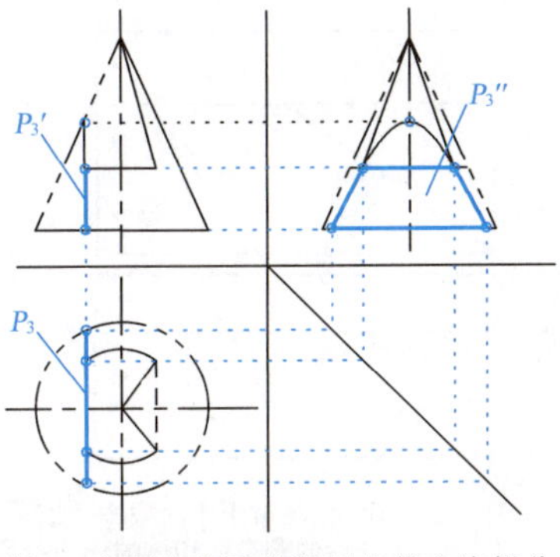

(g)绘制 P_3 实际截交圆锥得到的截交线部分的投影，加粗部分为实际被截得的截交线部分

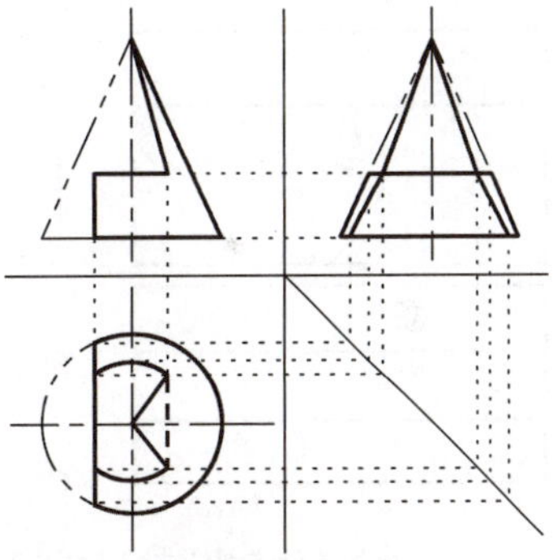
(h)去掉被截去的棱线部分，整理完成圆锥截切体的投影

图 1-5-19　圆锥截切体三面投影图的绘制过程(续表)

实例 5　绘制榫头的三面投影图

实例分析

如图 1-5-20 所示，榫头的形状为挖切式组合体，由分析图可知它是由横卧的六棱柱经

过两次挖切得到的。第一次被一个正垂面作为截平面截去“挖 1”部分；第二次再在剩余形体中挖去一个纵卧的小六棱柱“挖 2”部分。

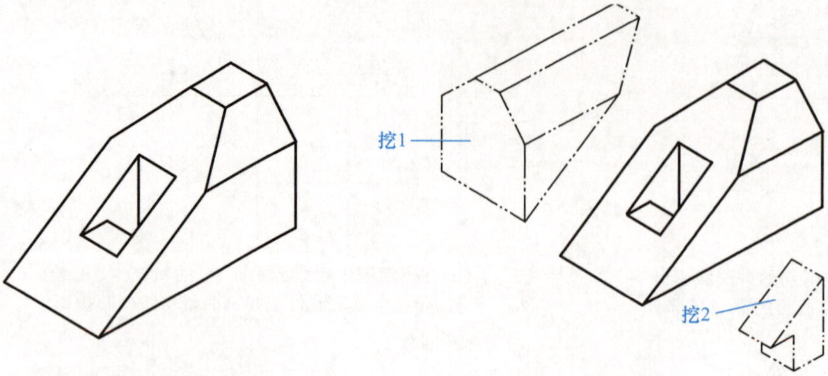

(a) 榀头的立体图　　(2) 榀头的分析图

微视频
截切体投影图

图 1-5-20　挖切式组合体——榀头

任务实施

绘制挖切式组合体投影图采用的方法是复原-挖切法，就是将挖切式组合体先复原成基本体形状的母体，首先绘制出母体的投影图，再在母体投影图的基础上逐步挖切，得到最终组合体的投影图。

榀头三面投影图的绘制过程如图 1-5-21 所示。

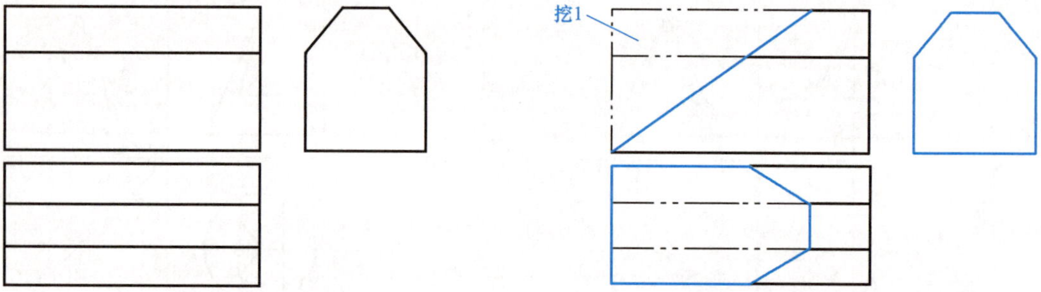

(a) 绘制母体六棱柱的三面投影图

(b) 绘制被正垂面截去“挖1”部分后的剩余截切体的三面投影图

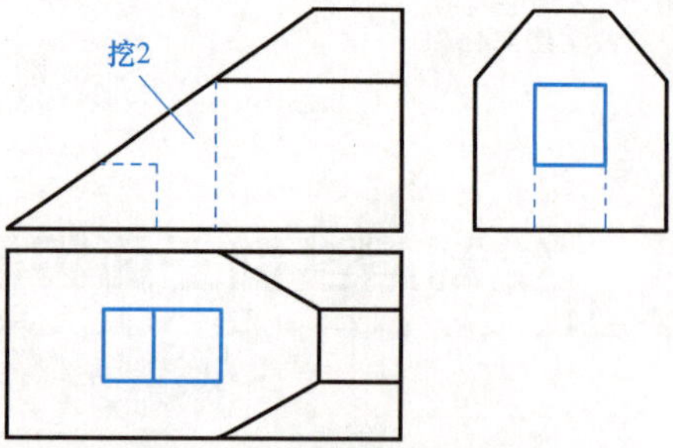

(c)在剩余截切体的三面投影图中，绘制挖去一个纵卧的六棱柱“挖2”后的三面投影图

图 1-5-21　榀头三面投影图的绘制过程

知识拓展

组合体的不同分析方案

在绘制组合体的投影图时，首先进行形体分析，有的形体既可以按叠加式组合体分析，也可以按挖切式组合体分析，同一个形体可以有多种分析方案，从中选择较为简化实用的方案，如图 1-5-22 所示的组合体，在图 1-5-23 中给出了四种不同的分析方案。

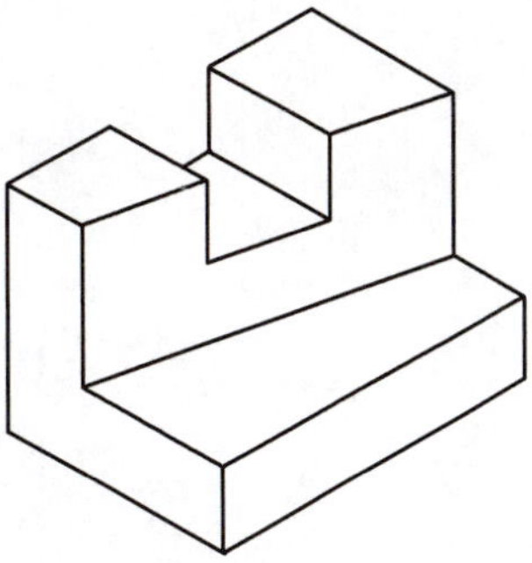

图 1-5-22　组合体的立体图

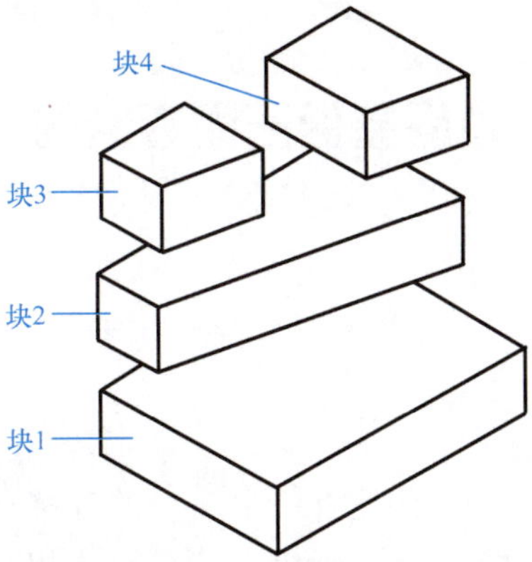

(a)按叠加方案分析：组合体由四块基本体叠加而成，块1为长方体，块2、3、4都是立放的梯形柱

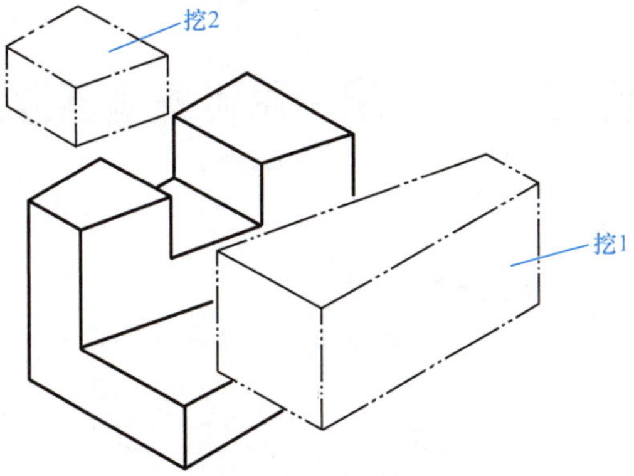

(b)按挖切方案分析：组合体母体为长方体，分两次挖切而成。挖1挖去的是立放的大梯形柱；挖2挖去的是一个立放的小梯形柱

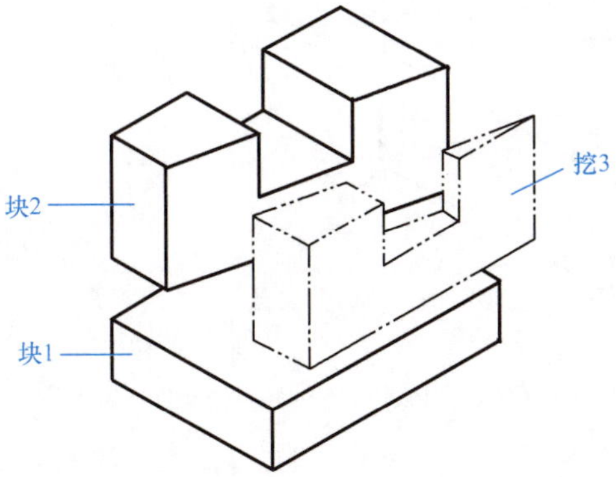

(c)按叠加、挖切、相结合的方案分析：组合体由上、下2块基本体叠加而成，下面的块1为长方体；上面的块 是在一个纵卧的凹形柱母体基础上，被一个铅垂的截平面截去前面的挖3部分

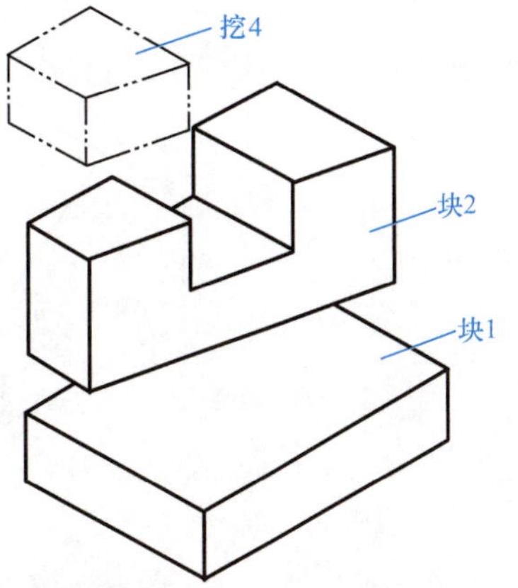

(d)按叠加、挖切相结合的方案分析：组合体由上、下2块基本体叠加而成，下面的块1为长方体；上面的块2是在一个立放的梯形柱母体基础上，挖去一个立放的梯形柱挖4部分

图 1-5-23　组合体的四种不同分析方案

任务6

绘制相交式组合体的三面投影图

实例1 绘制带老虎窗的双坡屋顶房屋的三面投影图

实例分析

图1-6-1中，带老虎窗的双坡屋顶房屋为相交式组合体，它是由一个横卧的五棱柱和一个纵卧的五棱柱相交而成的，老虎窗有五条棱线与屋顶的一个坡面相交。平面体相交求相邻表面的交线，实际上也是求直线与平面交点的问题。

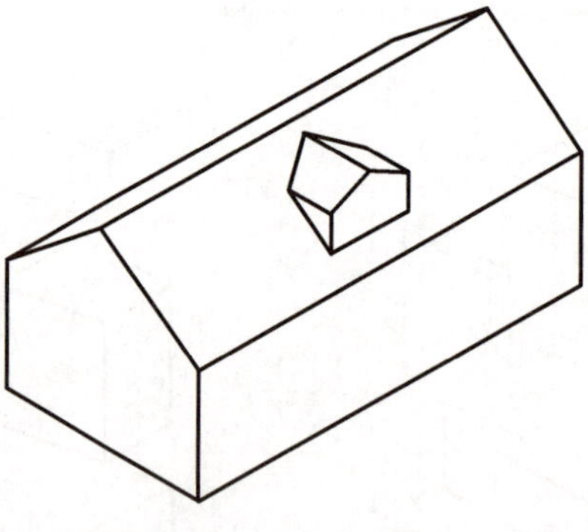

图1-6-1 带老虎窗的双坡屋顶房屋立体图

任务实施

绘制相交式组合体投影图，首先分析是两个什么基本体发生相交，再找出一个基本体中共有几条棱线与另一个基本体的表面相交，然后逐个作出交点的投影，连接这些交点的投影即可得到交线的投影。绘制带老虎窗的双坡屋顶房屋三面投影图的过程如图1-6-2所示。

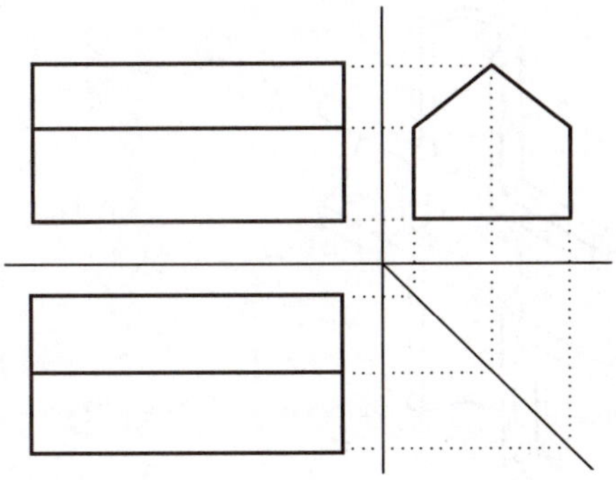

(a)绘制房屋的三面投影图，房屋为横卧的五棱柱

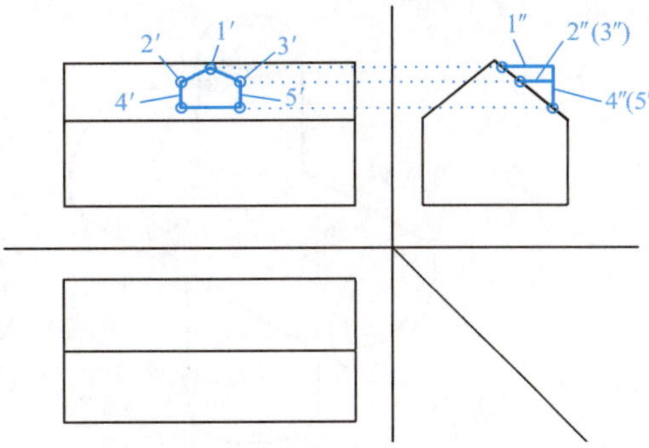

(b)绘制老虎窗的正面图和侧面图，老虎窗为一个纵卧的五棱柱，找出老虎窗与屋顶坡面相交的五条棱线，并给以编号1、2、3、4、5

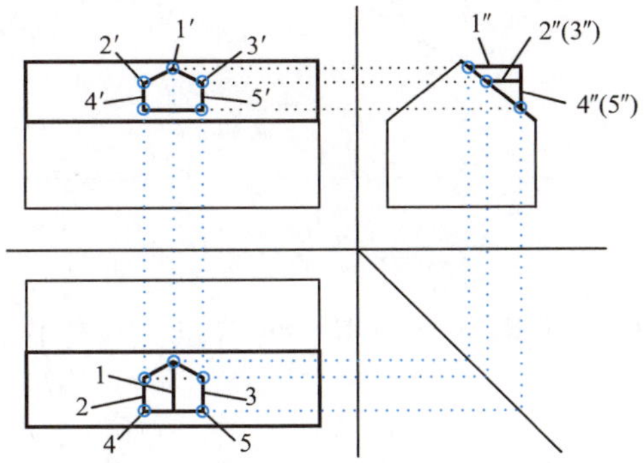

(c)绘制老虎窗的平面图，根据1、2、3、4、5棱线在正面图、侧面图中与屋顶坡面交点的投影，作出交点在平面图中的投影。由正面图可知，按1-2-4-5-3顺序连接交点投影，可得截交线在平面图中的投影

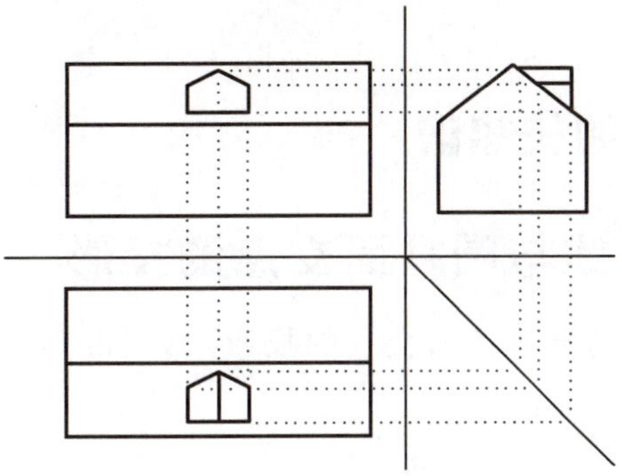

(d)整理描深，得到带老虎窗的房屋三面投影图

图 1-6-2　带老虎窗的双坡屋顶三面投影图的绘制过程

实例 2　绘制四通管的三面投影图

实例分析

图1-6-3中的四通管由三根圆管相交而成。横管最粗；上立管最细，内、外径都小于横管的内、外径；下立管外径小于横管外径，内径等于横管内径。三根管之间共有四条相贯线，外表面相贯线有两条，内孔相贯线有两条。绘制四通管的三面投影图的难点就是作相贯线的投影，而作相贯线投影本质上是求直线与圆柱面交点的投影问题。

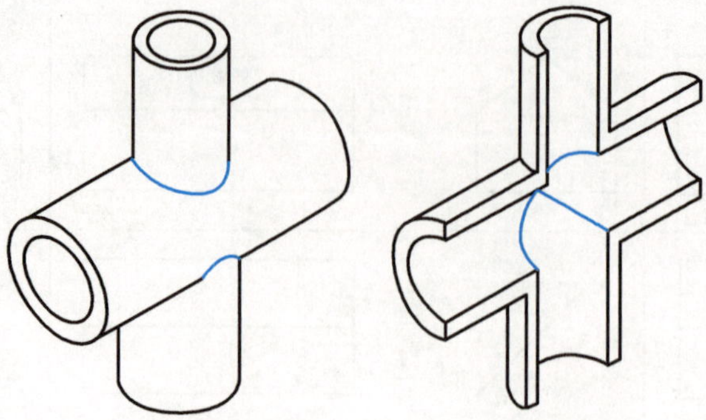

(a)外部结构 (b)内部结构

图 1-6-3 四通管的立体图

相关知识

一、直线与圆柱面交点的投影

求直线与圆柱面交点的投影，利用的是圆柱面投影具有积聚性的特点。具体作法如图 1-6-4 所示。

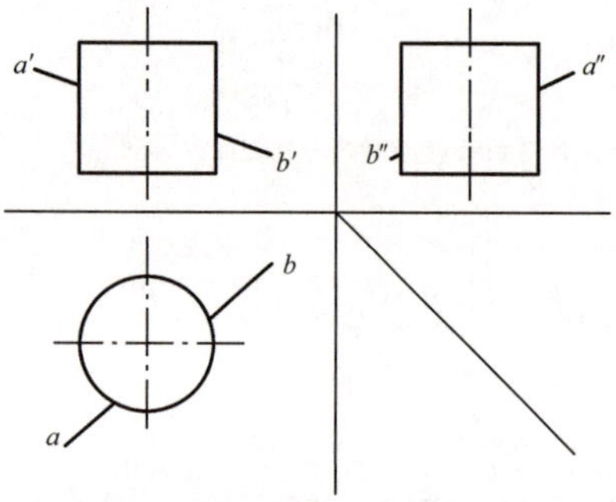

(a) 直线AB与圆柱的投影

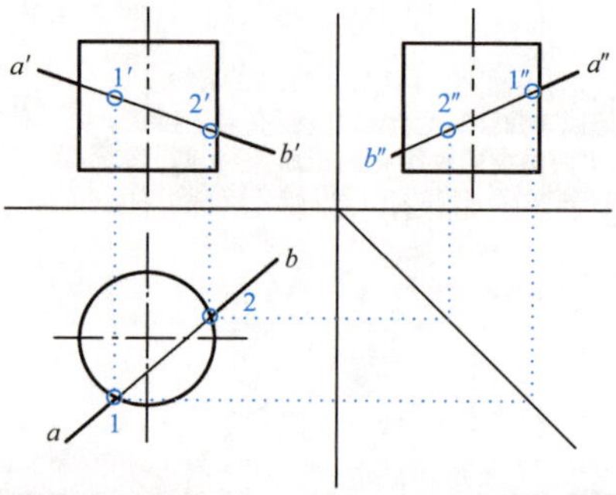

(b) 在平面图中，找出直线的水平投影ab与圆柱面积聚投影的交点1、2，即为直线AB与圆柱面交点的水平投影；再根据三等规律，在直线上作出交点的正面投影和侧面投影

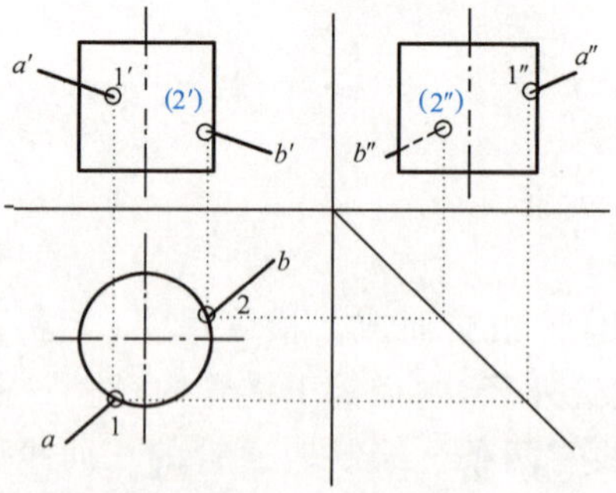

(c)判断直线与圆柱重影点的可见性:由平面图中可知，点1左边的直线段在圆柱面的左前方，所以点1在正面图中可见，在侧面图中也可见；点2右边的直线段在圆柱面的右后方，点2在正面图、侧面图中都不可见

图 1-6-4 直线与圆柱面交点的投影图的绘制过程

二、圆柱与圆柱相贯线的作法

两圆柱相交，求相贯线投影的作法是：选取小圆柱上的几条素线，然后作这些素线与大圆柱面交点的投影，连接这些交点的投影可得到相贯线的投影，具体作图过程如图 1-6-5 所示。

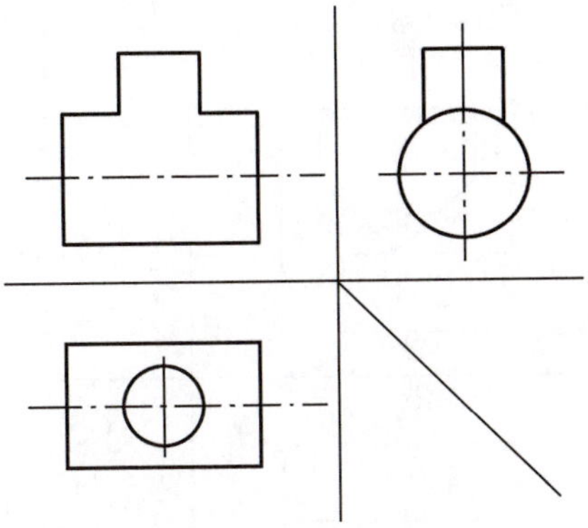

(a)绘制两个相交圆柱的平面图、侧面图以及正面图的轮廓

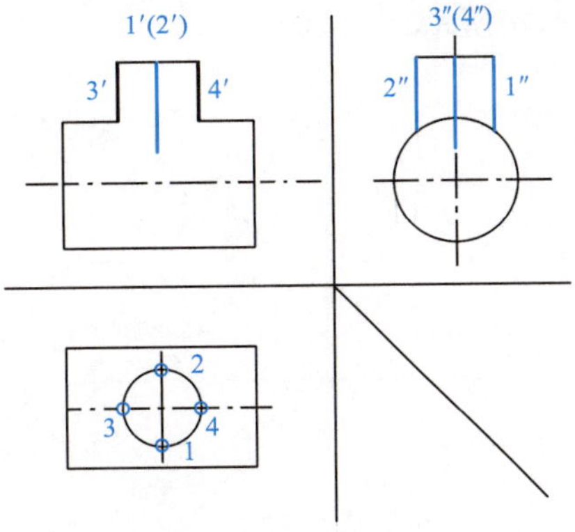

(b)选取立放的小圆柱中前、后、左、右四条特殊素线1、2、3、4作为辅助线，作出其三面投影图

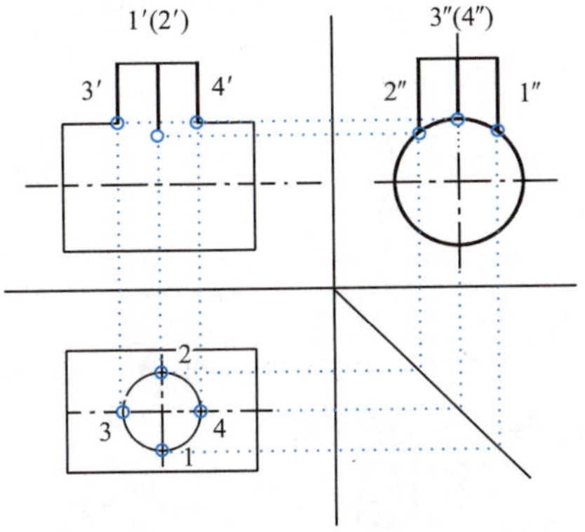

(c)作1、2、3、4素线与横卧大圆柱面的交点在正面图中的投影

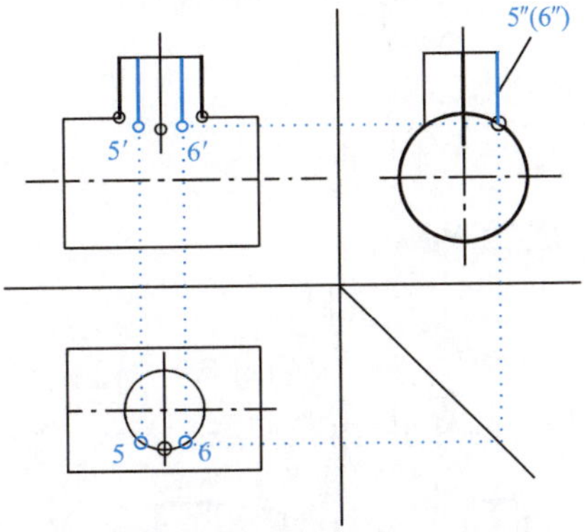

(d) 作小圆柱中的两条素线 5、6 与横卧大圆柱面的交点在正面图中的投影

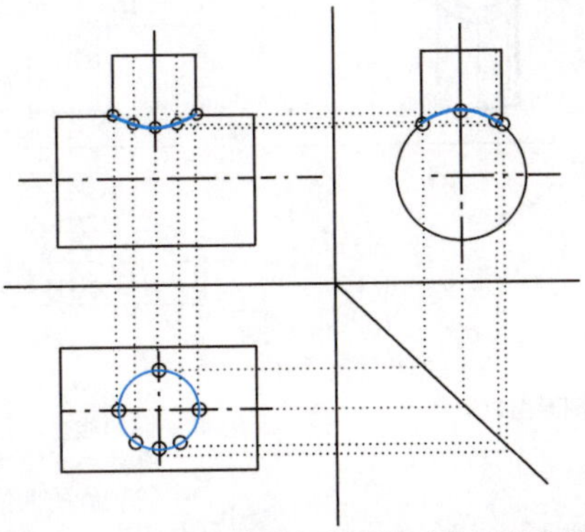

(e) 依次连接3、5、1、6、4各素线与大圆柱面交点的正面投影，可得前半段相贯线的正面投影，后半段相贯线的正面投影与前半段相贯线的正面投影重叠

图 1-6-5　两圆柱相交时相贯线投影图的绘制过程

三、圆柱与圆柱正交时相贯线投影的一般规律

(1)两圆柱直径不相等时,相贯线为封闭的空间曲线,相贯线投影凸向大圆柱的轴线方向,即“小吃大”,如图 1-6-6(a)所示。

(2)两圆柱直径相等时,相贯线为平面曲线,相贯线投影为两段直线,相交于两轴交点的投影,如图 1-6-6(b)所示。

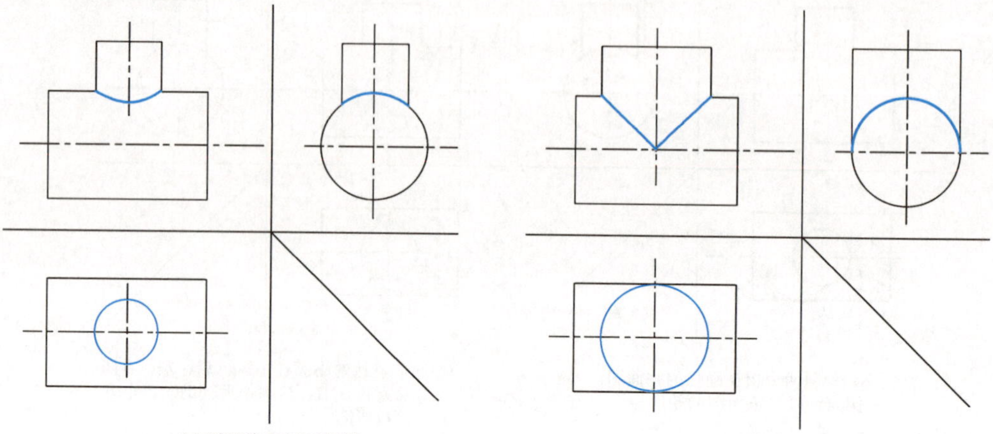

(a)两圆柱直径不相等

(b)两圆柱直径相等

图 1-6-6 圆柱与圆柱正交时相贯线投影的一般规律

任务实施

绘制四通管三面投影图的过程中,分别需要作出上立管与横管的外表、内孔两条相贯线和下立管与横管的外表、内孔两条相贯线,作图过程如图 1-6-7 所示。

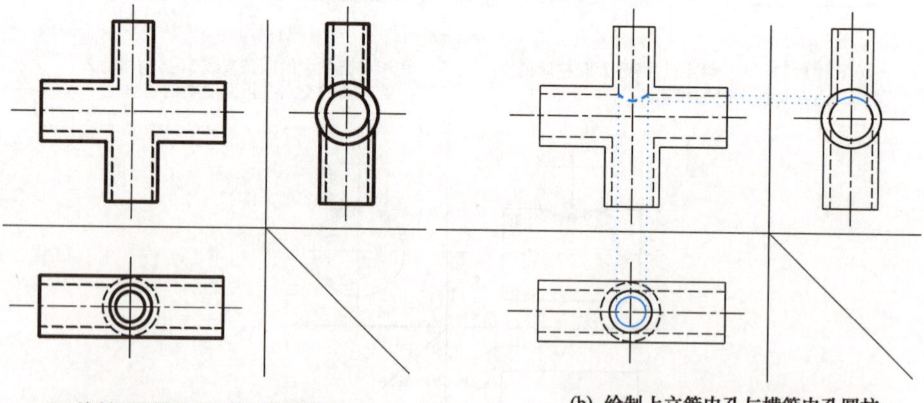

(a) 绘制四通管的平面图、侧面图以及正面图的轮廓

(b) 绘制上立管内孔与横管内孔圆柱面的相贯线正面投影,由于上立管内孔径小于横管内孔径,故为一凸向横管轴线的曲线用虚线画出

图 1-6-7 四通管三面投影图的绘制过程

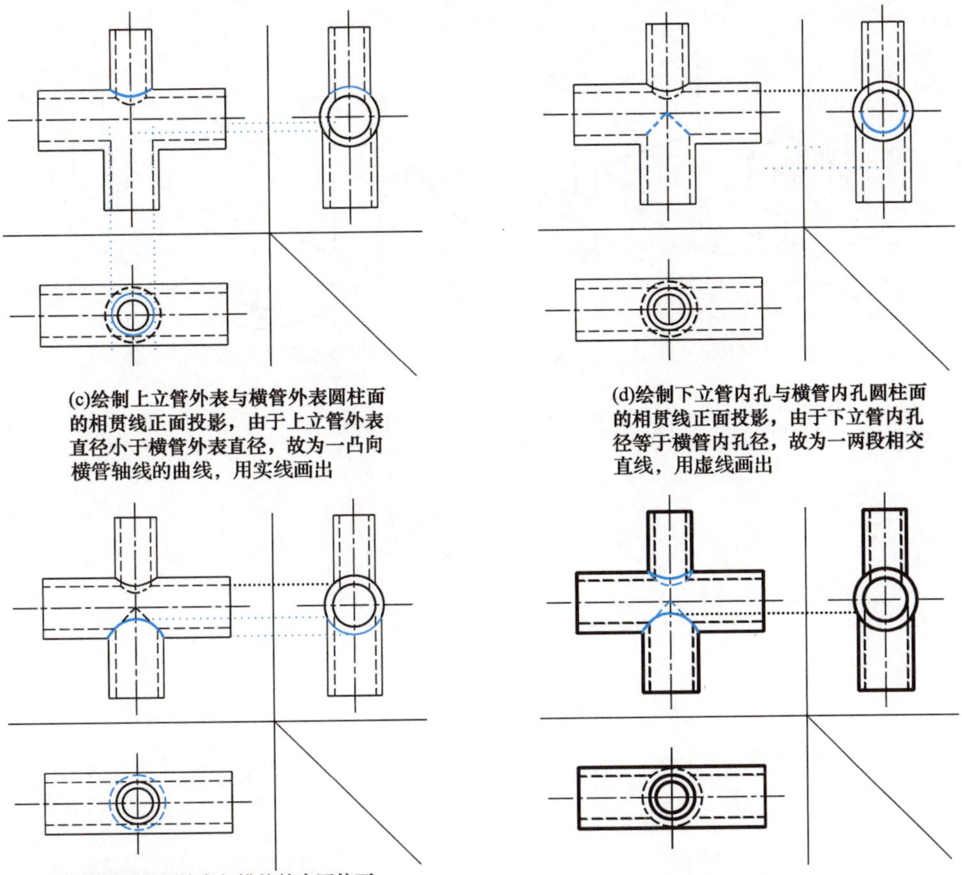

(c)绘制上立管外表与横管外表圆柱面的相贯线正面投影，由于上立管外表直径小于横管外表直径，故为一凸向横管轴线的曲线，用实线画出

(d)绘制下立管内孔与横管内孔圆柱面的相贯线正面投影，由于下立管内孔径等于横管内孔径，故为一两段相交直线，用虚线画出

(e)绘制下立管外表与横管外表圆柱面的相贯线正面投影，由于下立管外表直径小于横管外表直径，故为一凸向横管轴线的曲线，用实线画出

(f)整理描深，可得四通管的三面投影图

图 1-6-7　四通管三面投影图的绘制过程(续)

知识拓展

体与体相交问题的简化处理

体与体相交的问题一般按体的截交或体的相贯问题处理，有时体与体相交如果能转化为柱体的叠加问题，则处理起来更为简单，此时没必要再按体的截交问题处理。如图 1-6-8(a)所示，台阶由两层台阶与两个挡墙的相交构成，此时可以简化处理为两层台阶与挡墙的叠加，如图 1-6-8(b)所示。

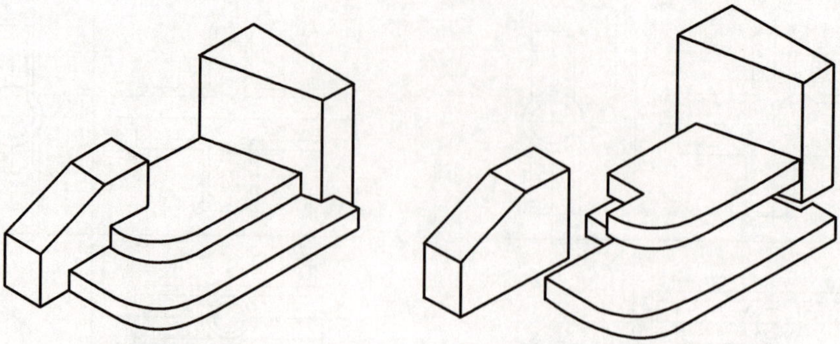

(a) 台阶的立体图　　(b) 简化为体的叠加问题的分析图

图 1-6-8　台阶形状分析的简化处理

任务7

标注涵洞口一字墙的尺寸

实例分析

形体的投影图只能表达形体的形状，而形体的大小和各组成部分的相对位置只能通过尺寸表示。图 1-7-1 中涵洞口一字墙为一个组合体，要标注其尺寸首先必须了解：组合体的组成与形状；尺寸的组成及尺寸标注的一般规则；基本体尺寸的标注原则；截切体的标注原则；尺寸基准；定形尺寸与定位尺寸等相关知识。

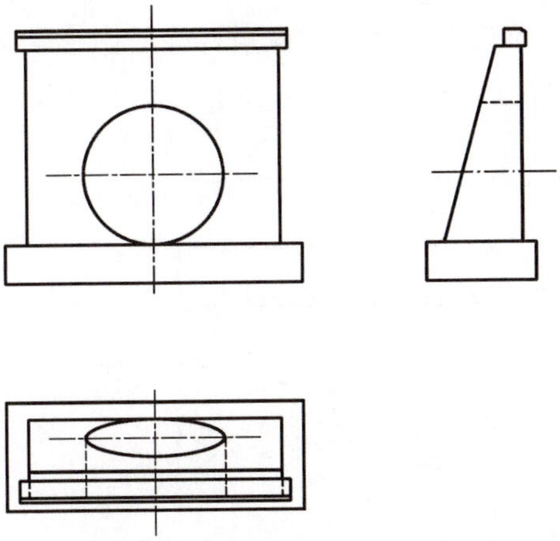

图 1-7-1　涵洞口一字墙

微视频

组合体的尺寸标注

相关知识

一、尺寸的基本知识

1. 尺寸的组成

图样上标注的尺寸由尺寸界线、尺寸线、尺寸起止符号和尺寸数字四部分组成，如图 1-7-2 所示。

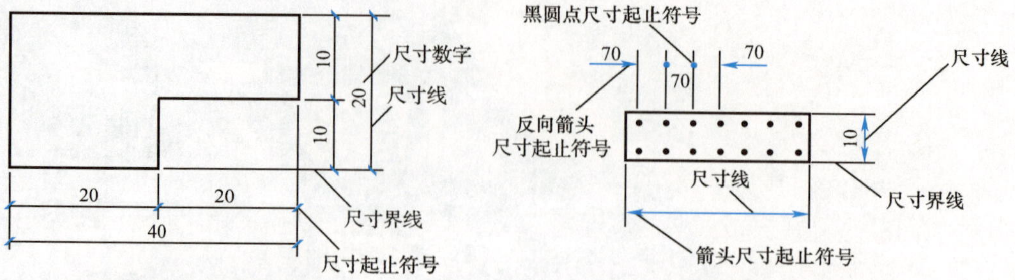

(a) 尺寸起止符号用短斜线表示

(b)尺寸起止符号用箭头或黑点表示

图 1-7-2　尺寸的组成

(1)尺寸界线

尺寸界线用细实线绘制，由一对垂直于被标注长度的平行线组成，其间距等于被标注的长度。尺寸界线一端应靠近所标注的图形轮廓线，但不得相连，空 1～3 mm 的距离，另一端超出尺寸线 1～3 mm。图形轮廓线、中心线也可作为尺寸界线。当标注有困难时，尺寸界线也可不垂直于被标注长度，但尺寸界线应互相平行，如图 1-7-3 所示。

(2)尺寸线

尺寸线用细实线绘制，与被注长度平行，且不超出尺寸界线。任何其他图线均不得用作尺寸线。当标注位置不足时，可采用反向箭头，如图 1-7-2(b)所示。尺寸线与被标注尺寸的轮廓线的间距以及互相平行的两条尺寸线的间距一般为 5～15 mm；同一图纸或同一图形上的这种间距大小应当保持一致。互相平行的几排尺寸线应从被标注的图形轮廓线由内向外排列，分尺寸线在内，总尺寸线在外，即大尺寸线包小尺寸线，如图 1-7-4 所示。

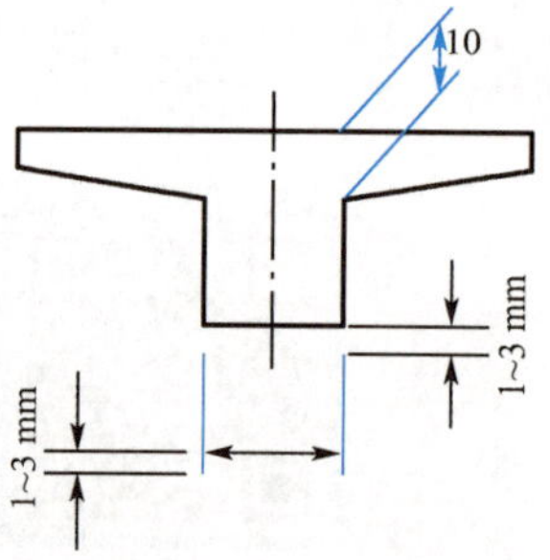

图 1-7-3　尺寸界线的标注

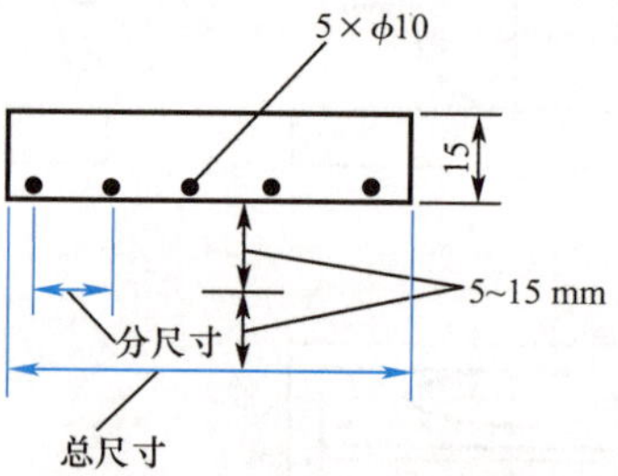

图 1-7-4　尺寸线的标注

(3)尺寸起止符号

尺寸线与尺寸界线的相接点为尺寸的起止点，在起止点上应画尺寸起止符号。尺寸起止符可采用斜短线表示，斜短线采用中粗线，长度为 2～3 mm，倾斜方向为尺寸界线按顺时针方向旋转 45°，如图 1-7-2(a)所示。尺寸起止符号也可采用箭头表示，如图 1-7-2(b)所示。但全图必须采用统一的尺寸起止符号。在连续表示的小尺寸中，也可在尺寸界线同一水平的位置，用黑圆点表示中间部分的尺寸起止符号，如图 1-7-2(b)所示。在标注半径、直径、角度时，用箭头作为尺寸起止符号。

(4)尺寸数字

图上所有尺寸数字是物体的实际大小，与图的比例无关。

在道路工程图中，线路的里程桩号以 km 为单位；标高、坡长和曲线要素均以 m 为单位；一般砖、石、混凝土等工程结构物以 cm 为单位；钢筋和钢材以 cm 为单位；钢筋和钢材断面以 mm 为单位。图上尺寸数字之后不必注写单位，但在注解及技术要求中要注明尺寸单位。

尺寸数字应按规定的字体书写，字高一般是 3.5 mm 或 2.5 mm。尺寸数字一般标注在尺寸线中间的上方和左侧，字头向上和向左，离尺寸线应不大于 1 mm。如没有足够的注写位置，最外边的尺寸数字可标注在尺寸界线外侧箭头的上方，中间相邻的尺寸数字可错开注写，也可引出注写。尺寸均应标注在图样轮廓线以外，任何图线不得穿过尺寸数字，当不可避免时，应将尺寸数字处的图线断开。同一张图纸上，尺寸数字的大小应相同。尺寸数字及文字书写方向如图 1-7-5 所示。

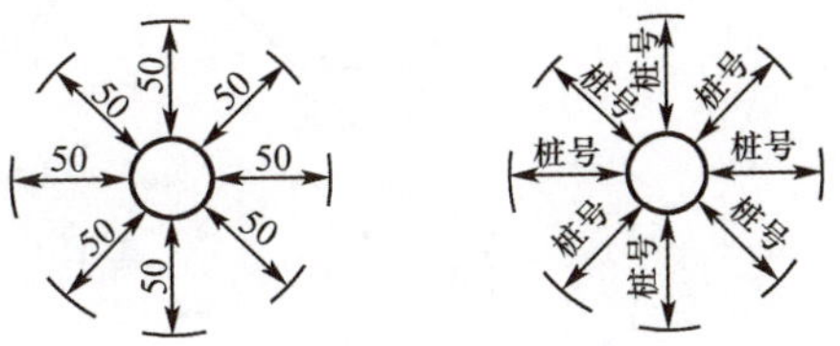

图 1-7-5　尺寸数字及文字书写方向的标注

2. 圆、圆弧的标注

(1)直径的标注

圆或大于半圆的圆弧，应标注直径，如图 1-7-6 左侧两个例图所示，并在直径数字前加注符号“ϕ”、“d”或“D”。标注的直径尺寸线应通过圆心，两端画箭头指在圆弧上。较小圆的直径尺寸，可标注在圆外，如图 1-7-6 右侧六个例图所示。

(2)半径的标注

半圆或小于半圆的圆弧，应标注半径。如图 1-7-7 左下方的例图所示，标注半径的尺寸线，一端应从圆心开始，另一端画箭头指在圆弧上，半径数字前应加注符号“R”或“r”。较大圆弧的半径，可按图 1-7-7 上方两个例图的形式标注；较小圆弧的半径，可按图 1-7-7 右下方四个例图的形式标注。

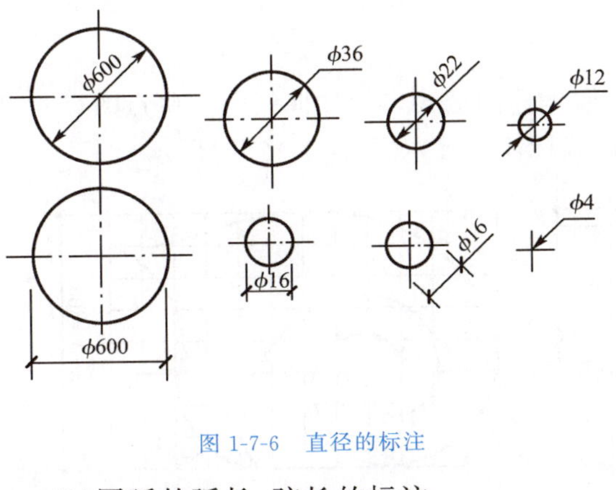

图 1-7-6　直径的标注

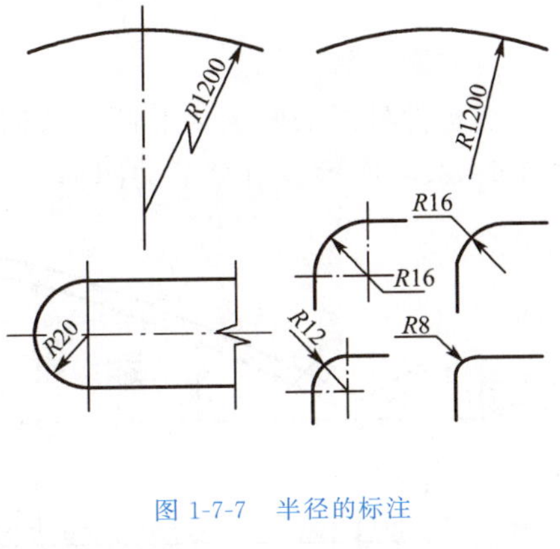

图 1-7-7　半径的标注

(3)圆弧的弧长、弦长的标注

弧长标注，如图 1-7-8(a)所示，尺寸线为同心圆弧，尺寸界线垂直于该圆弧的弦，起止符号采用箭头，弧长数字上方加圆弧符号。

弦长标注，如图 1-7-8(b)所示，圆弧的弦长的尺寸线应平行于弦，尺寸界线垂直于弦。

3. 球的标注

标注球体的尺寸时，应在直径和半径符号前加 S，如“$S\phi$”“SR”。

4. 角度的标注

如图 1-7-9 所示，角度的尺寸线是圆弧，圆心是角的顶点，角的两边是尺寸界线；尺寸起止符号用箭头，如没有足够的位置画箭头，可用圆点代替；角度的数字应水平方向注写。

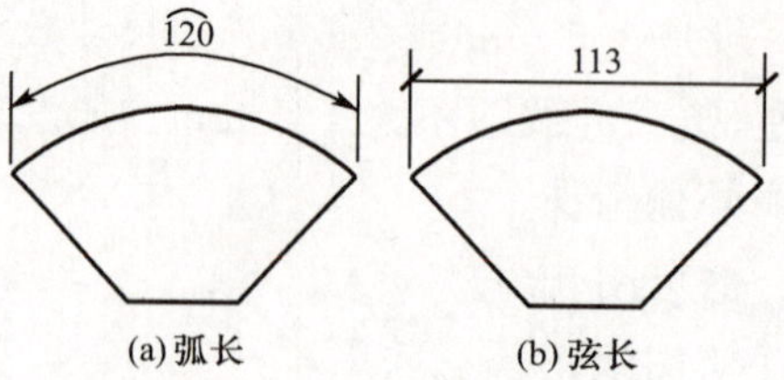

图 1-7-8　弧长、弦长的标注

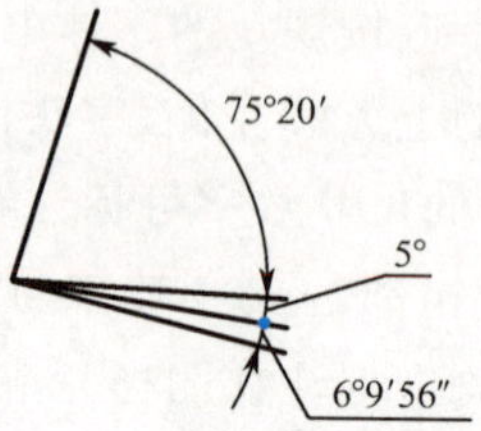

图 1-7-9　角度的标注

5. 正方形的标注

在正方形的侧面标注该正方形的尺寸，如图 1-7-10 所示，可用“边长×边长”的方法标注，也可在边长数字前加正方形符号“□”进行标注。

6. 连续排列的等长尺寸

连续排列的等长尺寸，如图 1-7-11 所示，可用“等长尺寸×个数＝总长”的形式标注。

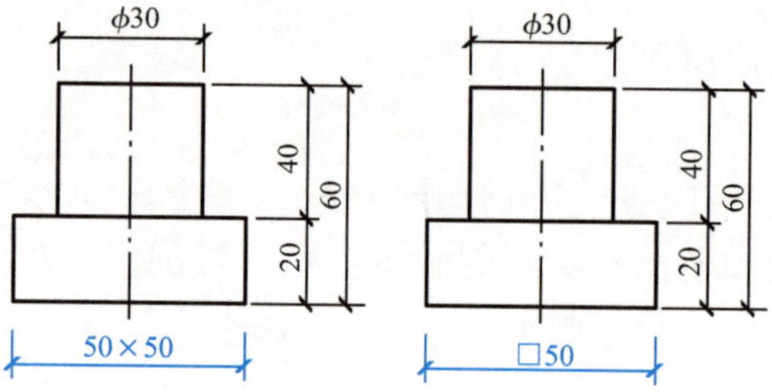

图 1-7-10　正方形的标注

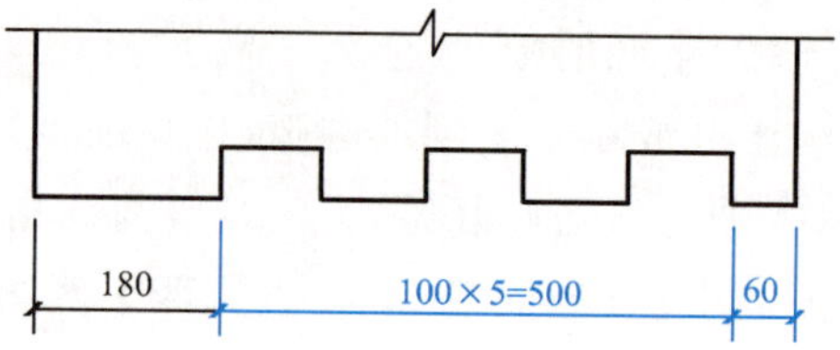

图 1-7-11　连续排列的等长尺寸的标注

7. 非圆曲线的标注

当构件外形的轮廓为非圆曲线时，可以采取坐标的形式来标注曲线上某些点的尺寸，如图 1-7-12(a)所示。对复杂的图形，可用网格形式标注尺寸，如图 1-7-12(b)所示。

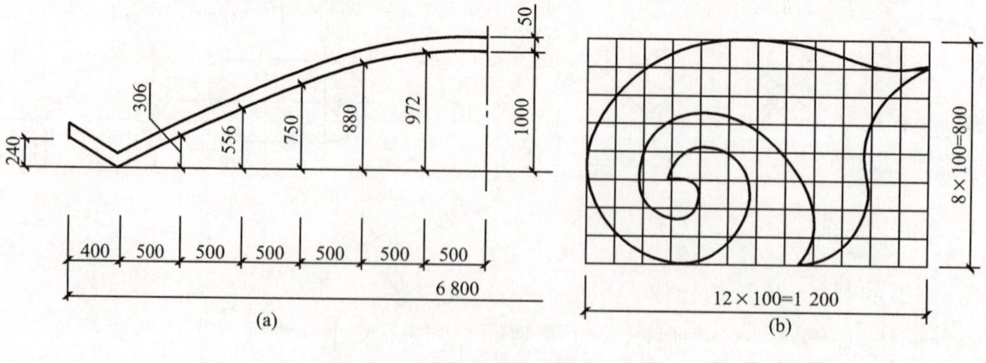

图 1-7-12　非圆曲线的标注

8. 标高的标注

标高符号采用细实线绘制的等腰直角三角形表示，高为 2～3 mm，底角为 45°，顶角应指在需要标注的高度线上，顶角向上、向下均可；标高数字标注在三角形的右侧，标高值为负数时数字前面应加“－”号，正标高（包括零标高）数字前面可不加“＋”号，图 1-7-13(a)所示。当图形复杂时，也可采用引出线形式进行标注，如图 1-7-13(b)所示。水位标高的标注如图1-7-13(c)所示。

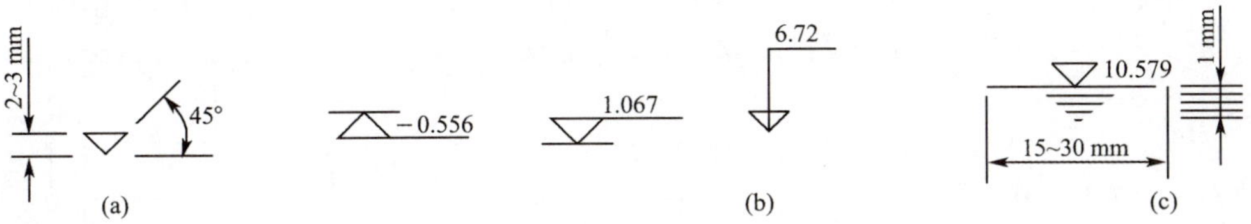

图 1-7-13　标高的标注

9. 坡度的标注

当坡度值较小时，坡度的标注用百分数的形式表示，并标注坡度符号。坡度符号由细实线、单边箭头以及在线上标注的百分数组成。坡度符号的箭头指向下坡方向。当坡度值较大时，坡度的标注应用比例的形式表示，如图 1-7-14 所示。

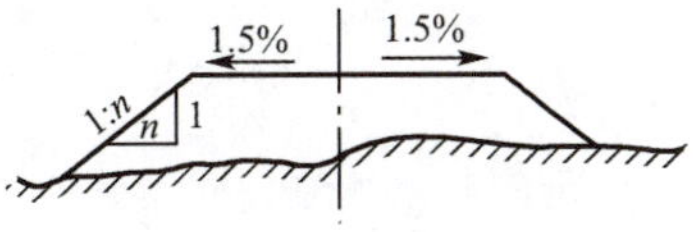

图 1-7-14　坡度的标注

10. 尺寸标注中容易出现的一些错误(表 1-7-1)

表 1-7-1　　尺寸标注中一些常见错误的正误对比

说明	尺寸标注	
	正确	错误
尺寸数字一般应标注在尺寸上方中间，其方向应垂直于尺寸线	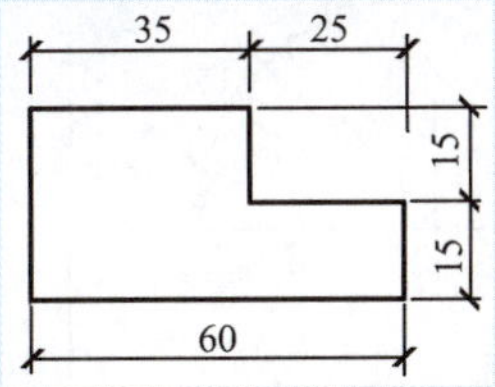	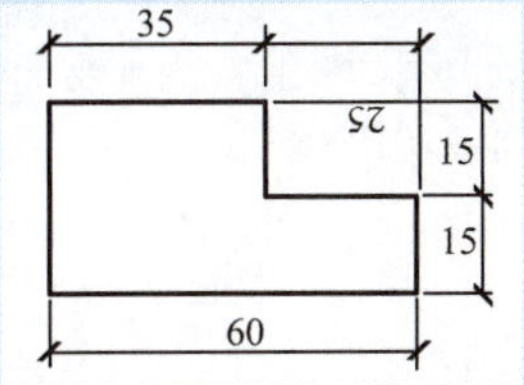
同一张图纸内，尺寸数字大小应一致	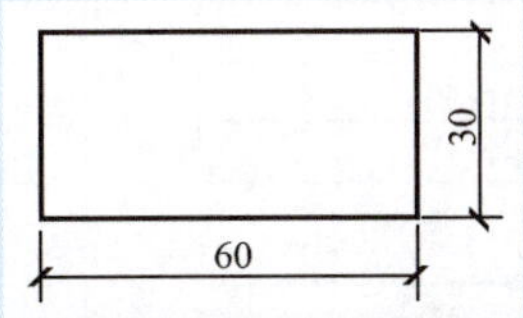	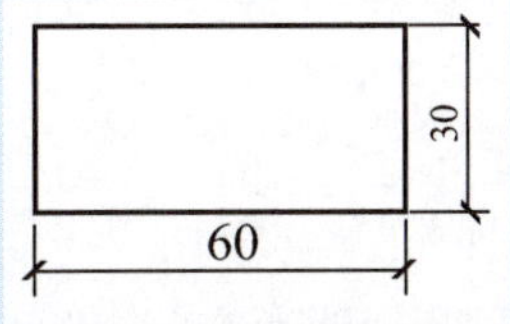
在剖面图、断面图中必须标注尺寸时，应在尺寸数字填写处留出空位	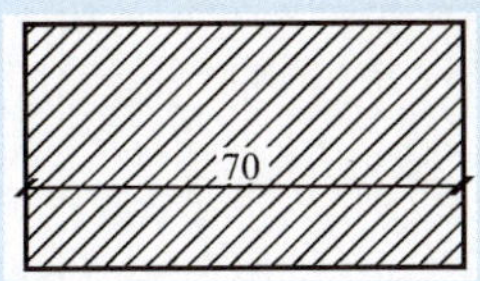	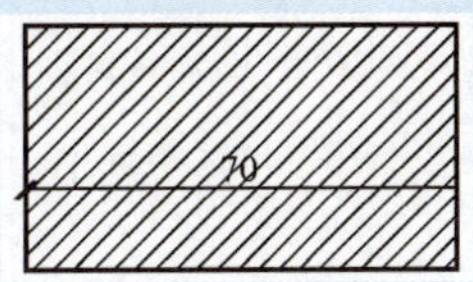
尺寸线应平行于所注轮廓线，尺寸界线一般应垂直于所标注的轮廓线，大尺寸在外，小尺寸在内	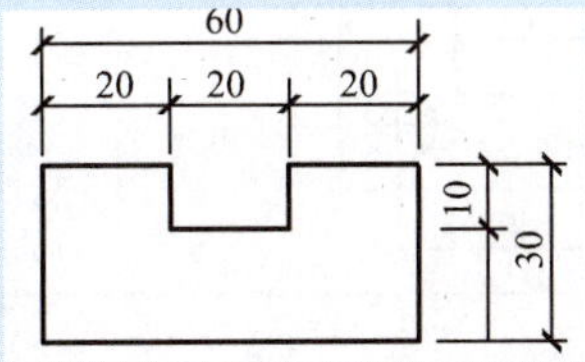	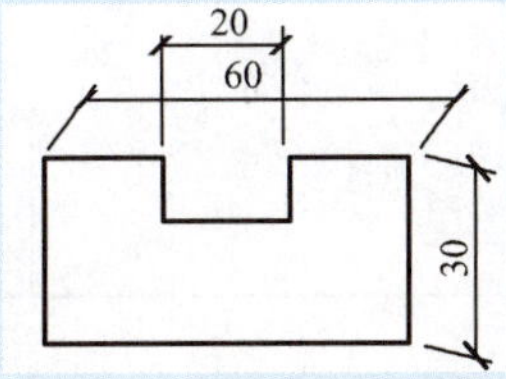

（续表）

说明	尺寸标注	
	正确	错误
尺寸线同轮廓线、尺寸线之间的间距为 5～8 mm 且同张图纸应一致，尺寸界线应越过尺寸起止点约 2 mm	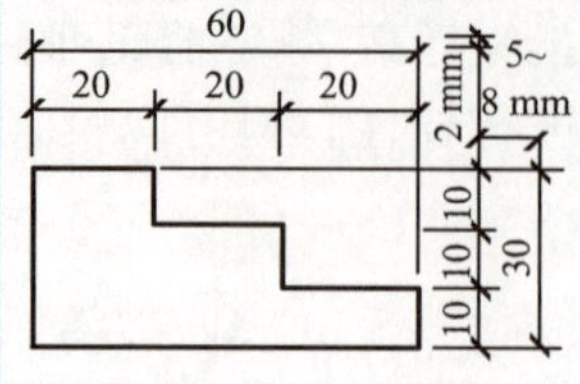	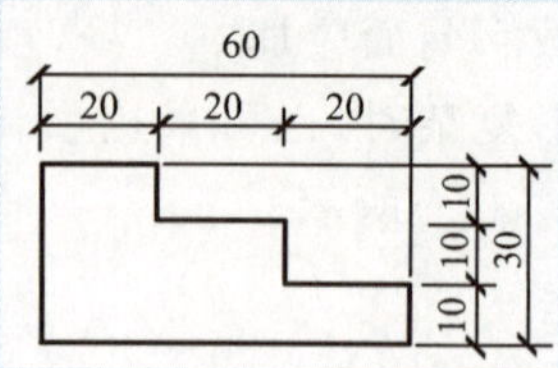
不能用尺寸界线作为尺寸线	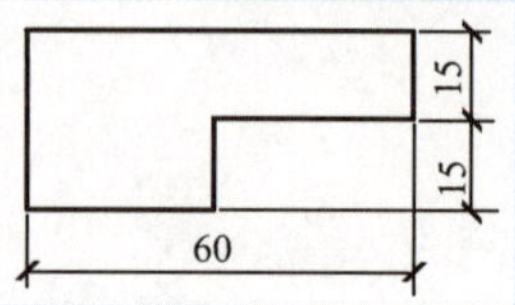	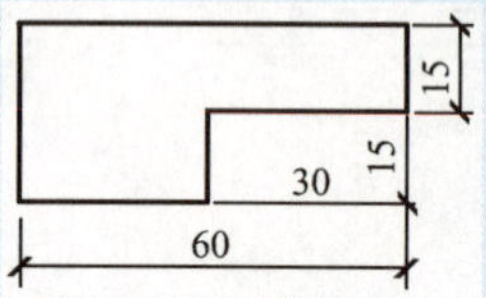
尺寸数字应如图规定方向注写，尽量避免在斜线范围内注写尺寸数字	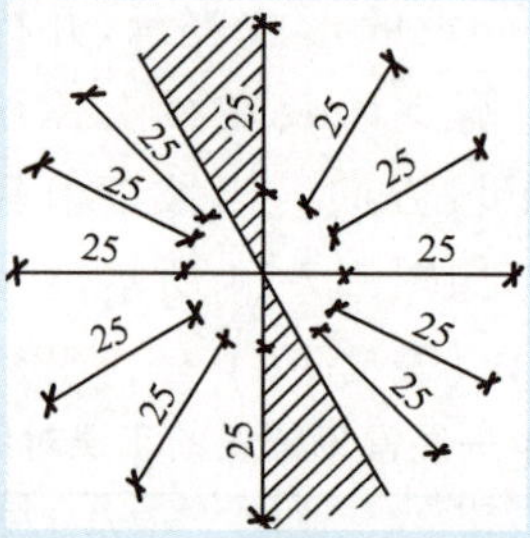	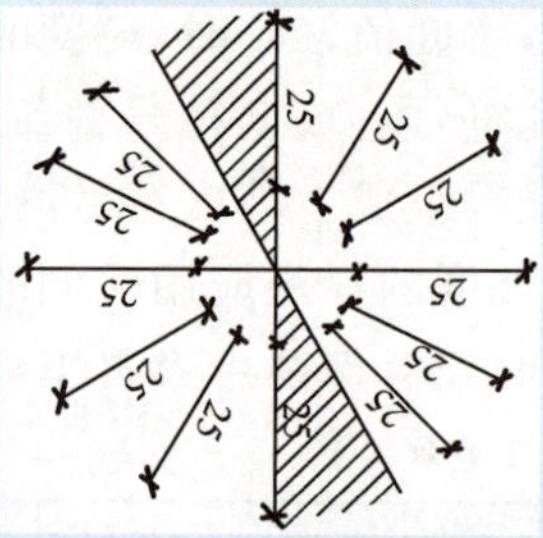
角度用箭头线表示，角度数字一律水平标注	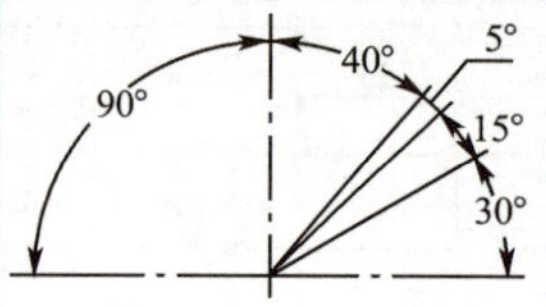	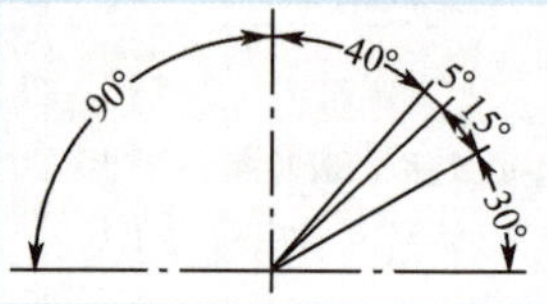
用折断法表示的图上，应画出完整的尺寸线和注出实长	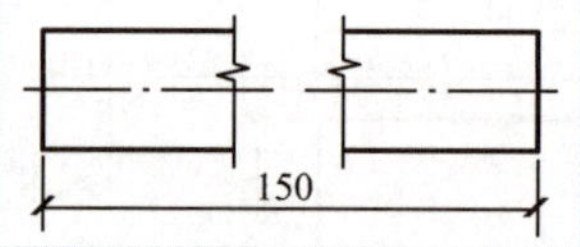	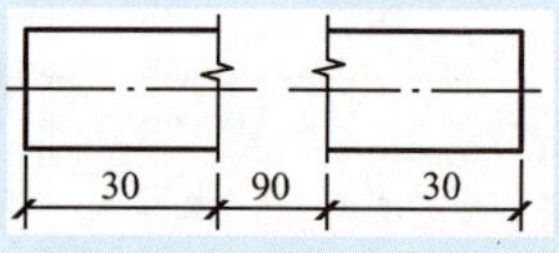
当物体对称，只画一半时，尺寸数字应注写实长的$\frac{1}{2}$。如图中桥面宽为 700 cm，现只画一半，应注写为$\frac{700}{2}$，而不是注写 350	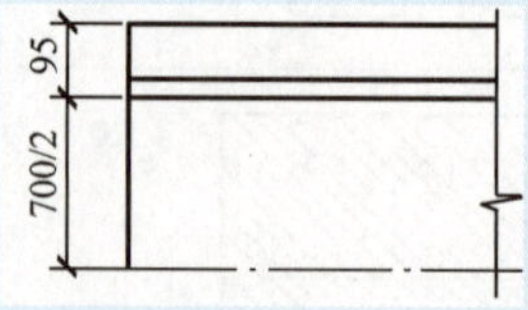	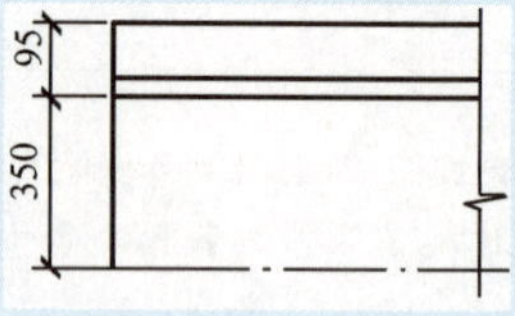
轮廓线、中心线可以作为尺寸界线，但不能作为尺寸线	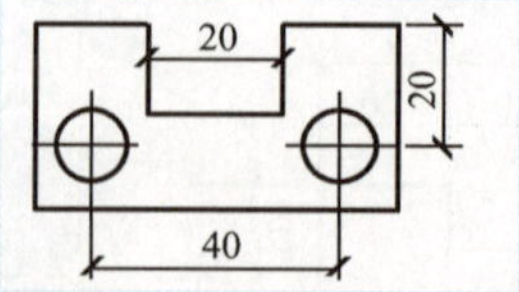	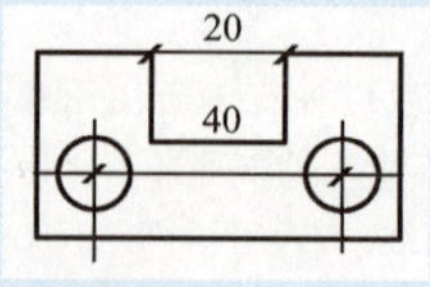

二、基本体的尺寸标注

常见的基本体是棱柱、棱锥、圆柱、圆锥和球等。图 1-7-15 为一些常见的基本体尺寸标注的示例。

基本体的尺寸一般只需注出长、宽、高三个方向的定形尺寸。

图 1-7-15(a)～图 1-7-15(d)所示为棱柱、棱台，其长、宽尺寸应注写在能反映其底面形状的投影图上。高度尺寸宜注写在反映高度方向的投影图上。

图 1-7-15(e)～图 1-7-15(g)所示为圆柱、圆锥、圆台，需注写直径与高度方向的尺寸。对于直径尺寸，如果要注写在非圆的视图中，数字前应加注符号“ϕ”。

图 1-7-15(h)所示为球体，在直径符号前应加注字母“$S\phi$”。

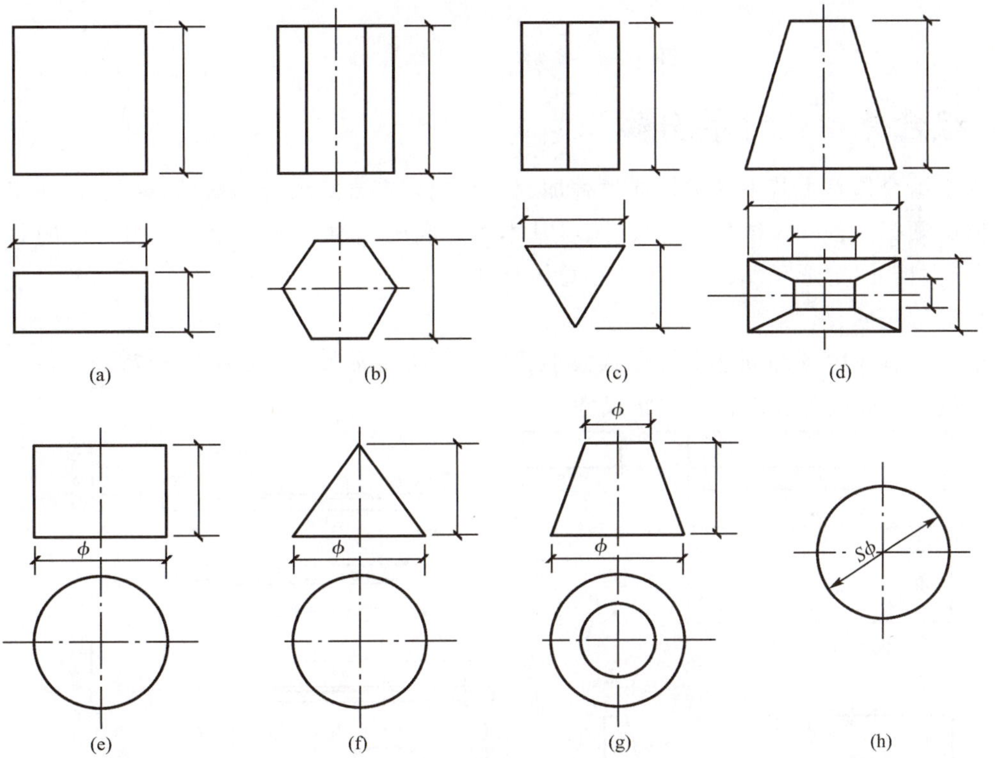

图 1-7-15　常见基本体的尺寸标注

三、截切体与相交体的尺寸标注

当标注截切体的尺寸时，应标注基本体的定形尺寸，并标注确定截平面位置的定位尺寸，而不标注截交线的尺寸，如图 1-7-16 (a)～图 1-7-16(c)所示；标注相交体尺寸时，只标注参与相交的各基本体的定形尺寸以及参与相交的基本体之间的定位尺寸，而不标注相交线的尺寸，如图 1-7-16(d)所示。

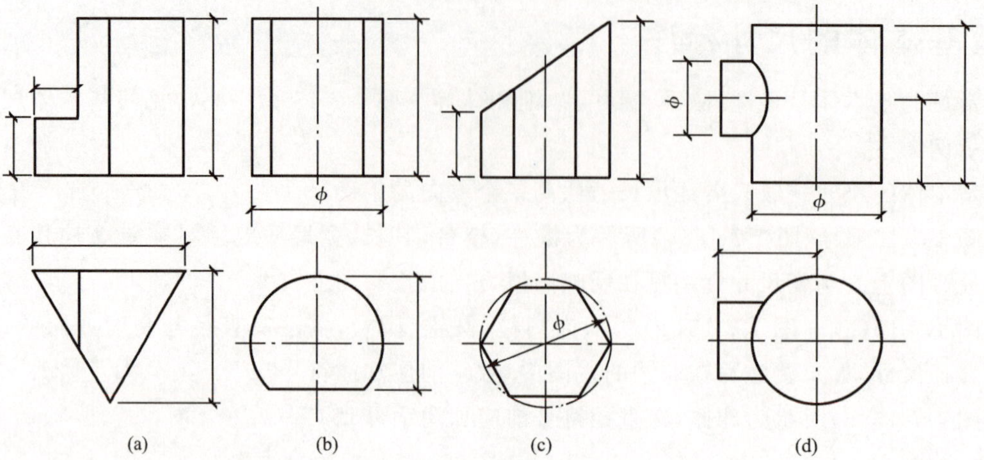

图 1-7-16 截切体与相交体的尺寸标注

四、组合体中尺寸的分类

由于组合体是由若干基本体通过叠加、相交、挖切等方式组合而成的，因此，标注组合体尺寸时必须标注各基本体的形状尺寸、各基本体之间的相对位置尺寸以及组合体的总体尺寸，即三类尺寸：定形尺寸、定位尺寸和总体尺寸。

1. 定形尺寸

表达组合体中各部分基本体形状大小的尺寸称为定形尺寸，如图 1-7-17（a）～图 1-7-17（c）中表达基础、墙身和缘石的形状尺寸。

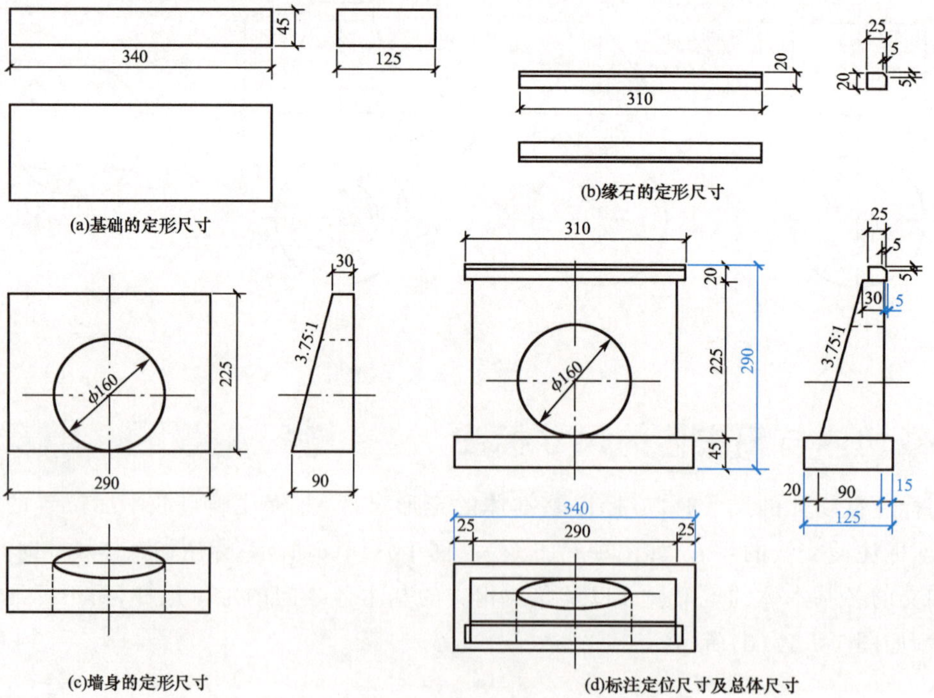

图 1-7-17 三类尺寸的标注

2. 定位尺寸

表达各组成部分相对位置的尺寸称为定位尺寸。组合体的定位尺寸包括长、宽、高三个方向的定位尺寸，如图 1-7-17(d)中的墙身相对于基础间的定位尺寸为 15，缘石相对于墙身间的定位尺寸为 5。

在标注某一方向的定位尺寸时都需有一个标注尺寸的起点，这个标注起点叫作尺寸基准。标注组合体定位尺寸需要长、宽、高三个方向的尺寸基准。尺寸基准一般选在组合体底面、重要端面、对称面及回转体的轴线和圆的中心线上，如图 1-7-18(c)所示。

另外说明，在以下两种情况下，组合体两部分之间某一方向上的定位尺寸不需要标注：

(1)组合体两部分之间的相邻面对齐或贴面放置，如图 1-7-17(d)中墙身和缘石的高度方向上的定位尺寸。

(2)组合体两部分都关于基准对称，如图 1-7-17(d)中墙身和缘石的长度方向上的定位尺寸。

3. 总体尺寸

确定组合体外形的总长、总宽、总高的尺寸称为总体尺寸，如图 1-7-17(d)中的总长为 340、总高为 290、总宽为 125。

任务实施

标注涵洞口一字墙的尺寸过程，如图 1-7-17、图 1-7-18 所示。

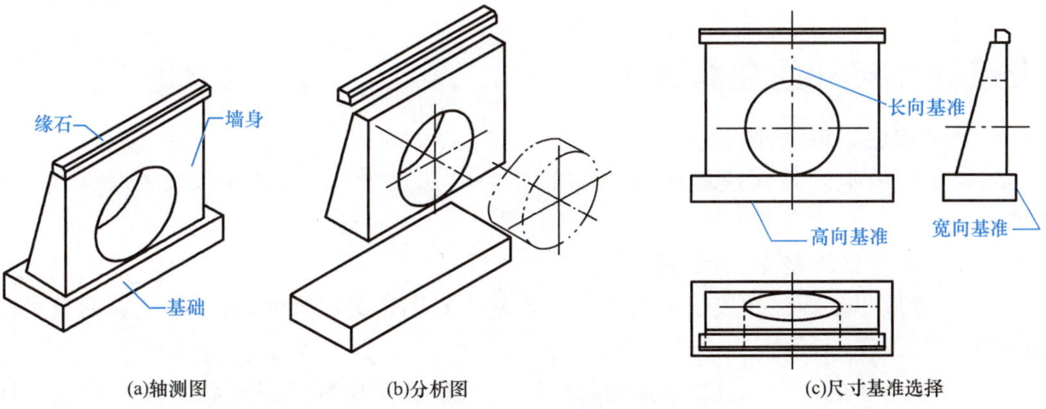

图 1-7-18 涵洞口一字墙的形体分析及尺寸基准选择

1. 形体分析，选定基准

经形体分析可知，涵洞口一字墙由基础、墙身、缘石组成，如图 1-7-18(a)所示。基础为一个长方体，墙身是在一个横卧的梯形柱母体上挖出一个纵卧的圆柱孔，缘石为一个横卧的五棱柱，如图 1-7-18(b)所示。

各基本体相对位置如图 1-7-18(c)所示，墙身在高度方向放在基础的顶面，左右方向相对于基础居中放置，前后方向前面比基础前面靠后一段距离；墙身圆孔高度方向最下面的素线在墙身的底面，左右方向相对于墙身居中放置，前后方向将墙身挖透；缘石在高度方向放在墙身的顶面，左右方向相对于墙身居中放置，前后方向前面比墙身前面靠前一段距离。

选定长、宽、高三个方向的尺寸基准，如图 1-7-18(c)所示，高向基准选在基础底部，长向基准选在圆孔的左右对称轴上；宽向基准选在基础的前面。

2. 标注三类尺寸

(1)标注各基本体定形尺寸

为了不遗漏尺寸，在形体分析的基础上，先分别注出各基本体的定形尺寸，以确定所需定形尺寸的数量，如图 1-7-17(a)～图 1-7-17(c)(实际工程中不必再画分解图逐个注尺寸)。墙身上的圆柱孔是被墙身后面(侧垂面)截切的，所以不用标注截交线(椭圆)的尺寸，而是标注截平面的位置尺寸，如图 1-7-17(c)中的侧面投影中圆柱孔的截平面位置 30、90。

(2)标注定位尺寸

在长度方向，基础、墙身和缘石关于基准对称布置，无须标注定位尺寸。

在高度方向，基础、墙身和缘石都是贴面叠加，也无须标注定位尺寸。

在宽度方向，需标注出墙身相对于基础的定位尺寸 15、缘石相对于墙身的定位尺寸 5，如图 1-7-17(d)左视图所示，这两个尺寸均注在位置特征明显处。

标注总体尺寸：分别注出总长为 340、总高为 290、总宽为 125。

(3)检查校核

标注完尺寸后，要用形体分析法认真检查三类尺寸，补上遗漏尺寸，并对布置不合理的尺寸进行必要的调整。

知识拓展

合理标注尺寸的注意事项

1. 尺寸标注要完整、准确、唯一

形体分析的基础是逐块标注各组成部分的定形尺寸、定位尺寸以及总体尺寸，不得遗漏。

2. 尺寸布置必须整齐、清晰，便于阅读

(1)尺寸应尽量标注在投影图形之外。与两投影图相关的尺寸，最好标注在两投影图之间，如图 1-7-17(d)所示。

(2)各基本体的定形、定位尺寸尽可能不要分散，要集中标注在形状特征和位置特征明显的视图上。如图 1-7-17(b)中，缘石的定形尺寸相对集中在反映特征面形状的左视图上。

(3)同向尺寸应尽可能排列整齐，尺寸线对齐；当有几排尺寸时，应使小尺寸在内，大尺寸在外，排列整齐，间隔均匀，如图 1-7-17(d)主视图中的 45、225、20、290。

(4)避免在虚线上标注尺寸。

(5)为了避免计算，便于加工制作，尺寸可采用封闭式，不得产生误差。

任务8

识读叠加式组合体的三面投影图

实例1　识读T形桥台基础和台身的三面投影图

实例分析

如图1-8-1所示，T形桥台基础和台身为一个叠加式组合体，识读叠加式组合体的投影图采用的是形体分析法。采用形体分析法读图的前提条件是熟练掌握基本体的投影特点。

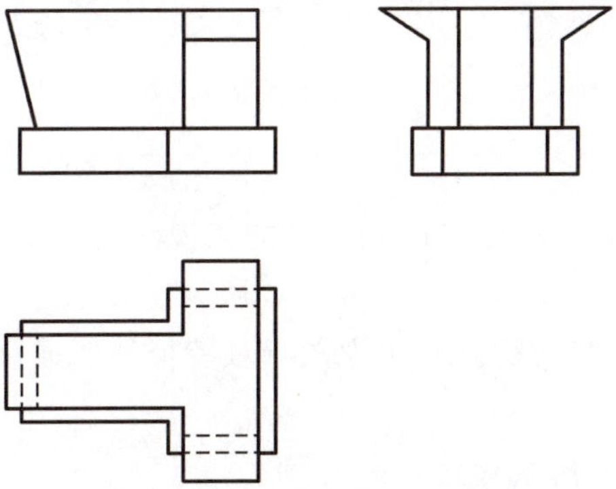

图1-8-1　T形桥台基础和台身的投影图

相关知识

一、形体分析法读图原理

一个基本体的投影图为一组符合三等规律的线框；反过来，一组符合三等规律的线框则可以表达一个基本体的形状，几组符合三等规律的线框组成的投影图则可以表达一个由若干基本体组成的组合体的形状。

二、形体分析法读图的具体方法

先从分块特征最明显的视图入手，将该视图的线框分为几部分；然后根据三等规律分别找出每部分线框在其他视图中的对应线框，并分析每部分线框及其对应线框所表达的基本体形状；再按它们之间的相对位置，综合想象组合体的形状。此读图方法常用于叠加式组合体。

形体分析法读图的步骤：

(1)分线框：在组合体的三视图中，找出分块特征最明显的一面视图，将它的线框分为几部分。

(2)找对应线框：根据三等规律，分别找出每部分线框在其他视图中的对应线框。

(3)摘三视图，分析形状：分别从原图中摘出每部分线框及其对应线框，并分析其表达的基本体形状及放置形式。

(4)确定相对位置：根据原图中各部分线框的位置关系，分析出各基本体之间的相对位置。

(5)重新组合：根据以上步骤分析出的各基本体的形状、放置形式以及相对位置，综合想象出组合体的形状。

(6)检查验证：根据分析出的组合体形状重新画出组合体的三视图，并与原图比较。

①若重新画出的三视图与原图一致，则证明分析结果正确。

②若重新画出的三视图与原图不一致，则证明分析结果有错误，必须重新分析并加以修正。

任务实施

图 1-8-2 所示为识读 T 形桥台基础和台身的三视图过程。

1. 分线框

T 形桥台基础和台身的三视图中，主视图分块特征最明显，故将主视图中的线框分为三部分，如图 1-8-2(a)所示。

2. 分析每个组成部分的形状和放置形式

(1)分析第一部分，如图 1-8-2(b)所示。

①找对应线框：根据“长对正、宽相等、高平齐”的投影规律，分别找出第一部分线框在其他两视图中的对应线框。

②摘三视图：分别从原图中摘出第一部分的三视图。

③分析形状：分析第一部分的三视图表达的基本体形状及放置形式，第一部分为立放的 T 形柱。

(2)用同样的方法可以分析出：第二部分为纵卧的梯形柱，如图 1-8-2(c)所示；第三部分为横卧的六棱柱，如图 1-8-2(d)所示。

3. 组合各部分基本体

根据原图中各部分线框的位置关系，分析出各基本体之间的相对位置，将各部分基本体组合，得到的组合体形状即为 T 形桥台基础和台身的形状，如图 1-8-2(e)所示。

4. 检查验证

根据图 1-8-2(e)所示的组合体形状重新绘制组合体三视图，经过与原图（图 1-8-1）比较，完全一致，证明分析结果正确。

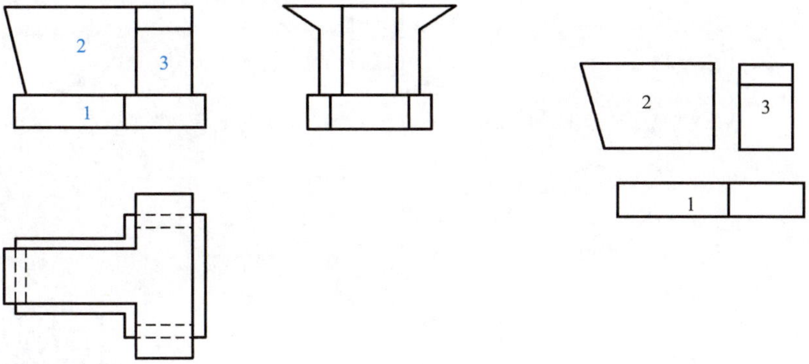

(a)将主视图的线框分为三部分

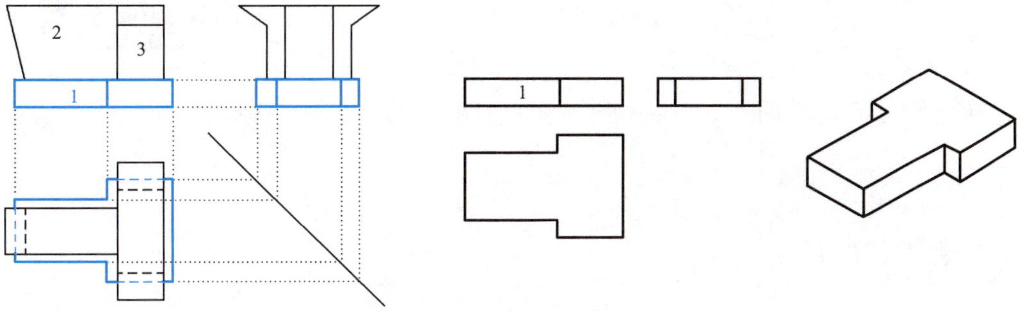

(b)找第一部分线框的对应线框，摘出其三视图，分析形状及放置形式

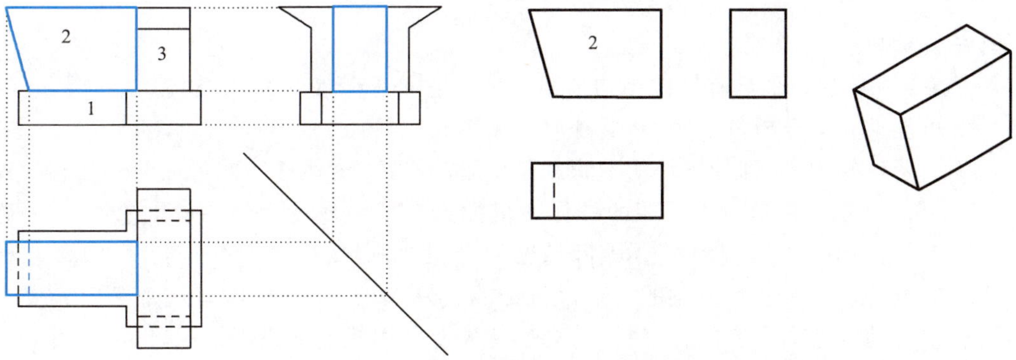

(c)找第二部分线框的对应线框，摘出其三视图，分析形状及放置形式

图 1-8-2　识读 T 形桥台基础和台身的三视图过程

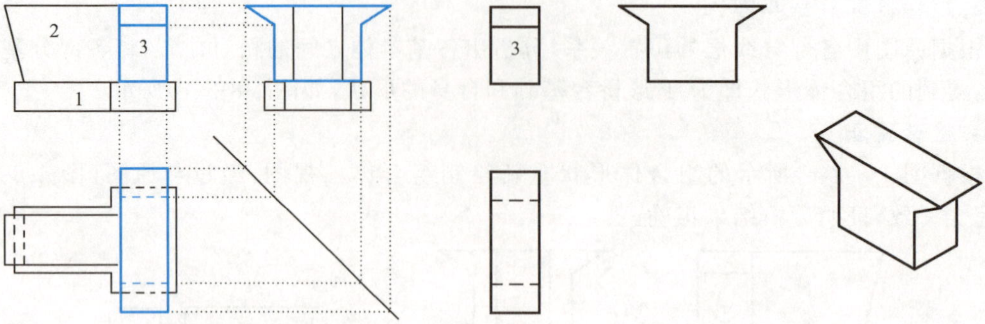

(d)找第三部分线框的对应线框，摘出其三视图，分析形状及放置形式

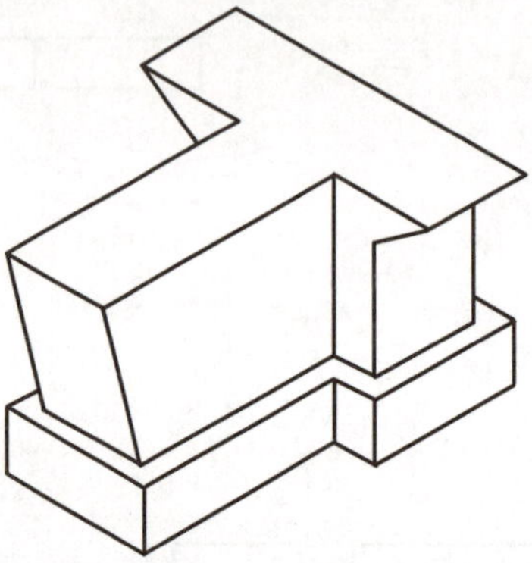

桥台模型的三视图

(e)根据原图中各部分的相对位置，综合分析出 T 形桥台基础和台身的形状

图 1-8-2 识读 T 形桥台基础和台身的三视图过程(续)

知识拓展

一、识读组合体两面投影图中的层次结构及可能性分析

1. 总体分析

图 1-8-3 所示为一个具有层次结构的组合体。它是一个左右层次结构，共三层，它的形状有多种可能性。试分析其形状，然后补出平面图。

由侧面图可知，从左到右三块的形状都是横卧的柱体，这些柱体的特征面一共有六种可能，如图 1-8-4 所示。由这六种可能的柱体随机抽选三块组成图 1-8-3 所示的组合体，这是一个数学上的排列问题，如果不考虑实际情况的合理性，那么理论上有 $6\times6\times6=216$ 种排列方案。完全分析这 216 种方案的合理性将是非常麻烦的事情，也没有这个必要。要想全面、准确、快速地筛选出所有的正确排列方案，首先要利用我们的投影知识，选出最可能的一些方案，再用排除法将其中的不正确或不合理的方案进行排除，最后选出既正确又合理的方案。

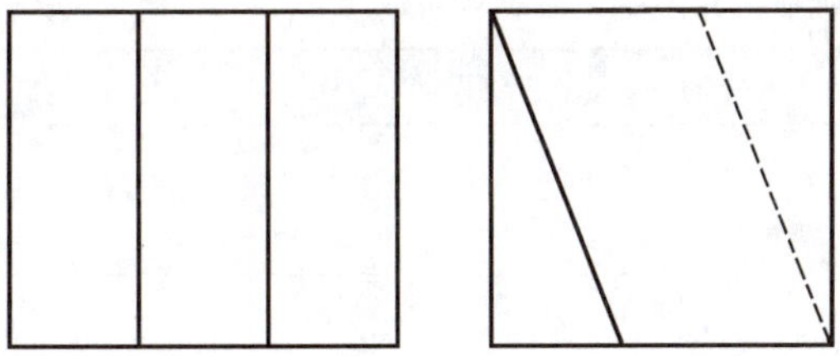

图 1-8-3　具有层次结构的组合体

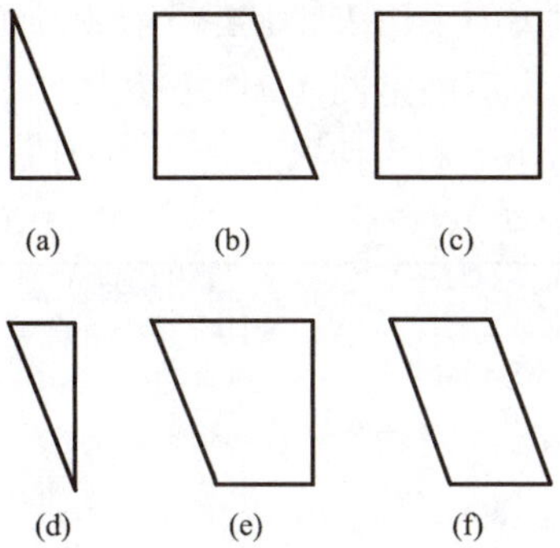

图 1-8-4　柱体的特征面的六种可能

缩小排列范围的根据与原则：

①根据图 1-8-3 的正面图中相邻块之间的交线为实线可知，相邻块前表面不能平齐。

②根据图 1-8-3 的侧面图中有一条斜实线可知，左块的特征面不能是最大的图 1-8-4(c)。

③根据图 1-8-3 的侧面图中有一条斜虚线可知，左块的特征面不能是图 1-8-4(b)～图 1-8-4(f)。

2. 左、中、右三块的可能性分析

(1)左块

根据原则②、③，左块的特征面有两种可能：图 1-8-4(a)和图 1-8-4(e)。

(2)中块

当左块为图 1-8-4(a)时，根据原则①，中块不能是图 1-8-4(a)，其余五种都有可能。

当左块为图 1-8-4(e)时，根据原则①，中块不能是图 1-8-4(c)、图 1-8-4(d)、图 1-8-4(e)，其余三种都有可能。

表 1-8-1 将左、中两块排列方案的正确性给予验证。

表 1-8-1　左、中两块各种排列方案的正确性验证

方案	左块	中块	验　证	结论
1	图 1-8-4(a)	图 1-8-4(b)	侧面图中不会出现虚线	不正确
2	图 1-8-4(a)	图 1-8-4(c)		正确
3	图 1-8-4(a)	图 1-8-4(d)	左、中两块没有接触	不能连接
4	图 1-8-4(a)	图 1-8-4(e)	左、中两块只有一条棱相接触	不能连接
5	图 1-8-4(a)	图 1-8-4(f)	左、中两块只有一条棱相接触	不能连接
6	图 1-8-4(e)	图 1-8-4(a)	左、中两块只有一条棱相接触	不能连接
7	图 1-8-4(e)	图 1-8-4(b)		正确
8	图 1-8-4(e)	图 1-8-4(f)		正确

(3)右块

当左、中采用表 1-8-1 中第 2 种方案时，左块为图 1-8-4(a)、中块为图 1-8-4(c)，根据原则①，右块不能是图 1-8-4(c)、图 1-8-4(d)和图 1-8-4(e)，其余三种都有可能。

当左、中采用表 1-8-1 中第 7 种方案时，左块为图 1-8-4(e)、中块为图 1-8-4(b)，根据原则①，右块不能是图 1-8-4(b)和图 1-8-4(f)，其余四种都有可能。

当左、中采用表 1-8-1 中第 8 种方案时，左块为图 1-8-4(e)、中块为图 1-8-4(f)，根据原则①，右块不能是图 1-8-4(f)和图 1-8-4(b)，其余四种都有可能。

表 1-8-2 将左、中、右三块排列方案的正确性给予验证。

表 1-8-2　　左、中、右三块各种排列方案的正确性验证

方案	左块	中块	右块	验　证	结论
1	图 1-8-4(a)	图 1-8-4(c)	图 1-8-4(a)	侧面图中不会出现虚线	不正确
2	图 1-8-4(a)	图 1-8-4(c)	图 1-8-4(b)		正确
3	图 1-8-4(a)	图 1-8-4(c)	图 1-8-4(f)		正确
4	图 1-8-4(e)	图 1-8-4(b)	图 1-8-4(a)		正确
5	图 1-8-4(e)	图 1-8-4(b)	图 1-8-4(c)		正确
6	图 1-8-4(e)	图 1-8-4(b)	图 1-8-4(d)	中、右两块只有一条棱相接触	不能连接
7	图 1-8-4(e)	图 1-8-4(b)	图 1-8-4(e)		正确
8	图 1-8-4(e)	图 1-8-4(f)	图 1-8-4(a)	中、右两块只有一条棱相接触	不能连接
9	图 1-8-4(e)	图 1-8-4(f)	图 1-8-4(c)		正确
10	图 1-8-4(e)	图 1-8-4(f)	图 1-8-4(d)	中、右两块只有一条棱相接触	不能连接
11	图 1-8-4(e)	图 1-8-4(f)	图 1-8-4(e)	三块后表面都平齐为一侧垂面，侧面图总外轮廓不是矩形	不正确

3. 分析结果整理

由以上分析可知，左、中、右三块正确的排列方案有六种，分别是表 1-8-2 中的第 2、3、4、5、7、9 方案，其三面图分别如图 1-8-5 所示。

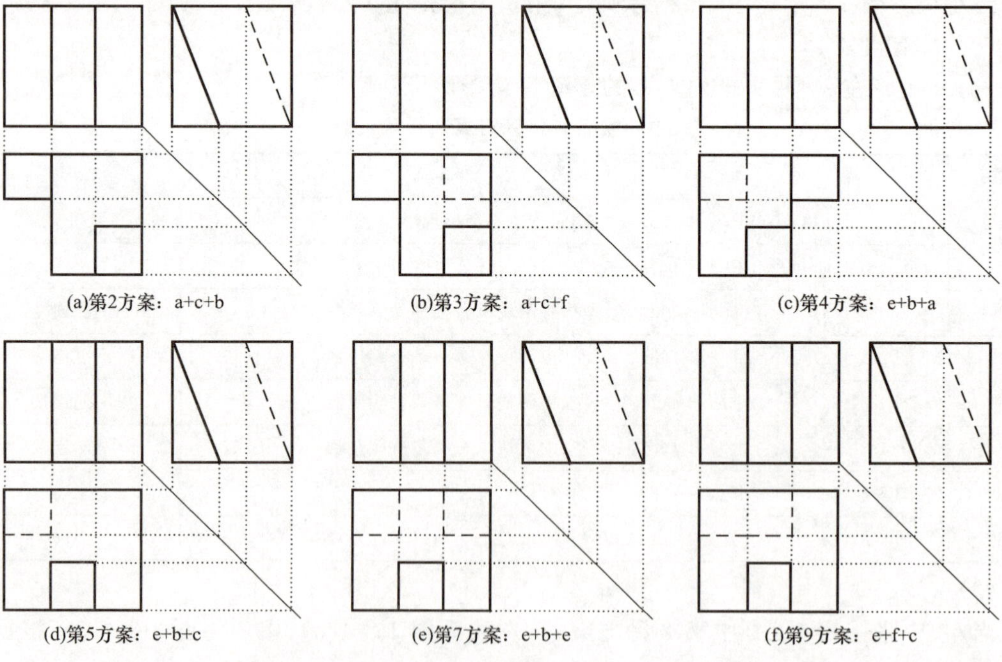

图 1-8-5　左、中、右三块六种正确排列方案的三面图

二、利用层次结构的可能性分析，补出图 1-8-6 中组合体的第三面图

图 1-8-6 中的组合体为前后层次结构，由前后三层柱体组成。由正面图可知，这些柱体的特征面有六种可能，如图 1-8-7 所示。下面具体进行分析：

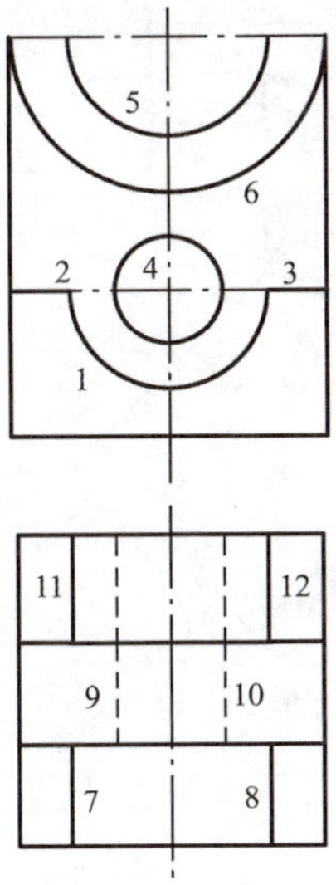

图 1-8-6　层次结构的组合体

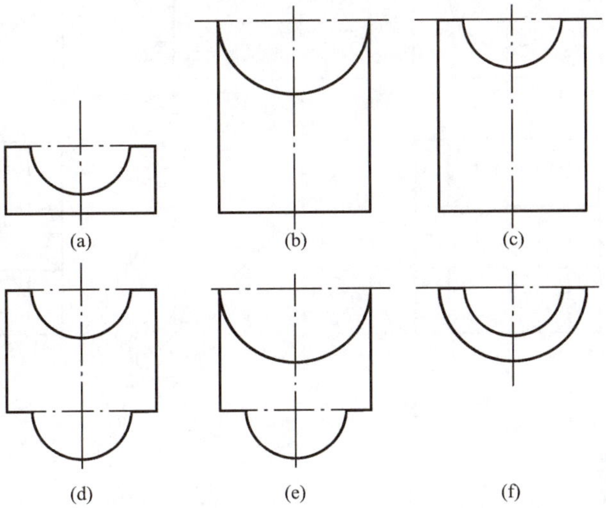

图 1-8-7　柱体特征面的六种可能

(1)圆孔

由正面图中的圆 4 与平面图中的虚线 9、10 符合“长对正”可知，这是一个纵卧的圆孔，贯穿中、后两块，所以中、后两块不可能是图 1-8-7 中的(a)、(f)。

(2)前块

①根据“长对正”，线 7、8 与圆弧 1、5 对正，前块的特征面有图 1-8-7 中(a)、(c)、(d)、(f)四种可能。

②根据“长对正”，中块为图 1-8-7 中(b)、(e)两种可能，又根据正面图中圆弧 1、5、6 都为实线可知，组合体中、前两块为前小后大的结构，前块不可能为图 1-8-7 中(c)、(d)两种。

③前块若为图 1-8-7 中(f)，则前块与中块之间只有一条圆弧 6 相接触，不能连接，所以前块只能是图 1-8-7 中(a)。

(3)中块

当前块确定为图 1-8-7 中(a)时，中块若为图 1-8-7 中(e)，则前块与中块之间只有圆弧 1 及两线 2、3 相接触，不能连接，所以中块只能是图 1-8-7 中(b)。

(4)后块

后块有图 1-8-7 中(c)、(d)、(f)三种可能，当后块为(f)时，与中块之间只有圆弧 6 相接触，不能连接，所以后块只能是图 1-8-7 中(c)、(d)两种，验证之后发现这两种结果都正确。

结论：由以上分析可知，前、中、后三块正确的排列方案有两种。

①第 1 种方案：前块为图 1-8-7 中(a)，中块为图 1-8-7 中(b)，后块为图 1-8-7 中(c)；

②第 2 种方案：前块为图 1-8-7 中(a)，中块为图 1-8-7 中(b)，后块为图 1-8-7 中(d)。

其三面图分别如图 1-8-8 所示。

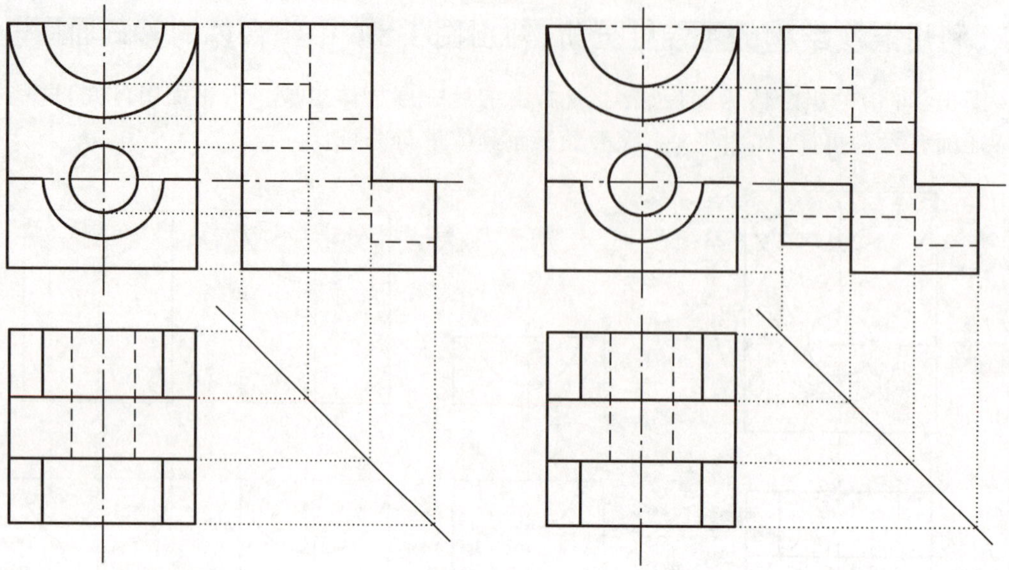

(a) 第1方案：a+b+c

(b) 第2方案：a+b+d

图 1-8-8 前、中、后三块两种正确排列方案的三面图

实例 2 识读圆端形桥墩墩身的三面投影图

实例分析

图 1-8-9(a)是圆端形桥墩的三面图，其正面投影和侧面投影都是梯形，水平投影为两个类似的带圆端的矩形。圆端形桥墩墩身为一块整体形体，没有明显的分块，类似于台体，但不是台体，因为正面图中的两条斜轮廓线的延长线交点与侧面图中的两条斜轮廓线的延长线交点不符合“高平齐”，即该形体上的素线不能交于一个共同的顶点(母体锥体的锥顶)，如图 1-8-9(b)所示，因此该形体不是由锥体截得的台体，而是一个组合体。

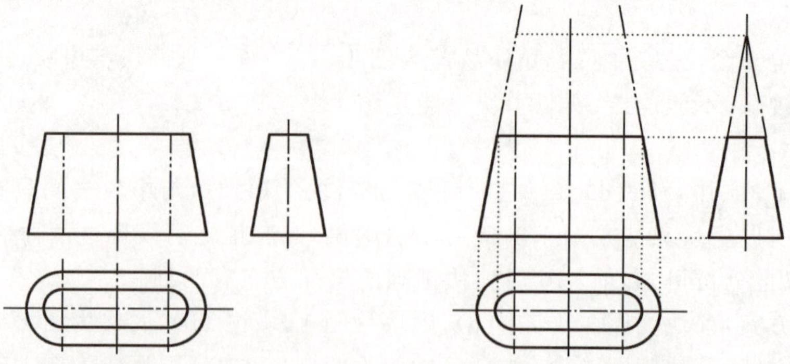

(a)投影图

(b)分析图

图 1-8-9 圆端形桥墩墩身的三面投影图

任务实施

图 1-8-10 为圆端形桥墩墩身投影图的识读过程。

通过图 1-8-10(a)分析可知，墩身上、下底面均为圆端形，且上、下底面左端两个半圆圆心的平面投影重合，在正面图中作这两个圆心的连线与斜轮廓线的延长线交于点 O_1，而 O_1 恰好与侧面图中斜轮廓线的交点 O_3 处于“高平齐”位置；右端的 O_2 也是如此。因此我们可以人为地将墩身的正面投影和平面投影作出分割，如图 1-8-10(b)所示。

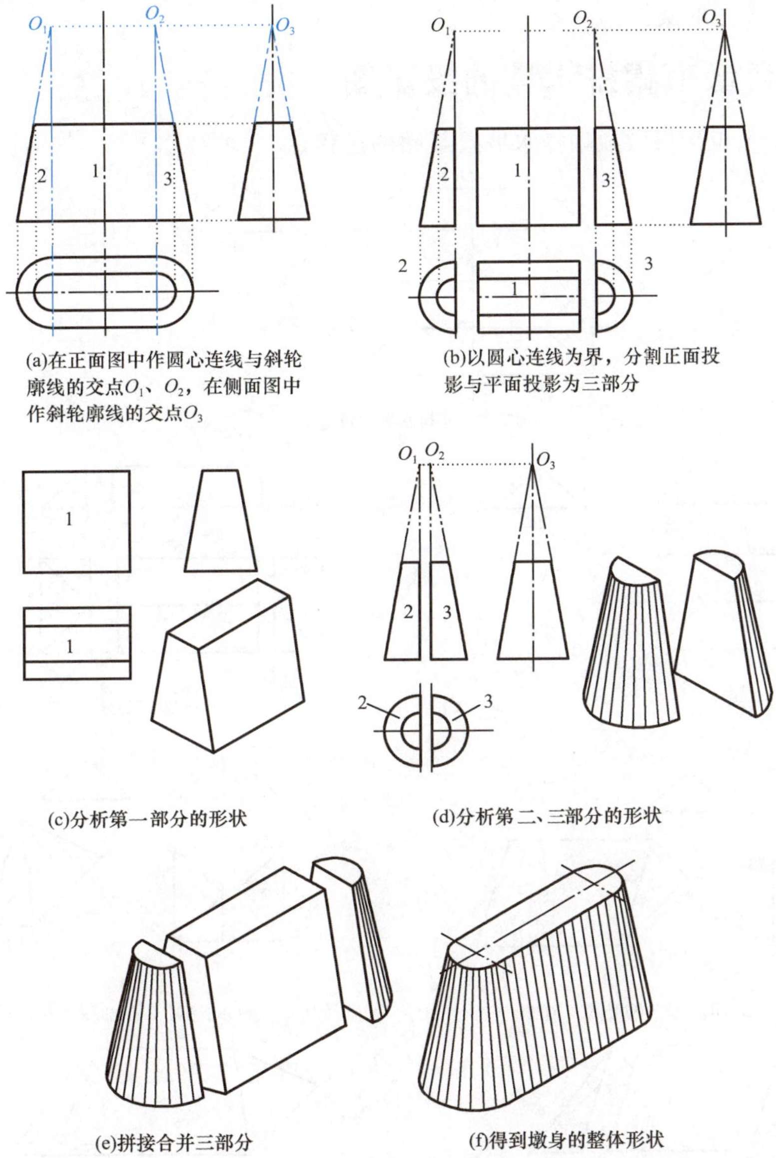

(a)在正面图中作圆心连线与斜轮廓线的交点 O_1、O_2，在侧面图中作斜轮廓线的交点 O_3

(b)以圆心连线为界，分割正面投影与平面投影为三部分

(c)分析第一部分的形状

(d)分析第二、三部分的形状

(e)拼接合并三部分

(f)得到墩身的整体形状

图 1-8-10　圆端形桥墩墩身投影图的识读过程

经过分析可知，中间的第一部分为一个横卧的梯形柱，两端的第二、三部分为立放的两个半圆台，如图 1-8-10(c)、图 1-8-10(d)所示；由第一、二、三部分拼接合并得到整个墩身，如图 1-8-10(e)、图 1-8-10(f)所示。

知识拓展

对于此类整体没有明显的分块，但又不是基本体的形体，常采用的方法是人为地进行分块，在分析出每块的形状后，再拼接合并出整体形体结构。图 1-8-11、图 1-8-12 给出了两个用此方法分析读图的实例。

一、识读桥墩顶帽排水坡的投影图

图 1-8-11 为识读桥墩顶帽排水坡投影图的过程。

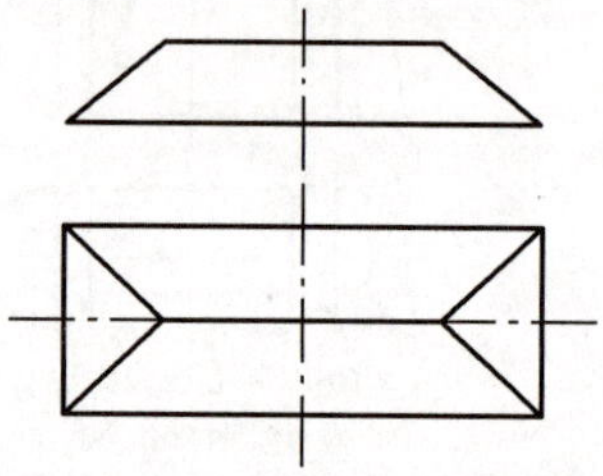

(a)桥墩顶帽排水坡的投影图

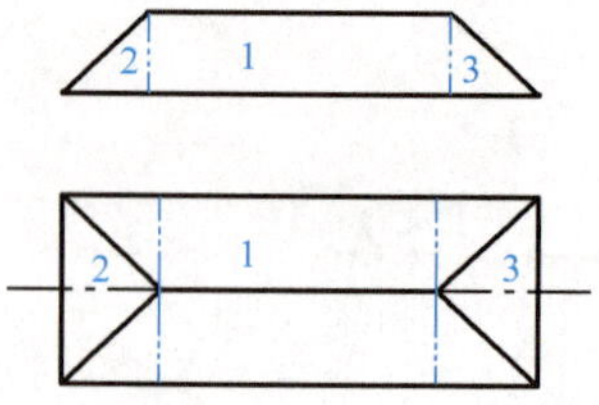

(b)人为找分界线

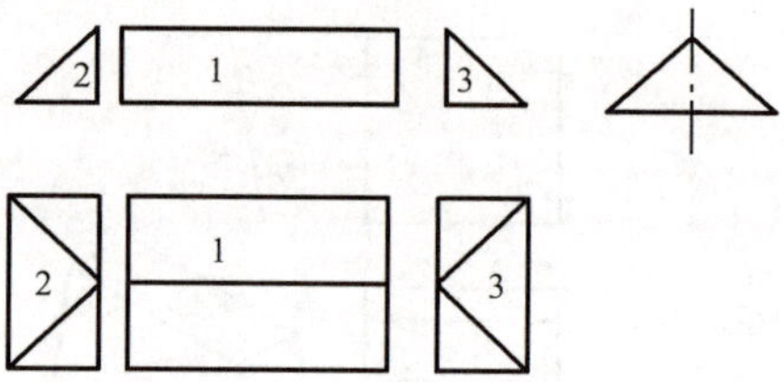

(c)分为三部分

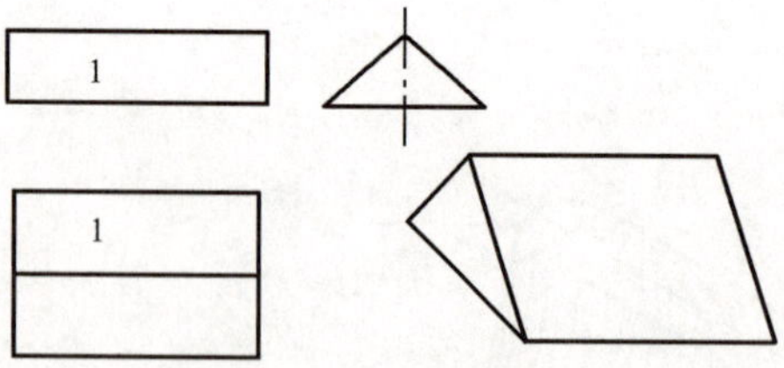

(d)分析第一部分的形状为横卧的三棱柱

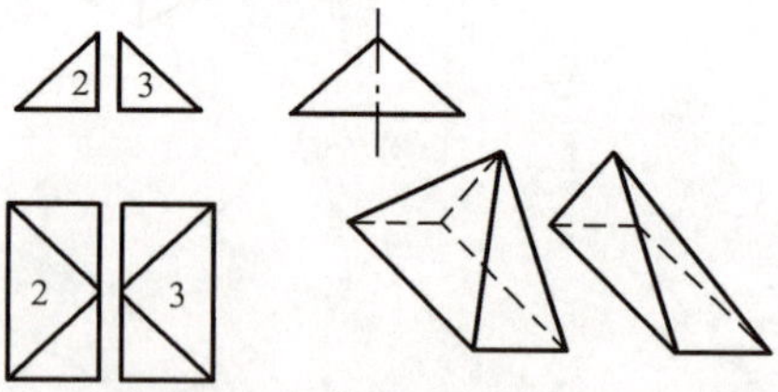

(e)分析第二、三部分的形状为两个半四棱锥

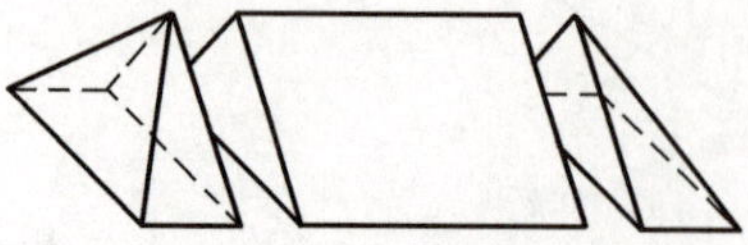

(f)将三部分拼接合并

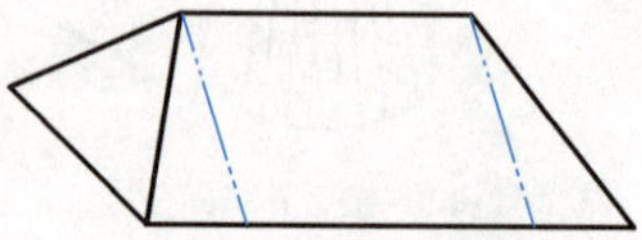

(g)得到排水坡的整体形状

图 1-8-11 识读桥墩顶帽排水坡投影图的过程

二、识读圆端形桥墩托盘的投影图

图 1-8-12 为识读圆端形桥墩托盘投影图的过程。

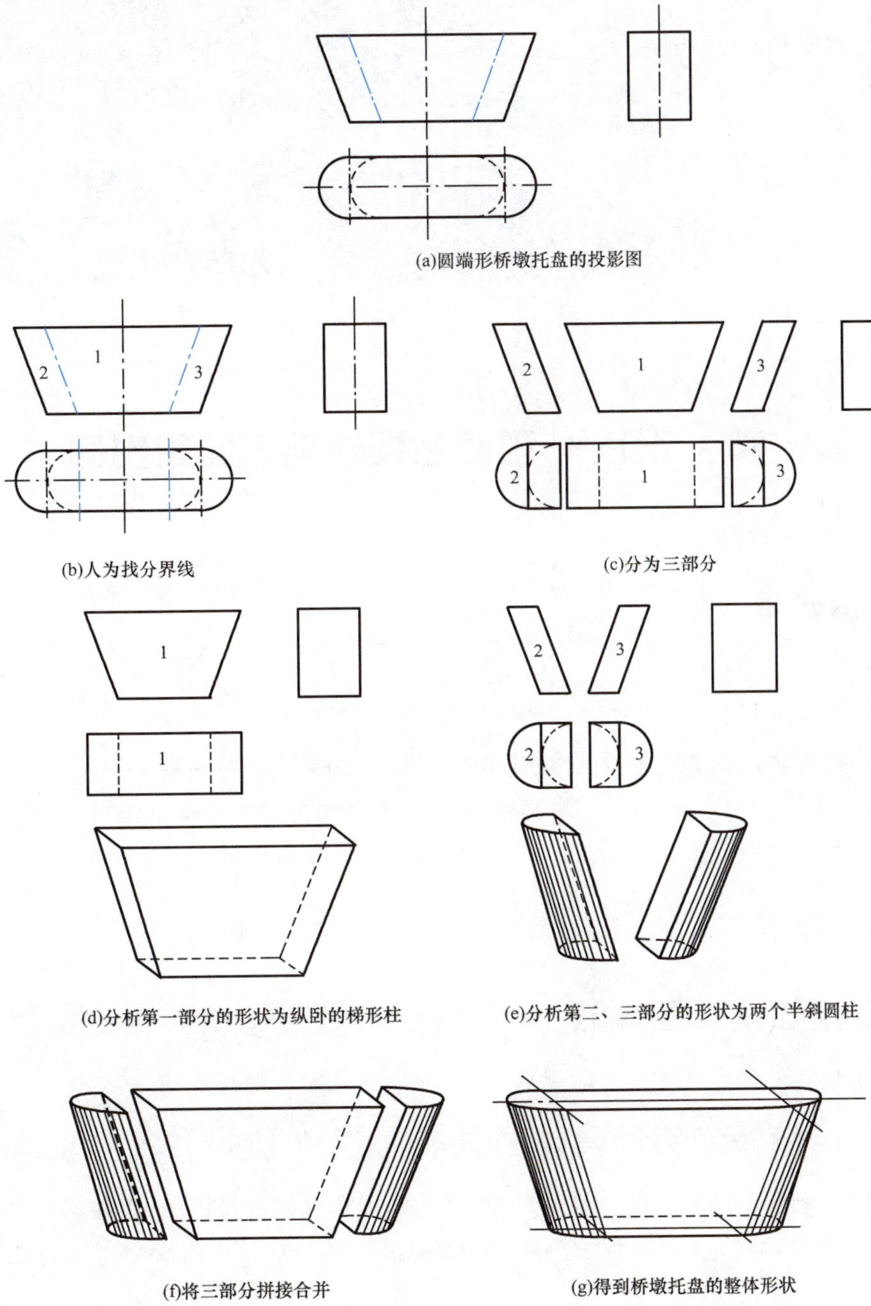

(a)圆端形桥墩托盘的投影图

(b)人为找分界线

(c)分为三部分

(d)分析第一部分的形状为纵卧的梯形柱

(e)分析第二、三部分的形状为两个半斜圆柱

(f)将三部分拼接合并

(g)得到桥墩托盘的整体形状

图 1-8-12　识读圆端形桥墩托盘投影图的过程

任务9

识读挖切式组合体的三面投影图

实 例 识读U形桥台翼墙的三面投影图

实例分析

图1-9-1所示为U形桥台翼墙的投影图，它是一个挖切式组合体，复原-挖切法读图是分析挖切式组合体投影图的常用方法。

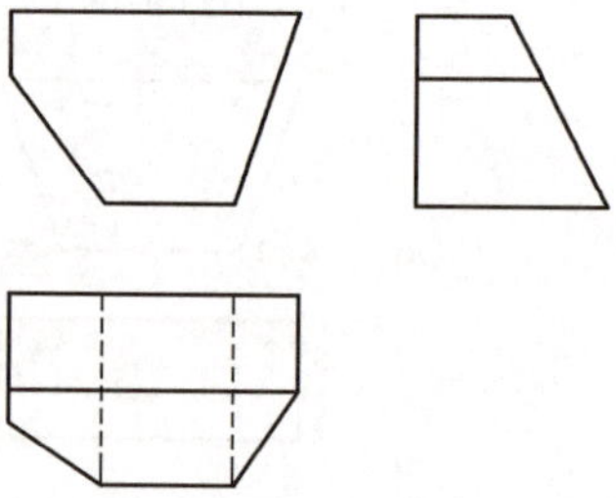

图1-9-1 U形桥台翼墙的投影图

相关知识

一、复原-挖切法读图原理

挖切式组合体都是由基本体作为母体，经过一次或几次挖切而成的。

二、复原-挖切法读图的具体方法

先将挖切式组合体投影图经过修补复原，变为基本体母体的投影图；再在母体基础上逐步挖去补上的部分，最后得到的剩余形体部分的形状，即为原组合体投影图所表达的形体形状。

任务实施

用复原-挖切法识读U形桥台翼墙投影图的过程，如图1-9-2所示。

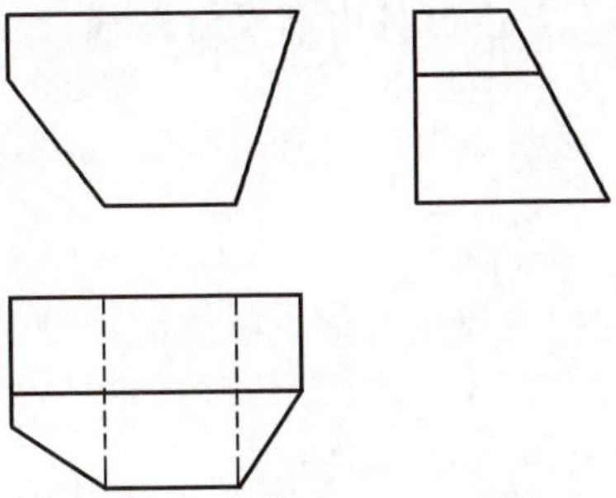

(a)U形桥台翼墙的三视图

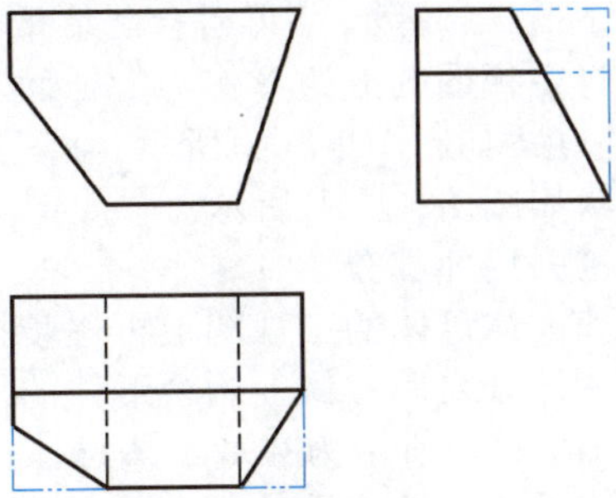

(b)选择左视图进行修补复原

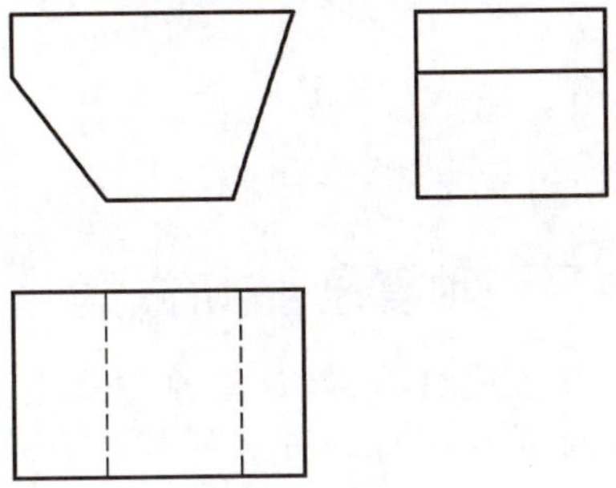

(c)整理画出修补复原成的基本体母体三视图

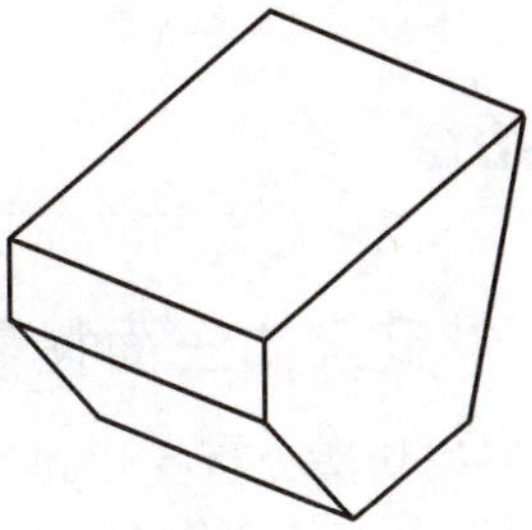

(d)分析画出复原成的基本体母体形状

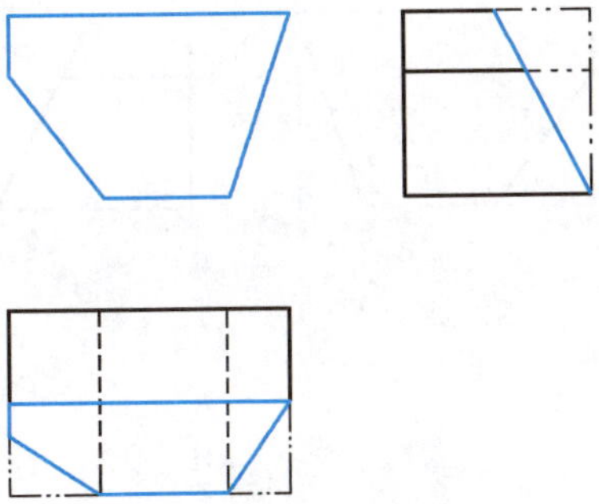

(e)在图(c)中基本体母体三视图上再挖切去图(b)中补上的部分

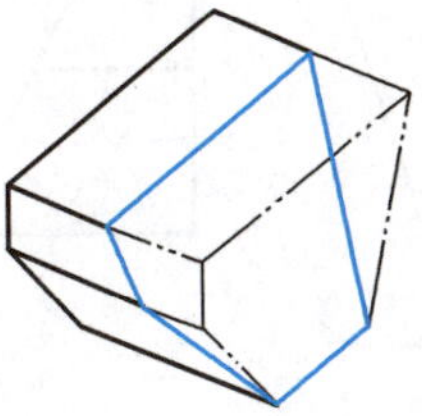

(f)根据图(e)中基本体母体三视图的挖切方式，在母体上进行挖切

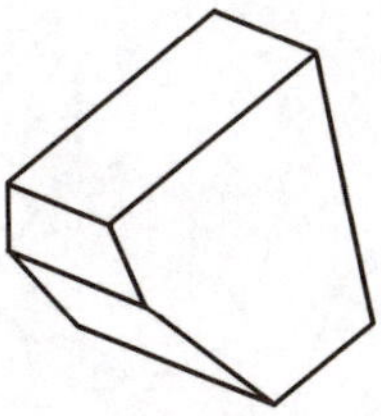

(g)挖切后剩余部分形体的形状，即为U形桥台翼墙的形状

图 1-9-2　用复原-挖切法识读 U 形桥台翼墙投影图的过程

1. 修补复原

综合分析形体的三视图，找出最容易修补复原成基本体的一种修补方案，对形体的投影图进行修补。

图 1-9-2(a)所示 U 形桥台翼墙的三视图中，主视图为五边形且内部没有图线，因此可以考虑将主视图的五边形作为特征面，修补其他视图，使基本体母体还原为一个纵卧的五棱柱，修补方案如图 1-9-2(b)所示；整理后基本体母体的三视图如图 1-9-2(c)所示；基本体母体的形状如图 1-9-2(d)所示。

2. 挖去后补部分

在基本体母体的三视图上再逐步挖去后补部分，直到挖成原组合体投影图的样子，分析每挖去一部分之后母体上剩余形体的形状，最后逐步得到组合体投影图所表达的形体形状。

图 1-9-2(e)所示为在基本体母体的三视图上挖去后补部分的过程；图 1-9-2(f)所示为在基本体母体上挖去后补部分之后剩余形体的形状；整理后得到 U 形桥台翼墙的形状如图 1-9-2(g) 所示。

知识拓展

一、图 1-9-1 中组合体三面投影图识读中的另一种复原-挖切方案

说明：用复原-挖切法分析挖切式组合体投影图的方法很灵活，修补复原方式也不是唯一的，但是都要求对基本体投影图的掌握特别熟练，并且无论用哪一种修补复原方式，最后分析出的形体形状都应该是相同的。

图 1-9-3 给出了另一种修补复原方式的分析过程，请自己参考加以体会。

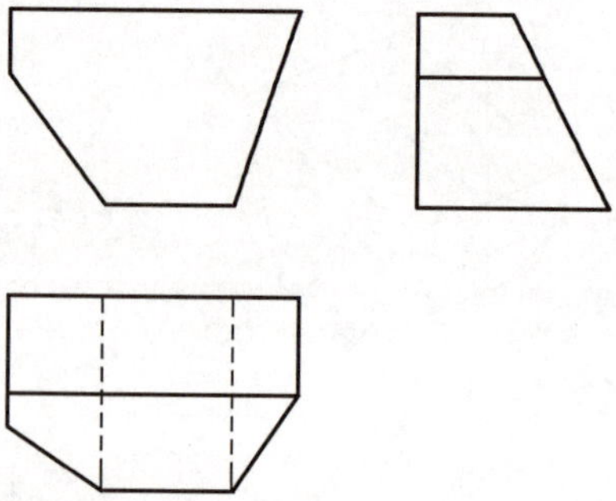

(a)U形桥台翼墙的三视图

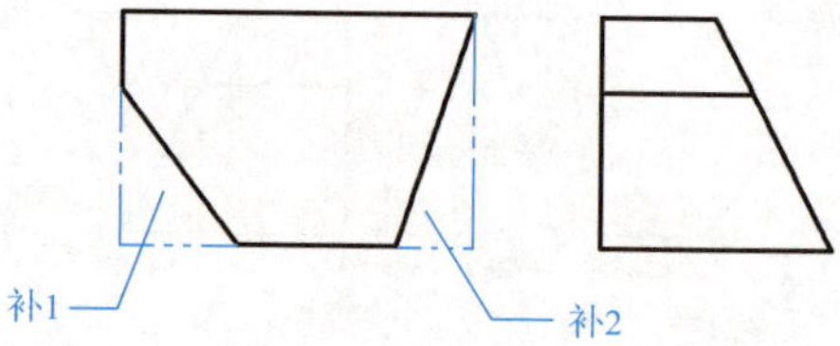

(b)选择主视图进行修补复原

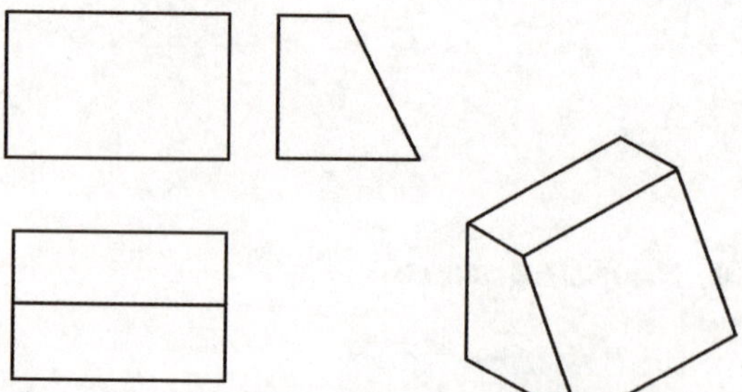

(c)整理画出修补复原后母体的三视图，分析画出母体的形状

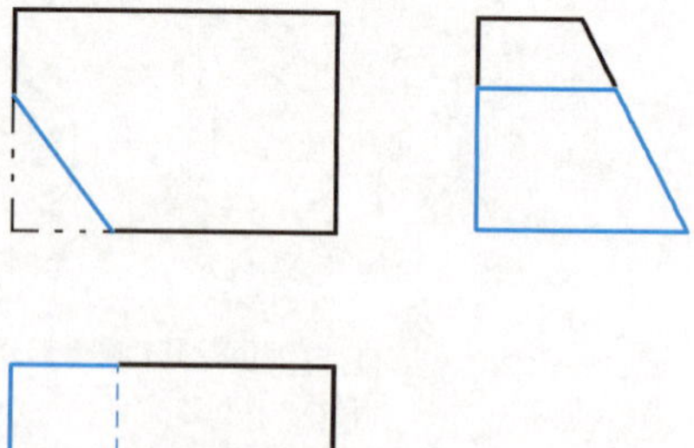

(d)在母体三视图上再挖切去图(b)中的补1部分

图 1-9-3　另一种修补复原方式的分析过程

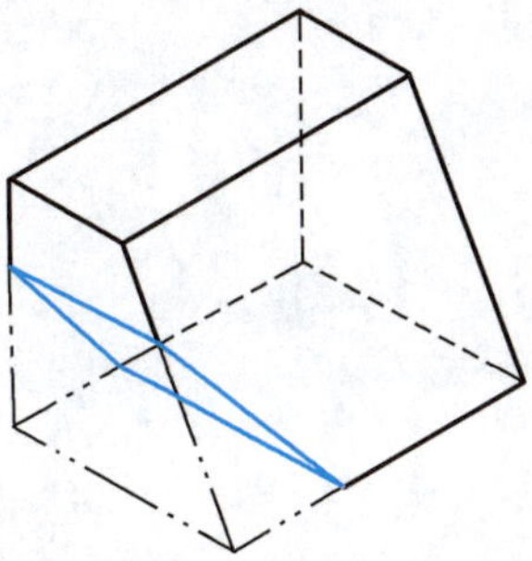

(e)根据图(d)中母体三视图的挖切方式，
在母体上进行补1部分的挖切

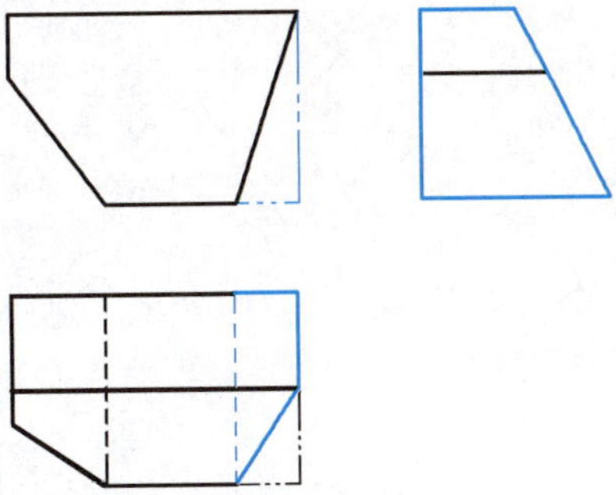

(f) 在图(d)中的三视图上，再挖切
去图(b)中的补2部分

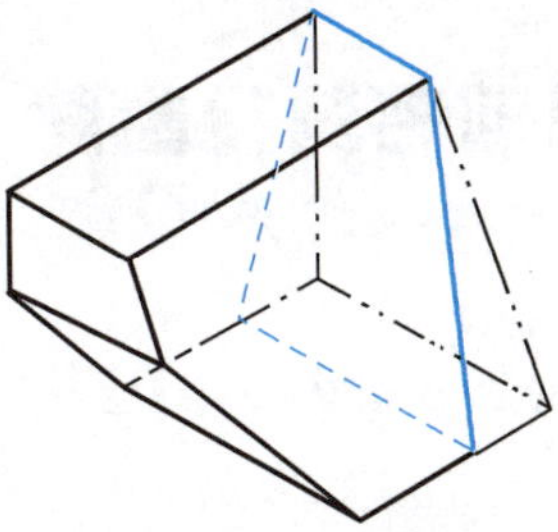

(g) 根据图(f)中三视图的挖切方式，
在剩余部分形体上进行补2部分的挖切

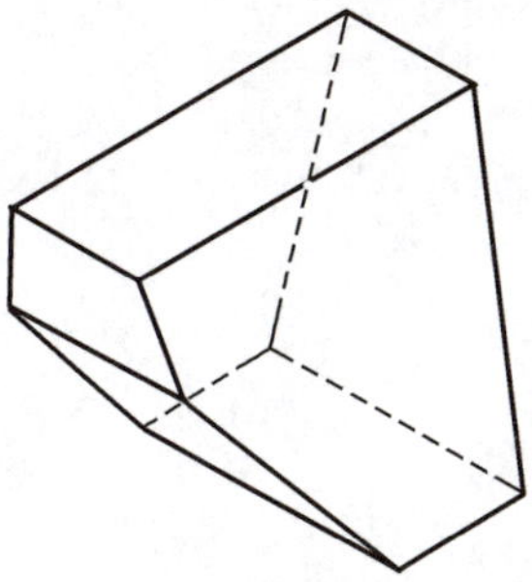

(h)经过两次挖切后剩余部分的形体形状

图 1-9-3　另一种修补复原方式的分析过程(续)

二、挖切中的可能性分析

图 1-9-4 所示为一挖切式组合体，共分三次挖切，三个挖槽为前后排列结构。显然，中间的挖槽较宽，槽底深度介于前、后两个挖槽之间；前、后两个挖槽槽宽相同，槽底深度的可能性则需要进一步判断；由正面图中三条槽底线都是实线可知，三个槽底的高度从前向后是一个前低后高的结构，所以线 3 为前槽底高度，线 2 为中槽底高度，线 1 为后槽底高度。

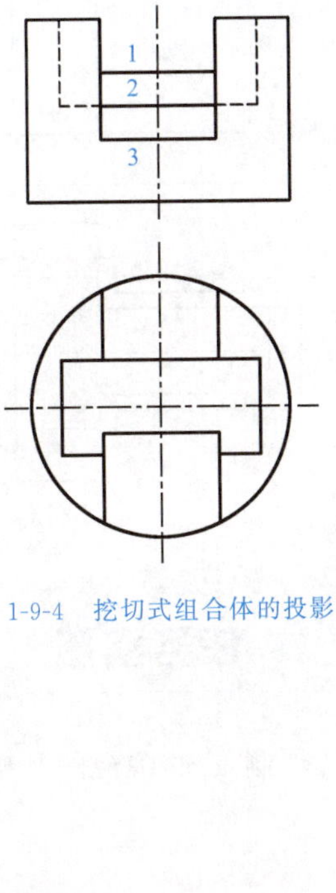

图 1-9-4　挖切式组合体的投影图

任务10

绘制组合体的轴测投影图

实例1 绘制T形桥台基础与台身的轴测投影图

实例分析

图1-10-1为T形桥台基础与台身的投影图与轴测图，它是由三个柱体组成的叠加式组合体。绘制叠加式组合体的轴测图，首先建立统一的坐标系，然后分别按各基本体的放置形式和相对位置逐个画出各基本体的轴测图，从而完成整个组合体的轴测图，这种绘制组合体轴测图的方法叫叠加法。

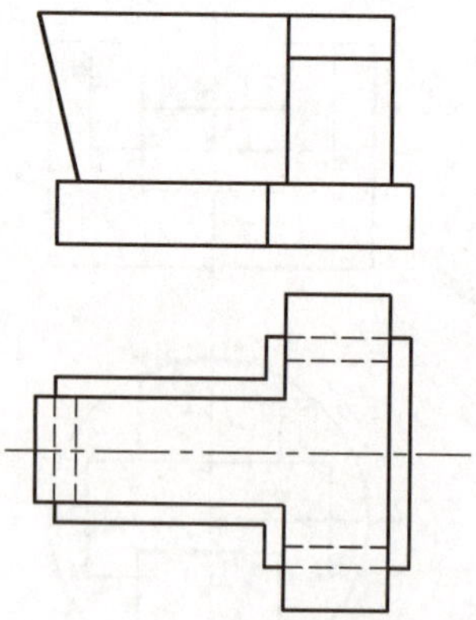

(a)投影图

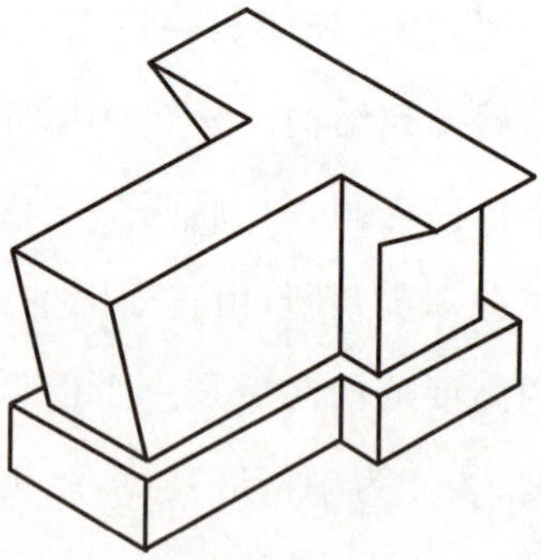

(b)轴测图

图1-10-1　T形桥台基础与台身的投影图与轴测图

任务实施

绘制T形桥台的基础与台身的轴测投影图的过程如图1-10-2所示。

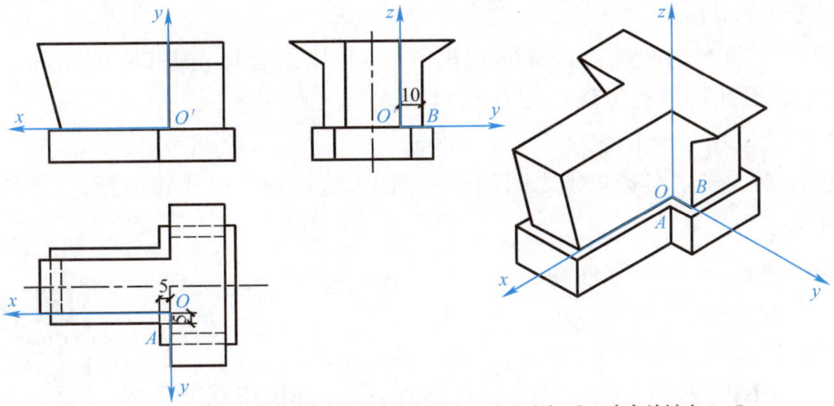

(a)在T形桥台基础与台身的投影图中，建立坐标系，确定关键点A、B

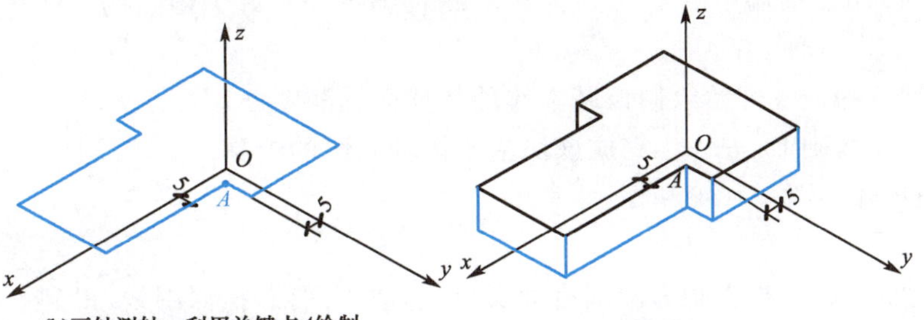

(b)画轴测轴，利用关键点A绘制基础特征面的轴测图

(c)完成基础的轴测图

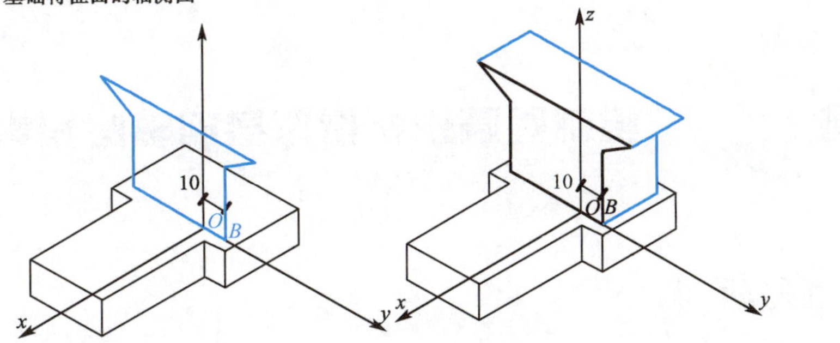

(d)利用关键点B绘制前墙特征面的轴测图

(e)完成前墙的轴测图,去掉被遮挡的棱线部分

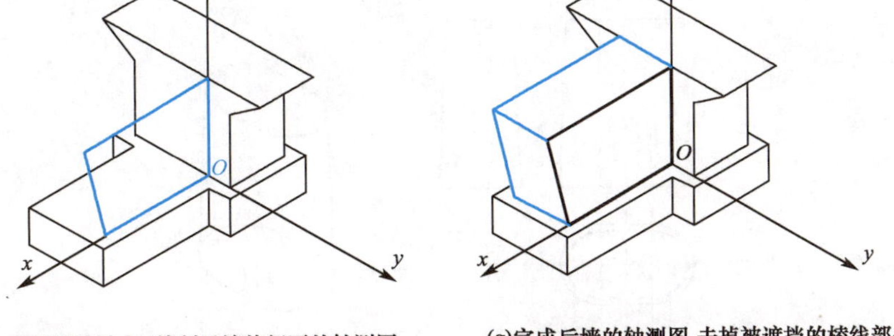

(f)利用关键点O绘制后墙特征面的轴测图

(g)完成后墙的轴测图,去掉被遮挡的棱线部分，去掉平齐相邻面的交线

图 1-10-2 绘制 T 形桥台的基础与台身的轴测图

1. 形体分析

通过分析 T 形桥台的基础与台身的三视图可知，该组合体由基础、前墙和后墙三部分基本体叠加而成，因此可用叠加法绘制其轴测图。

2. 在三视图上建立统一的坐标系，画坐标轴

一般将坐标原点建立在基本体之间的交界面上，这样画图时比较简便。

3. 画轴测轴

选择合适的轴测形式，画轴测轴。

4. 逐块绘制各基本体的轴测图

其中画某一块基本体的顺序为：

(1)分析各基本体与坐标原点 O 的相对位置，在三视图中找好关键点(如基础中的 A 点、前墙中的 B 点)，并在轴测投影系中定好关键点的位置。

微视频

组合体的轴测图

(2)从关键点的位置开始绘制该基本体的特征面轴测图。

(3)在特征面基础上，进一步完成该块基本体轴测图的绘制。

具体作图步骤如图 1-10-2 所示。

5. 检查、描深

去掉不可见的棱线，检查相邻面间有无交界线，清理图面，描深图线，得到如图 1-10-1(b)所示的轴测图。

实例 2 绘制圆端形桥墩墩身的轴测投影图

实例分析

如图 1-10-3 所示，圆端形桥墩的墩身为平面体和圆台的组合，表面的棱线既有直线，又有圆弧，所以绘制其轴测图首先要掌握圆、圆弧轴测图的绘制方法。

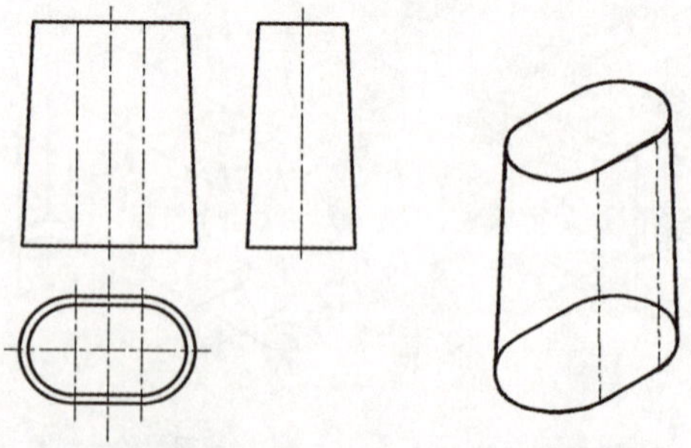

(a)投影图　　(b)轴测图

图 1-10-3 圆端形桥墩墩身的投影图与轴测图

任务实施

绘制圆端形桥墩墩身的轴测图，其顶面和底面都是用直线连接的两个半圆，先采用“四心法”绘制两个半圆，再用直线连接完成顶面和底面，然后作顶面和底面的公切线完成轴测图。图 1-10-4 为绘制圆端形桥墩墩身轴测图的过程。

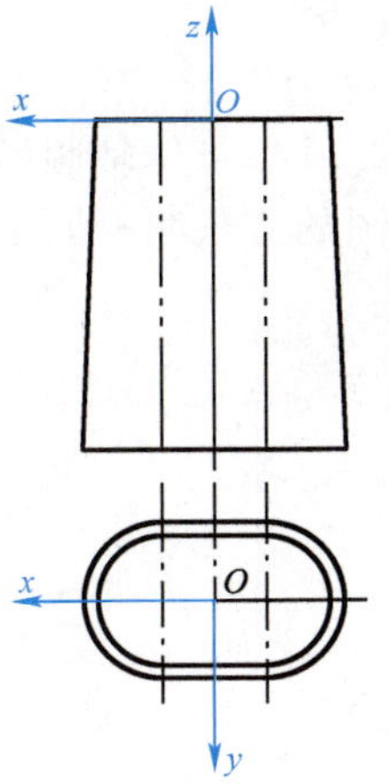

(a) 在投影图中建立坐标轴，将原点放在顶面中心

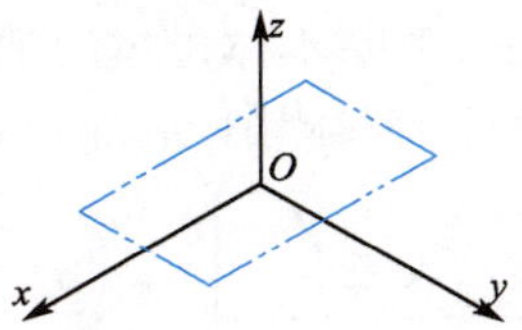

(b)绘制顶面外切矩形的轴测图

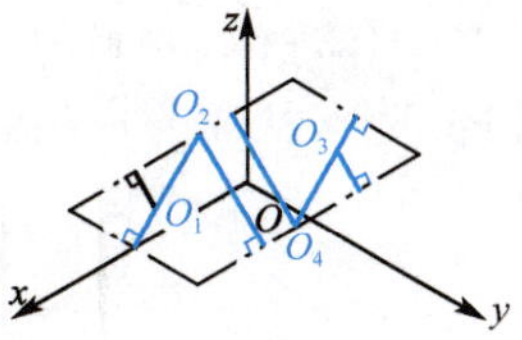

(c)采用“四心法”，找四个圆角的圆心

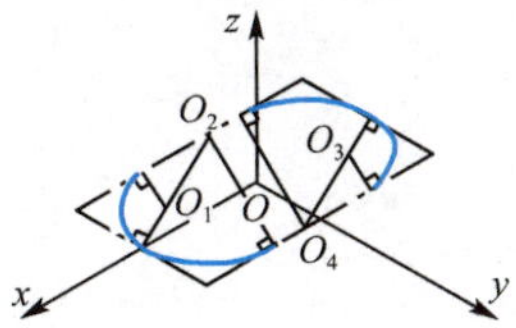

(d)绘制四段圆弧，并用直线连接圆弧，得到上顶面

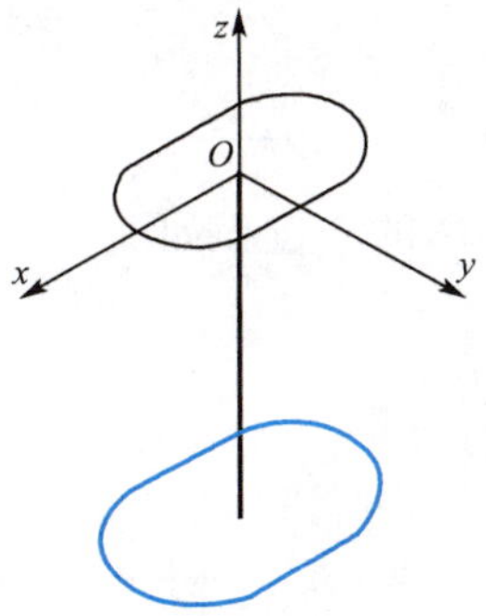

(e)用同样的方法，绘制墩身底面

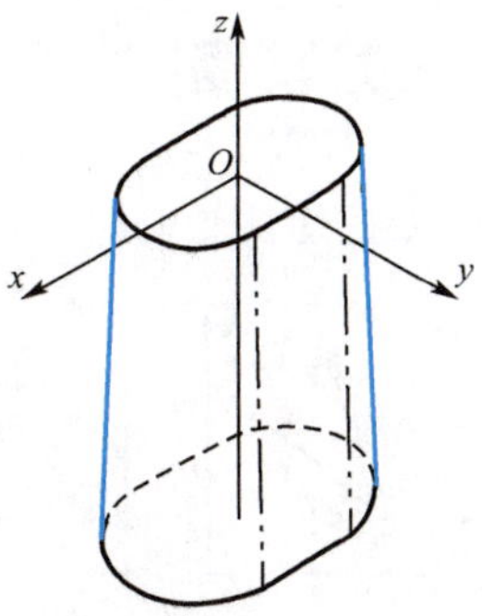

(f)作顶面和底面的公切线，将被隐藏图线画成虚线

图 1-10-4　圆端形桥墩墩身轴测图的绘制过程

实例 3 绘制挖切式组合体的轴测投影图

实例分析

图 1-10-5 所示的组合体为挖切式组合体，绘制挖切式组合体轴测图时，先将组合体修补复原成基本体母体，并画出完整的基本体母体的轴测图，然后在基本体母体轴测图中逐步挖去后补的部分，从而完成组合体的轴测图，这种绘制组合体轴测图的方法叫复原-挖切法。

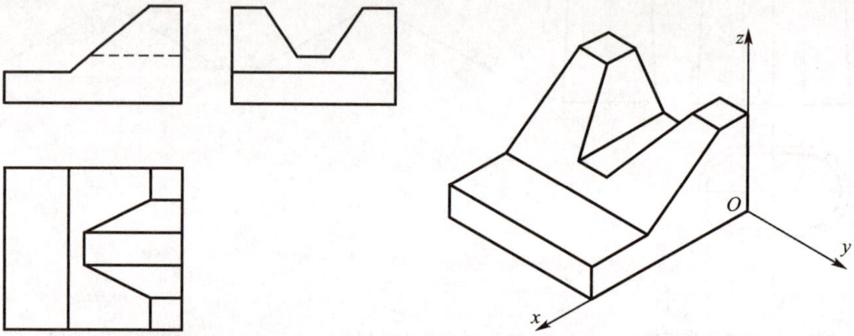

(a) 投影图　　　　(b) 轴测图

图 1-10-5　挖切式组合体的投影图和轴测图

任务实施

用复原-挖切法绘制组合体轴测图的全过程如图 1-10-6 所示。

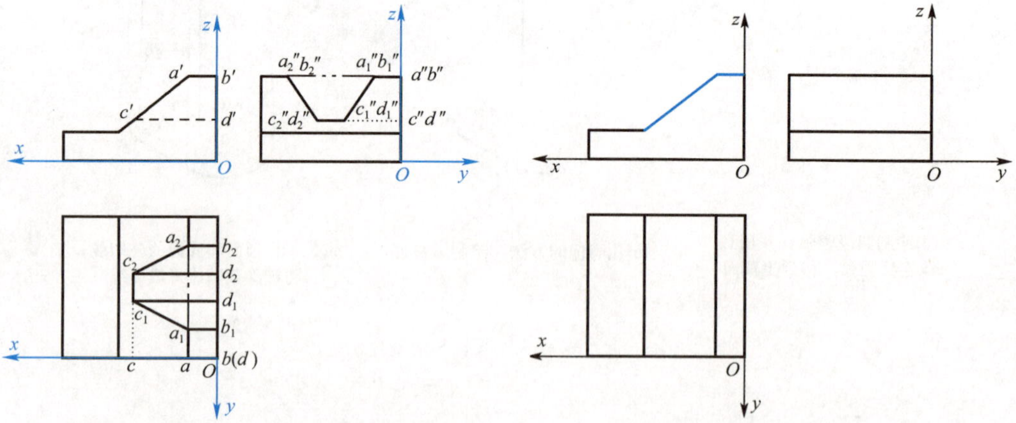

(a)将挖切式组合体的投影图修补复原，成为基本体母体的投影图；进行挖切时，只要能确定A_1B_1、A_2B_2、C_1D_1、C_2D_2 四条关键棱线即可，为此首先找两条辅助线AB、CD

(b) 整理画出基本体母体的三视图

图 1-10-6　用复原-挖切法绘制组合体轴测图的全过程

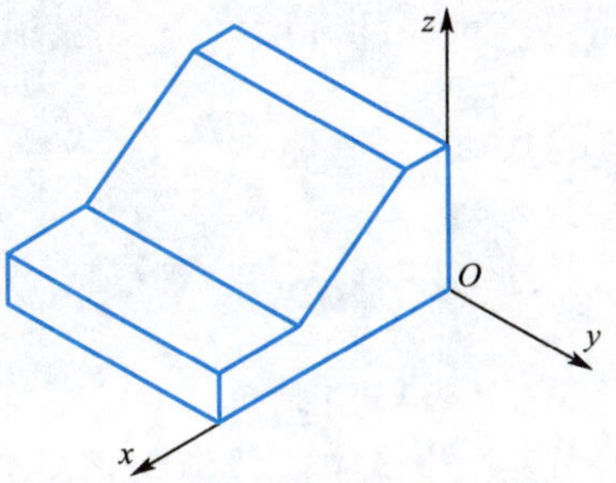

(c) 绘制基本体母体的轴测图

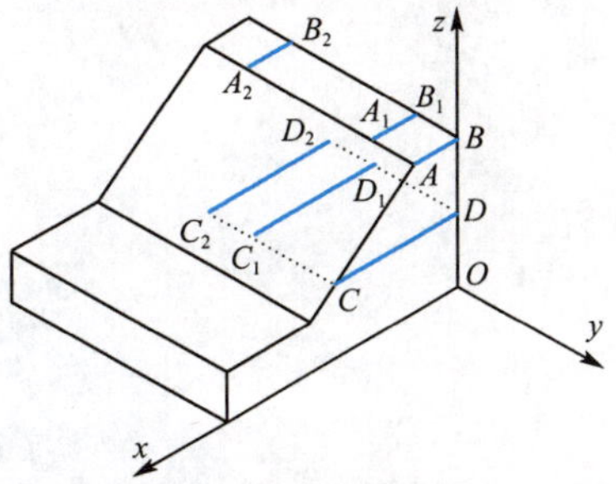

(d)作出辅助线AB、CD，再根据平行性作图原理，将线AB沿y轴反方向平移距离AA_1得到棱线A_1B_1，平移距离AA_2得到棱线A_2B_2；将线CD沿y轴反方向平移距离CC_1得到棱线C_1D_1，平移距离CC_2得到棱线C_2D_2

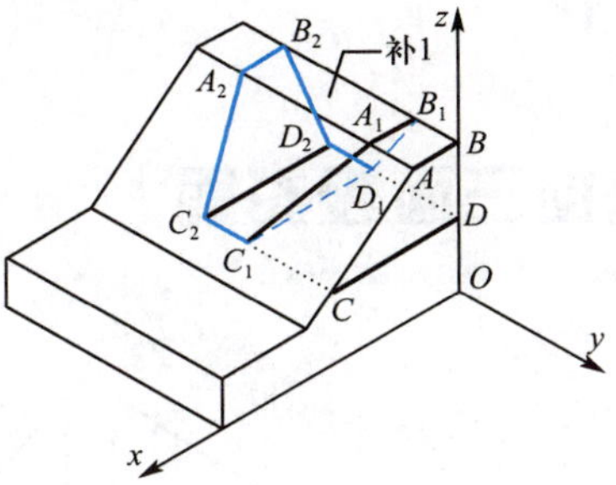

(e)连接$A_1C_1C_2A_2$和$B_1D_1D_2B_2$

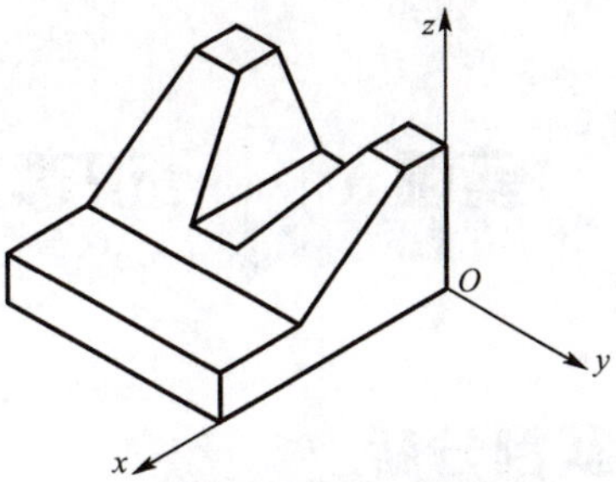

(f) 整理后得到形体的轴测图

图 1-10-6　用复原-挖切法绘制组合体轴测图的全过程(续)

任务 11

识读不规则形体的三面投影图

实例 1 识读涵洞翼墙的三面投影图

实例分析

图 1-11-1 所示为涵洞翼墙的投影图，从已知的三视图中可看出，主视图上只有一个线框，所以不能进一步分解线框，用形体分析法读图不适合，若用复原-挖切法读图很复杂，则可以用线面分析法进行分析。

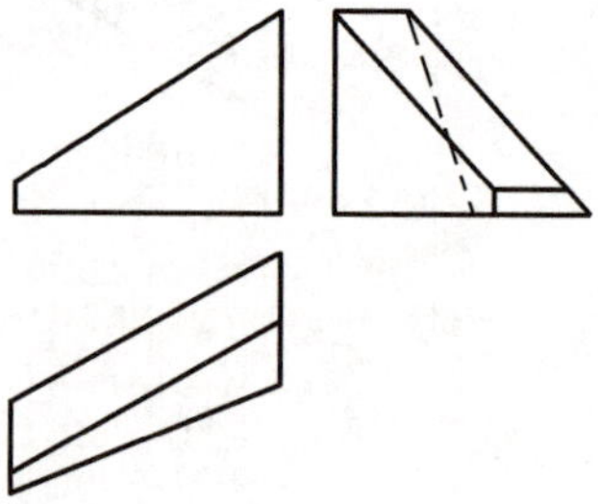

图 1-11-1 涵洞翼墙的投影图

相关知识

由于形体的表面是由线、面等几何元素围成的，所以在读图时只要把形体每个表面的空间位置和形状都分析出来，进一步将这些表面按空间位置组合起来，就可以想象出它们围成的形体形状。

任务实施

用线面分析法识读涵洞翼墙投影图的过程如图 1-11-2 所示。

(1)分析

根据翼墙的主视图上只有一个封闭的四边形线框，可以推断：

①翼墙最多有六个端面。

②其中前端面、后端面在主视图上重影，为四边形所围成的线框。

③其他四个端面在主视图上分别积聚为一条线，即主视图中四边形的四条边线分别是其他四个端面在主视图上的积聚投影。

(2)给各端面进行编号，如图 1-11-2(a)所示。

(3)根据三等规律，分别找出每个端面在其他两个视图中的对应线框(线框内部不能有线条)。

(4)分别摘出各端面的三视图。

(5)分析各端面的形状、空间位置以及它们之间的相对位置，并画出各端面的轴测图，从而分步完成翼墙的“组装”，如图 1-11-2(b)～图 1-11-2(g)所示。

(6)综合想象整体形状：由各端面围成的形体形状，即为涵洞翼墙的空间形状，如图 1-11-2(h) 所示。

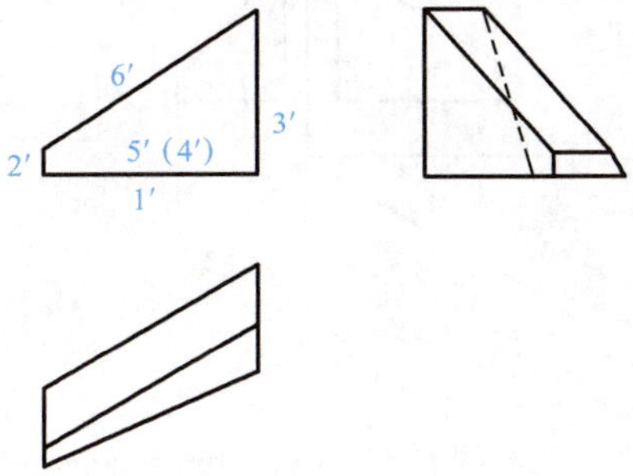

(a)在主视图中，给各端面进行编号

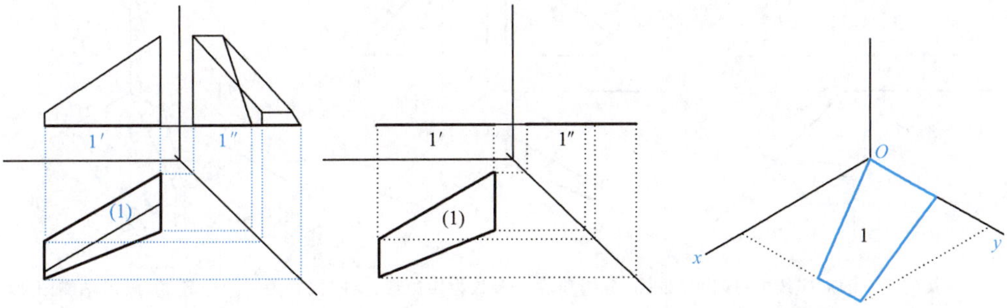

(b)找底面 1 的对应线框；摘出三视图；分析底面 1，形状为梯形，空间位置为水平面，画出轴测图

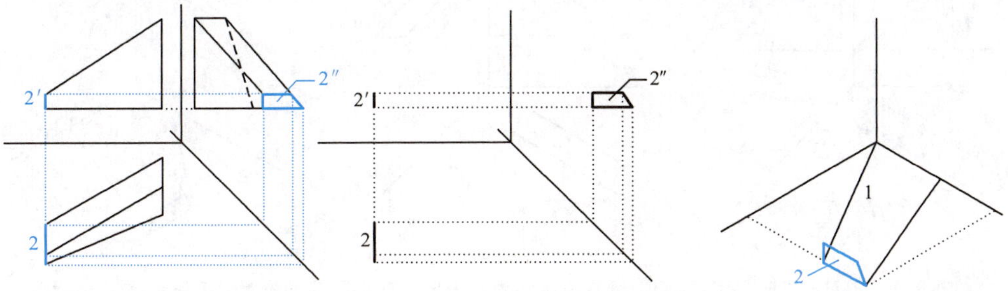

(c)找左面 2 的对应线框；摘出三视图；分析左面 2，形状为直角梯形，空间位置为侧平面，画出轴测图

图 1-11-2 用线面分析法识读涵洞翼墙投影图的过程

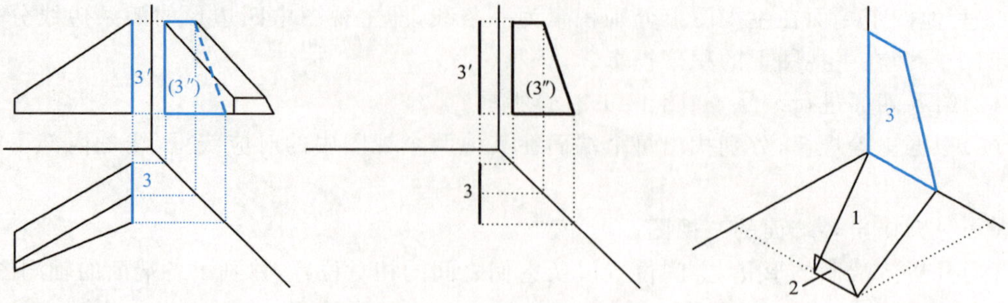

(d)找右面 3 的对应线框；摘出三视图；分析右面 3，形状为直角梯形，空间位置为侧平面，画出轴测图

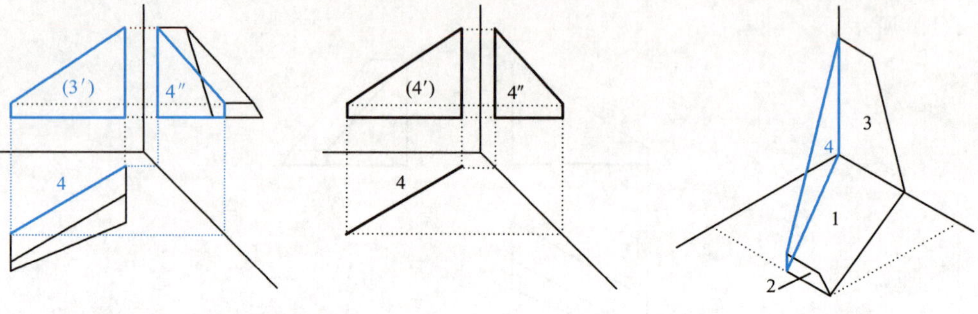

(e)找后面 4 的对应线框；摘出三视图；分析后面 4 形状为直角梯形，空间位置为铅垂面，画出轴测图

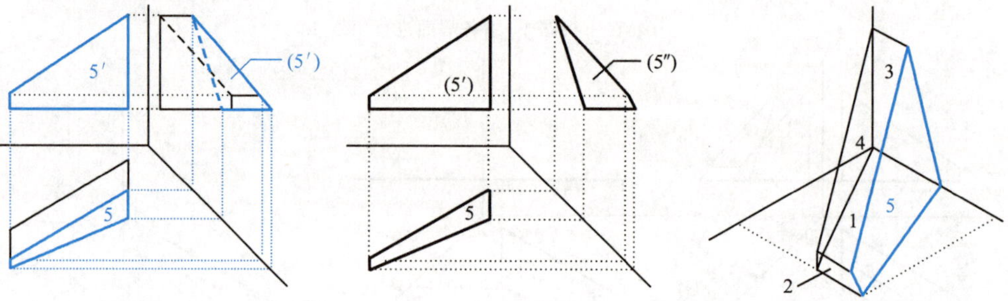

(f)找前面 5 的对应线框；摘出三视图；分析前面 5 形状为四边形，空间位置为一般位置面，画出轴测图

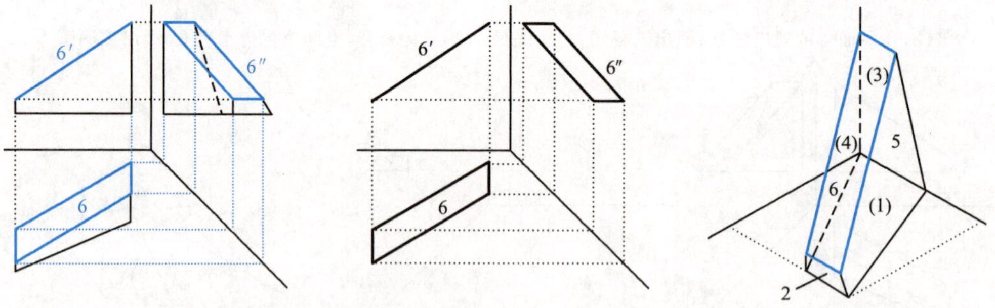

(g)找顶面 6 的对应线框；摘出三视图；分析顶面 6，形状为平行四边形，空间位置为正垂面，画出轴测图

图 1-11-2 用线面分析法识读涵洞翼墙投影图的过程(续)

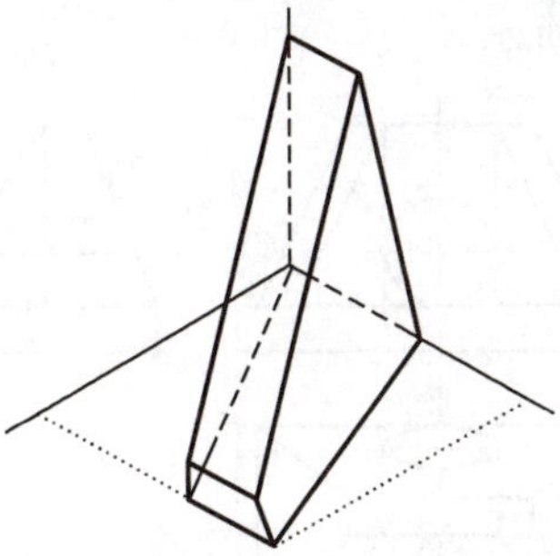

(h)整理得涵洞翼墙的轴测图

图 1-11-2　用线面分析法识读涵洞翼墙投影图的过程(续)

实例 2　识读圆管涵洞口的投影图(综合)

实例分析

图 1-11-3 为圆管涵洞口的投影图。圆管涵洞口包括基础、端墙、翼墙三个部分，其中基础为简单形体，端墙为挖切式组合体，翼墙为不规则形体，所以分析圆管涵洞口的投影图要综合运用各种读图方法。

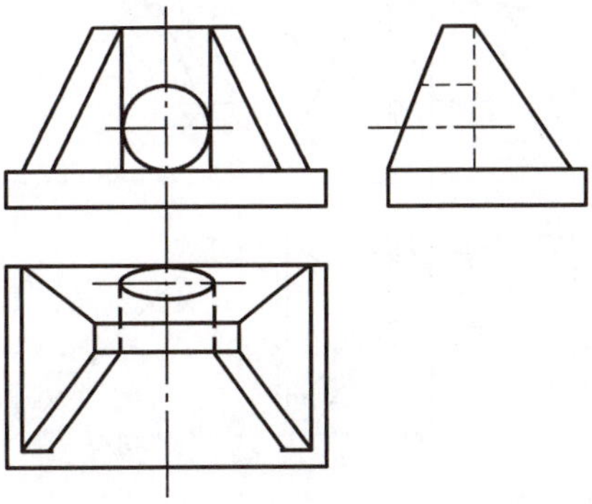

图 1-11-3　圆管涵洞口的投影图

任务实施

在各种读图的方法中，形体分析法和复原-挖切法是两种基于基本体的分析方法，分析简便，整体形状成形较快，因此识读形体的投影图整体分析时优先采用这两种方法。

线面分析法是基于组合体表面和棱线的投影分析，分析过程烦琐。若整体分析采用线面分析法，则工作量大，并且整体形状的形成比较慢，所以线面分析法不适用于整体分析；但是有些不规则结构或局部构造，无法使用形体分析法和复原-挖切法进行分析，使用线面分析法则能够分析这些构造，弥补上面两种分析方法的不足。

所以阅读形体投影图时，整体分析一般以形体分析法和复原-挖切法为主，线面分析法一般用于局部难点分析。

下面以分析图 1-11-3 所示圆管涵洞口的投影图为例，讲述读图方法的综合运用，整个读图过程见图 1-11-4～图 1-11-8。

1. 整体分析

圆管涵洞口投影图的左视图中可分出三个线框，即可把圆管涵洞口分为：基础 1、端墙

2、翼墙 3 三个部分，如图 1-11-4 所示。

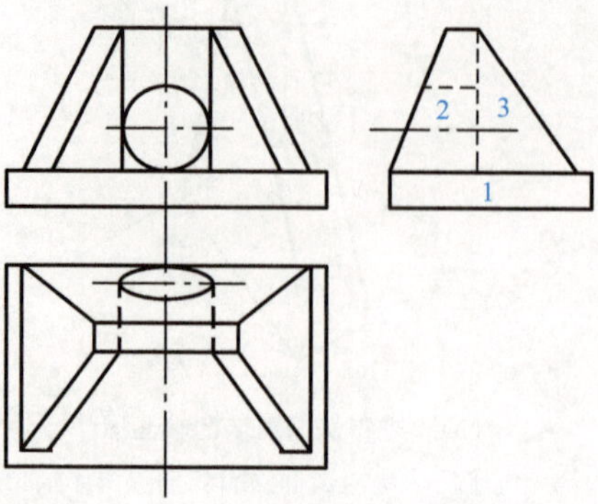

图 1-11-4 将左视图的线框分为三部分

2. 分析各部分的形状

(1)基础 1 部分

如图 1-11-5 所示，找出基础 1 部分对应线框，摘出三视图，分析可知其形状为长方体。

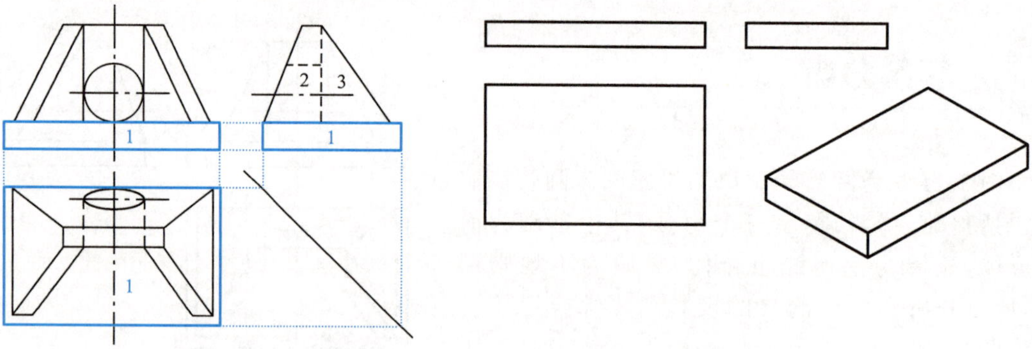

图 1-11-5 找第 1 部分(基础)的对应线框，摘出三视图，分析形状

(2)端墙 2 部分

图 1-11-6 为用复原-挖切法分析第 2 部分(端墙)形状的过程。

图 1-11-6(a)所示，找出端墙 2 部分的对应线框，摘出三视图，初步分析可知端墙 2 部分的形状不是基本体，也不是叠加式组合体，因此需要进一步分析。先尝试用复原-挖切法进行分析，图 1-11-6(a)中给出了端墙 2 部分的线框修补方案。

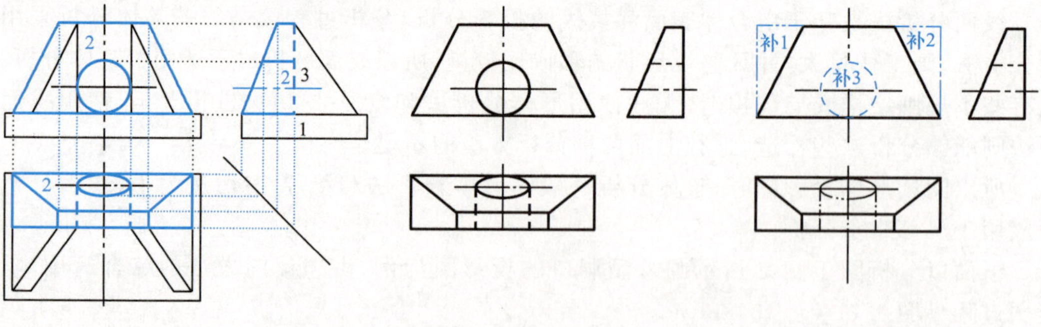

(a)找端墙 2 部分的对应线框；摘出三视图；进一步用复原-挖切法对第 2 部分进行分析，先修补复原

图 1-11-6 用复原-挖切法分析第 2 部分(端墙)形状的过程

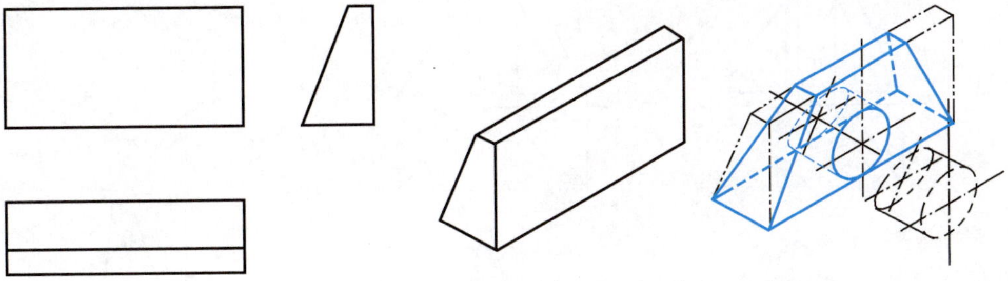

(b)摘出修补后基本体母体的三视图,分析形状;分析逐步挖去图(a)中补 1、补 2、补 3 部分后剩余形体的形状

图 1-11-6 用复原-挖切法分析第 2 部分(端墙)形状的过程(续)

如图 1-11-6(b)所示,摘出并整理基本体母体的三视图,分析可知基本体母体的形状为横卧的四棱柱;在基本体母体基础上再逐步挖去后补部分,左上角和右上角用正垂面挖切,中下部挖去纵卧的圆柱,剩余形体的形状即为端墙 2 部分的形状。

(3)翼墙 3 部分

图 1-11-7 为用线面分析法分析第 3 部分(翼墙)形状的过程。

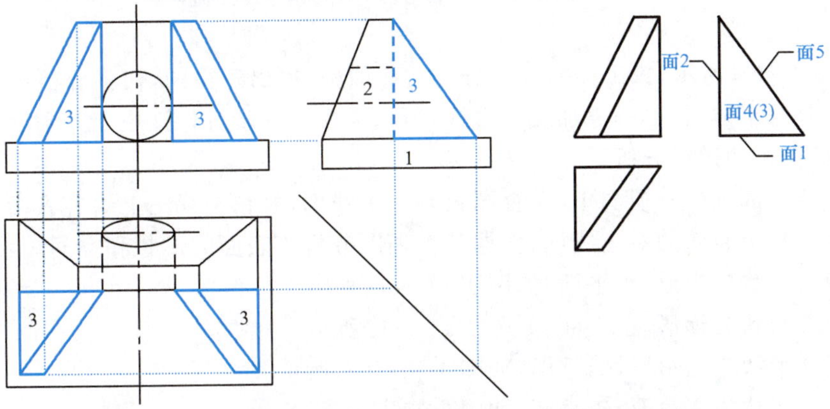

(a)找第 3 部分的对应线框;摘出第 3 部分的三视图,进一步用线面分析法对第 3 部分进行分析,先在左视图上给各表面编号

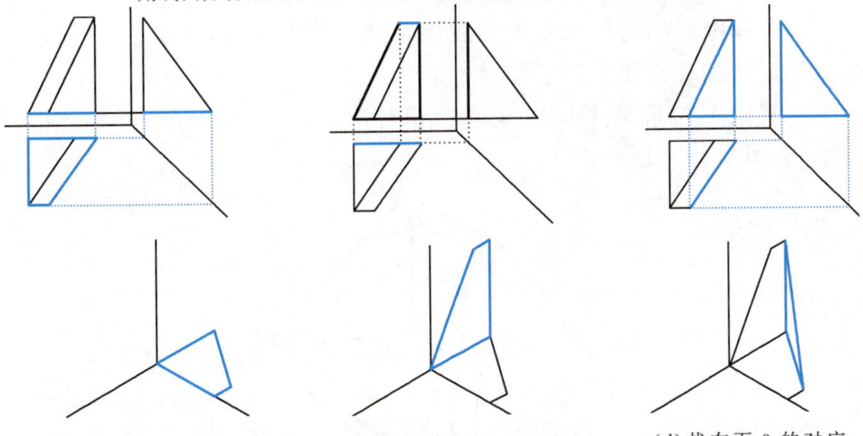

(b)找底面 1 的对应线框,分析形状及空间位置,画出轴测图

(c)找后面 2 的对应线框,分析形状及空间位置,画出轴测图

(d)找右面 3 的对应线框,分析形状及空间位置,画出轴测图

图 1-11-7 用线面分析法分析第 3 部分(翼墙)形状的过程

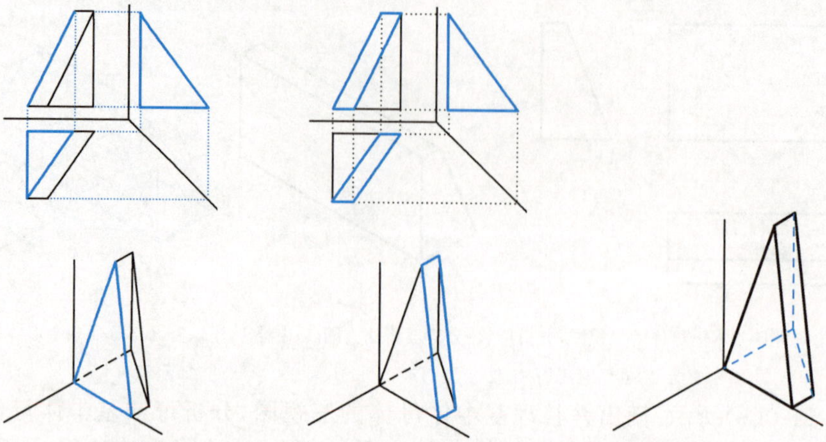

(e)找左面 4 的对应线框，分析形状及空间位置，画出轴测图

(f)找顶面 5 的对应线框，分析形状及空间位置，画出轴测图

(g)想象出由五个表面围成的第 3 部分形体的形状

图 1-11-7　用线面分析法分析第 3 部分(翼墙)形状的过程(续)

如图 1-11-7(a)所示，找出翼墙 3 部分的对应线框，摘出三视图，初步分析可知翼墙 3 部分的形状不是基本体，也不是叠加式组合体，所以需要进一步分析。由于其形状单一且不规则，故用线面分析法进行分析。

根据翼墙 3 部分的三视图中，左视图只有一个线框，故在左视图上给各表面进行编号。

分别找出每个表面的对应线框，根据其三视图分析该表面的形状和空间位置：

①底面 1 形状为梯形，水平面，如图 1-11-7(b)所示。

②后面 2 形状为梯形，正平面，如图 1-11-7(c)所示。

③右面 3 形状为三角形，铅垂面，如图 1-11-7(d)所示。

④左面 4 形状为三角形，正垂面，如图 1-11-7(e)所示。

⑤顶面 5 形状为平行四边形，侧垂面，如图 1-11-7(f)所示。

由以上五个表面围成的形体形状即为翼墙 3 部分的形状，如图 1-11-7(g)所示。

3. 组合三部分得到圆管涵洞口的整体形状

根据原图中基础 1、端墙 2、翼墙 3 之间的相对位置，组合三部分，可综合得到整个圆管涵洞口的形状，如图 1-11-8 所示。

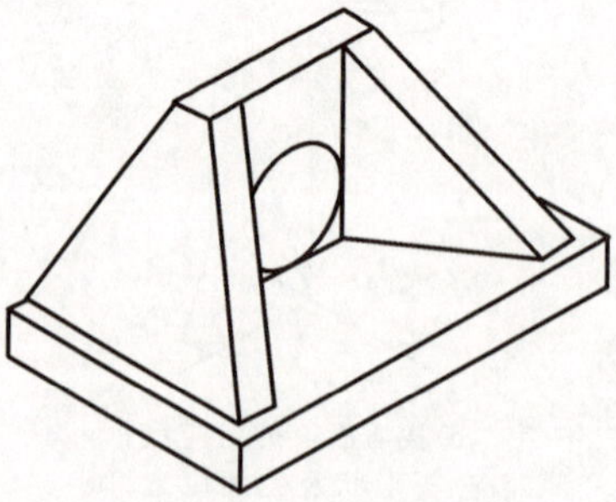

图 1-11-8　综合分析出圆管涵洞口的形状

任务12

绘制与识读物体的剖面图与断面图

实例1 绘制滤池的剖面图

实例分析

工程图中一般用视图来表达物体，当物体的内部形状较复杂时，视图上将出现许多虚线，不便于表达物体的形状，看图和标注尺寸也比较困难。图 1-12-1 所示为一滤池的三面投影图，由于内部形状较为复杂，这种情况下用剖面图则能更好地表达内部形状。

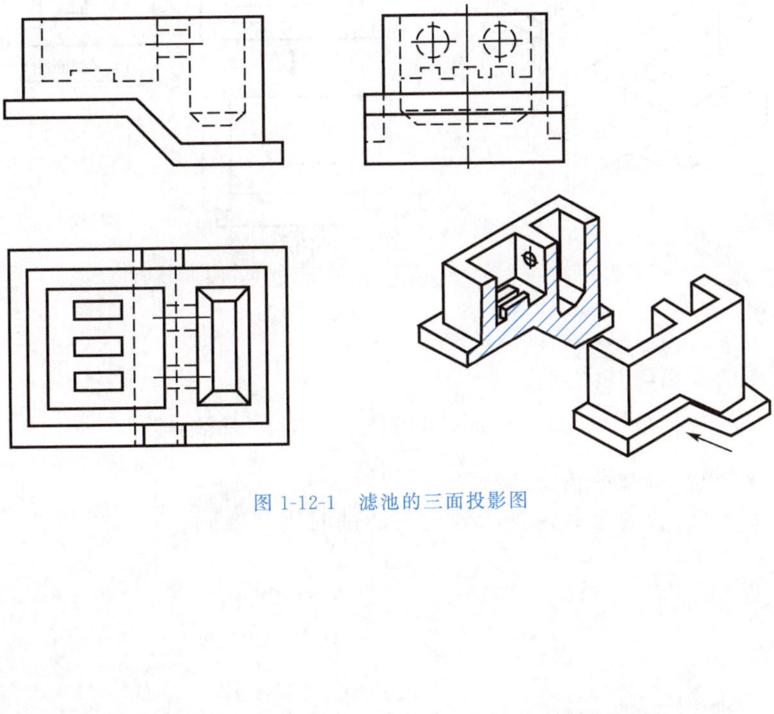

图 1-12-1　滤池的三面投影图

相关知识

1. 剖面图的形成

为了便于表达形体内部构造，我们假想用一个剖切平面，在形体的适当部位将其剖开，将剖切平面连同它与观察者之间那一部分移走，将截面及余下的部分投影到与剖切平面平行的投影面上所得到的投影图称为剖面图，如图 1-12-2(a)所示。

2. 剖面图的标注

剖面图的标注如图 1-12-2(b)所示。

①剖切位置线：实际上是剖切面的积聚投影，用一对 6～10 mm 的短粗实线表示。

②剖视方向线：表示剖面的投影方向，用一对垂直于剖切位置线的短细线单边箭头或短粗实线表示，长度为 4～6 mm。

③剖面的编号：用一对英文字母或阿拉伯数字表示，写在剖视方向线的端部。

④剖面图的名称：在绘制的剖面图的上面或下面注出剖面图的名称，如“1－1 剖面”，剖面图名称中的数字与剖面的标号一致。

⑤材料图例或剖面线：在剖面图中切到的截面必须绘制材料图例，常用材料图例见表 1-12-1；如果没有指明材料时，可以用等间距的 45°平行细实线表示，称为剖面线，如图1-12-2 所示。

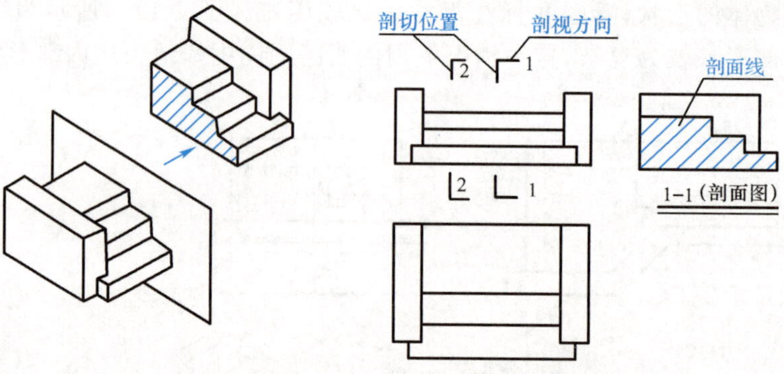

(a)剖面图的形成　(b)剖面图的标注

图 1-12-2　剖面图形成与标注

3. 画剖面图的要点与注意事项

①剖切面一般选择投影面的平行面，尽可能通过对称面、轴线。

②剖切面为假想的，其他视图要按完整物体绘制。

③虚线一般不画，若通过其他视图表达不清楚时则需要画。

表 1-12-1　　常用材料图例

材料名称	材料图例	画法说明	材料名称	材料图例	画法说明
天然土 夯实土壤	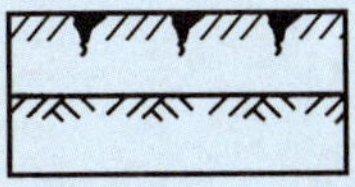	斜线为 45°细实线	天然砂砾 浆砌片石	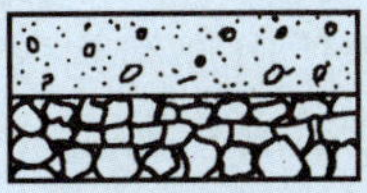	徒手画
石灰土石灰粉煤灰	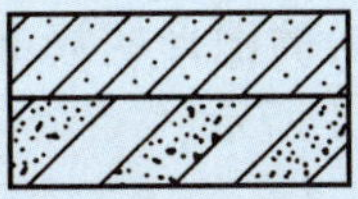	斜线为 45°细实线，其余需徒手画，石灰、粉煤灰点在斜线相间处	水泥稳定土、水泥稳定砂砾	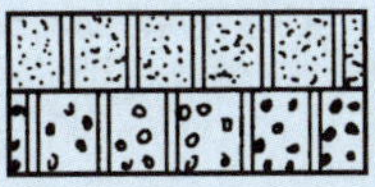	双竖直线为细实线，其余需徒手画，砂砾不带棱角
石灰粉煤灰碎砾石浆砌块石		双斜线为 45°细实线，其余徒手画	细粒式沥青混凝土、粗粒式沥青混凝土		斜线为 45°细实线，粗粒石子涂黑
木材	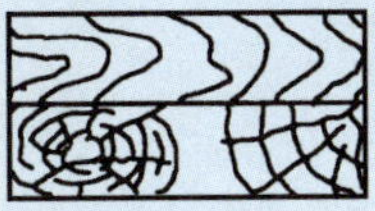	徒手画	水		水面线为长线，其余为倒三角形细平行线，间距 1 mm
水泥混凝土、钢筋混凝土	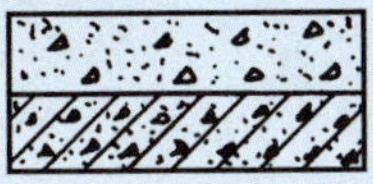	斜线为 45°细线，石子有棱角	金属 橡胶	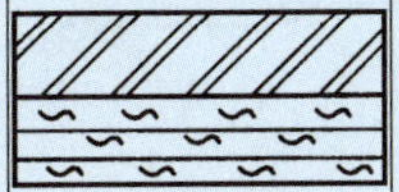	双斜线为 45°细实线，橡胶弹性用倒 S 形徒手画

(4)剖面图的分类

①全剖面图

用剖切面将一个物体完全剖开所得的剖面图叫全剖面图，简称全剖，如图 1-12-2 所示。全剖适用于外部简单、内部复杂或投影图不对称的物体。

②半剖面图

当物体具有对称平面时，可以将物体对称的投影图以对称中心线为界，一半画成外形视图，另一半画成剖面图，这种组合的图形称为半剖面图，简称半剖，如图 1-12-3 所示。

半剖面图的特点是在一个投影图上同时把组合体的内、外形状都表达出来。它主要用于物体内、外形状都对称或接近对称，且不对称部分已另有图形表达清楚时。

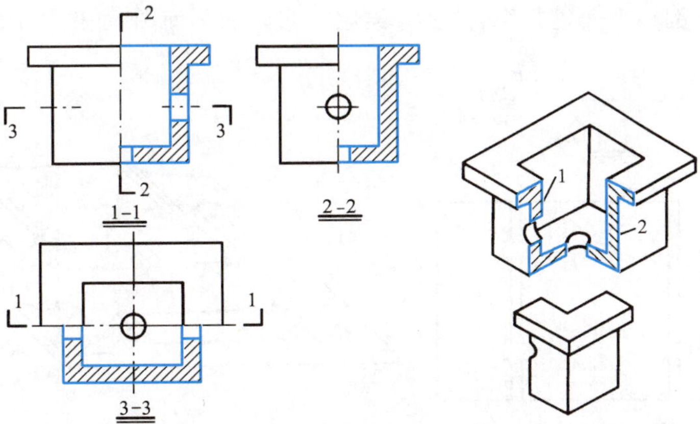

图 1-12-3　半剖面图

注意：

a. 外形视图与半剖面图以对称线为分界线，对称线画成细点画线；若对称线的位置恰好有物体的轮廓线，则应避免用半剖。

b. 另一半视图中表达内部结构的虚线不再画出。

c. 半剖面图一般绘制成左视、右剖或上视、下剖的形式。

③局部剖面图

在不影响表达物体外形的情况下，用剖切面局部剖开物体所得的图形叫局部剖面图，简称局部剖。适用于组合体在局部内部结构复杂的情况，如图 1-12-4 所示。

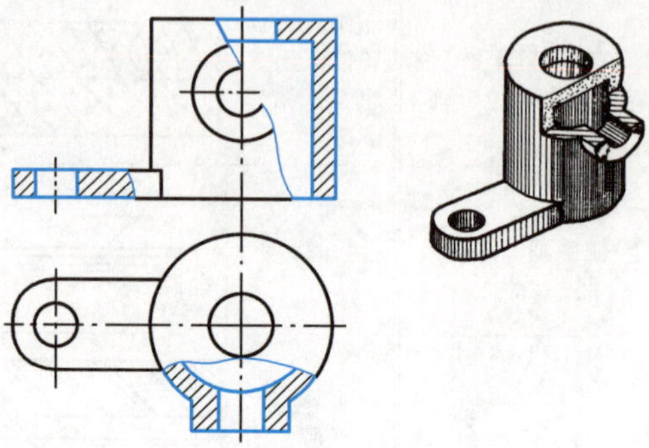

图 1-12-4 局部剖面图

注意：

a. 局部剖的剖切范围根据实际需要决定，但要考虑看图方便，在剖切时不要过于零碎。

b. 局部剖面图以波浪线作为剖面图和视图的分界线。波浪线可看作物体破裂痕迹的投影，只能画在物体的实体部分，而孔、槽等非实体部分是不应画有波浪线的，即波浪线不应与图样上其他图线重合，也不应画在中空处，而应画在其延长线上。

c. 局部剖可以不标注。

④阶梯剖面图

当物体上的孔或槽无法用一个剖面同时剖到时，可以用两个或两个以上互相平行的剖切面将物体剖切，叫阶梯剖面图，简称阶梯剖。当采用两个平行的剖切平面才能完整表达形体时，可以将两个剖切平面进行组合，综合绘制一张阶梯剖面图，如图 1-12-5 所示。

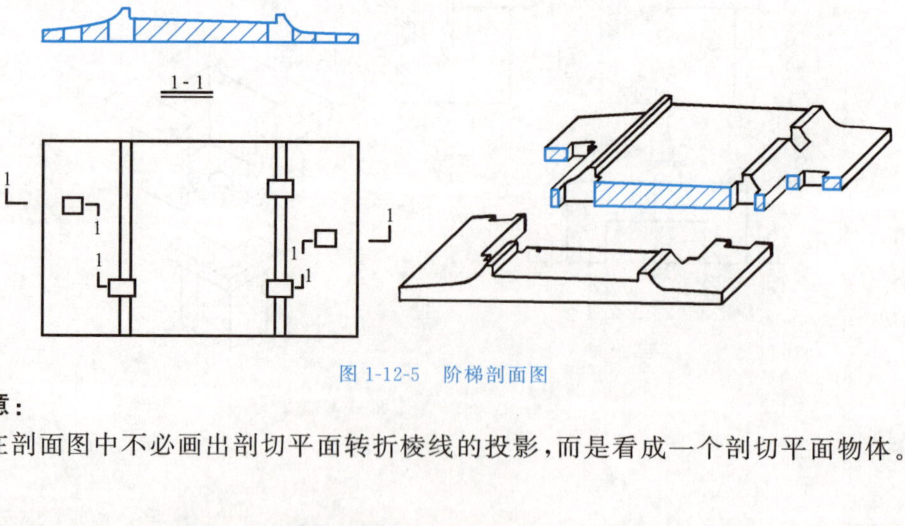

图 1-12-5 阶梯剖面图

注意：

a. 在剖面图中不必画出剖切平面转折棱线的投影，而是看成一个剖切平面物体。

b. 剖切位置线的转折处不能与物体的轮廓线重合、相交。

c. 画阶梯剖时，必须标注剖切编号，并在剖切面的转折处也要标注与剖切面编号相同的编号。

⑤旋转剖面图

两个相交的剖切平面剖开物体，再将剖面的倾斜部分旋转到与基本投影面平行，然后进行投影，这样得到的视图称为旋转剖面图，简称旋转剖，如图 1-12-6 所示。旋转剖适用于内形不在一个平面内且有共同回转轴的物体。

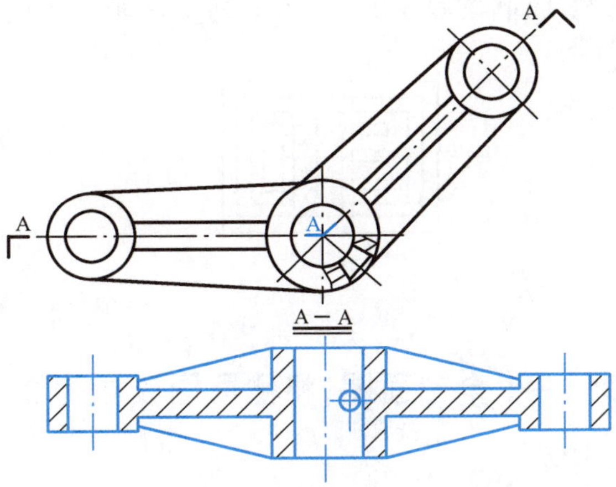

图 1-12-6　旋转剖面图

⑥展开剖面图

剖切面是由平面、柱面等组合而成的铅垂面，将物体切开后，把剖面展开或拉直展开，使其平行于正立面，再进行投影。如图 1-12-7 中的弯道桥的纵剖面图为展开剖面图。展开剖面图适用于带有弯曲结构的工程体，比如道路线路纵断面图。

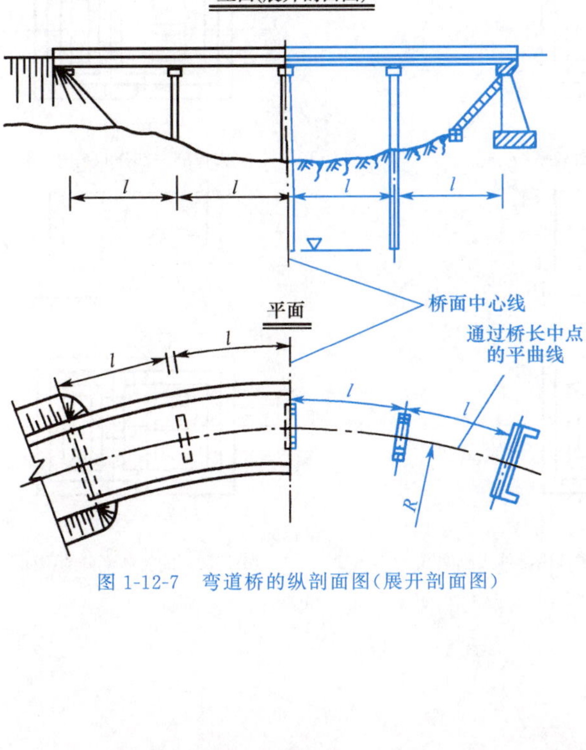

图 1-12-7　弯道桥的纵剖面图(展开剖面图)

实例分析

一、分析物体的形状特点，选择合适的表达方案

由于滤池的形状内部结构复杂，若用视图表达，正面图、侧面图中虚线较多，因此这两个图需要用剖面图来表达。又由于滤池结构左右不对称、前后对称，即正面图左右不对称、侧面图为对称，所以正面图应选用全剖面图，侧面图选用半剖面图，同时表达内部结构和外部结构。确定剖切位置和投影方向，绘制剖切位置线和剖视方向线，如图 1-12-8 所示。

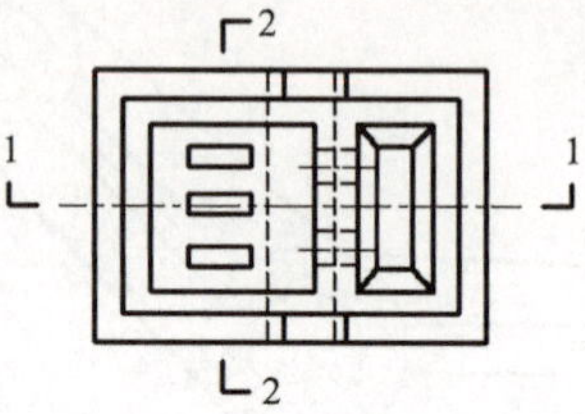

图 1-12-8　绘制各剖切位置线和剖视方向线

二、将正面图改画为 1—1 全剖面图，将侧面图改画为 2—2 半剖面图

绘图过程如图 1-12-9 所示。

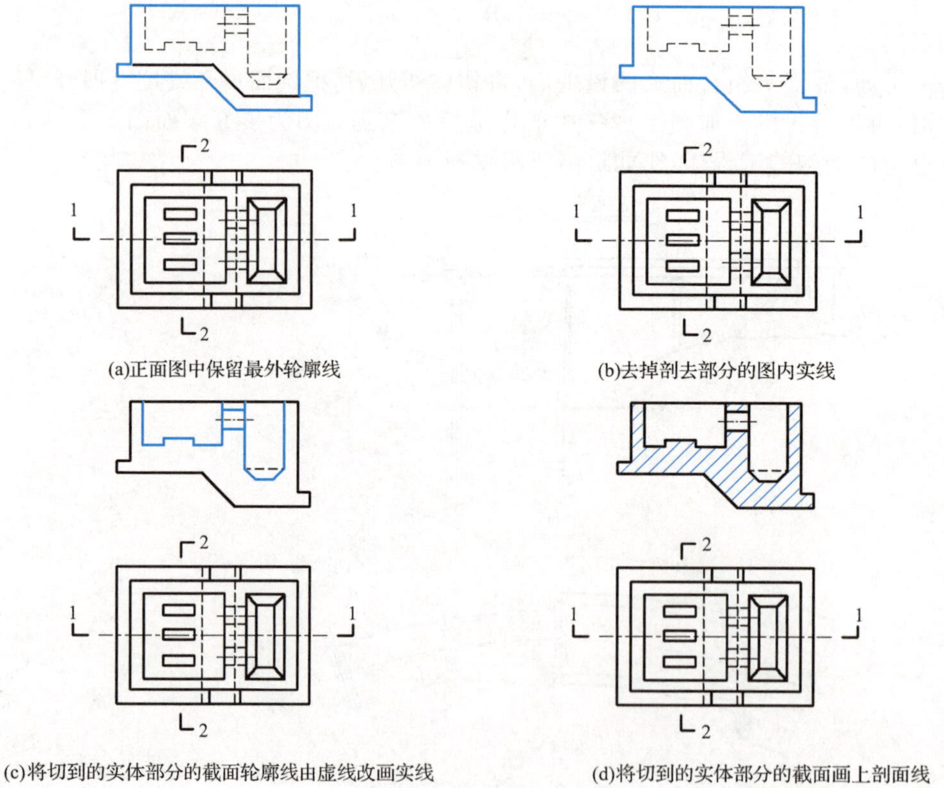

图 1-12-9　绘制滤池的剖面图

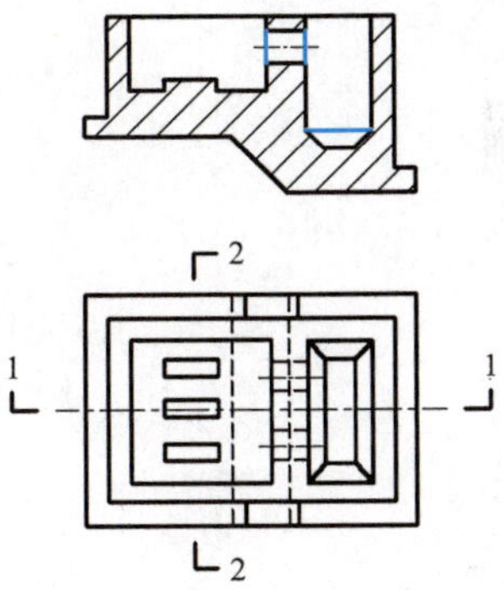

(e)将没有剖到的内部结构的可见棱线由虚线改画实线

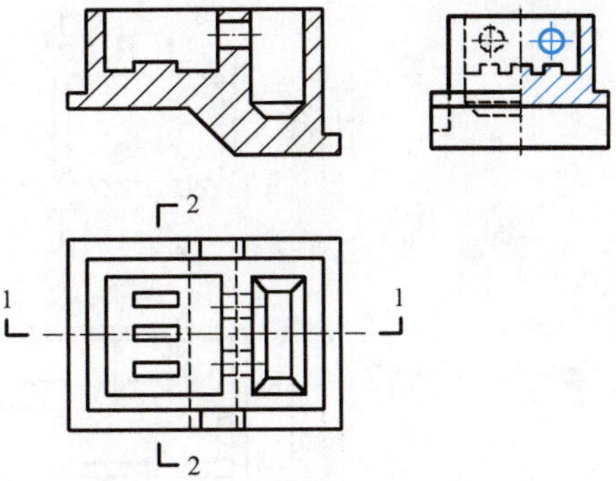

(f)将侧面图中对称线右侧的一半视图改画为半剖面图

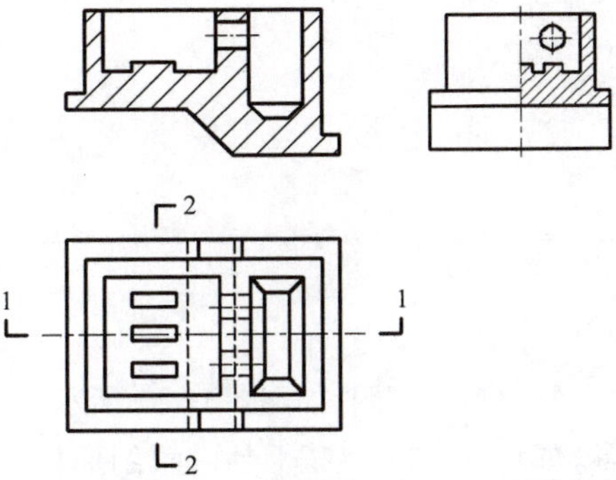

(g)将在剖面图中已经表达清楚的内部、外部结构虚线去掉

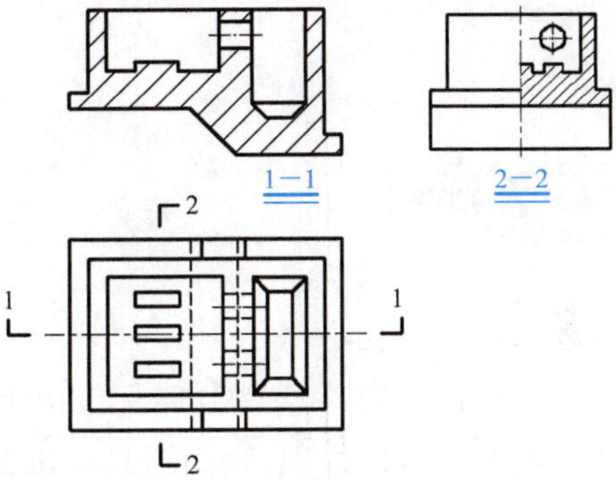

(h)标注剖面名称与剖面编号

图 1-12-9　绘制滤池的剖面图(续)

实例 2　识读化污池的三面剖面图与断面图

实例分析

图 1-12-10 为化污池的剖面图与断面图，识读剖面图与断面图的方法与识读组合体的投影图相似，仍用形体分析法和线面分析法。

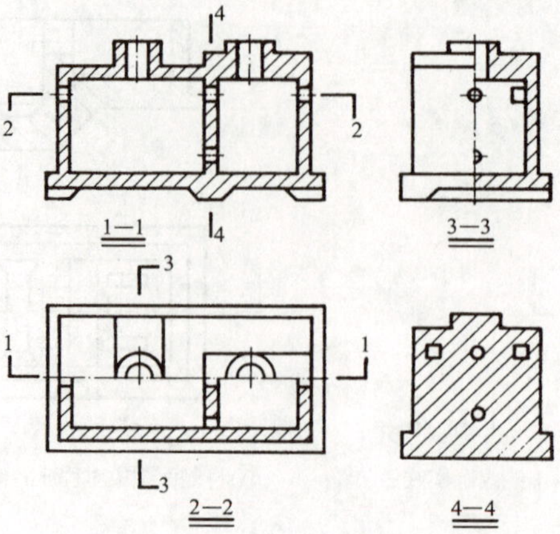

图 1-12-10 化污池的剖面图与断面图

相关知识

1. 断面图的形成

假想用剖切平面将形体某处切断，仅画出切得截交面的图形称为断面图，如图 1-12-11 所示。

断面图与剖面图的区别：断面图只画出截交面的投影，如图 1-12-11(b)所示；而剖面图则是截交面连同一半切割体的共同投影，如图 1-12-11(c)所示。

2. 断面图的标注

断面图标注投影方向的方式与剖面图不同，不用单边箭头，而是用断面编号的数字或字母的位置表示投影方向，编号在剖切位置线的下方，表示向下投影，如图 2-2-11(b)所示。

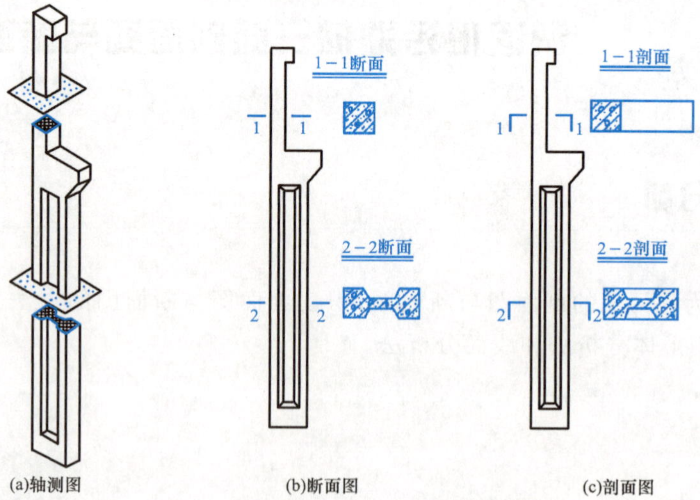

图 1-12-11 剖面图与断面图的区别

3. 断面图的分类

(1)移出断面图

画移出断面图时，可根据需要，把断面图移出，待方向转正后再投影成图，如图 1-12-12

所示。

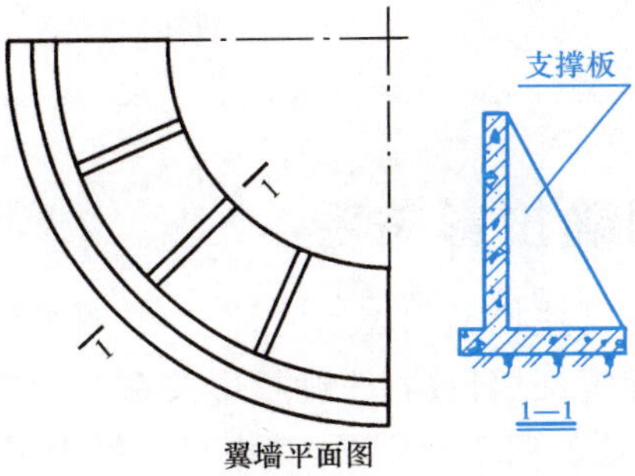

图 1-12-12　移出断面图

(2)重合断面图

剖切后将断面图重叠画在基本视图上,得到的断面图叫重合断面图,如图 1-12-13 所示。

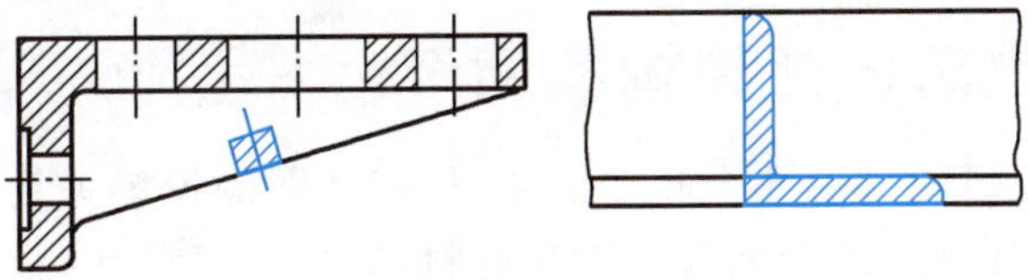

(a)筋板的重合断面图　　(b)角钢的重合断面图

图 1-12-13　重合断面图

注意:

a. 重合断面的比例与基本视图一致。

b. 重合断面的轮廓线需用细实线画出,基本视图的轮廓线需用粗实线画出。

c. 重合断面图不用加标注。

(3)中断断面图

将长杆状物体的投影图中间断开,并把断面图画在断开间隔处,这样的断面图叫中断断面图,如图 1-12-14、图 1-12-15 所示。

图 1-12-14　角钢的中断断面图

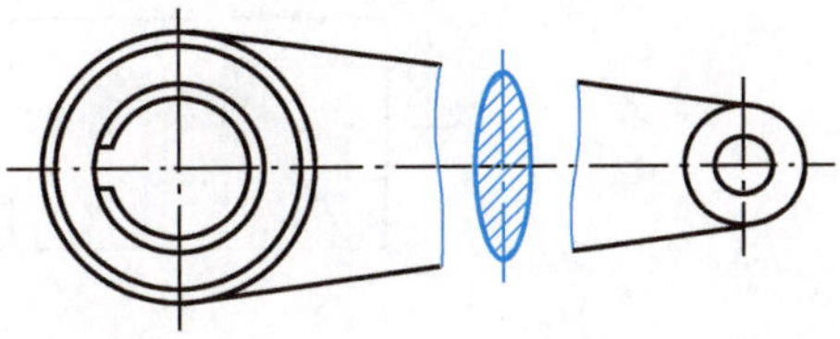

图 1-12-15　连杆的中断断面图

注意:

a. 中断断面图与基本视图比例一致。

b. 中断断面图不加标注。

c. 中断断面图的轮廓线用粗实线。

任务实施

一、认清投影图、明确投影关系

首先应了解化污池是由哪些投影图表达的，图中有哪些剖面、断面，它们的剖切位置在哪里，认清观察方向，初步理解剖切目的，明确投影关系。

图 1-12-10 给出了化污池的四个投影图，其中正面投影采取全剖 1—1，剖切面通过该体的前、后对称面，表达了左、右中空的内形；水平投影采用了半剖 2—2，水平中心线上方表示外形，下方表示内部结构，从标注可知，水平剖切面通过池身上小圆孔和方孔的中心线；侧面投影也采用了半剖 3—3，剖切面是通过左侧顶部加劲板的中心线，表达了化污池上、下部分的内外形状；4—4 断面则表达了隔板部位的形状及圆、方孔的位置。

二、分析形状、想象内外结构和细节

用形体分析法将化污池分成几个基本形体，根据各图的投影关系，应用看图想物的道理弄清各部分外形及内部结构，读懂细节及建筑材料，若标注了尺寸，则要认清其大小。

由图可知，该形体分成四个主要部分：

1. 底板的形状分析

底板位于化污池下方，图 1-12-16 为其投影图及直观图。底板的大致形状为矩形柱体，从正面投影 1—1 中看出，在矩形下方左、右各有一个梯形线框，接近中间处还有一个与底板相连的梯形截面，结合水平投影 2—2、侧面投影 3—3，可以确定底板下方中部是一个纵卧的梯形柱加劲肋，而四角各有一个四棱台的加劲墩子。

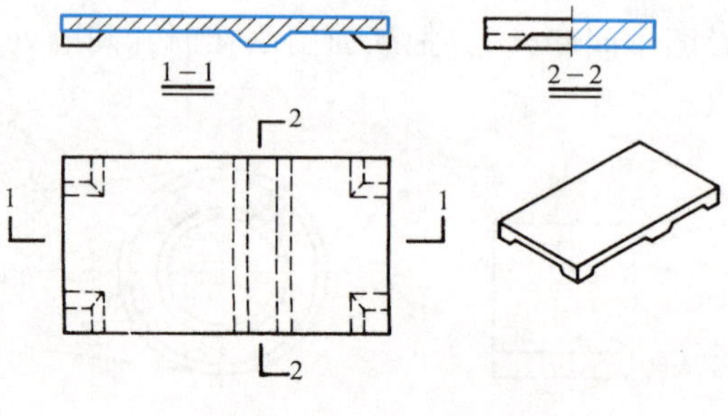

图 1-12-16 底板的形状分析

2. 池身的形状分析

化污池底板的上部有一外形为长方体的池身，如图 1-12-17 所示，在其内部挖去了两个长方体，形成了中空的两个池子，左、右壁上各有一小圆孔，中间的隔板部位形状如图 1-12-10 中的 4—4 断面所示，在矩形断面对称线的上、下各有一小圆孔，上方还有两个对称的方孔。

3. 四棱柱加劲板

在池身顶面有两块四棱柱加劲板，左边一块纵放，右边一块横放，形状如图 1-12-18 所示。

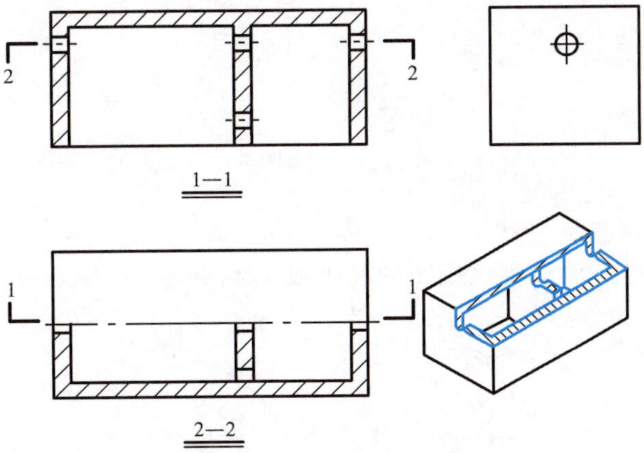

图 1-12-17 池身的形状分析

4. 圆柱体通孔

在两块加劲板的上方各有一个中空圆柱体，该圆柱孔与池身相通，其形状如图 1-12-18 所示。

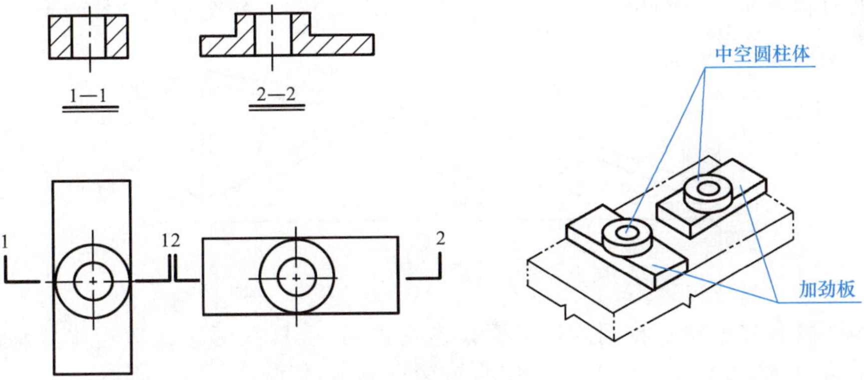

图 1-12-18 四棱柱加劲板与通孔的分析

三、综合各组成部分并想象整体形状

如上述分析，化污池具有前后对称面，池身下面有长方形底板，上面有带圆柱通孔的两块加劲板，把以上分解开的形体逐个综合起来，即可得出化污池的整体形状，如图 1-12-19 所示。

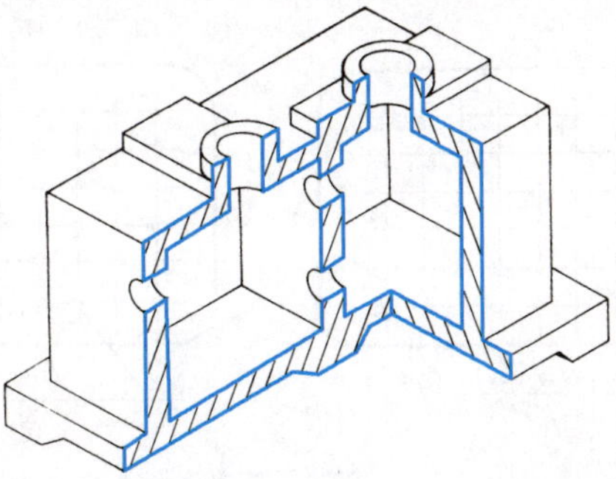

图 1-12-19 化污池的整体形状

知识拓展

一、简化画法

1. 对称形体的简化画法

①画出对称符号——可只画该视图的一半或 1/4，如图 1-12-20 所示。

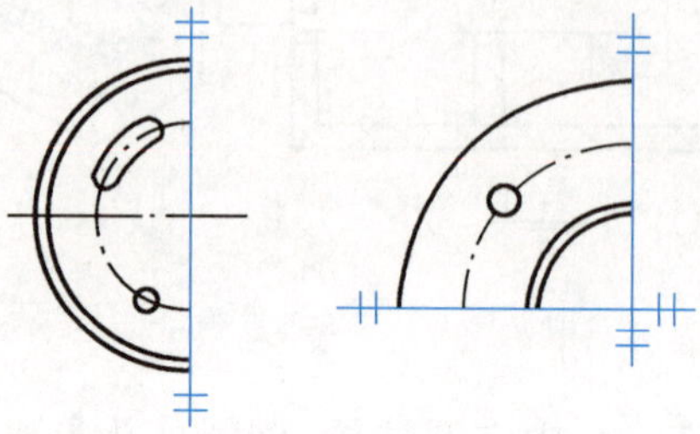

图 1-12-20　对称形体的简化画法(1)

②不画对称符号——画出一大半，在折断处画出折断线，如图 1-12-21 所示。

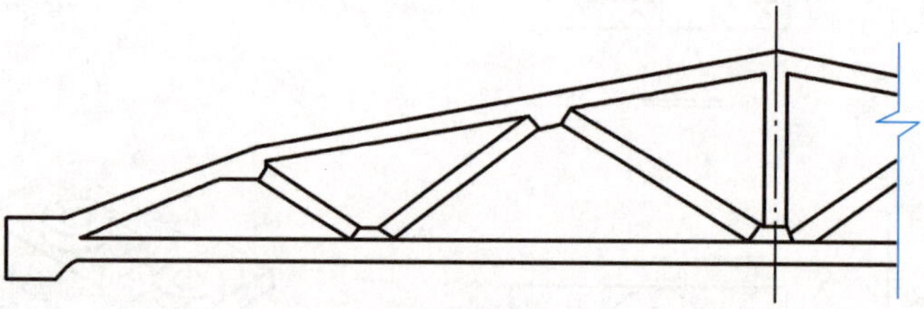

图 1-12-21　对称形体的简化画法(2)

2. 相同要素的简化画法

若在构件内有多个完全相同的构造要素连续排列，可只在两端或适当位置画出几个要素的完整形状，其他的要素以中心线或中心线交点表示，如图 1-12-22 所示。

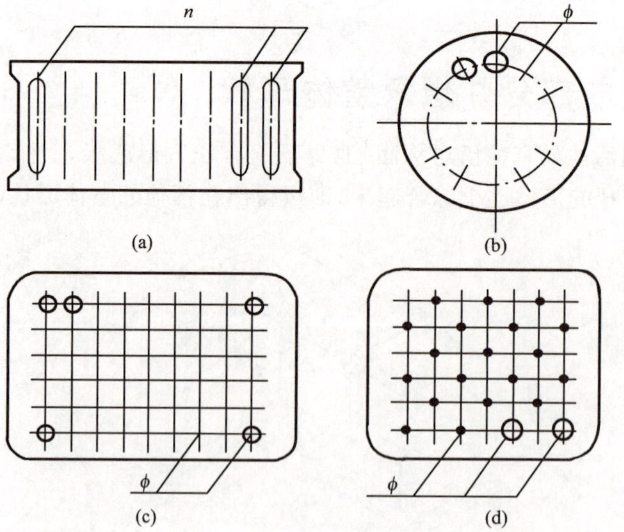

图 1-12-22　相同要素的简化画法

3. 折断画法

对于很长的构件，沿长度方向的形状相同或按一定规律变化时，可断开省略绘制，断开处以折断线表示，注意标注其尺寸时仍需按构件的全长标注，如图1-12-23所示。

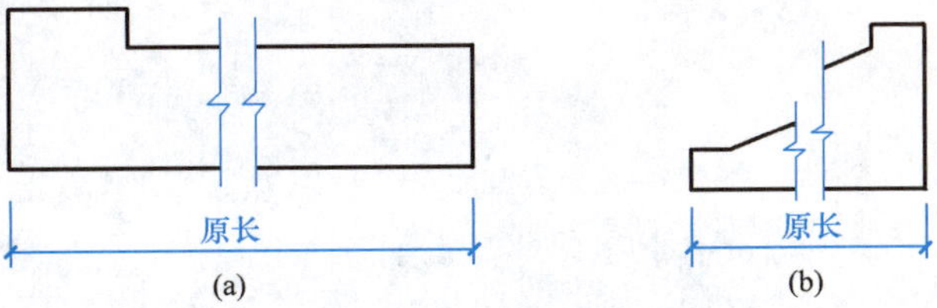

图1-12-23　折断画法

二、局部放大图(详图)

当结构物的某一局部结构尺寸较小且形状较复杂时，图形中不能表达清楚，可将这一局部的图形单独放大画出，在工程上称为详图，如图1-12-24所示。

详图应尽量画在基本图附近，可画成投影图、剖面、断面图，采用的比例是指与物体大小之比，其表达形式及比例与原图无关。详图的标注通常是在被放大部位画一细实线小圆，用指引线注写字母或数字，并在详图上注出相应的"××详图"字样，如图1-12-24所示。

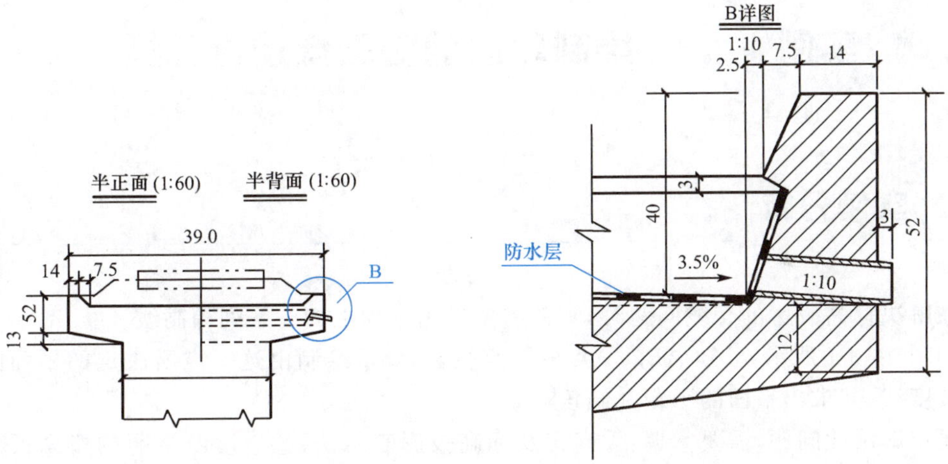

图1-12-24　详图

任务13

绘制标高投影

由于土木工程一般都要和地面发生关系，其地面的形状非常复杂，所以采用三面投影图很难表示清楚，这就需要用标高投影来表示。

标高投影就是用物体的水平投影并标注高度来表示物体形状的一种投影图。

实例1 绘制平面的等高线及坡度线

实例分析

在解决标高投影的交线问题时，常常需要作出平面上的一系列等高线。

如图1-13-1所示，已知*ABC*三点的标高投影，要求绘制由这3点所决定的平面的等高线及坡度线，并求出平面的平距及倾角。

要想解决此问题，需要掌握：①高程及标高投影表示法；②坡度及平距的概念；③点、直线和平面的表示方法；④等高线的概念及作法。

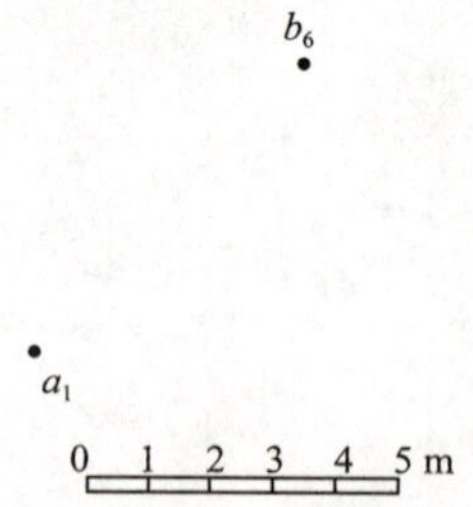

图1-13-1 绘制由3点决定的平面的等高线及坡度线

相关知识

一、标高投影

1. 标高投影法及标高

(1)高程(标高)

高程是测量学中的一个重要概念,用于标注某一点的高度水平。我国规定以黄海平均海水平面作为高程的基准面(高程零点),地面上某点高出这一水准面的垂直距离称"绝对高程"或称"海拔"。

如果在某一局部地区,距国家统一的高程系统水准点较远,也可选定某一水准面作为高程起算的基准面,称为假定水准面。地面上测点与假定水准面的垂直距离称为相对高程或相对标高。

由于长期使用习惯称呼,通常把绝对高程和相对高程统称为高程或标高。

(2)标高投影法

标高投影就是在水平投影中加注物体上的有关点、线、面的高程,以高程数字代替正面图的作用。这种用水平投影和标注高度相结合来表示形体形状的方法,称为标高投影法。

在标高投影中标有高度数字的图线称为等高线,如图 1-13-2 所示。标高投影常常用于描述不规则曲面、地形等。标高投影中等高线的数字方向指向山顶,数值单位为米。

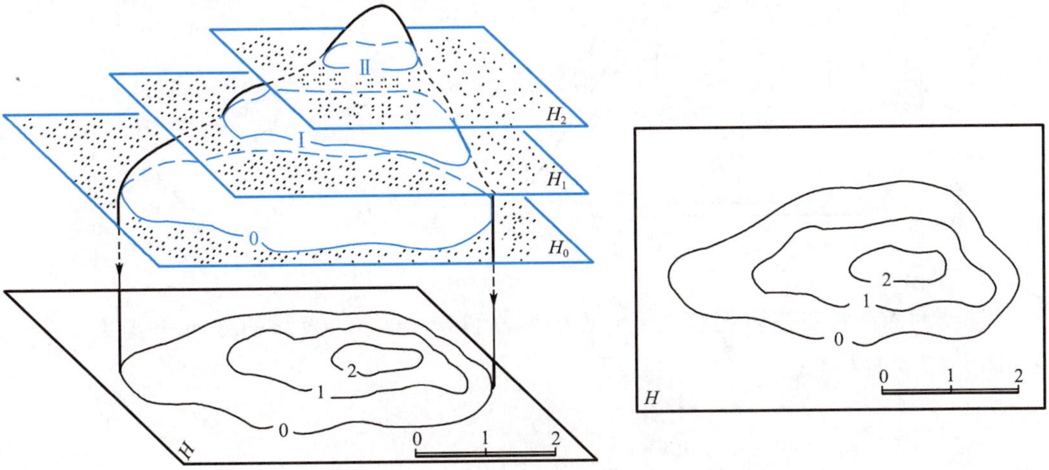

图 1-13-2 地形的标高投影

2. 点的标高投影

(1)定义

标高投影是以水平面 H 为投影面,称为基面,并约定其高度为零。

(2)表示方法

点的标高投影,就是点在 H 面上的正投影,并在其旁边加注该点到 H 面的垂直距离,如图 1-13-3(a)所示。

(3)标注方法

①高于 H 面者称正值,省去“+”号;低于 H 面者称负值,不能省去“-”号,其数值称为该点的标高,单位是米(m)。

②为了获得几何元素之间的水平距离,在标高投影中都应附以比例尺,如图 1-13-3(b)所示。

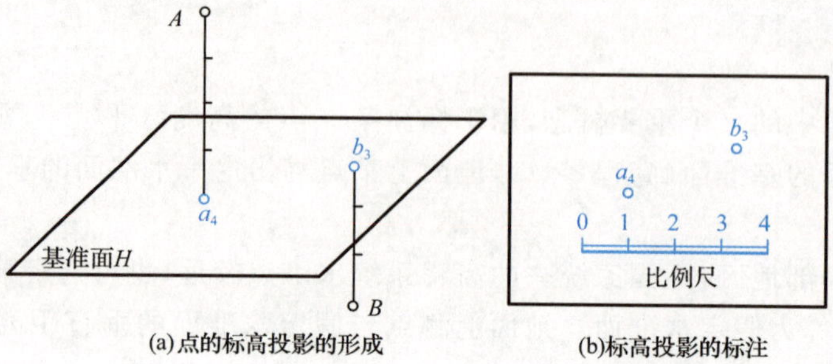

图 1-13-3 点的标高投影

3. 直线的标高投影

(1)直线表示法

①直线的标高投影可用连接两端点标高投影的线段来表示,如图 1-13-4 所示。

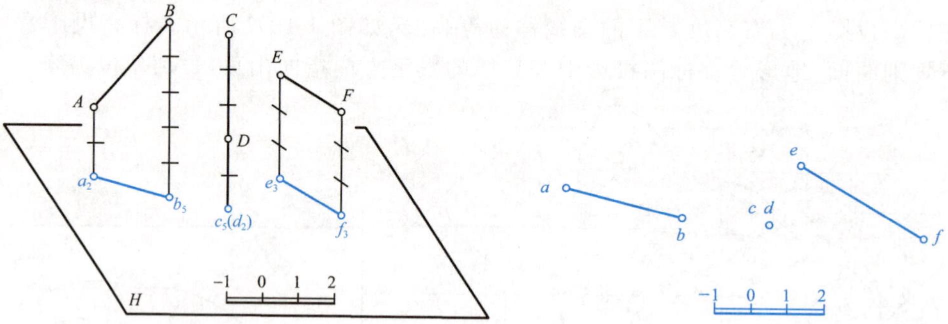

图 1-13-4 直线表示法(1)

②直线的标高投影还可用直线上一点的标高投影,再标注直线的方向和坡度方向来表示,如图 1-13-5 所示。

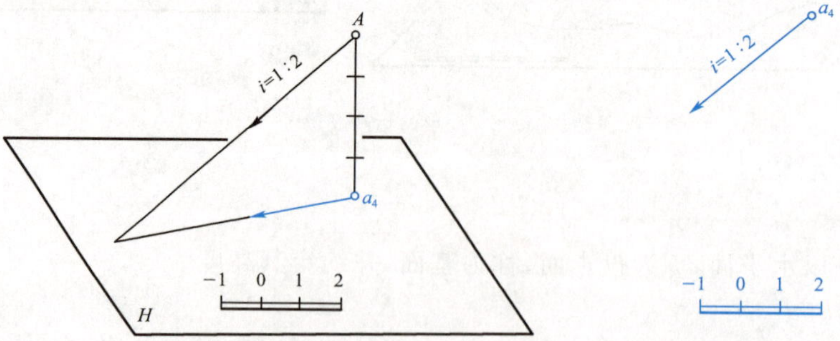

图 1-13-5 直线表示法(2)

(2)直线的坡度和平距

①直线的坡度

直线的坡度 i 是指直线上两点的高差 H 与两点间的水平距离 L 之比,即 $i=\frac{H}{L}=\tan\alpha$,如图 1-13-6(a)所示。

②直线的平距

直线的平距 l 是指直线上两点间的水平距离 L 与两点的高差 H 之比。$l=\frac{L}{H}=\cot\alpha$,如图 1-13-6(b)所示。

由此可见,平距和坡度互为倒数,即 $i=1/l$。坡度越大,平距越小;反之,坡度越小,平距越大。

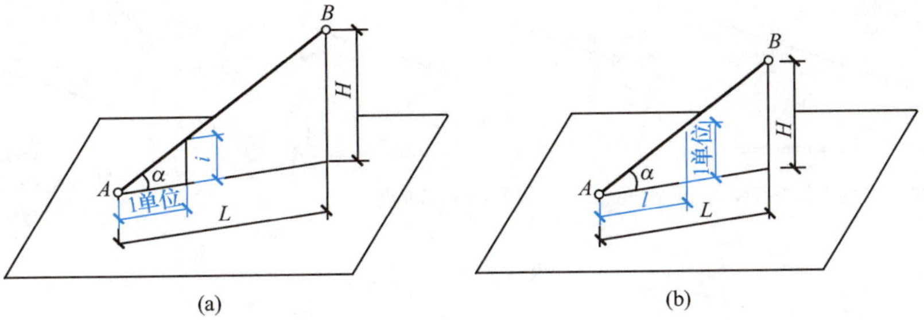

图 1-13-6 直线的坡度与平距

【例 1】 求图 1-13-7 中直线 AB 的坡度和平距,以及点 C 的标高。

解:先求坡度与平距。

$H_{AB}=24-12=12$ m; $L_{AB}=36$ m(用比例尺量得)

$i=H_{AB}/L_{AB}=12/36=1/3$; $l=1/i=3$

又量得 $L_{AC}=15$ m,因为直线上任意两点间坡度相同。

根据 $i=H_{AC}/L_{AC}=1/3$,得

$$H_{AC}=L_{AC}\cdot i=15\times1/3=5\text{ m}$$

故 C 点的高程为 $24-5=19$ m。

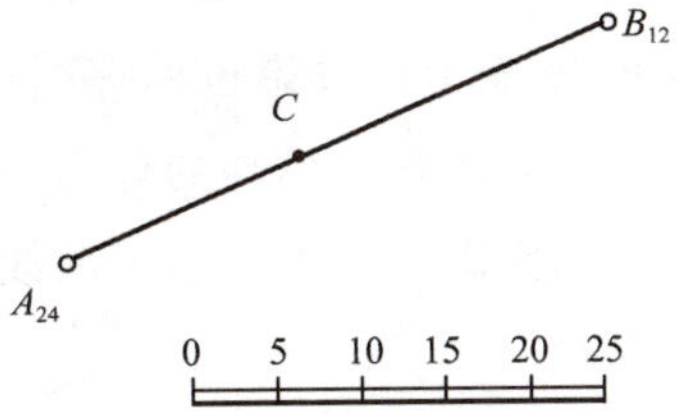

图 1-13-7 求点 C 的标高

(3)直线的整数标高点的作法

在实际工作中,常遇到直线两端标高投影的高程并非整数,需要在直线的标高投影上作出各整数标高点。在解决这类问题时,可利用定比分割原理作图。

【例 2】 如图 1-13-8 所示,已知直线 AB 的标高投影 $a_{4.3}b_{7.8}$,求直线上各整数标高点。

解:①作平行于直线 AB 的标高投影 $a_{4.3}b_{7.8}$ 的五条平行线,与直线 AB 标高投影 $a_{4.3}b_{7.8}$ 的间距分别等于标高值 4、5、6、7、8,如图 1-13-9(a)所示。

②定 A、B 点。由直线标高投影两端点 $a_{4.3}$、$b_{7.8}$ 作平行于线组的垂线 $a_{4.3}A$、$b_{7.8}B$,使 $a_{4.3}A=4.3$,$b_{7.8}B=7.8$,定出 A、B 两点,如图 1-13-9(b)所示。

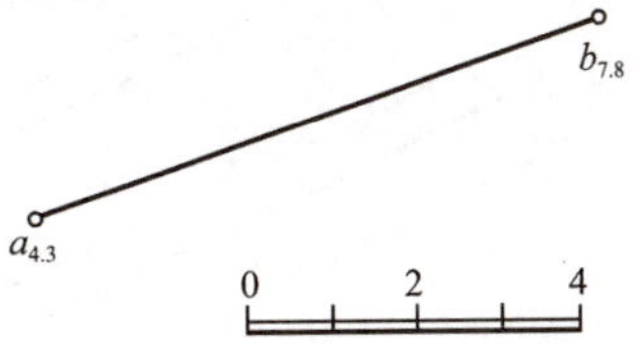

图 1-13-8 直线 AB 的标高投影

③连接 A、B 两点，得到线段 AB 与五条平行线的交点分别为 C、D、E，如图 1-13-9(b)所示。

④分别由各交点 C、D、E 作垂直于标高投影 $a_{4.3}b_{7.8}$ 的垂线，则垂足 c_5、d_6、e_7 即为直线 AB 上标高为 5、6、7 的整数标高点。AB 反映实长，它与标高投影 $a_{4.3}b_{7.8}$ 的夹角反映该线对于水平面的倾角 α，所得相邻两整数标高点之间的线段（比如 c_5d_6）即为直线 AB 的平距，如图 1-13-9(c)所示。

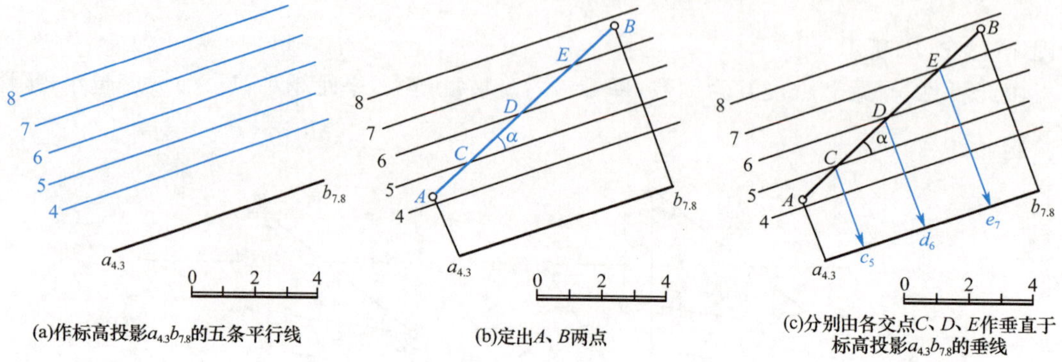

图 1-13-9　求直线的整数标高点的作法

4. 平面的标高投影

(1)平面上的等高线和坡度线

①平面上的等高线：在标高投影中，位于一定高度的水平截交面与某平面的截交线为平面的等高线，如图 1-13-10(a)所示，平面上的水平线即为平面上的等高线。习惯上把等高线在 H 面上的投影也称等高线。平面上等高线的标高投影是一组互相平行的直线，在实际应用中常取整数标高的等高线，它们的高差一般取整数，如 1 m、3 m 等，且把平面与基准面的交线作为高程为零的等高线，如图 1-13-10(a)所示。

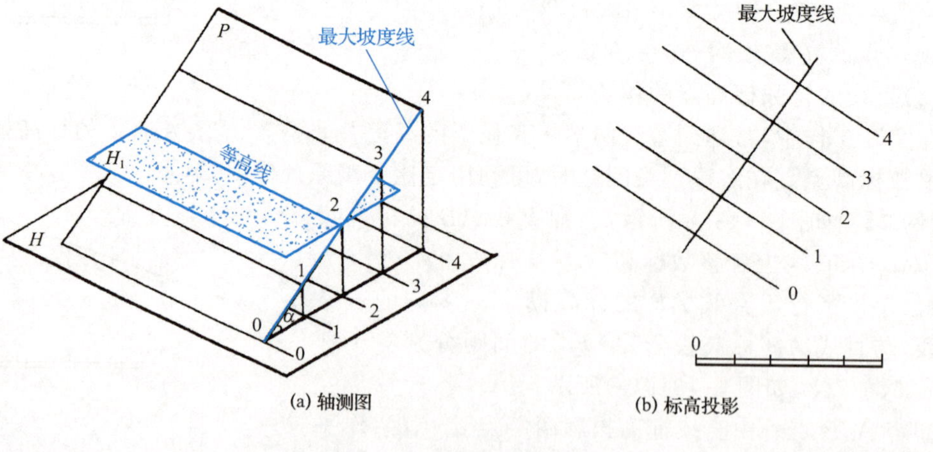

图 1-13-10　平面上的等高线与坡度线

②平面的坡度线：平面上垂直于水平线（等高线）的直线为平面的最大坡度线，即平面的坡度线，它确定平面 P 对 H_0 面的倾角 α，如图 1-13-10(a)所示。

平面最大坡度线的坡度就是该平面的坡度；平面最大坡度线的平距就是该平面的平距。平面坡度线的标高投影如图 1-13-10(b)所示。

③平面的坡度比例尺：工程上有时也将坡度线的投影附以整数标高，并画成一粗一细的双线，称为平面的坡度比例尺，如图 1-13-11 所示。P 平面的坡度比例尺用字母 P_i 表示。

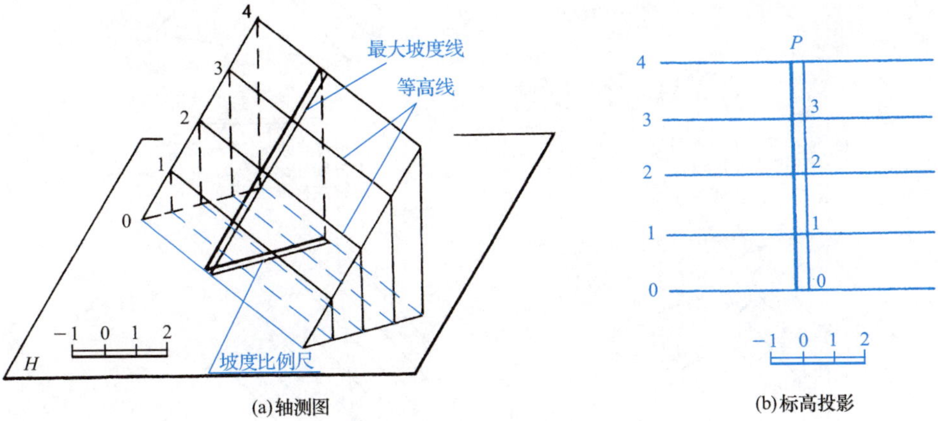

图 1-13-11 平面的坡度比例尺

(2)平面表示法

①用平面的一组等高线表示，如图 1-13-12(a)所示。

②用平面的坡度比例尺表示，如图 1-13-12(b)所示。

③绘出平面的任何一条等高线和平面的下坡方向，再标明该平面的坡度数值，如图 1-13-12(c) 所示。

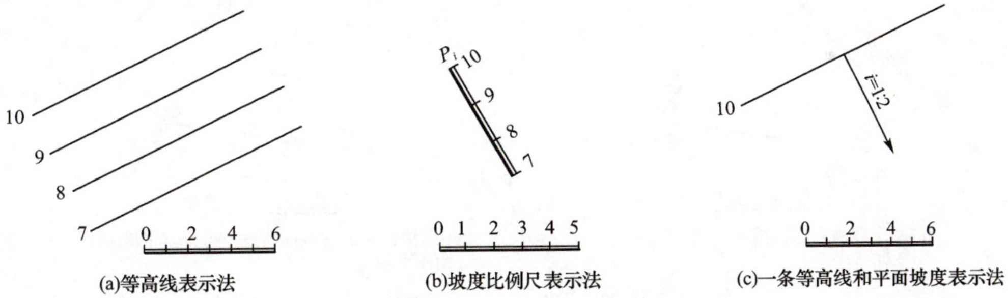

图 1-13-12 平面表示法

任务实施

平面的平距及于基面的倾角就是平面的坡度线的平距和倾角，而坡度线又垂直于平面的等高线，所以首先要作出平面的等高线。图 1-13-13 为绘制图 1-13-1 中由 A、B、C 三点所决定的平面的等高线、坡度线，以及求平面的平距、倾角的过程。

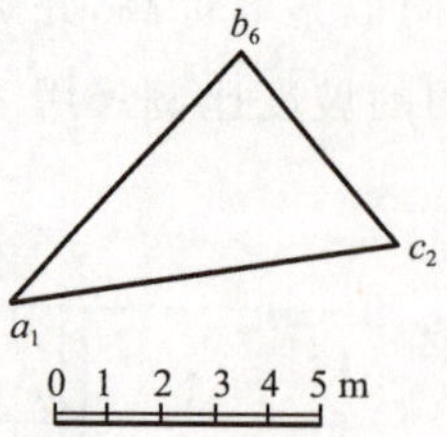

(a) 连接三点的标高投影，得到三角形$a_1b_6c_2$

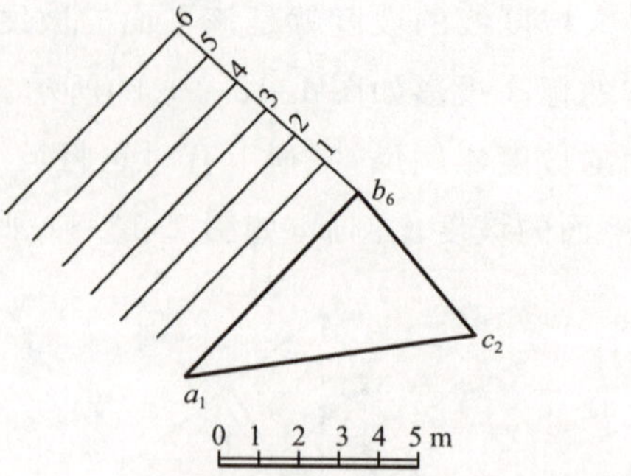

(b)假想过直线a_1b_6作一铅垂面，在该面上分别作出标高为1、2、3、4、5、6的整数标高水平线

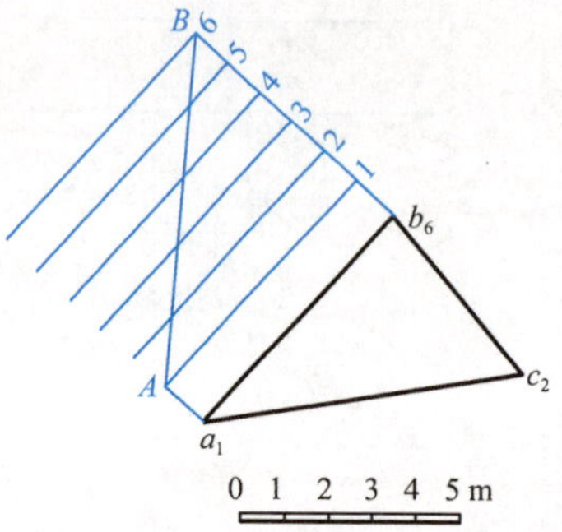

(c)分别按标高作出点A、B，并连接成直线

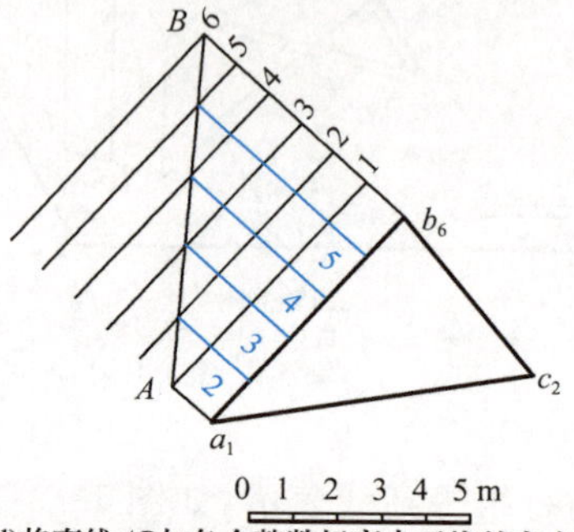

(d)将直线AB与各个整数标高水平线的交点分别投至直线的标高投影a_1b_6上，得到直线a_1b_6上的整数标高点

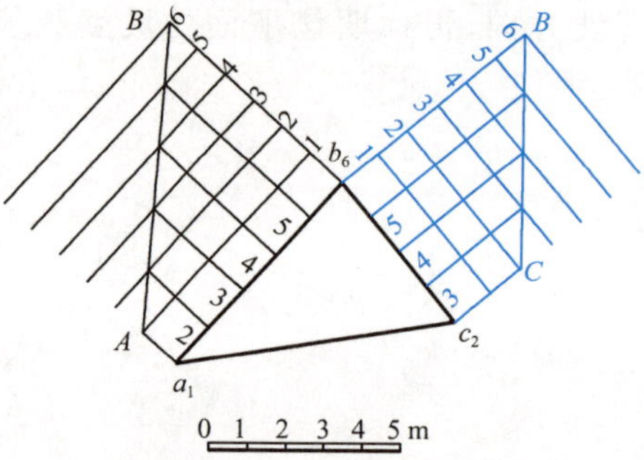

(e)用同样的方法，得到直线c_2b_6上的整数标高点

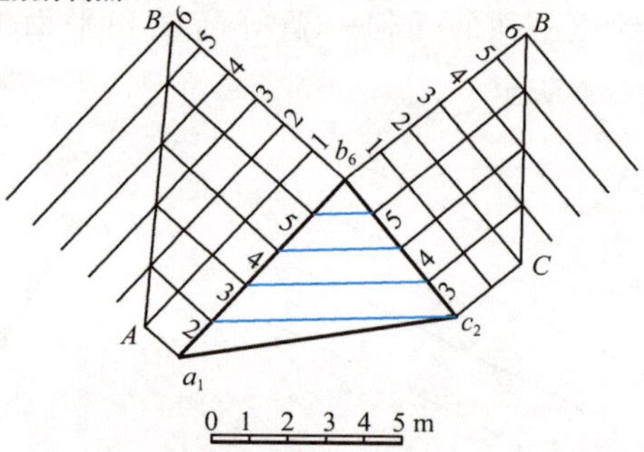

(f)连接相同的整数标高点，可得到平面ABC上的等高线

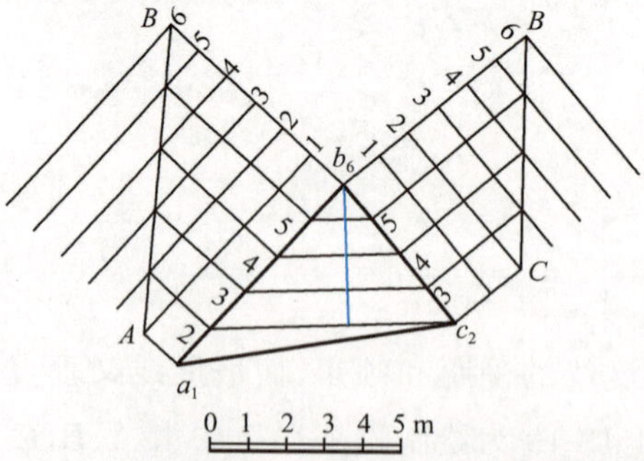

(g)过平面上任一点（如b_6）作等高线的垂线，即为平面ABC的坡度线，坡度线的平距l即为平面的平距

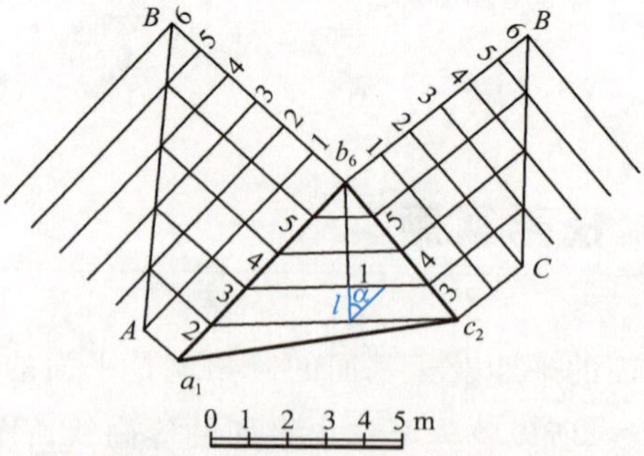

(h)以平距l为一直角边，以单位高差1为另一直角边做直角三角形，单位高差所对应的角α即为平面的倾角

图 1-13-13 绘制由三点决定的平面的等高线及坡度线

知识拓展

一、绘制以平面内一般位置直线及平面坡度表示的平面的等高线

如图 1-13-14 所示为平面的标高投影，以平面内一般位置直线及平面坡度表示，未注出坡度线方向，要求：绘制平面的等高线。

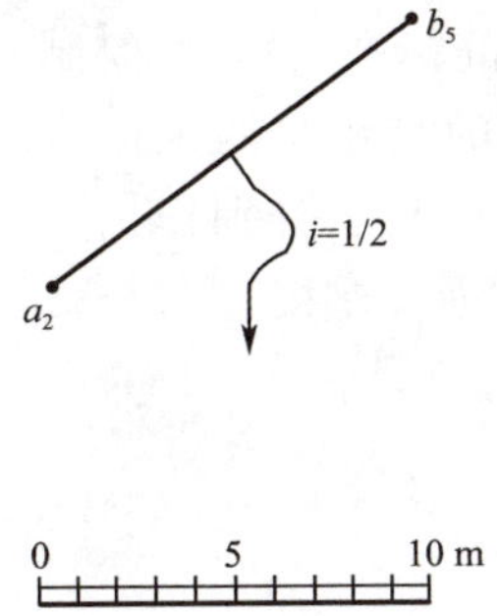

图 1-13-14　平面的标高投影

【分析】 A 和 B 的高差是 $5-2=3$，若在整数标高处各作一条等高线，应作出 4 条。其中过 a_2 和 b_5，各有一条标高分别为 2 和 5 的等高线，它们之间的距离 L 应为该平面平距的 3 倍。而平面的平距 $l=1/i=1/0.5=2$，即 $L=3l=3\times2=6$。这就是等高线 5 到等高线 2 水平距离。于是问题就变成过点 a_2 作等高线 2 与点 b_5 距离为 6。因此可按图 1-13-15 的思路解决：即以 b_5 为圆心，底圆半径为 6 作一高度等于 3 的正圆锥，则等高线 2 必为过 a_2 向锥底圆所作的切线。锥顶 B 与切点 K 的连线 BK，即为该平面的坡度线。

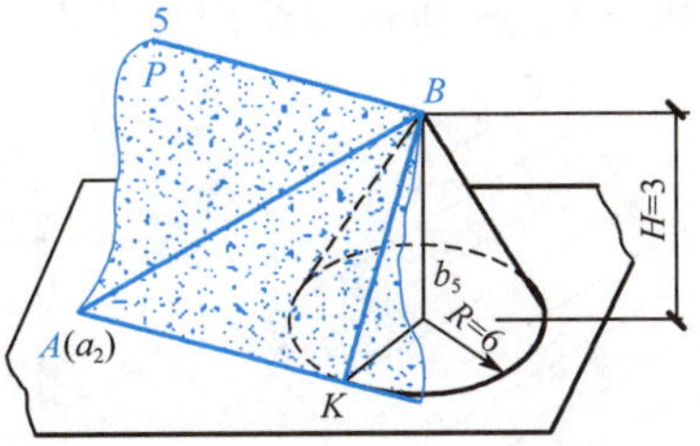

图 1-13-15　平面等高线作法分析图

绘制平面等高线的过程如图 1-13-16 所示。

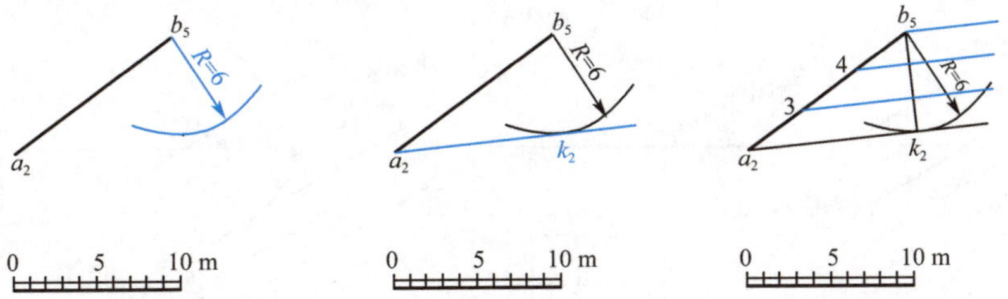

(a)以点b_5为圆心，以A、B两点间的水平距离6为半径画圆弧（圆锥底圆）

(b)过点a_2向圆弧作切线，即得等高线2

(c)过各整数标高点3、4、5作等高线2的平行线，即得等高线3、4、5

图 1-13-16　绘制平面等高线的过程

实例 2 绘制平面交线的标高投影

实例分析

图 1-13-17 所示为两平面 P、Q 的标高投影，要绘制两平面的交线，首先要明确两平面的交线是两平面内同标高等高线交点所连的直线。所以只要分别作出两个平面上同标高的等高线的两个交点，连接这两个交点即可得到两平面交线的标高投影。

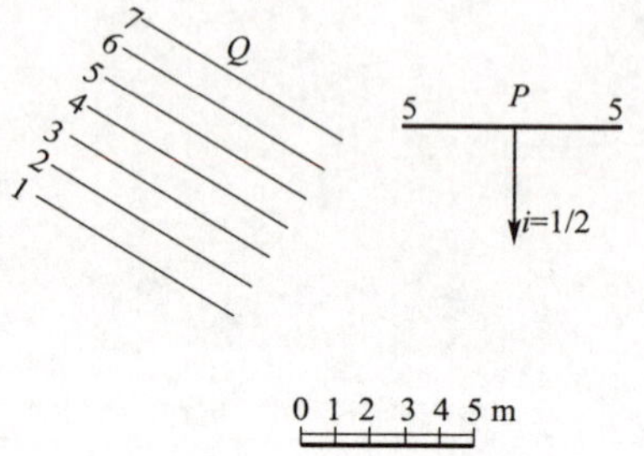

图 1-13-17 两平面 P、Q 的标高投影

任务实施

图 1-13-18 所示为绘制两平面 P、Q 的交线标高投影的过程。

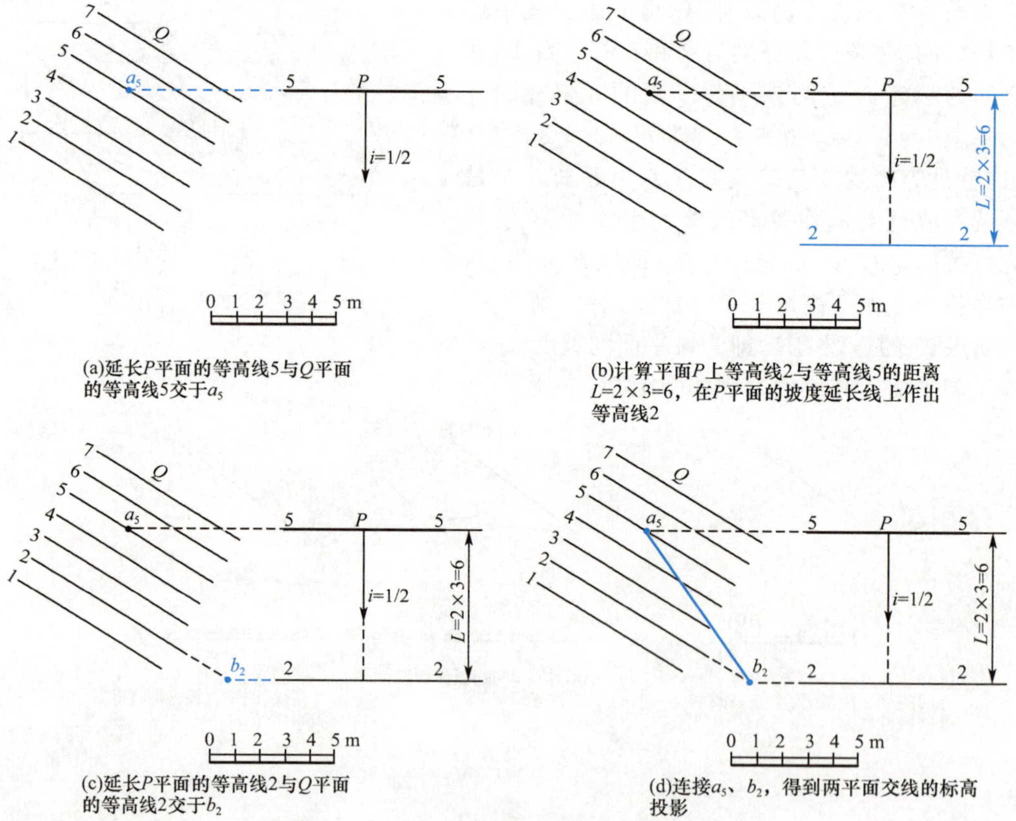

(a)延长P平面的等高线5与Q平面的等高线5交于a_5

(b)计算平面P上等高线2与等高线5的距离$L=2\times3=6$，在P平面的坡度延长线上作出等高线2

(c)延长P平面的等高线2与Q平面的等高线2交于b_2

(d)连接a_5、b_2，得到两平面交线的标高投影

图 1-13-18 绘制两平面 P、Q 的交线标高投影的过程

知识拓展

一、绘制平台的标高投影

如图 1-13-19 所示，已知平台顶面的标高投影和顶面高程为 3，底面的高程为 0 和四个侧面的坡度分别为 3/2、2/3、2/3、1/3，求作平台的标高投影。

【分析】 图 1-13-20 所示，平台顶面的四角是四个坡面上标高为 3 的等高线的交点，由于底面标高为 0 m，因此只要作出坡面标高为 0 的等高线即可。

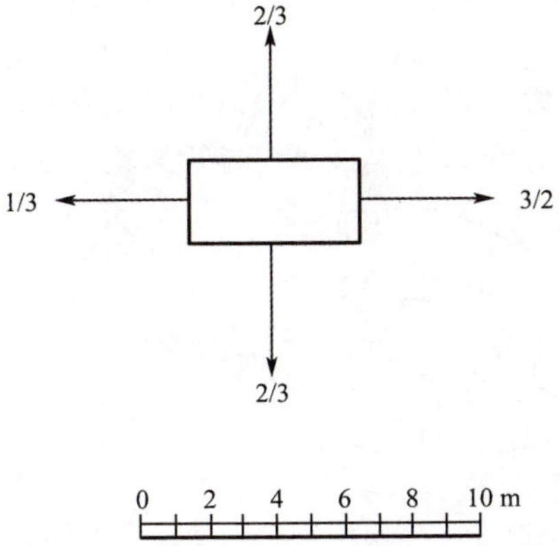

图 1-13-19　已知平台的顶面与坡度

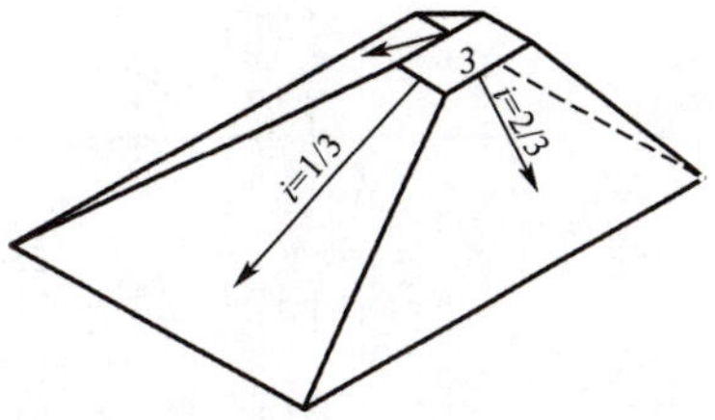

图 1-13-20　平台的分析图

1. 计算平台底面等高线的位置

平台底面等高线与相应的顶面等高线平行，其水平距离分别为：右边线 $L_1 = H/i = (3-0) \div (3/2) = 2$ m。

前、后边线 $L_2 = (3-0) \div (2/3) = 4.5$ m。

左边线 $L_3 = (3-0) \div (1/3) = 9$ m。

2. 绘制平台投影图

绘制平台投影图的绘制过程如图 1-13-21 所示。

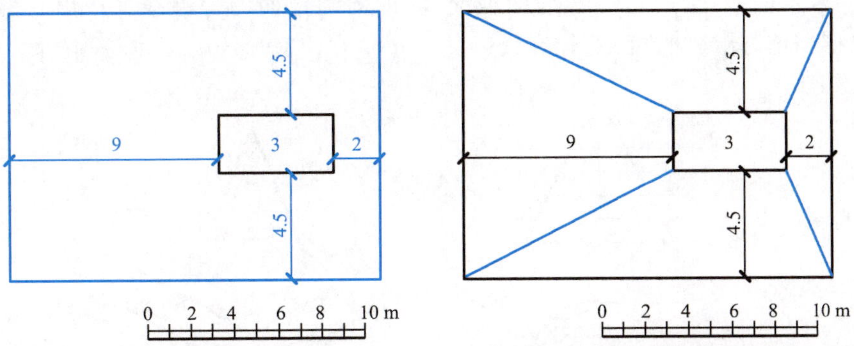

(a)绘制平台底面等高线

(b)连接相邻坡面上同标高的等高线的交点，绘制平台四个坡面交线的标高投影

图 1-13-21　平台投影图的绘制过程

实例3 求直管线与地形面的交点的标高投影

实例分析

如图 1-13-22 所示，需要在某地铺设一直管线，已知管线两端点 A、B 的设计标高，要求在地形图上作出管线与地面贯穿点的标高投影。

此问题实际上是求直线与地形面交点的问题，首先过直线 AB 作一铅垂辅助平面与地形面相交，从而得到地形面的断面轮廓（称为地形断面图），再求出直线 AB 与断面轮廓的交点。

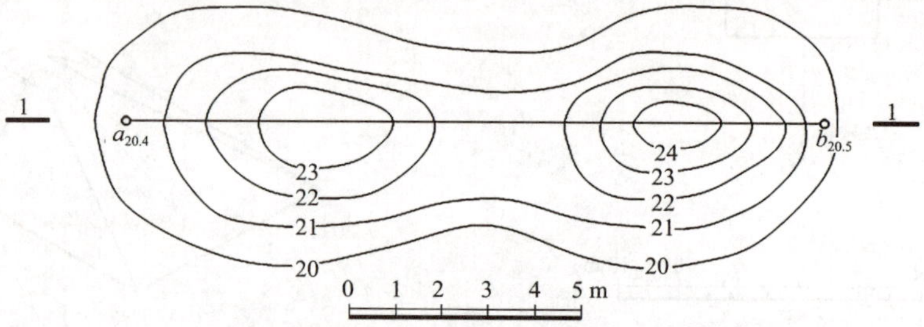

图 1-13-22 已知地形图与管线两端点的设计标高

相关知识

一、曲面的表示法

曲面在标高投影中是以一系列等高线表示的。如图 1-13-23 所示，圆锥面被一系列等高距相等的水平面截切，所得一系列的截交线，即为圆锥面的等高线。作出它们的基面投影，并标以标高值，就是圆锥面的标高投影。

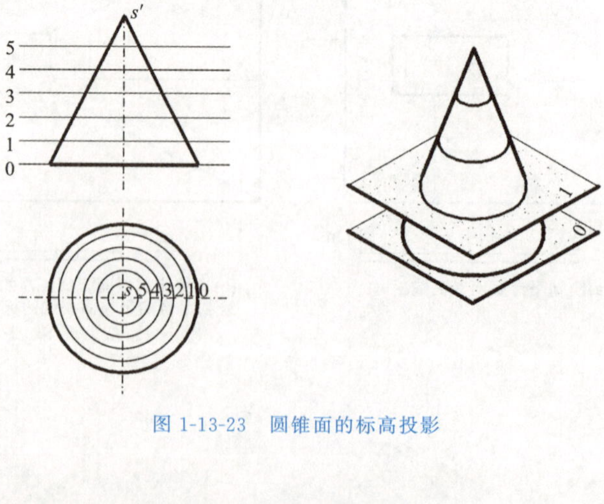

图 1-13-23 圆锥面的标高投影

二、地形面的表示法

1. 地形面与地形图

地形面：天然的地形表面叫地形面。

地形图：如图 1-13-24 所示，把一系列高度间隔相同的等高线投影到水平面 H 上，并标出各等高线的高程，这种用等高线表示地面形状的图形，叫地形面的标高投影图，也叫地形图。

地形图的等高线有下列特性：

①等高线一般是封闭曲线。

②除悬崖、峭壁的地方外，等高线不相交。

③同一地形图内，等高线越密地势越陡，等高线越稀疏地势越平缓。

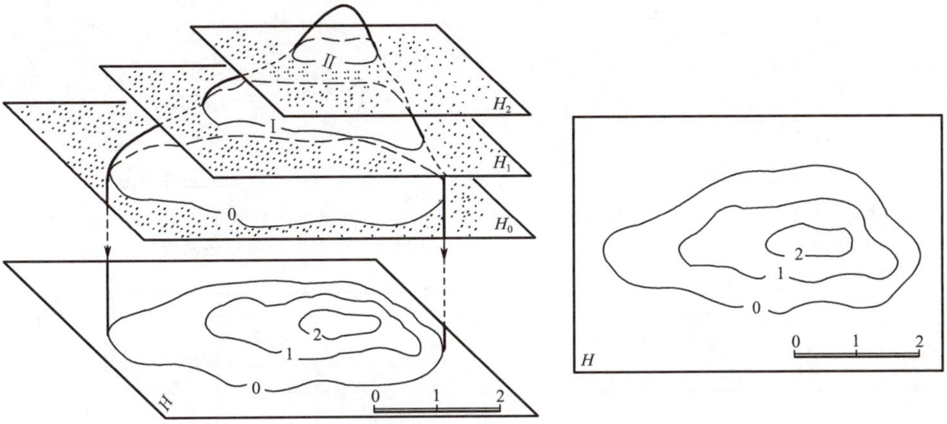

图 1-13-24　地形面的表示法

2. 典型地貌及其地形图的特征

为了便于看地形图，图 1-13-25 所示为典型地貌在地形图上的特征归纳。

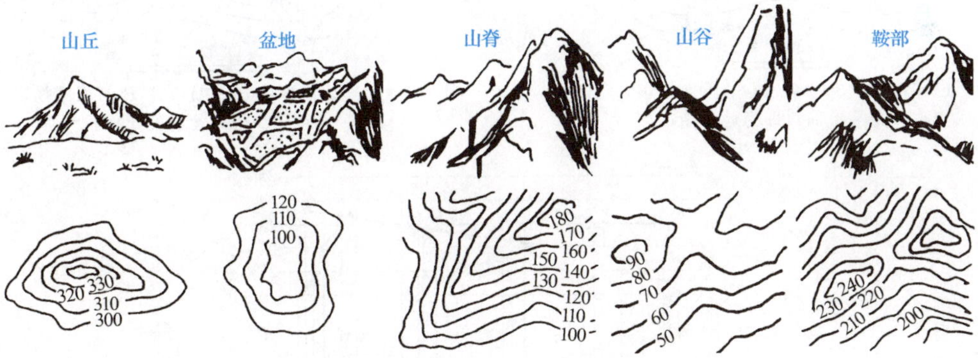

图 1-13-25　典型地貌及其地形图的特征

①山丘：等高线闭合圈由小到大高程依次递减，等高线亦随之渐稀，则对应地形是山丘。

②盆地：等高线闭合圈由小到大高程依次递增，等高线亦随之渐稀，则对应地形是盆地。

③山脊：等高线凸出方向指向低处，则对应地形是山脊。

④山谷：等高线凸出方向指向高处，则对应地形是山谷。

⑤鞍部：相邻两峰之间，形状像马鞍的区域称为鞍部，在鞍部两侧的等高线形状接近对称。

任务实施

在地形图上作管线与地面的贯穿点的标高投影，采用的方法是包含 AB 作辅助铅垂面 1—1，其水平投影即直线 $a_{20.4}b_{20.5}$ 本身，也是铅垂面—1 与地面交线的水平投影 $a_{20.4}b_{20.5}$，具体作法如图 1-13-26 所示。

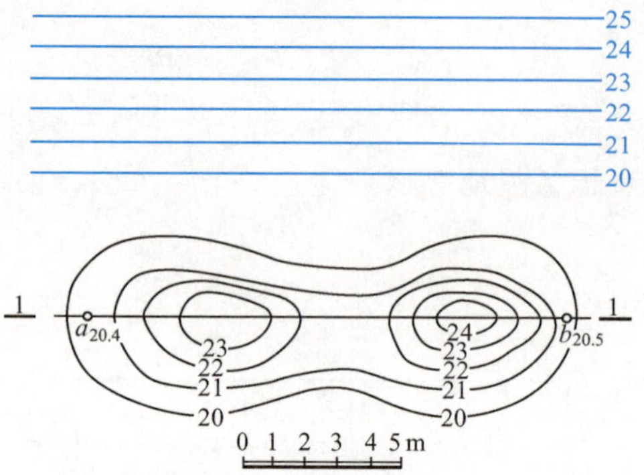

(a)在立面图的位置上，按比例作出辅助铅垂向上的若干条等高线，并标出各线的高程数字

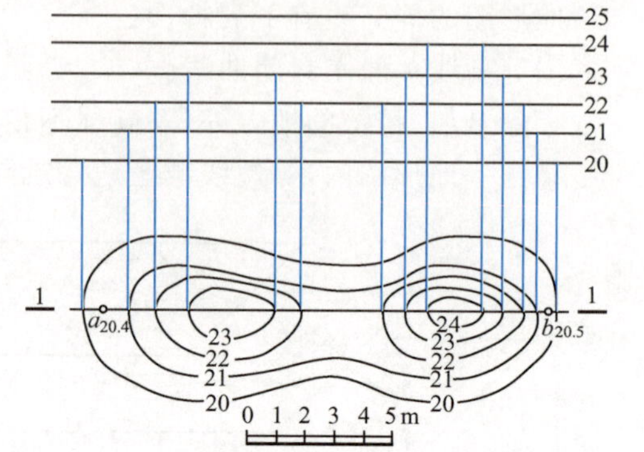

(b) 作辅助铅垂面与地面交线的各交点，用垂线按其标高分别求出辅助铅垂面与地面交线上一系列点的正面投影

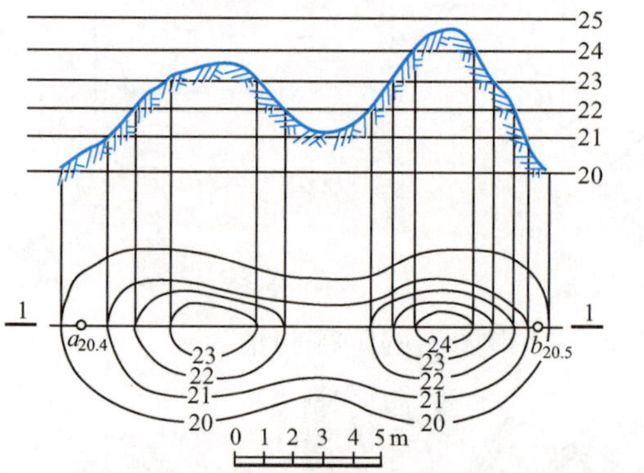

(c)连接交线上一系列点的正面投影，得到一条平滑曲线即为地形断面图

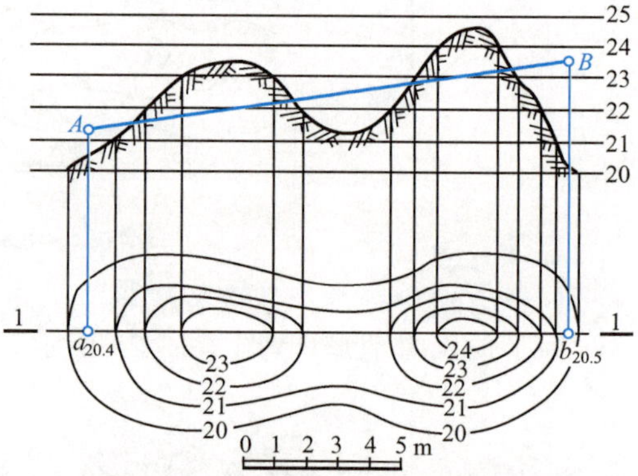

(d)按标高作出管线端点 A、B 的正面投影，连接 AB 得到管线的正面投影

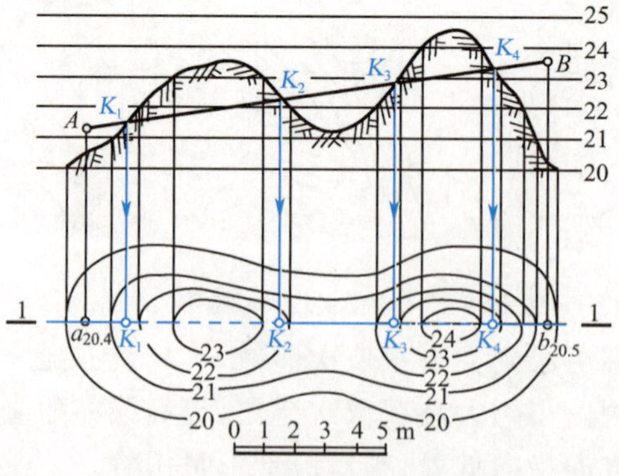

(e)找出管线与断面轮廓的交点 K_1、K_2、K_3、K_4，即为贯穿点的正面投影，然后把它们投射至直线的标高投影上，得到 k_1、k_2、k_3、k_4 即贯穿点的标高投影，并将穿入地面的管线部分改为虚线

图 1-13-26 在地形图上作管线与地面的贯穿点的标高投影

实例4 求平面与地面的交线的标高投影

实例分析

如图1-13-27所示，一坡度为2/3的平面与地形图，要求作出平面与地面交线的标高投影。

在道路工程中，把构筑物坡面与地面交线称为坡脚线(填方)或开挖线(挖方)，实质上是平面与地面交线的标高投影。找出平面与地面标高相同的等高线的交点，然后用平滑的曲线顺次连接起来即得交线的标高投影。

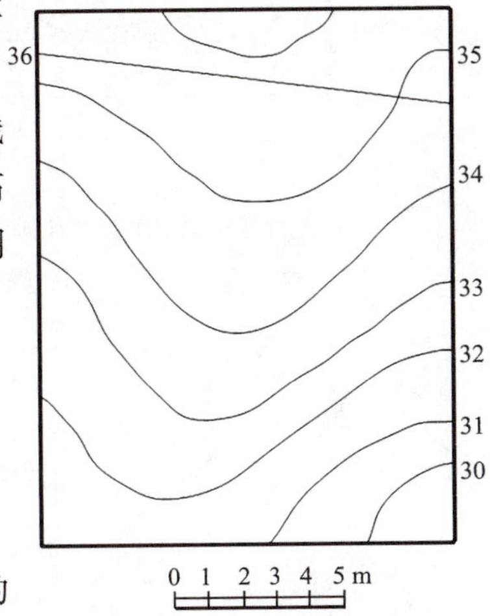

图1-13-27 平面与地形图

任务实施

首先根据坡面的坡度计算出坡面的平距，根据给出的等高线36和坡面的坡度=2/3，算得坡面的平距=3/2。

作图过程如图1-13-28所示，根据平距作出坡面上与地形图中高程相同的等高线，再求出坡面与地面上高程相同的等高线的交点，然后顺次连成平滑的曲线。注意：等高线35至36之间的交线需用内插法求解。

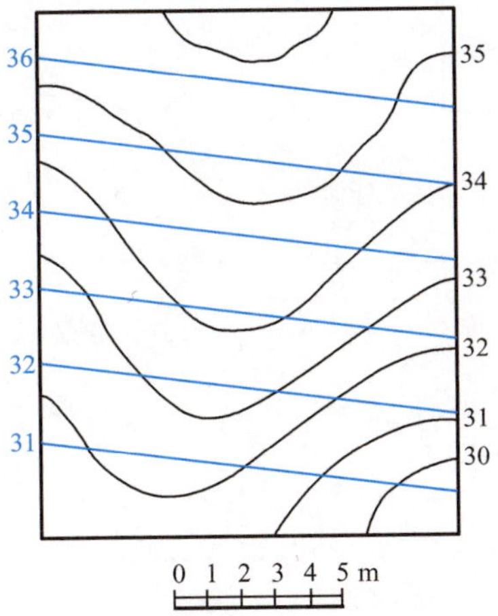

(a)根据平距作出平面上的等高线35、34、33、32、31

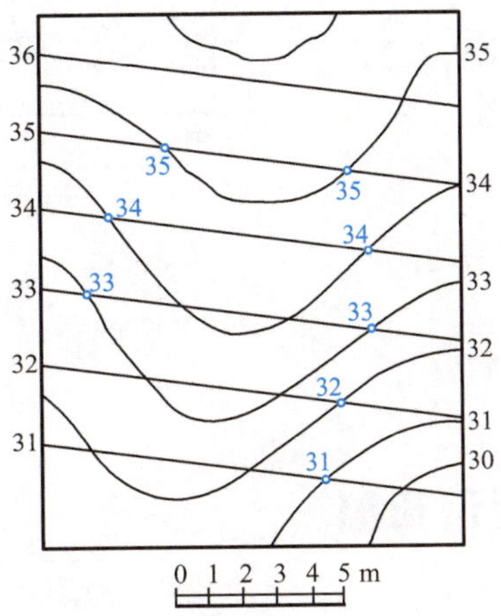

(b)找出平面与地面上高程相同等高线的交点35、34、33、32、31

图1-13-28 作图过程

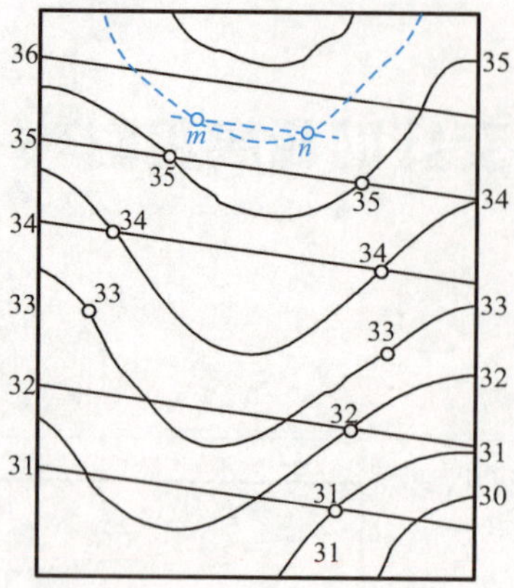

(c)用内插法找出平面与地面上高程为 35 和 36 之间的相同等高线的交点 m、n

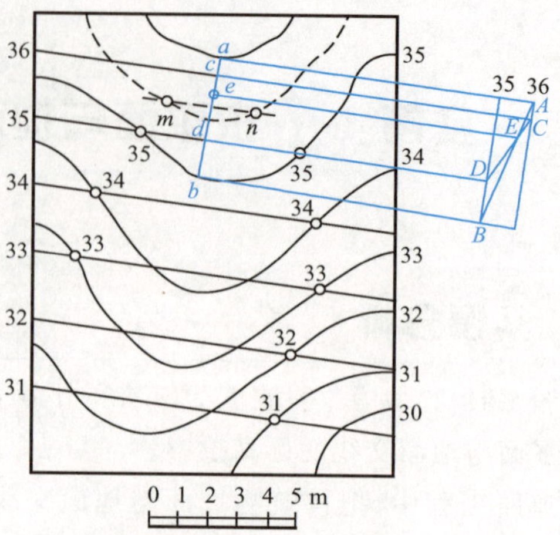

(d)在地形脊线上作一辅助铅垂断面，用断面法找出平面与地面上的交点 e(AB 为断面与地面的交线，CD 为断面与平面的交线)

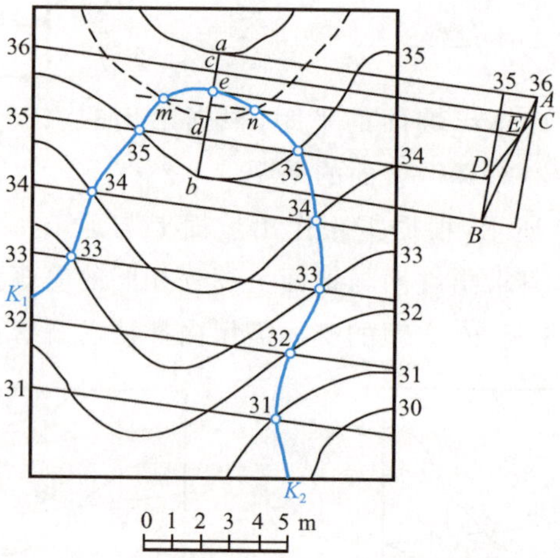

(e)平滑连接各交点，即为所求的坡面范围图中 K_1 和 K_2 点，可用延长等高线法近似求出

图 1-13-28 作图过程(续)

知识拓展

一、作路基的开挖线(挖方)与坡脚线(填方)

如图 1-13-29 所示，已知道路路基的边坡坡度为 1/2，要求作此路基边坡与地形面的交线。

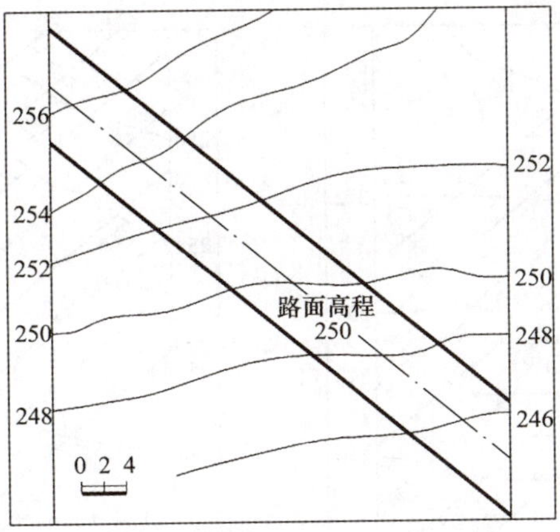

图 1-13-29 求作边坡与地形面的交线

【分析】 因为路面高程为 250，所以地形面高于路面的部分要挖去(称为挖方)，低于路面的部分要填上(称为填方)，挖方与填方的分界线就是 250 等高线。路基边缘与地形面 250 等高线的交点就是路基边缘线上挖方与填方的分界点。

除保证路面的宽度和高程 250 外，路基两侧还要有坡度为 1/2 且逐渐上升(挖方路段)或逐渐下降(填方路段)的边坡，这些边坡与地形面的交线分别是路基的挖方与填方在地形面上的施工范围线。

具体作图过程如图 1-13-30 所示。

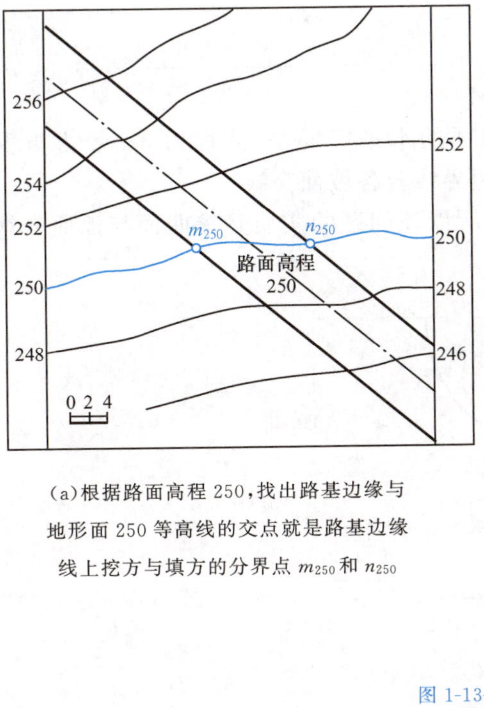

(a) 根据路面高程 250，找出路基边缘与地形面 250 等高线的交点就是路基边缘线上挖方与填方的分界点 m_{250} 和 n_{250}

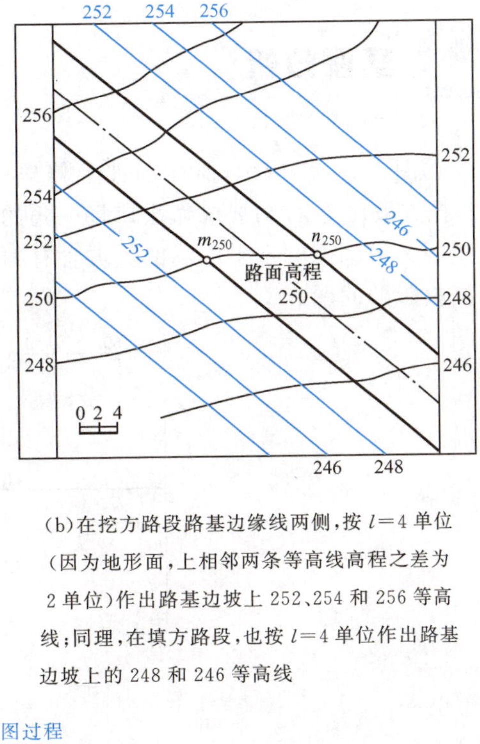

(b) 在挖方路段路基边缘线两侧，按 $l=4$ 单位(因为地形面，上相邻两条等高线高程之差为 2 单位)作出路基边坡上 252、254 和 256 等高线；同理，在填方路段，也按 $l=4$ 单位作出路基边坡上的 248 和 246 等高线

图 1-13-30 作图过程

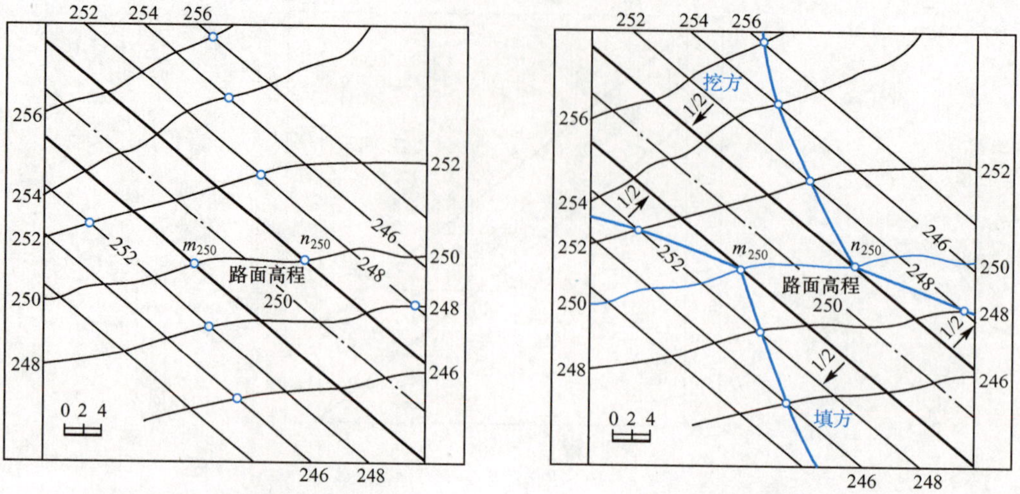

(c)分别找出填方、挖方路基边坡与地形面相同高程等高线的交点

(d)分别用曲线依次连接这些交点，得路基边坡与地形面的交线

图 1-13-30　作图过程(续)

实例 5　求曲面与地形面的交线

实例分析

如图 1-13-31 所示，要在山坡上修筑一带圆弧的水平广场，其高程为 58，填方坡度为 1/2，挖方坡度为 1/1，要求作出广场一角的填挖边界线及各坡面交线。

因为带圆弧的水平广场的边坡含有圆锥面，所以该问题的实质是求曲面与地面交线的标高投影的问题。

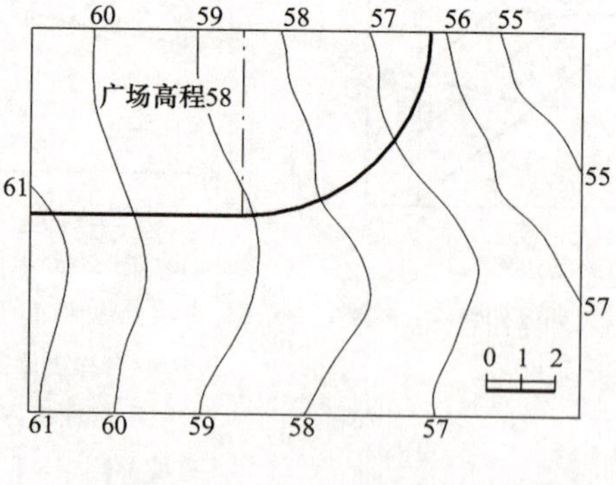

图 1-13-31　广场一角的标高投影与山坡地形图

任务实施

【分析】 从图中可以看出，地形面一部分低于广场高程(58)，为填方；一部分高于广场高程，为挖方。根据填、挖方边坡坡度得出平距，填方时 $l_1=2$ 单位，挖方时 $l_2=1$ 单位。

具体作图过程如图 1-13-32 所示。

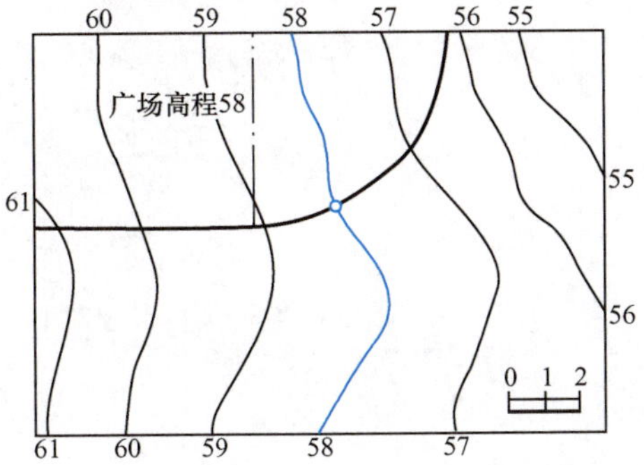

(a)根据路面高程为 58，找出广场边线与地形面 58 等高线的交点就是广场边坡挖方与填方的分界点

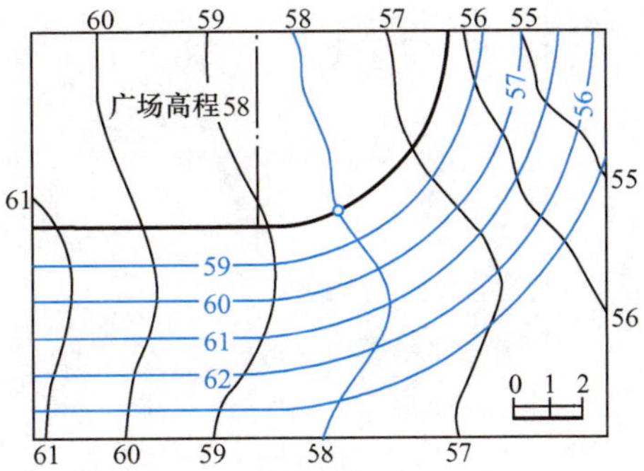

(b)在填方部分，按平距 $l_1=2$ 单位作出广场边坡上 57、56 和 55 等高线；在挖方部分，按平距 $l_2=1$ 单位作出广场边坡上 59、60、61 和 62 等高线，与广场圆弧线相连的边坡为圆锥面，其等高线为圆弧

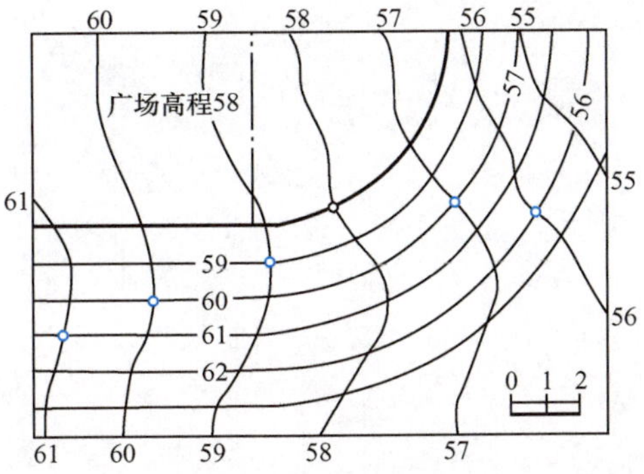

(c)分别找出广场填方、挖方边坡与地形面相同高程等高线的交点

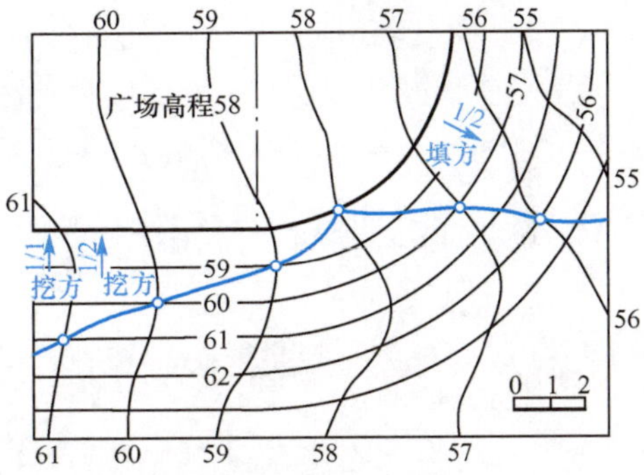

(d)分别用曲线依次连接这些交点，得广场边坡与地形面的交线

图 1-13-32 求水平广场的标高投影图

第二篇

专业工程图

素养目标

1. 通过识读路线工程图，掌握正确的工程图样表达方法，了解道路工程发展史和我国道路工程建设成就，激发使命担当和创新精神，培养社会责任感。

2. 通过识读与绘制涵洞工程图，掌握正确的工程图样表达方法，了解涵洞工程发展史和我国涵洞工程建设成就，树立安全第一、生命至上的理念，牢固树立可持续发展理念，尊重自然，顺应自然。

3. 通过识读隧道工程图，掌握正确的工程图样表达方法，了解隧道工程发展史和我国隧道工程建设成就，增强中华民族的自豪感和文化自信心。培养严谨的工作作风和科学的态度，锤炼坚强的意志品质、坚韧的心理素质和勇于争先的进取精神。

4. 通过识读与绘制桥梁工程图，掌握正确的工程图样表达方法，熟悉钢混结构的产生、原理和构造，了解桥梁工程发展史和我国桥梁工程建设现状和成就，培养责任担当意识，牢固树立远大的理想，构建正确的世界观、人生观、价值观，提高人文素养。

项目 1

识读路线工程图

道路是建筑在地面上供车辆行驶和人们步行的窄而长的带状工程构筑物，其中包括桥梁、隧道、涵洞等工程物。道路可分为公路道路和城市道路。由于道路的位置和形状与所在地区的地形、地貌、地物以及地质有很密切的关系，所以道路路线有竖向高度变化(上坡、下坡、竖曲线)和平面弯曲(左向、右向、平曲线)两种变化，道路沿长度方向上的行车道中心线是一条曲直起伏的空间曲线，道路路线指的就是这条行车道的中心线。

公路由公路工程图来表达，公路工程图是由表达线路整体状况的路线工程图和表达各工程实体构造的桥梁、隧道、涵洞等工程图组成的。其中路线工程图主要是由路线平面图、路线纵断面图和路线横断面图来表达的。

子项目 1　识读公路路线平面图

问题引例

识读图 2-1-1 所示的公路路线平面图，解决以下问题：

1. 看角标和说明

(1)工程图的名称是什么？

(2)比例是多少？

2. 工程图样的表达方案分析

(1)路线平面图是怎样形成的？

(2)公路路线平面图共有几张图？本图表达的路线是哪一段的路线平面图？

3. 路线平面图中地形部分的内容分析

(1)图中方位如何表达？

(2)地形如何起伏？有无河流、山、陡坎等？河流方向是怎样的？

(3)图中地物地貌有哪些村落、道路等？

(4)本图有几个水准点？符号⊗$\frac{\text{BM3}}{86.316}$表示什么含义？

微视频

路线平面图

4. 路线平面图中路线部分的内容分析

(1)道路路线如何表达？

(2)本路段包括哪些工程物？都在什么位置？

(3)本路段有几个交角点？都在什么位置？

(4)平曲线类型有几种？曲线表中各符号的含义是什么？

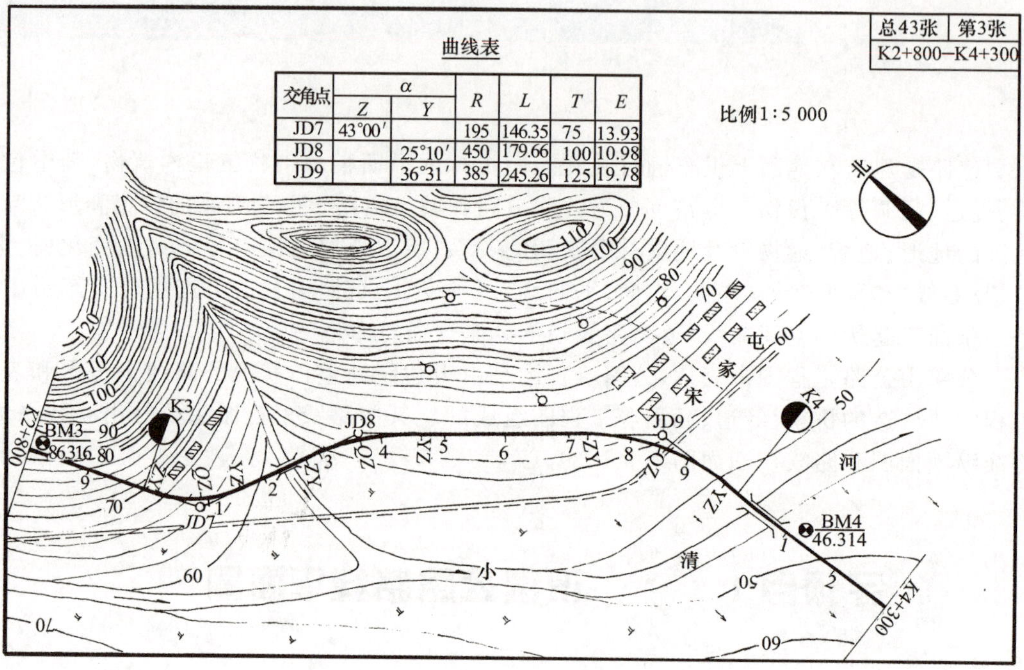

交角点	α		R	L	T	E
	Z	Y				
JD7	43°00′		195	146.35	75	13.93
JD8		25°10′	450	179.66	100	10.98
JD9		36°31′	385	245.26	125	19.78

图 2-1-1 公路路线平面图示例

相关知识

一、路线平面图的作用与形成方式

1. 作用

路线平面图的作用是表达路线的方向、具体位置、路线状况(直线和左、右弯道)以及沿线两侧一定范围内的地形、地物情况。

2. 形成方法

路线平面图是从上向下投影所得到的水平投影图，也就是用标高投影法所绘制的道路沿线周围区域的地形图，用图例表示地物，见表 2-1-1。

表 2-1-1 道路工程地物常用图例

名称	图例	名称	图例	名称	图例
机场		港口		井	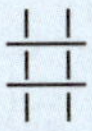
学校		交电室		房屋	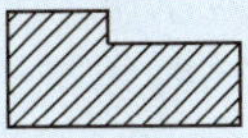
土堤	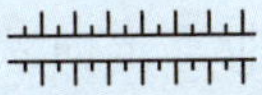	水渠	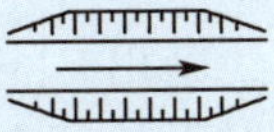	烟囱	
河流	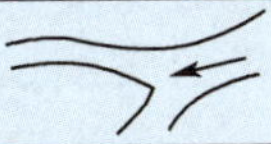	冲沟		人工开挖	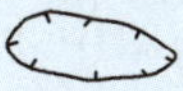
铁路		公路	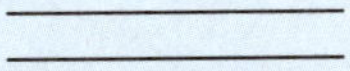	大车道	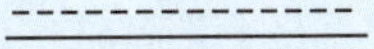
小路		低压电力线 高压电力线	 	电信线	
果园		旱地		草地	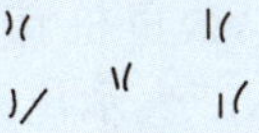
林地		水田		菜地	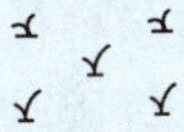
导线点	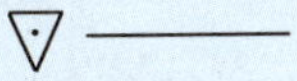	三角点	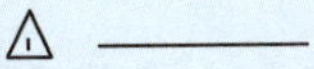	图根点	
水准点		切线交点		指北针	

二、路线平面图的图示特点

1. 地形部分

(1)比例

道路路线平面图所用比例一般较小，通常在城镇区为 1∶500 或 1∶1 000，山岭区为 1∶2 000，丘陵区和平原区为 1∶5 000 或 1∶10 000。

(2)方向

在路线平面图上应画出指北针或测量坐标网，用来指明道路在该地区的方位与走向。采用指北针时箭头所指为正北方向，指北针宜用细实线绘制，如图 2-1-1 所示。

坐标网 X 轴向为南北方向(上为北)，Y 轴向为东西方向，也可只画网格节点的十字线。坐标值单位是 m，书写方向平行于网格或在网格延长线上，数值前应标注坐标轴线代号“X”和“Y”。若坐标值标注在网格节点附近，字头都朝向北，也可省去坐标轴代号。

(3)地形

平面图中地形起伏情况主要是用等高线表示，图中每两条等高线之间的高差一般为 2 m。为了便于看图，一般每隔四条等高线有一条画成粗线，这样的粗等高线称为计曲线。不加粗的等高线称为首曲线。标高数值标在计曲线上，字头朝向山坡。

(4)地貌地物

在平面图中地形面上的地貌地物如河流、房屋、道路、桥梁、电力线、植被等，都是按规定图例绘制的，表 2-1-1 为道路工程地物常用图例表。平面图的植物图例，应朝上或朝北绘制。

(5)水准点

沿路线附近每隔一段距离，就在图中标有水准点的位置，用于路线的高程测量。水准点用⊗$\frac{\text{BM}n}{\text{高程}}$表示，BM 是水准的缩写，$n$ 表示的是第 n 个水准点，水准点符号下的高程表示的是对应水准点的高程。

2. 路线部分

(1)设计路线

路线用加粗实线沿路线的中心线画出，主要表示路线的水平曲直走向状况、里程、平曲线要素等内容。由于道路的宽度相对于长度来说尺寸小得多，公路的宽度只有在较大比例的平面图中才能画清楚，因此通常是沿道路中心线只画出一条加粗的实线($2b$)来表示新设计的路线。

(2)里程桩

道路路线的总长度和各段之间的长度用里程桩号表示。里程桩号应从路线的起点至终点依次顺序编号，在平面图中路线的前进方向总是从左向右的。里程桩分公里桩和百米桩两种，公里桩宜注在路线前进方向的左侧，用符号"⚲"表示桩位，公里数注写在符号的上方，如"K3"表示离路线起点 3 km。百米桩宜标注在路线前进方向的右侧，用垂直于路线的细短线表示桩位，用字头朝向前进方向的阿拉伯数字表示百米数，注写在短线的端部，例如在 K3 公里桩的前方注写的"4"，表示桩号为 K3＋400，说明该点距路线起点为 3 400 m。

(3)平曲线

道路路线在平面图中是由直线段和曲线段共同组成的。当路线转弯时，在路线的转折处应设平曲线，并标注路线转折的顺序编号，即交角点编号，如 JD7 表示第 7 号交角点。

根据实际需要在交角点处设置的平曲线可以为圆曲线或缓和曲线两种。只设置圆曲线时，圆曲线与前后直线的切点分别为 ZY(直圆)和 YZ(圆直)，把圆曲线的中点标记为 QZ(曲中)，共有三个主点桩号，如图 2-1-2(a)所示；如果设置缓和曲线，则有 ZH(直缓)、HY(缓圆)、QZ(曲中)、YH(圆缓)、HZ(缓直)五个主点桩号，如图 2-1-2(b)所示。图中表示各特征点的字母按特征点汉语拼音来缩写。

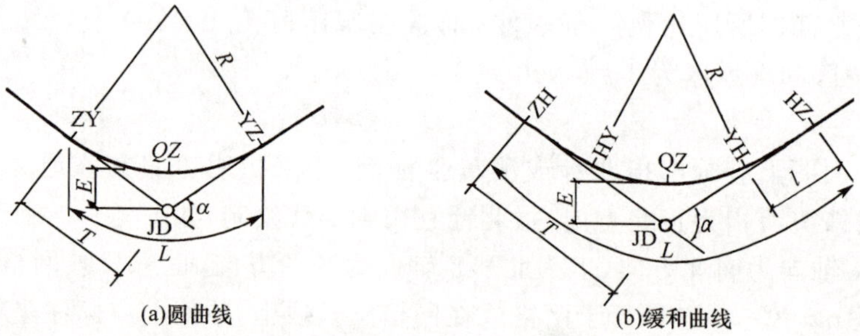

图 2-1-2 平曲线的要素

除上述控制曲线位置的要素外，还要有曲线表，如图 2-1-1 中所示的曲线表。表中列出控制曲线形态的要素有：交角点号(JD)；转角或称偏转角(α)，α_z 为左偏角，α_y 为右偏角，R 为圆曲线半径，T 为切线长，E 为外距，L 为曲线长，l 或 LS 为缓和曲线长。曲线表中的长度单位是 m。

(4)由于公路具有狭长曲折的特点，需要画在若干张图纸上，每张图的右上角应有角标，用于注明图纸的序号及总张数。使用时可以将图纸拼接起来，如图 2-1-3 所示。路线分段应在直线部分取整数桩号断开，断开的两端均以点画线垂直于路线画出接图线。

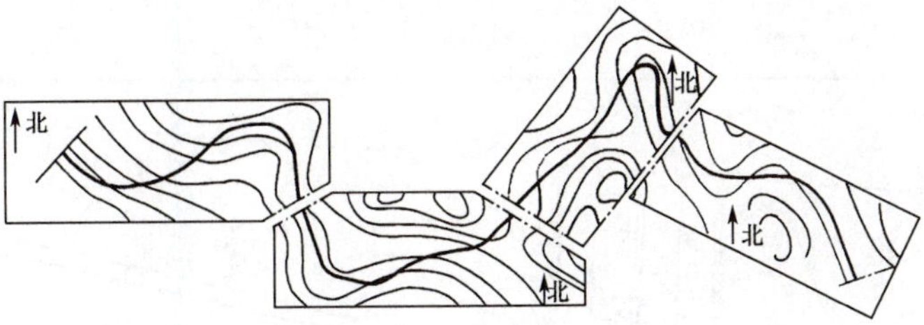

图 2-1-3 公路路线平面图

实施步骤

识读图 2-1-1 所示的公路路线平面图。

1. 看角标和说明

(1)该公路工程的路线平面图共有 43 张,本图是其中的第 3 张,表达的是路线的 K2+800—K4+300路段的路线平面图。

(2)本图比例是 1∶5 000。

2. 路线平面图中地形地物的分析

(1)本图方位采用指北针来指明,道路在该路段为西北—东南走向。

(2)地形起伏情况,根据图中等高线的疏密可以看出,该地区西北地势较高,路线东侧地势较陡,有两个山丘和一个山谷,西侧地势较缓,山脚下有一条河流叫小清河,沿河流两侧地势低洼且平坦。

(3)河东岸有一个村庄叫宋家屯,山上有经济林,河西岸为草地。

(4)原有的道路。河东岸顺山脚有一条大车道,自宋家屯向北上山有一条小路。

(5)本图中有 2 个水准点,编号分别为 BM3 和 BM4。在⊗$\frac{\text{BM3}}{86.316}$中,⊗是水准点的标记,BM3 表示的是第 3 个水准点,水准点符号下的 86.316 表示是该水准点的高程为 86.316 m。

3. 路线平面图中路线部分的内容分析

(1)道路路线用加粗实线表示,路线的总长度和各段之间的长度用里程桩号表示,有 K3、K4 两个公里桩。

(2)本张路线平面图上的设计线从 K2+800 处开始,至 K4+300,由西北向东南延伸,总长 1.500 km,有 3 个交角点 JD7、JD8、JD9。

(3)在 3 个交角点处的平曲线都是圆曲线。在 JD7,左转 $\alpha_z=43°00'$,半径 $R=195$ m;在 JD8,右转 $\alpha_y=25°10'$,缓和曲线半径 $R=450$ m;在 JD9,右转,$\alpha_y=36°31'$,缓和曲线半径 $R=385$ m,路线自西向东延伸。

(4)本路段有桥梁 2 座,分别在 K3+200 和 K4+000 处,跨越山谷流水和小清河。

知识拓展

识读高速公路路线平面图

图 2-1-4 所示为××高速公路某路段中 K69+360 南河沟中桥桥址平面图,在桥中心桩号处标明了这座桥为四孔,每孔的跨径为 16 m,且与河流斜交呈 105°。

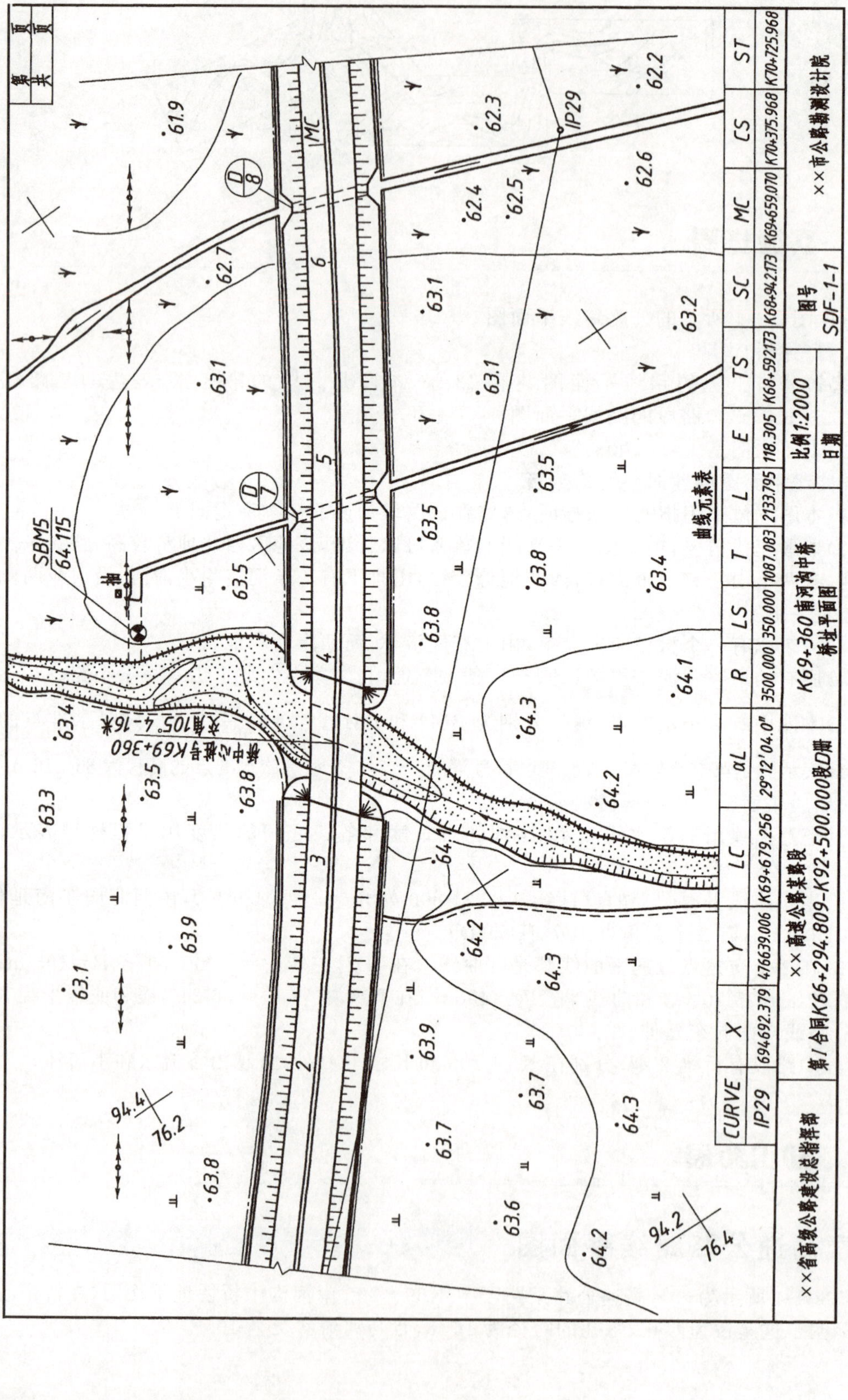

图 2-1-4 ××高速公路某路段路线平面图

图中坐标网的坐标值字头向北，网格线北侧平行于该网格线的数值为 X 坐标值，而骑跨另一网格线的数值为 Y 坐标值，数值单位是 km。图中地形除用等高线表示外，还用大量的地形点表示高程。

图中河岸，左岸为单坡岸堤，右岸为双坡岸堤，河中标有箭头的细曲线为水流线。图中引出线外端的圆周内，直径上标 D 为涵洞，若标 T 则为通道，直径下标的数值为该涵洞或通道的序号。

图中水准点 SBM5 前的字母 S，表示该水准点是××市公路勘测设计院设置的水准点。若水准点为 BBM6 时，则表示原先的水准点 BM6 在现场已丢失，新增补的 6 号水准点为 BBM6，以示区别。因为 BM6 与 BBM6 的高程和坐标数值均不相同，所以用字母符号将两种 6 号水准点区分开。

高速公路与公路路线平面图有以下几点不同之处：

(1)路线横向宽度按比例如实画出。包括隔离带、路面宽、边坡、边沟及征地界线等。

(2)百米桩与公里桩都用细短线垂直路线标注在前进方向的左侧。

(3)曲线元素表的内容增多，元素符号也有所不同。表中的 CURVE 表示曲线、弯道，而曲线元素符号所采用的是英语单词的字头字母，现将不同的符号简述如下：*IP*(Intersecting Point)为交角点，*X*、*Y* 为交角点的坐标，*LC* 为交角点的里程，αL 为左偏角(α_z)，αR 则为右偏角(α_y)，*LS* 为缓和曲线长度(l)，*TS* 为直缓点(ZH)，*SC* 为缓圆点(HY)，*MC* 为曲中点(QZ)，*CS* 为圆缓点(YH)，*ST* 为缓直点(HZ)。

子项目 2 识读公路路线纵断面图

问题引例

识读图 2-1-5 所示的公路路线纵断面图，解决以下问题：

1. 看角标和说明

(1)工程图的名称是什么？

(2)比例是多少？

2. 工程图样的表达方案分析

(1)路线纵断面图是怎样形成的？

(2)公路路线纵断面图共有几张图？本图表达的路线是哪一段的路线纵断面图？

3. 对路线纵断面图中图样部分的内容分析

(1)图中地面线和设计线如何区分？

(2)图中竖曲线有几段？变坡点位置在哪里？

(3)竖曲线类型有哪几种？曲线要素都有哪些？

(4)图中有哪些构造物？

(5)图中有几个水准点？并说出编号和位置。

微视频

路线纵断面图

4. 对路线纵断面图中资料表部分的内容分析

(1)本图资料表部分包含什么？

(2)填挖高度、设计高程、地面高程之间的关系如何？

(3)路线直线段坡度如何确定？根据资料表中的相关数据分别算出第二、三段直线段的坡度是多少？

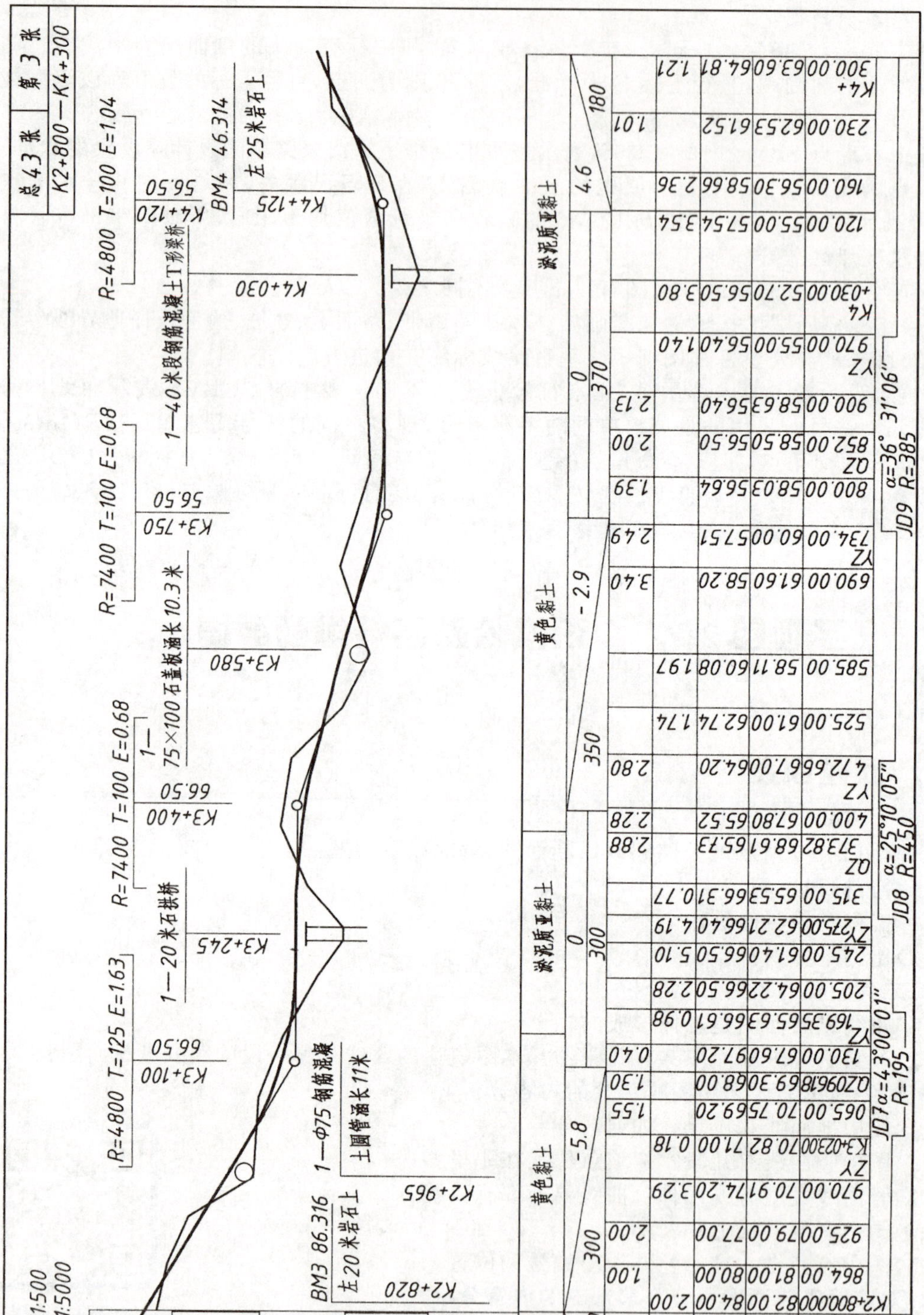

图 2-1-5 公路路线纵断面图

相关知识

一、路线纵断面图的作用与形成方法

1. 作用

路线纵断面图的作用是表达路线的纵面线形、沿线地面的起伏状况、地质及沿线设置构造物的概况等。

2. 形成方法

沿公路中心线用假想的铅垂剖切面纵向剖切，如图 2-1-6 所示；然后将断面图展开，展开方式为纵轴上的标高不变、水平横轴上的投影长度改换成路线的里程长度，采用纵向比例比横向比例放大 10 倍的方式绘出纵断面图，如图 2-1-5 所示。

图 2-1-6　路线纵断面图形成示意图

二、路线纵断面图的图示特点

路线纵断面图的内容包括图样和资料表两部分，《道路工程制图标准》(GB 50162—1992)规定图样在图幅的上部，资料表在图幅的下部，如图 2-1-5 所示。

1. 图样部分

(1)比例

路线纵断面图水平方向表示路线的长度，竖直方向表示设计线和地面线的高程。由于路线的高程变化比路线的长度要小得多，为了在路线纵断面图上清晰地表达出沿线地面起伏情况和设计上的处理，宜将纵向比例比横向比例放大 10 倍处理。一般山岭地区横向比例采用 1∶2 000 时，纵向比例采用 1∶200；在丘陵和平原地区横向比例采用 1∶5 000 时，纵向比例采用 1∶500。

(2)地面线

道路中心线的原地面线用不规则的细折线表示，它是沿设计路线中心线处的一系列中心桩的实测高程点的连线。

(3)设计线

设计线是根据地形起伏状况和公路等级,按照《公路工程技术标准》(JTG B01—2014)设计的,它表示路基边缘的设计高程,它由直线段和竖曲线组成,用粗实线表示。

(4)竖曲线

设计线在纵坡变化处称为变坡点,用直径为 2 mm 的中粗线(0.5b)圆圈表示。当相邻两纵坡之差的绝对值超过规定数值时,在变坡点处应设置圆弧竖曲线,以利于车辆平稳行驶。与竖曲线相切的切线应采用细虚线画出。竖曲线分为凸形曲线和凹形曲线两种,分别用“┌┬┐”和“└┬┘”符号表示。该符号用细实线绘制在设计线上方,其中中间竖线长 20 mm,对准变坡点的里程桩号;水平线长等于竖曲线长,符号的两端竖线长 3 mm,分别对准竖曲线的起点和终点;在中间竖线的左侧标注变坡点桩号,右侧标注变坡点的高程;在水平线的上方标注竖曲线的半径 R、切线长 T、外距 E,长度单位是 m。

(4)沿线构造物:当路线上设有桥涵、通道、立交等人工构造物时,应在相应的里程和高程处用图例绘制,并注明构造物的名称、种类(结构类型)、大小(孔数和孔径)和中心桩号。比如路线上的桥梁、涵洞用符号“┬┬”和“O”分别表示,绘制在地面线上方和设计线下方,同时在对准桥涵中心位置的空白处,用细实线画竖直引出线和水平标注线,在引出线的左侧标注桥涵的中心桩号,在水平标注线的上方标注桥涵的规格及名称。

(5)水准点:沿线设置的水准点也应在纵断面图中标出,用细实线画竖向引出线和水平标注线,其中竖向引出线需对准水准点的位置,在竖向引出线的左侧注写水准点的里程桩号,右侧注写水准点所在的位置,水平标注线的上方注写水准点的编号和高程。

2. 资料表部分

资料表中的数据应和图样按上下方向一一对正,不能错位,需反映出纵向设计在各桩号处的高程、填挖方量、地质条件、路线坡度以及平曲线和竖曲线的配合关系。资料表主要包括以下项目和内容:

(1)地质概况

根据实测资料,在表中注出沿线的地质情况。

(2)坡度/距离

标注出各设计坡段的纵向坡度和水平距离。该栏中每一分格表示一段坡度,各分格竖线应与各变坡点的桩号对齐,对角线表示坡度方向,左低右高为上坡,左高右低为下坡。对角线上边的数值为坡度数值,正值为上坡,负值为下坡,比如坡度数值为 4.6 表示上坡、坡度为 4.6%;对角线下边的数值为该坡路段的水平距离,单位是 m。若为平坡时,应在该分格中间画一条水平线,线上标注的坡度数值为 0,线下标注该平坡路段的长度。

(3)标高

表中有设计高程和地面高程两栏,分别表示图样中设计线和地面线上对正的各点(桩号)的高程,单位是 m。

(4)填高与挖深

填挖高度是各桩号设计高程与地面高程之差值,若为正值则是填方,注写在填高栏;若为负值则是挖方,注写在挖深栏。填高与挖深填入的都是填挖高度的绝对值,单位是 m。

(5)桩号

将测量的各中心桩的数值从左向右填入资料表中的桩号栏中,单位是 m。桩号是各桩点在路线上的里程数值,各个桩点没有顺序编号,各个桩的里程就是各个桩的桩号。对于平曲线和竖曲线的各特征点、水准点、桥涵中心点以及地形突变点等，还需增设桩号。

(6)平曲线

因为在路线工程图中路线平面图与纵断面图是分别表示的，为了在纵断面设计中照顾到平纵配合关系，在纵断面资料表中必须画出平曲线简图。在平曲线简图中，路线直线段用画在该栏中间的水平细实线表示，向左或向右转弯的曲线段分别用下凹或上凸的细实线折线表示。如图2-1-5中的平曲线栏所示，JD7 $\alpha=43°00'01''$ $R=195$ 表示第7号交角点沿线路前进方向向左转弯，转角位为43°00′01″，曲线半径为195 m；又如 JD8 $\alpha=25°10'05''$ $R=450$ 表示第8号交角点是右转弯，转角为25°10′05″，曲线半径为450 m。其中两竖线间的距离为平曲线的长度。

实施步骤

识读图2-1-5中的公路路线纵断面图。

1. 看角标和说明

(1)本工程的公路路线纵断面图共有43张，本图为第3张，表达的是路线的K2+800—K4+300路段的路线纵断面图。

(2)本图的横向比例为1∶5 000，而纵向比例为1∶500。

2. 识读地面线和资料表，了解有关地形、地质内容

(1)沿线的地形起伏状况

从K2+800里程开始，地面线总体上逐阶处于下坡状态，到K4+030里程以后进入上坡状态。

(2)地面的坡度和转折情况

沿线有两条小河，中间夹着一条深沟，共有13个坡度转折点。

(3)水准点

本路段沿线有两个水准点，编号为BM3和BM4。BM3在路线里程K2+820处左面20 m的岩石上，高程为86.316 m；BM4在路线里程K4+125处左面25 m的岩石上，高程为46.314 m。

(4)地质情况

从K2+800里程开始，到K4+300里程，地质情况分为4段。最前面下坡段和两条小河之间为黄色黏土，两条小河底部为淤泥质亚黏土。

3. 识读设计线和资料表，了解有关路线内容

(1)设计线的分段情况

从K2+800桩号开始，设计线分为5段直线段，其中4个变坡点处设有4段竖曲线、3个交角点处设有3段平曲线。

①竖曲线

第1个变坡点在K3+100里程处，高程为66.50 m，竖曲线为凹曲线，半径为4 800 m，切线长度为125 m，外距为1.63 m。

第2个变坡点在K3+400里程处，高程为66.50 m，竖曲线为凸曲线，半径为7 400 m，切线长度为100 m，外距为0.68 m。

第 3 个变坡点在 K3+750 里程处，高程为 56.50 m，竖曲线为凹曲线，半径为 7 400 m，切线长度为 100 m，外距为 0.68 m。

第 4 个变坡点在 K4+120 里程处，高程为 56.50 m，竖曲线为凹曲线，半径为 4 800 m，切线长度为 100 m，外距为 1.04 m。

②平曲线

第 1 个交角点的编号为 JD7，向左转向，转角为 43°00′01″，平曲线半径为 195 m，曲中里程为 K3+096.18，直圆点里程为 K3+023.00，圆直点的里程为 K3+169.35。

第 2 个交角点的编号为 JD8，向右转向，转角为 25°10′05″，平曲线半径为 450 m，曲中里程为 K3+373.82，直圆点里程为 K3+275.00，圆直点的里程为 K3+472.66。

第 3 个交角点的编号为 JD9，向右转向，转角为 36°31′07″，平曲线半径为 385 m，曲中里程为 K3+852.00，直圆点里程为 K3+734.00，圆直点的里程为 K3+970.00。

(2)工程沿线构造物

沿线跨越两条小河，设有两座桥梁，另外还设有两座涵洞。

第一个桥梁位于 K3+245 里程，为单跨、桥长为 20 m 的石拱桥；第二座桥梁位于 K4+030 里程，为单跨钢筋混凝土 T 形梁桥，梁的跨度为 40 m。

第一座涵洞位于 K2+965 里程，为单孔钢筋混凝土圆管涵，孔径为 75 cm，涵长为 11 m；第二座涵洞位于 K3+580 里程，为单孔石盖板涵，孔径为 75 cm×100 cm，涵长 10.3 m。

4. 资料表中的路线坡度与控制桩的高程、里程的关系

路线直线段坡度是相邻变坡点的高程差值与相邻变坡点之间的水平距离之比值。比如，第 1 个桩号的里程为 K2+800.00，高程为 84.00 m，第 1 个变坡点位置在 K3+100，高程为 66.50 m，则计算路线第 1 段直线段的坡度=(66.50−84.00)m/(3 100.00−2 800.00)m×100%=−5.0%；其他段的坡度计算略。

知识拓展

一、识读高速公路路线纵断面图

图 2-1-7 为××高速公路 K69+000 至 K69+600 段的路线纵断面图。它与一般公路路线纵断面图的不同之处有以下两点：

1. 图样部分

在变坡点两侧的设计线上标注各自坡段的坡度和距离，按前进方向上坡标正值，下坡标负值。

2. 资料表部分

去掉了坡度和距离一栏，将该栏数值标注在图样部分，这样比较清晰直观。另外，将填高和挖深两栏合成一栏(填挖高度)数值是正时为填高，反之为挖深。在直线及平曲线栏中的下部画了一条水平细实线，线上标有 *IP*29　*R*=3 500，表示该路线纵断面图的路段处在路线平面图中左转弯的第 29 号交角点处的平曲线中的圆弧曲线上，该路段仅是圆弧曲线中的一段，圆弧曲线半径为 3 500 m。

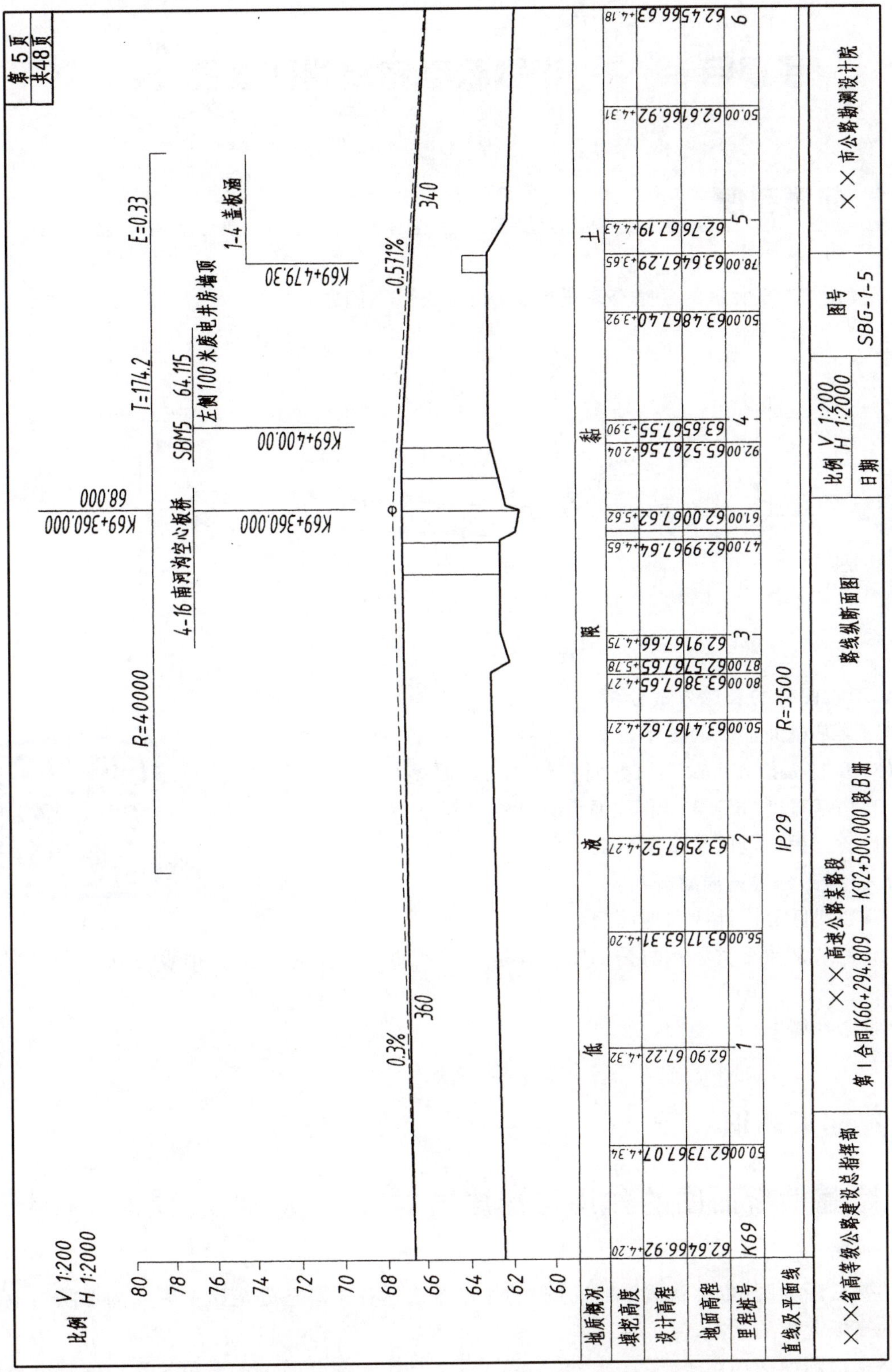

图2-1-7 ××高速公路路线纵断面图

子项目3 识读公路路基横断面图

问题引例

识读图 2-1-8 所示的公路路基横断面图，解决以下问题：

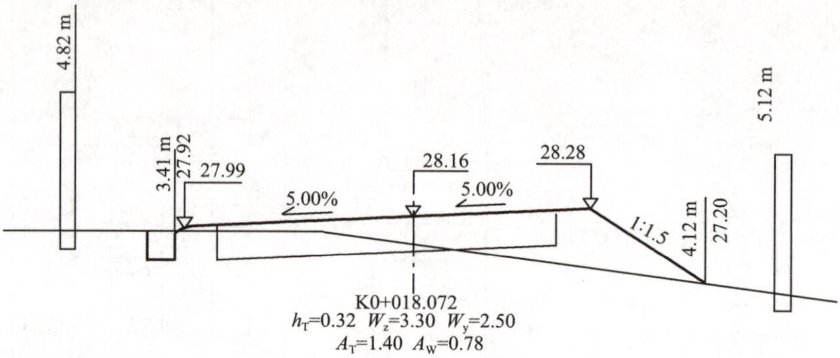

图 2-1-8 公路路基横断面图

1. 工程图样的表达方案分析

(1)路基横断面图的图示位置是怎样的？

(2)填挖高度(h_T、h_W)、填挖面积(A_T、A_W)是多少？

(3)路基宽度(W_z、W_y)和顶面设计标高各是多少？

(4)公路用地范围是多少？

微视频

路线横断面图

2. 图样部分表达内容分析

(1)如何区分设计线和地面线？

(2)路基是什么类型？防护加固工程是什么？边坡坡度是多少？排水设施的布置情况怎样？

(3)路基横坡是多少？

相关知识

一、路基横断面图的作用与形成方式

1. 作用

路基横断面图(也称路线横断面图)的作用是表达各中心桩处道路横断面的形状与地形横向的高低起伏的状况。

路基横断面图还用于土石方计算。计算方法是用相邻断面填挖面积的平均值乘以此两断面间的距离。为便于土石方量计算，路基横断面图采用较大比例绘制。

2. 形成方式

路基横断面图是用假想的铅垂剖切平面垂直于路线中心线剖切而得到的图形，如图 2-1-9 所示。

路基横断面由地面线和路基设计线所围成，路基设计线由路基宽度线、边坡线（或边沟线）组成。路面线、路肩线、边坡线均应采用粗实线表示；原有地面线应采用细实线表示；路面中线应采用细点画线表示。路基横断面图一般不画出路面层和路拱，以路基边缘的标高作为路中心的设计标高。

路基横断面图的水平方向和高度方向宜采用相同比例，一般比例为 1∶200，也可用 1∶100 或 1∶50 这两种比例。

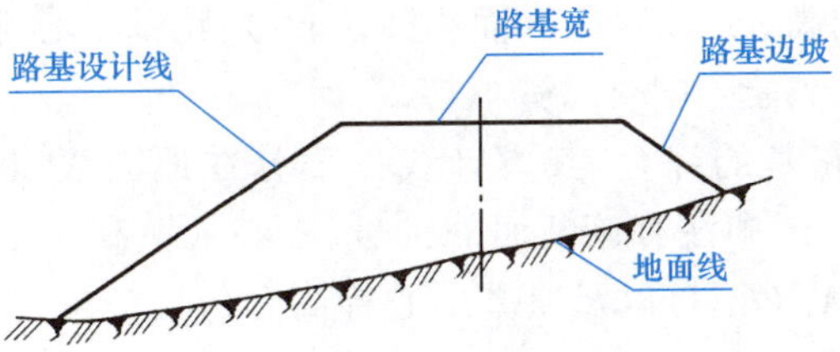

图 2-1-9 路基横断面图

二、路基横断面图的设置原则和排列顺序

对应每一个中心桩都应画出一个路基横断面图，按横断面桩号的顺序自下而上、从左到右依次画出，每个断面均应在图样下方标出里程桩号，所以路基横断面图由一系列的图组成，如图 2-1-10 所示。

每一张路基横断面图的右上角应画出角标，注明图纸序号、总张数和本张断面图的起止号，在最后一张图纸的右下角绘制图标。

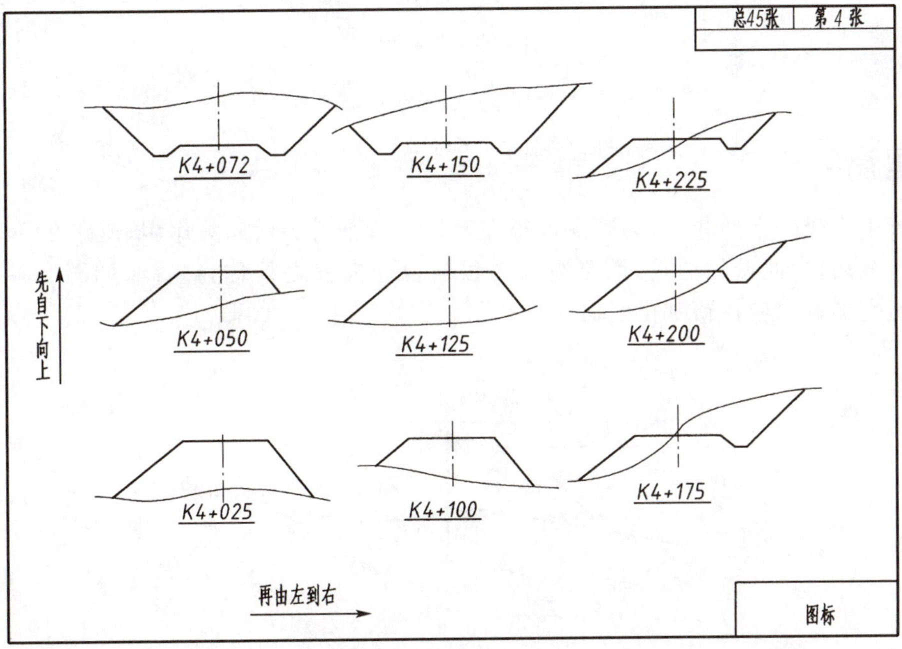

图 2-1-10 路基横断面图的设置原则和排列顺序

三、路基横断面图的基本形式

根据设计线与地面线的相对位置的不同，路基横断面图有以下三种基本形式：

1. 填方路基

填方路基 也称路堤，其设计线全部在地面线以上，如图 2-1-11(a)所示。在图的下方注有该断面图的桩号、中心线处的填方高度 h_T(m)、该断面的填方面积 A_T(m^2)、路基中心标高和路基边坡坡度。

2. 挖方路基

挖方路基也称路堑，其设计线全部在地面线以下，如图 2-1-11(b)所示。在图的下方注有该断面的桩号、中心挖高 h_W(m)、挖方面积 A_W(m^2)、路基中心标高及边坡坡度。

3. 半填半挖路基

这种路基是前两种路基的综合，其设计线一部分在地面线以上，另一部分在地面线以下，如图 2-1-11(c)所示。图中注有该断面的桩号、中心处填高 h_T(m)或挖高 h_W(m)、填方面积A_T(m^2) 和挖方面积 A_W(m^2)，以及路基中心标高和边坡坡度。

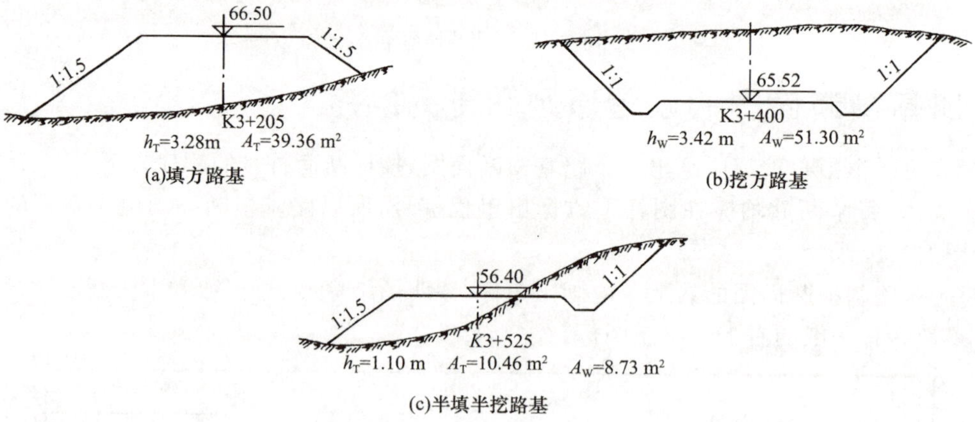

图 2-1-11 路基横断面图的基本形式与标注

四、超高

在较小半径的平曲线上，为减少汽车在弯道上行驶时的横向力作用，道路在平曲线处需设计成外侧高、内侧低的形式，道路边缘高程与设计高程之差称为超高，如图 2-1-12 所示。道路的超高加宽也应在路基横断面图上画出。

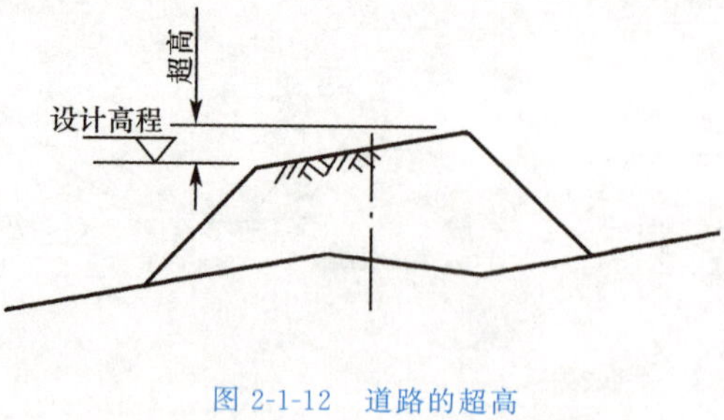

图 2-1-12 道路的超高

实施步骤

识读图 2-1-8 中的公路路基横断面图。

1. 路基横断面的里程位置

从图中读出的桩号 K0+018.072 表示路基横断面所在的里程。

2. 路基横断面的形式与填挖参数

路基是填方路基。

填挖高度：$h_T=0.32$ 表示路基中心线处填高为 0.32 m。

路基宽度：$W_z=3.30$ 表示左路基宽度为 3.30 m，$W_y=2.50$ 表示右路基宽度为2.50 m。

填挖面积：$A_T=1.40$ 表示填方面积为 1.40 m^2，$A_W=0.78$ 表示挖方面积为 0.78 m^2。

3. 公路用地范围及边坡形式

用地边线左侧距离路中线 4.82 m，右侧距离路中线 5.12 m。

路基左侧离路中线 3.41 m，高程为 27.92 m 处设置边沟；右侧设计为自然边坡，坡脚距离路中线 4.12 m，高程为 27.20 m，边坡坡度是 1∶1.5。

4. 路基的设计标高、超高与路基横坡度

在较小半径的平曲线上，为减少汽车在弯道上行驶时的横向力作用，道路在平曲线处需设计成外侧高、内侧低的形式，道路边缘高程与设计高程之差称为超高，如图 2-1-33 所示。

顶面设计标高：左侧路基边缘处设计标高为 27.99 m；路基中线处设计标高为 28.16 m；右侧路基边缘处设计标高为 28.28 m。

超高为 28.28 m−27.99 m =0.29 m，路基横坡度为 5%。

知识拓展

识读某高速公路路基标准横断面图

高速公路是高标准的现代化公路，它的特点是：车速高，通行能力大，有四条以上车道并设中央分隔带，采用全封闭式立体交叉，全部控制出入，有完备的交通管理设施等。高速公路路基横断面主要由中央分隔带、行车道、硬路肩、土路肩等组成，常见的横断面形式如图 2-1-13、图 2-1-14 所示。

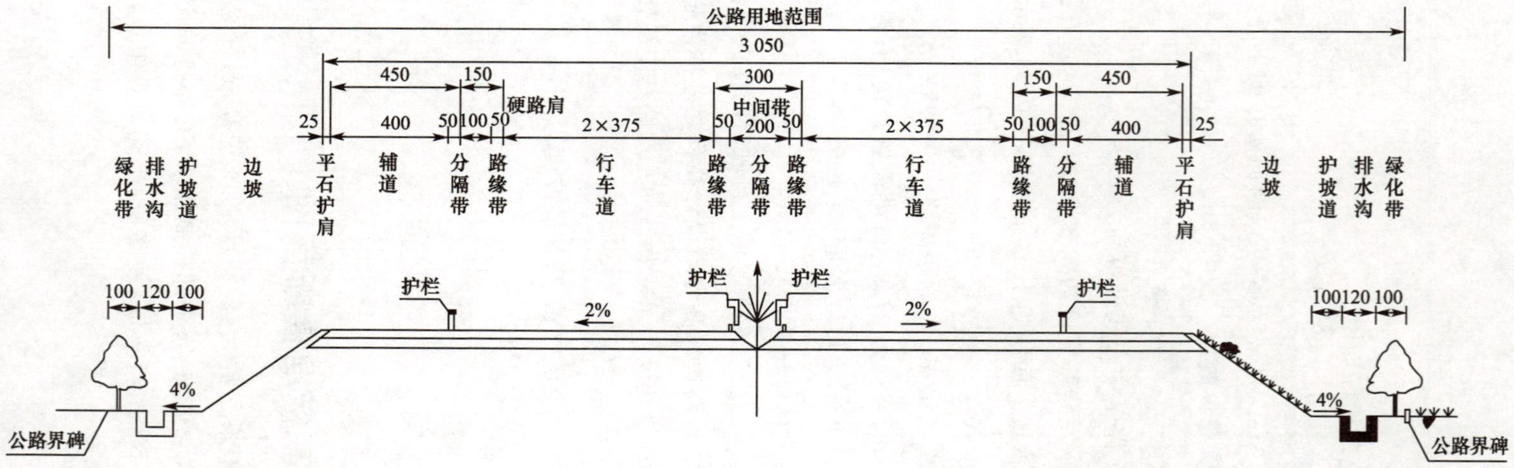

图2-1-13　高速公路路基横断面图（一）

图2-1-14　高速公路路基横断面图（二）

项目2

识读与绘制涵洞工程图

涵洞是埋在路堤下用来泄水或作为交通用途的一种道路工程构造物。近几年来，随着人们对环境保护的重视，越来越多的涵洞用来作为动物的通道。

子项目1 识读涵洞工程图

问题引例

识读图 2-2-1 所示的八字式单孔石拱涵洞构造图，解答以下问题：

1. 工程图样的表达方案分析

(1)涵洞工程图共由几个图组成？

(2)每个图都采用了哪种表达方式？是怎样形成的？

2. 涵洞图中各组成部分的形状大小分析

(1)水流方向是什么？

(2)尺寸单位是什么？

(3)涵洞由几部分组成？各部分是什么形状？尺寸大小各是多少？

(4)试绘制各部分的立体图。

(5)计算各种材料用量。

3. 涵洞各组成部分采用的材料是什么？

4. 有哪些工程施工要求？

微视频

涵洞纵剖面图

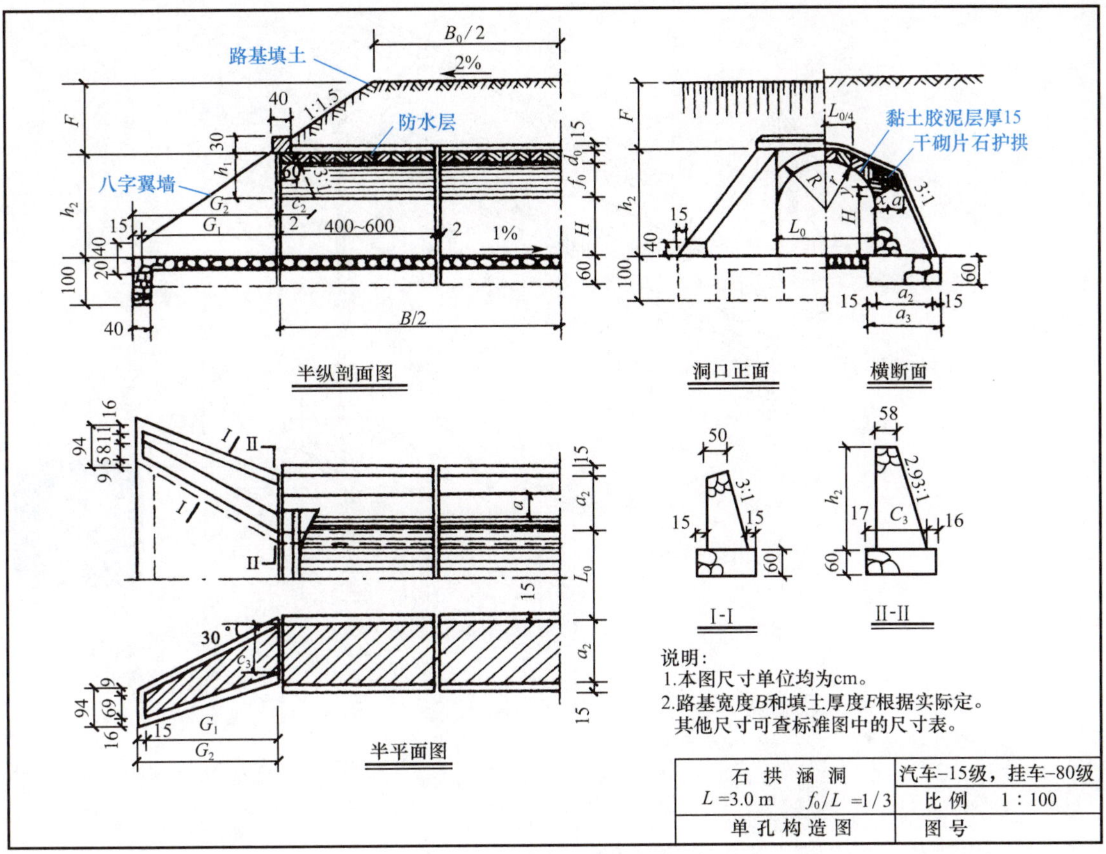

图 2-2-1　八字式单孔石拱涵洞构造图

相关知识

一、涵洞的分类与构成

1. 涵洞的分类

(1)按构造形式分

按构造形式分为圆管涵洞(图 2-2-2)、盖板涵洞(图 2-2-3)、拱涵洞(图 2-2-4)、箱涵洞(图 2-2-5)等。工程上多按此类分法。

(2)按建筑材料分

按建筑材料分为砖涵洞、石涵洞、混凝土涵洞、钢筋混凝土涵洞等。

(3)按孔数分

按孔数分为单孔涵洞、双孔涵洞、多孔涵洞。

(4)按顶部有无覆土分

按顶部有无覆土分为明涵洞、暗涵洞。

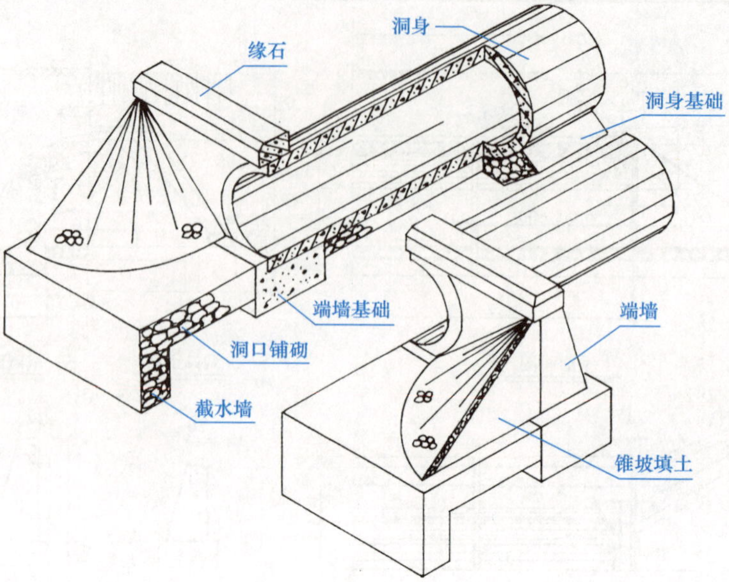

图 2-2-2　圆管涵洞

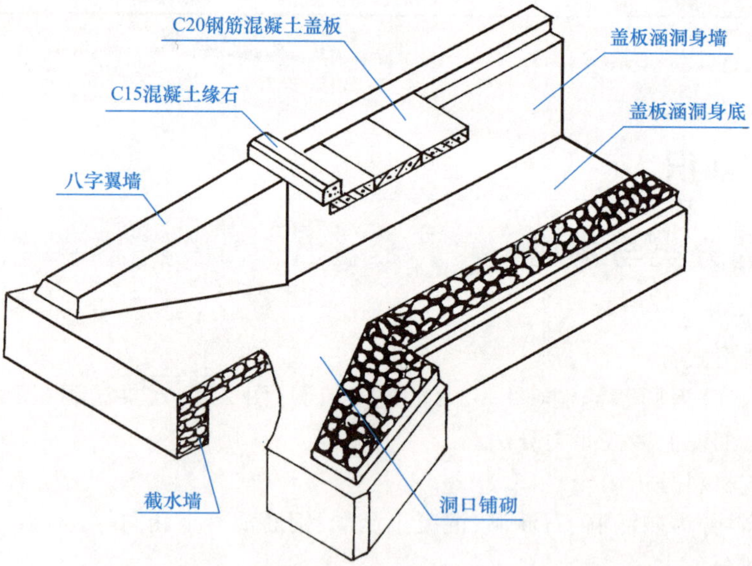

图 2-2-3　盖板涵洞

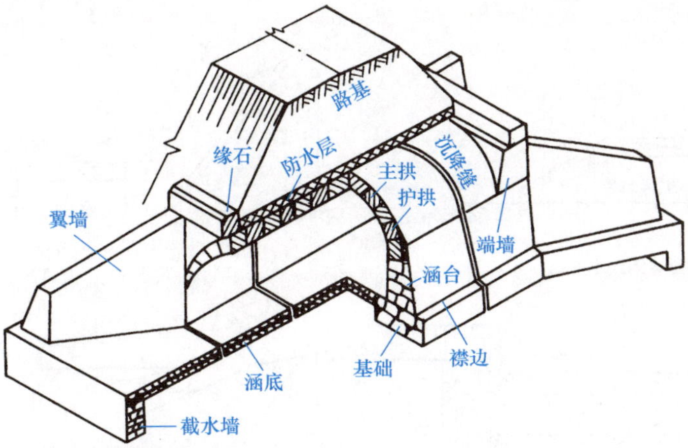

图 2-2-4 拱涵洞

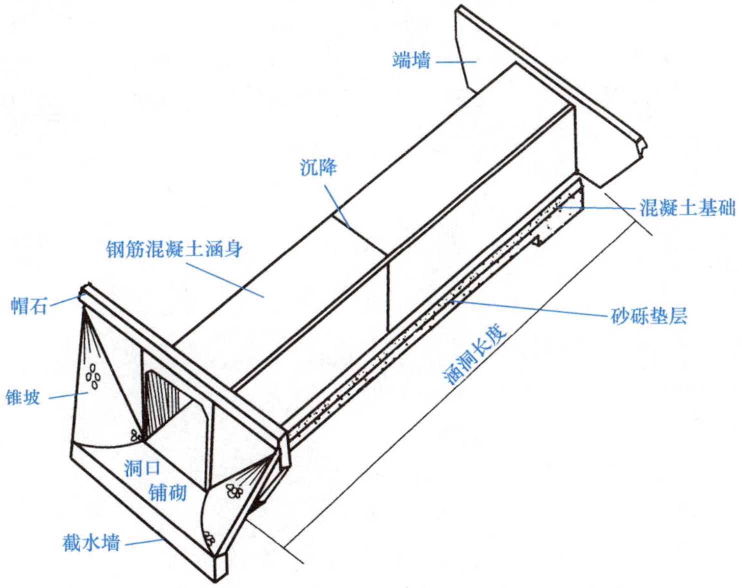

图 2-2-5 箱涵洞

2. 涵洞的构成

涵洞由洞口、洞身和基础组成。

洞身是涵洞的主要部分，它的主要作用是承受荷载压力和土压力等，将其传递给地基，并保证设计流量通过的必要孔径。常见的洞身构造形式有圆管涵、拱涵、箱涵、盖板涵。

洞口包括端墙、翼墙(或护坡)、截水墙和缘石等部分组成，它是保证涵洞基础及两侧路基免受冲刷，使水流顺畅的构造，一般入口、出口均采用同一形式。

常用的洞口形式有端墙式，翼墙式(又称八字墙式)，锥坡式(采用 1∶4 正椭圆锥)，平头式，走廊式，一字墙护坡，上游跌水井、下游急流槽，倒虹吸，阶梯式洞口及斜交洞口等结构形式，如图 2-2-6 所示。设计时应根据实地情况选择上下游洞口的形式与洞身组合使用。

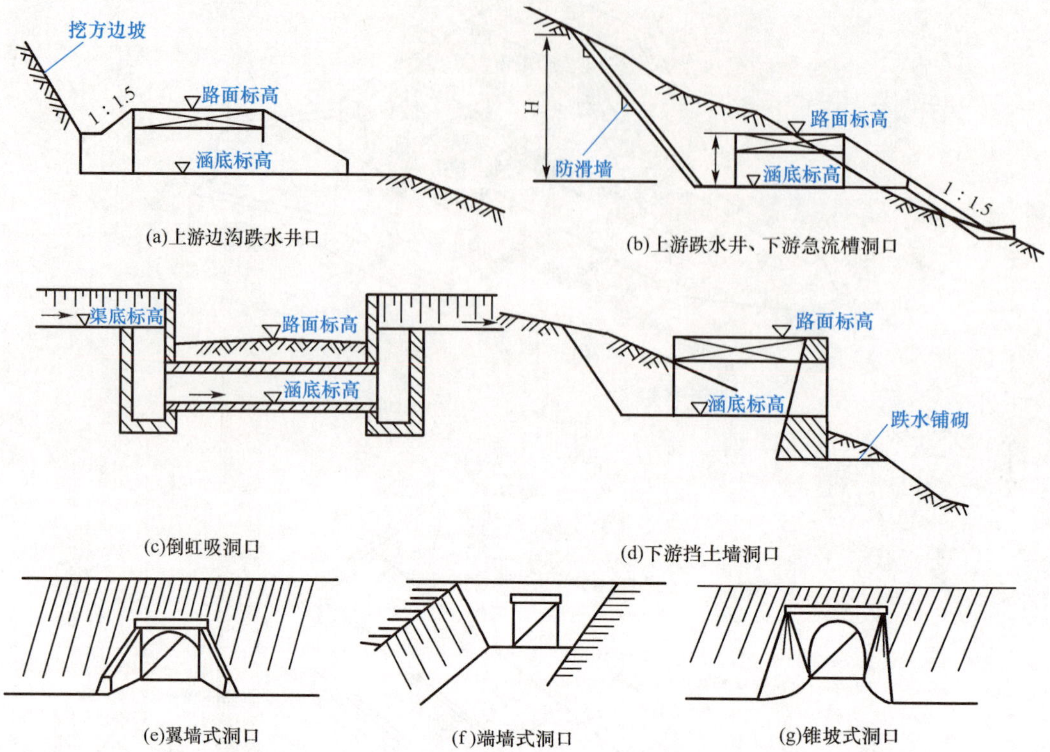

图 2-2-6 涵洞的几种洞口形式

3. 涵洞各组成部分采用的材料的做法

洞口:常采用条石、块石进行砌筑。

洞身:常采用片石砌筑或混凝土浇筑。

基础:常采用石灰土地基或砂砾石地基。

4. 计算各种材料用量

洞身和基础材料用量算法:根据立体几何的知识,在横断面图中计算得到各部分工程的截面面积,乘以涵洞长度即可得到各部分的工程量。

洞口工程量:利用立体几何的知识分别求出基础、压顶、梯形断面一字式墙身(需扣除涵洞部分的体积)、八字式翼墙墙身的体积。

5. 工程施工

涵洞工程一般的施工程序为:

(1)基坑开挖

开挖方式有人工开挖、机械开挖配合人工开挖两种。石质基坑开挖常采用风动工具开凿或松动爆破。开挖过程中如果遇到下水需采取改沟导流、汇水井抽水或井点降水等排水措施。

(2)基础

①浆砌片石基础,采用挤浆法分层、分段砌筑。

②混凝土基础,采用机械拌和、插入式振捣器捣固浇筑。

(3)上部工程

①箱涵洞,箱涵洞边墙可采用浆砌片石或混凝土两种类型,施工方法与基础相同。

②圆管涵洞,常在预制厂集中预制,由载重汽车运至现场,采用人工配合起重机械装卸和安装。

③混凝土盖板涵洞和拱涵洞,施工方法与箱涵洞类似。

(4)涵洞缺口路堤填土

涵洞在基础施工完毕后需及时进行基坑回填,采用人工或小型夯实机具对称夯实。

二、涵洞工程图的图示特点

涵洞是窄而长的构筑物,它从路面下方横穿过道路,埋置于路基土层中。尽管涵洞的种类很多,但图示方法和表达内容基本相同。涵洞工程图主要由纵剖面图、平面图、侧面图组成,除上述三种投影图外,还应画出必要的构造详图,钢筋混凝土构造必须画出钢筋布置图(见本书配套的习题集)、翼墙断面图等。

(1)涵洞工程图的立面图以水流方向为纵向(即与路线前进方向垂直布置),并以纵剖面图代替立面图。

(2)平面图一般不考虑涵洞上方的覆土,或假想土层是透明的。有时平面图与侧面图以半剖形式表达,水平剖面图一般沿基础顶面进行剖切。

(3)洞口正面布置在侧视图位置作为侧面视图。当入口、出口形状一样时,只需画出一个侧面图;当入口、出口形状不一样时,则需分别画出其入口、出口布置图。侧面图根据需要也可半侧面图和半横剖面图,横剖面图由垂直于纵向中心线的剖切平面剖切得到。

实施步骤

根据问题引导,现在我们来逐步识读图 2-2-1 中的八字式单孔石拱涵洞构造图。

一、涵洞工程图的表达方案分析

1. 涵洞工程图的组成

从图 2-2-1 可看到,由纵剖面图、平面图、侧面图、翼墙横断面图Ⅰ—Ⅰ、Ⅱ—Ⅱ组成。

2. 每个图的形成及表达方式

(1)纵剖面图

纵剖面图是沿涵洞的中心线位置纵向剖切的,凡是剖到的各部分如截水墙、涵底、拱顶、防水层、端墙帽、路基等都应按剖开绘制,并画出相应的材料图例,另外能看到的各部分如翼墙、端墙、涵台、基础等也应画出它们的位置。由于进水洞口和出水洞口的构造和形式基本相同,整个涵洞是左右对称的,所以纵剖面图采用了对称的画法,只画出了左面的一半。

主拱圈是用条石砌成的,其内表面为圆柱面,在纵剖面图中用上密下疏的水平细线表示。

(2)平面图

由于该涵洞是左右对称的,所以平面图也只画出左边一半,而且采用了半剖画法。后边一半为涵洞的外形投影图，是移去了顶面上的填土和防水层以及护拱等画出的，拱顶的圆柱面部分也是用一系列疏密有致的细线表示的，拱顶与端墙背面交线为椭圆曲线。前边一半是沿涵台基础的上面作水平剖切后画出的剖面图，为了画出翼墙和涵台的基础宽度，涵底板没有画出，这样就把翼墙和涵台的位置表示得更清楚了。

(3)侧面图

涵洞的侧面图也常用半剖画法。左半部为洞口部分的外形投影，主要反映洞口的正面形状和翼墙、端墙、缘石、基础等的相对位置，所以习惯上称为洞口正面图。右半部为洞身横断面图，主要表达洞身的断面形状，主拱、护拱和涵台的连接关系，以及防水层的设置情况等。为了增强图纸的可读性，路堤通常以示坡线表示。

(4)翼墙横断面图Ⅰ—Ⅰ、Ⅱ—Ⅱ

为了把翼墙的形状表达清楚，在两个位置进行了剖切，作了两个横断面图Ⅰ—Ⅰ、Ⅱ—Ⅱ。其中，Ⅰ—Ⅰ断面的剖切位置是翼墙中部，剖切平面为铅垂面，沿翼墙的垂直方向进行剖切，反映翼墙中部的基础和墙身的断面形状和厚度；Ⅱ—Ⅱ断面图剖切位置是翼墙靠近洞口的端部，剖切平面为侧平面，沿涵洞的垂直方向进行剖切，反映翼墙靠近洞口的端部基础和墙身的断面形状尺寸。从这两个断面图可以看出翼墙及其基础的构造、材料、尺寸和斜面坡度等内容。

由于此图是石拱涵洞的通用构造图，有些尺寸用代号表示，具体数值可从标准图册的尺寸表中查得。

二、了解涵洞的整体情况

1. 看标题栏和说明

(1)该涵洞为单孔石拱涵，设计荷载标准为汽车 15 级、挂车 80 级，比例为 1∶100，尺寸单位为 cm。

(2)该图为拱涵的通用构造图，适用于矢跨比 $f_0/L_0=1/3$ 的各种跨径($L_0=1.0\sim5.0$ m)，图中一些尺寸是可变的，用字母代替。路基宽度 B 和填土厚度 F 在图中没有注出具体数值，可根据实际情况确定。

(3)若根据需要选择了跨径、涵高等主要参数(比如 $L_0=300$ cm，$H=200$ cm)，可从标准图册的尺寸表中查得相应各部分的可变尺寸如下：

拱圈尺寸：$f_0=100$，$d_0=40$，$r=163$，$R=203$，$x=37$，$y=15$。

端墙尺寸：$h_1=125$，$c_2=102$。

涵台尺寸：$a=73$，$a_1=110$，$a_2=182$，$a_3=212$。

翼墙尺寸：$h_2=340$，$G_1=450$，$G_2=465$，$c_3=174$。

以上尺寸单位均为 cm。

2. 了解涵洞的整体情况

(1)根据水流方向，确定涵洞的入口和出口。

从纵断面图中可以看出，水流方向应该为自左向右，洞底坡度为 1%。

(2)了解路基宽度、路基横向坡度、边坡坡度、洞顶填土厚度。

从纵断面图中可以看出，路基宽度为 B_0，路基横向坡度为 2%，边坡坡度为 1∶1.5，洞顶填土厚度为 F。

(3)了解涵洞的组成和总体尺寸。

涵洞由洞口(包括入口和出口)、洞身和洞身基础组成。

涵洞总长＝洞身长度 $B+2\times$洞口长度 G_2+12 cm；

涵洞高度＝100 cm$+h_2+30$ cm；

涵洞宽度为洞口基础的宽度＝$L_0+2G_2\times\tan30°+2\times94$ cm。

整个涵洞较长，考虑到地基的不均匀沉降的影响，在翼墙和洞身之间设有沉降缝，洞身部分每隔 4～6 m 也设有沉降缝，沉降缝的宽度均为 2 cm。

洞身拱顶的上面有 15 cm 厚的黏土胶泥防水层。

三、进一步分析涵洞图中各个组成部分的形状、大小

1. 洞口

通过分析图 2-2-7 所示的洞口平面图、纵断面图、侧立面图和断面图Ⅰ—Ⅰ、Ⅱ—Ⅱ的分析可知，涵洞采用八字式洞口，包括八字翼墙、翼墙基础、截水墙和洞口铺砌，八字翼墙是斜置的，与涵洞纵向呈 30°。材料采用浆砌片石。

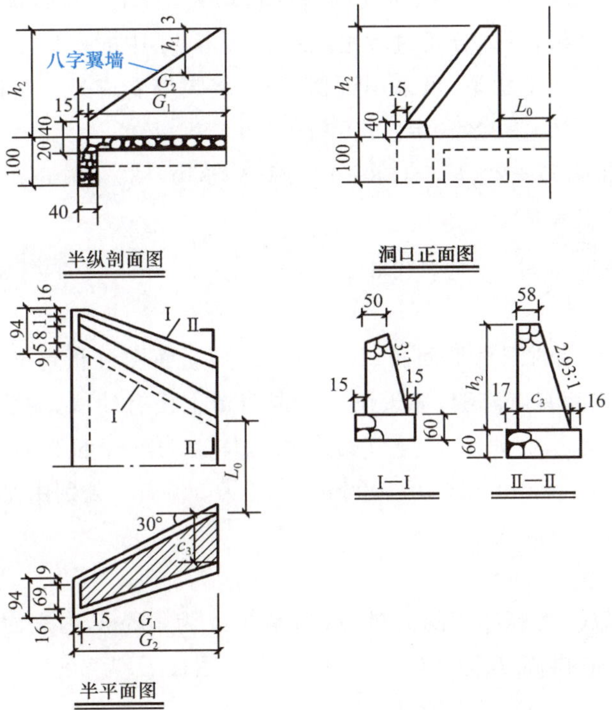

图 2-2-7　洞口

(1)翼墙基础

每个翼墙基础的形状为立放的五棱柱，五棱柱的底面形状及尺寸如半平面图中所示，基础厚度为 60 cm。

计算每个翼墙基础工程量

$[94+(c_3+17+16)]\div 2\times G_2\times 60$

$=[94+(174+17+16)]\div 2\times 465\times 60=4\ 198\ 950\ \text{cm}^3=4.199\ \text{m}^3$

(2)截水墙和洞口铺砌

截水墙和洞口铺砌的形状都是立放的梯形柱，截水墙的深度为 100 cm，洞口铺砌的厚度为 20 cm。

计算截水墙的工程量

$[(L_0+2\times G_2\times \tan 30^\circ)+(L_0+2\times G_2\times \tan 30^\circ-2\times 40\times \tan 30^\circ)]\div 2\times 40\times 100$

$=[(300+2\times 465\times \tan 30^\circ)+(300+2\times 465\times \tan 30^\circ-2\times 40\times \tan 30^\circ)]\div 2\times 40\times 100$

$=3\ 255\ 367\ \text{cm}^3=3.255\ \text{m}^3$

计算洞口铺砌的工程量

$[(L_0-2\times 17)+(L_0+2\times G_2\times \tan 30^\circ-2\times 40\times \tan 30^\circ)]\div 2\times (G_2-40)\times 20$

$=[(300-2\times 17)+(300+2\times 465\times \tan 30^\circ-2\times 40\times \tan 30^\circ)]\div 2\times (465-40)\times 20$

$=4\ 491\ 178\ \text{cm}^3=4.491\ \text{m}^3$

(3)八字翼墙

八字翼墙的墙顶坡度一般和路基的边坡相同，均为 1∶1.5。形状为一个不规则形体，必须用线面分析法来分析，具体分析过程见第一篇任务 11 中的实例 1。

计算每个八字翼墙的工程量，可采用近似算法，将翼墙看成是一个横卧的四棱台。

前端面：$S_1=(58+69)\div 2\times 40=2\ 540\ \text{cm}^2$。

后端面：$S_2=(58+c_3)\div 2\times h_2=(58+174)\div 2\times 340=39\ 440\ \text{cm}^2$

每个八字翼墙的工程量

$$1/3\times(S_1+\sqrt{S_1S_2}+S_2)\times G_1=1/3\times(2\ 540+\sqrt{2\ 540\times 39\ 440}+39\ 440)\times 450=7\ 798\ 350\ \text{cm}^2$$

2. 洞身

通过对图 2-2-8 所示的洞身平面图、纵断面图、侧立面图分析可知，涵洞洞身由若干个洞身节构成，洞身节之间有沉降缝，靠近洞口的洞身节上面有端墙，端墙顶有缘石，整个洞身上面设有黏土胶泥防水层。每节洞身节的形状总体上为一个横卧的广义柱体，长度 4～6 m，净空高度为 $H+f_0=200+100=300$ cm，跨径为 300 cm，分别由基础、涵台、主拱圈、护拱、涵底铺砌、端墙与缘石组成。

(1)主拱圈

主拱圈由条石砌成，为等厚度的圆拱，拱圈厚度 d_0 为 40 cm，内表面半径 r 为 163 cm，外表面半径 R 为 203 cm，拱高 f_0 为 100 cm。拱内表面弦长 L_0 为 300 cm。

(2)涵台

涵台位于主拱圈下方，材料为砂浆砌片石，用于支撑主拱圈。形状为横卧的五棱柱，断面形状及尺寸如横断面图中所示：$H=200$ cm，$a=73$，$a_1=110$，$a_2=182$，$x=37$，$y=15$，外侧为侧垂面，坡度为 3∶1。

(3)基础

基础位于涵台下方，材料为砂浆砌片石，用于支撑涵台。形状为长方体，宽度 a_3 为 212 cm，厚度为 60 cm。

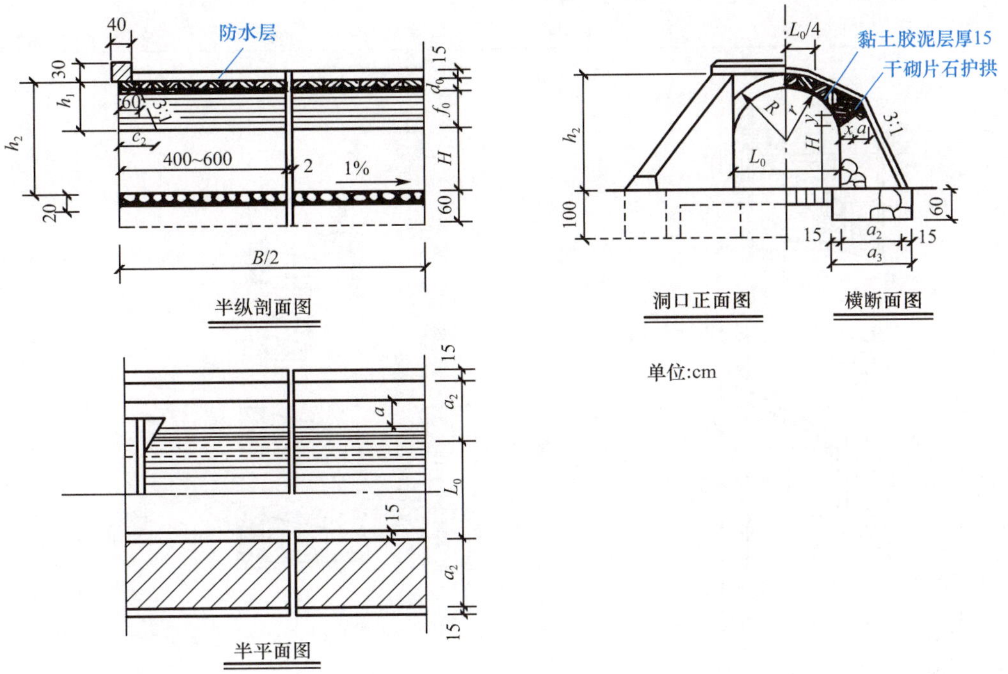

图 2-2-8　洞身

(4)护拱

护拱位于涵台顶部和主拱圈下部的外侧,材料为干砌片石。

(5)涵底铺砌

涵底铺砌位于涵洞孔的底部,材料为砂浆砌片石,厚度为 20 cm。

(6)端墙与缘石

端墙位于洞身节靠近洞口的主拱圈的上面,断面为梯形,正面为侧平面,背面为倾斜的正垂面,在纵剖面图中为一段斜虚线,背面坡度为 3∶1,在平面图中与主拱圈的截交线为一段圆弧,与护拱表面的截交线为一段直线。墙顶厚度为 60 cm,墙底厚度 c_2 为 102 cm,墙高度 h_1 为 125 cm。

端墙上面的端墙帽称为缘石,形状为条形长方体,缘石宽度为 40 cm,厚度为 30 cm,顶面外露的三条棱边带有抹角。

知识拓展

一、识读箱涵工程图(图 2-2-9)

注:箱涵的钢筋布置图见本书配套习题集。

二、识读跌水口式圆管涵工程图(图 2-2-10)

注:圆管涵洞身节的钢筋布置图见本书配套习题集。

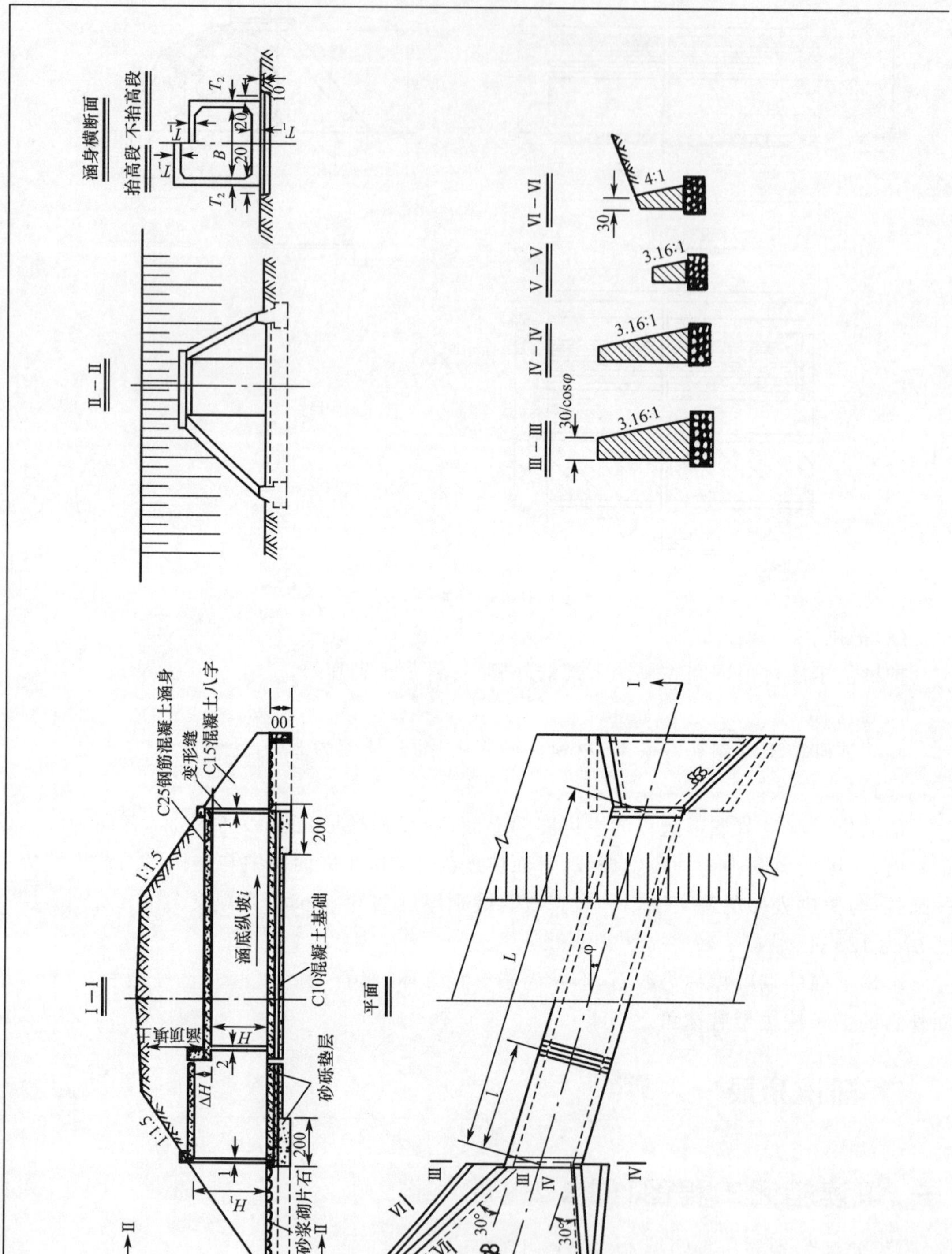

涵身横断面
抬高段 不抬高段
II—II
III—III
IV—IV
V—V
VI—VI
3.16:1
4:1
30/cosφ
I—I
C25钢筋混凝土涵身
变形缝
C15混凝土八字
1:1.5
涵底纵坡i
C10混凝土基础
砂砾垫层
7.5号水泥砂浆砌片石
200
100
平面
30°

主要指标表

净空 $B\times H$ (m)	箱壁厚度(m)						进水口抬高式抬高段		涵洞斜度 φ
	涵顶填土 0.5～4.0(m)		涵顶填土 6.1～8.0(m)		涵顶填土 6.1～8.0(m)		抬高高度 ΔH (m)	抬高段长度 I (m)	
	T_1	T_2	T_1	T_2	T_1	T_2			
1.5×1.5	0.20	0.20					0.50	4.00	0°,15° 30°,45°
1.5×2.0	0.20	0.20					0.55	4.00	
2.0×2.0	0.22	0.22					0.55	4.00	
2.0×2.5	0.22	0.22					0.65	4.00	
2.5×2.5	0.25	0.22	0.30	0.26			0.65	5.30	
2.5×3.0	0.25	0.22	0.30	0.26			0.70	5.30	
3.0×2.5	0.28	0.25	0.32	0.28			0.65	5.30	
3.0×3.0	0.28	0.25	0.32	0.28			0.70	5.30	
3.5×3.0	0.32	0.28	0.38	0.34	0.46	0.42	0.70	6.00	
3.5×3.5	0.32	0.28	0.38	0.36	0.46	0.42	0.90	6.00	
4.0×3.5	0.36	0.32	0.47	0.42	0.60	0.54	0.90	6.00	
4.0×4.0	0.36	0.32	0.47	0.42	0.60	0.54	1.00	6.00	

* 进水口为抬高式涵顶填土的下限为 $0.5+\Delta H$

附注：1. 图中尺寸均以 cm 为单位。

2. 本图仅绘出抬高式箱涵(平面左半部未示路基填土)。不抬高式箱涵进水口构造与出水口基本相同。

(b)主要指标表

图2-2-9 箱涵工程图及其主要指标

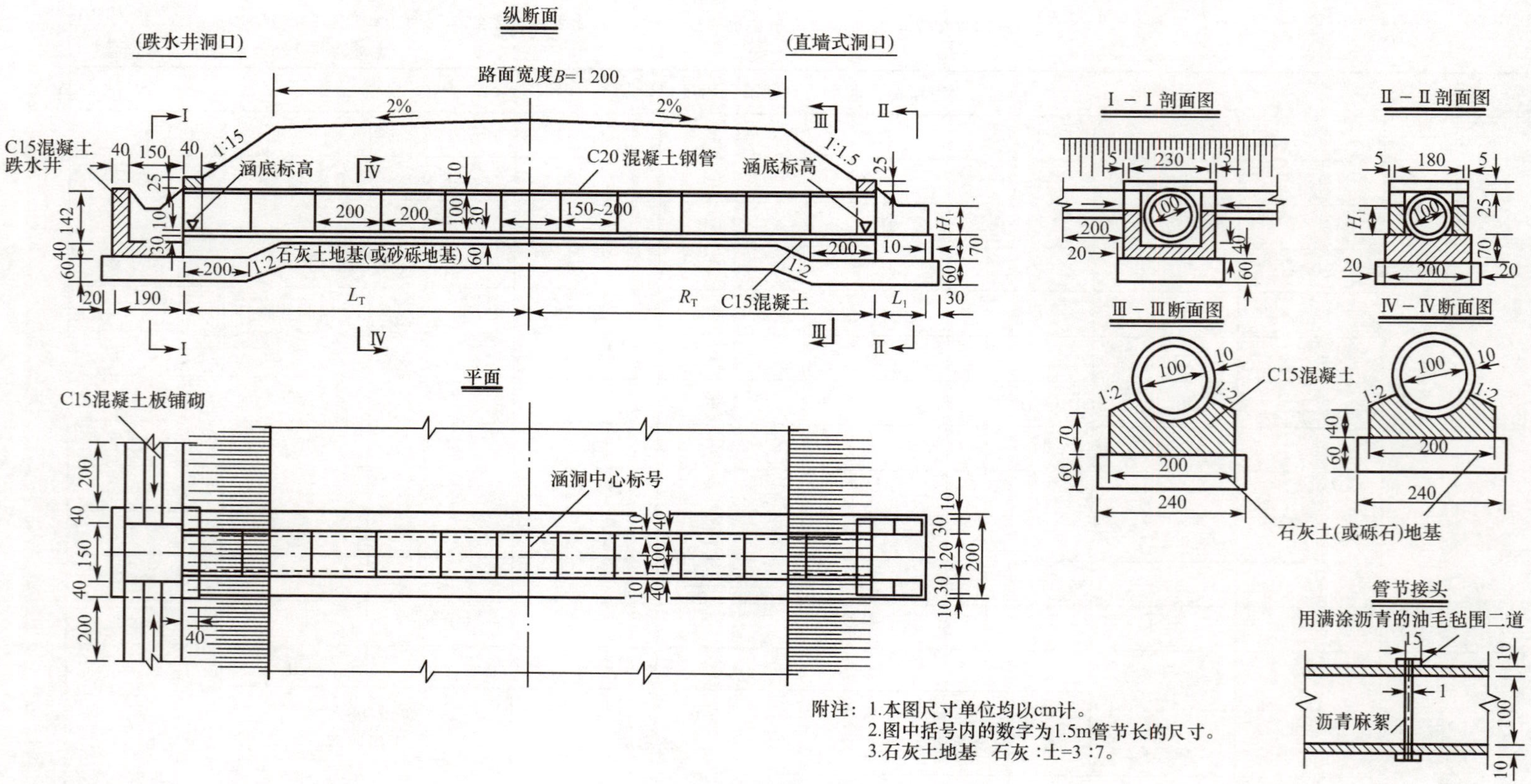

附注：1.本图尺寸单位均以cm计。
2.图中括号内的数字为1.5m管节长的尺寸。
3.石灰土地基 石灰：土=3：7。

图2-2-10 跌水口式圆管涵工程图

三、识读铁路涵洞工程图

1. 铁路涵洞的分类

铁路涵洞按构造分为三种：拱涵洞、盖板箱涵洞、圆涵洞如图 2-2-11 所示。

2. 识读铁路拱涵洞工程图(图 2-2-12)

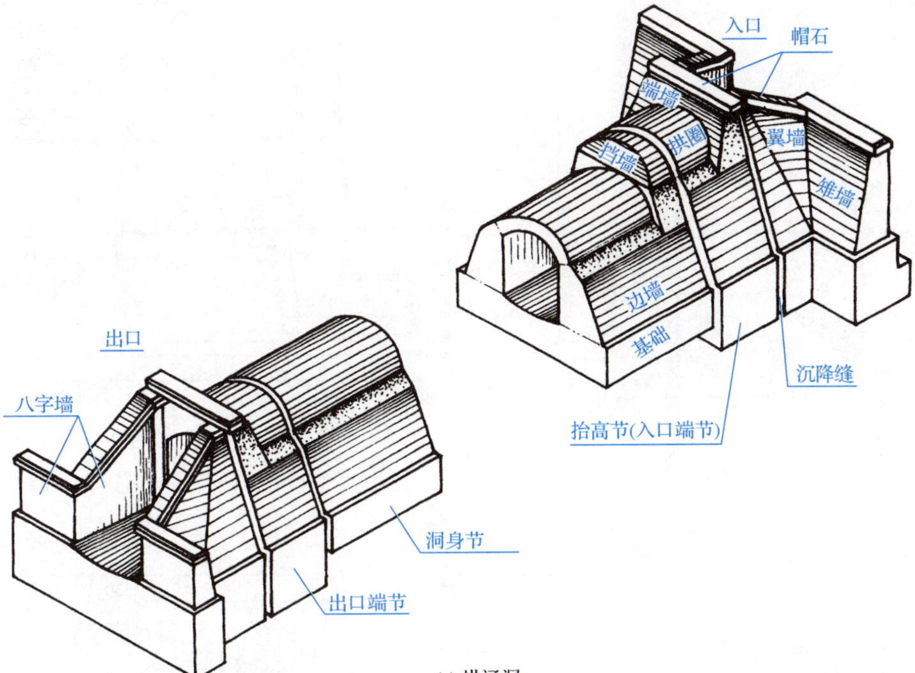

(a) 拱涵洞

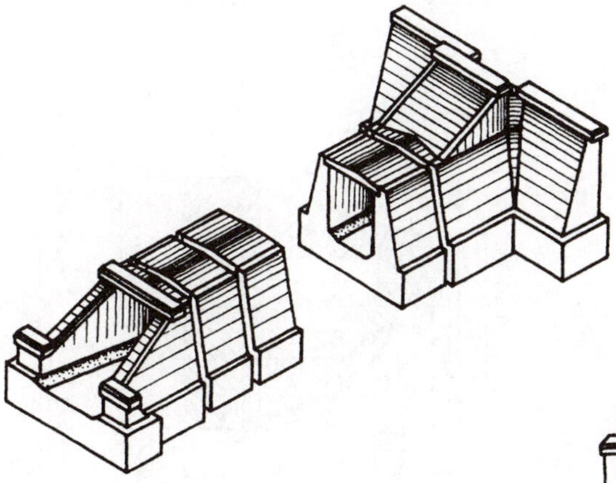

(b) 盖板箱涵洞

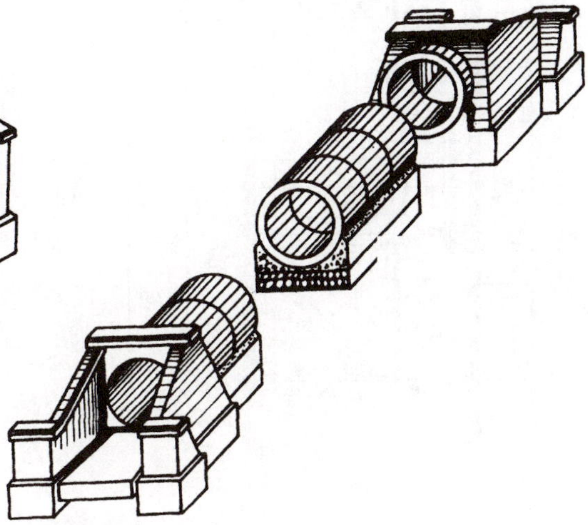

(c) 圆涵洞

图 2-2-11　铁路涵洞

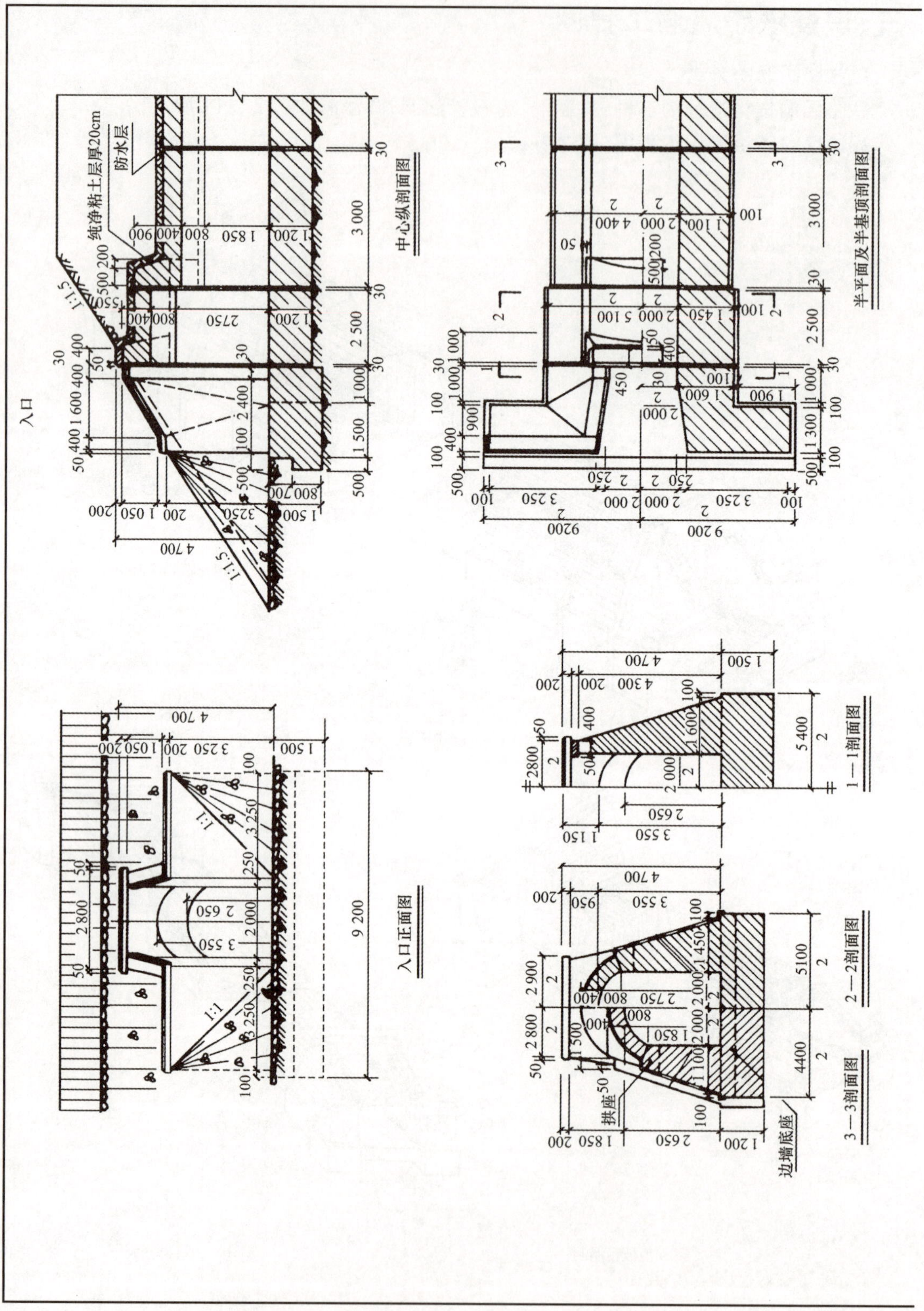
入口
纯净粘土层厚20cm
防水层
中心纵剖面图
半平面及半基顶剖面图
入口正面图
1—1剖面图
2—2剖面图
3—3剖面图
拱座
边墙底座

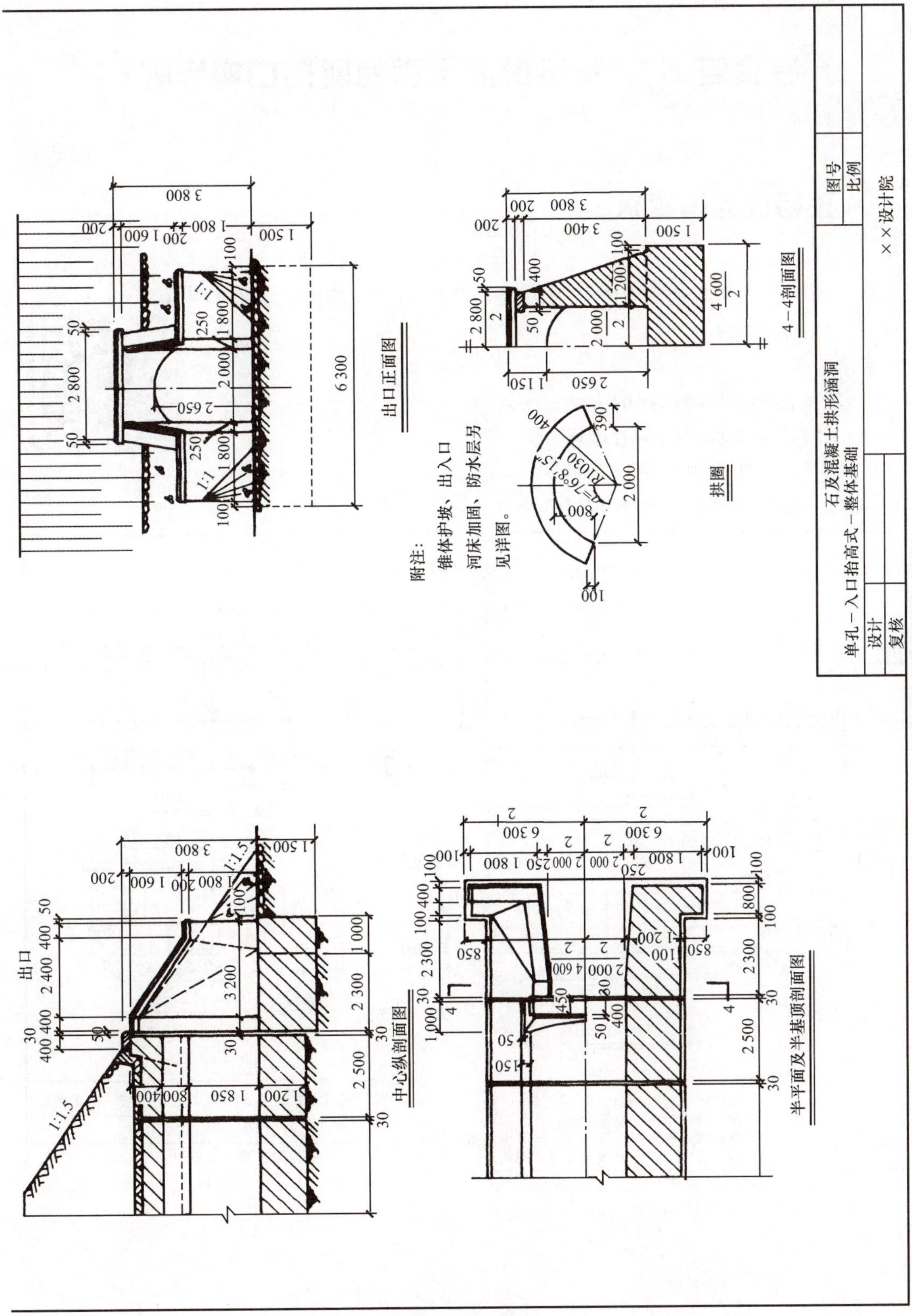

图2-2-12　铁路拱涵洞工程图

子项目 2 拆绘混凝土盖板涵洞口构造图

项目任务与要求

根据图 2-2-13 所示的混凝土盖板涵洞工程图，在 A3 图纸上拆绘洞口构造图（可不画缘石）。

微视频
混凝土盖板涵构造图

要求：

（1）掌握比例计算与选择的方法。

（2）了解绘制工程图的一般过程。

（3）熟悉绘图工具的使用。

（4）进一步理解涵洞的构造和图示特点。

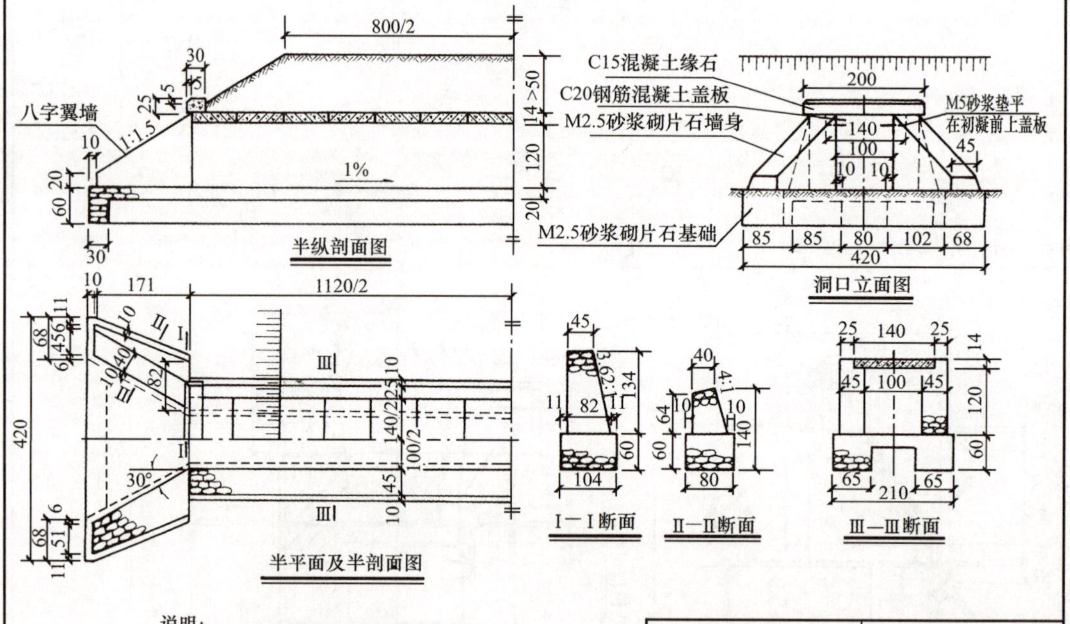

说明：

1.本图尺寸均以cm计。

2.洞底铺砌用M2.5砂浆砌筑。

3.基础深度视实际情况而定，但最小不得小于60 cm。

4.本工程施工时，必须安装好上部构造后才能填土。

钢筋混凝土盖板涵洞 （净跨×台高=100×120）	汽车-15级，挂车-80级
	比例1:50
单孔构造图	图号

图 2-2-13 混凝土盖板涵洞工程图

相关知识

一、制图的基本知识

1. 图幅、图框、标题栏、会签栏

(1)图幅

①图纸的基本幅面

为便于图纸的装订和管理，绘制工程图样时，图幅大小应选用国家标准规定的图纸尺寸，见表 2-2-1，表中尺寸代号的含义如图 2-2-14 所示。

图纸幅面长边、短边之比为$\sqrt{2}$，A0 号图纸幅面的面积为 1 m^2，A1 号图纸幅面是 A0 图纸幅面长边的对折，其他幅面依次类推。

选用图幅时，应以一种规格为主，尽量避免大小幅面掺杂使用。

表 2-2-1　　图纸幅面及图框尺寸　　mm

幅面代号		A0	A1	A2	A3	A4
幅面尺寸 $b \times l$		841×1189	594×841	420×594	297×420	210×297
周边尺寸	a	35	35	35	35 或 25	25
	c	10				

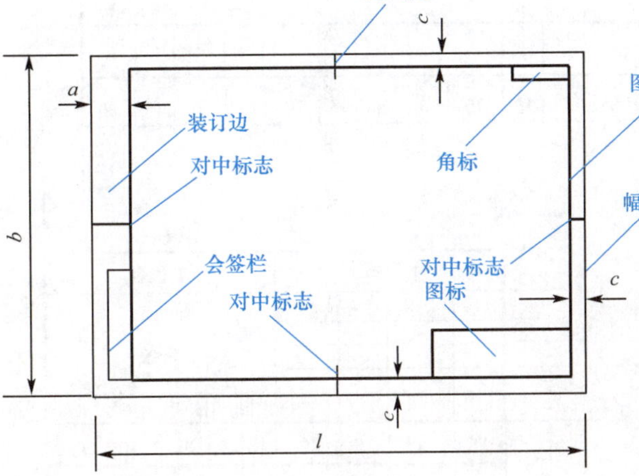

图 2-2-14　图纸幅面格式

微视频

制图的基本规定

制图时，A0～A3 图纸宜横式使用，必要时也可立式使用；A4 图纸只能立式使用，如图 2-2-15 所示。

②图纸的加长

绘图时可根据需要，允许加长图纸的长边，但短边不可以加宽，长边加长的原则是：图幅 A0、A2、A4 加长的长度应为 150 mm 的整数倍，图幅 A1、A3 加长的长度应为 210 mm 的整数倍。

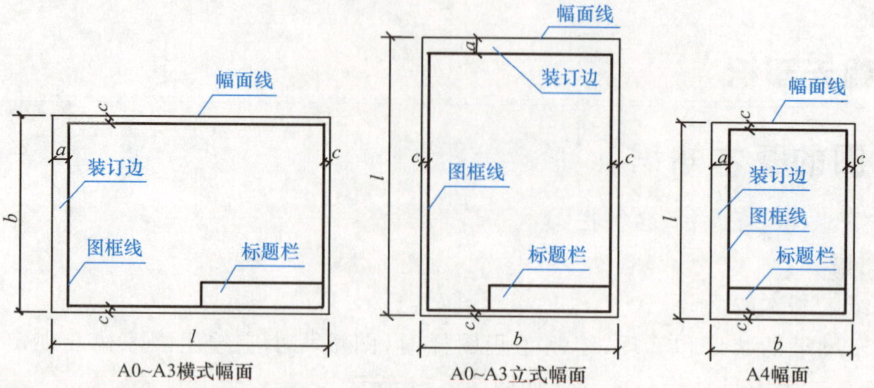

图 2-2-15　横式与立式图纸幅面的格式

(2)图框

在图纸上,图框必须用粗实线画出。图框尺寸从表 2-2-1 中可以查得。对中标志应画在图纸幅面线的中点处,线宽为 0.35 mm,伸入图框内 5 mm。

(3)标题栏

每张图纸都必须画出标题栏,标题栏一般绘制在图框的右下角,用于填入工程名称、图名、制图人、设计单位、图纸编号等内容,标题栏的尺寸、内容及格式都有一定的规定,如图 2-2-16 所示。学生作业用标题栏的格式如图 2-2-17 所示。

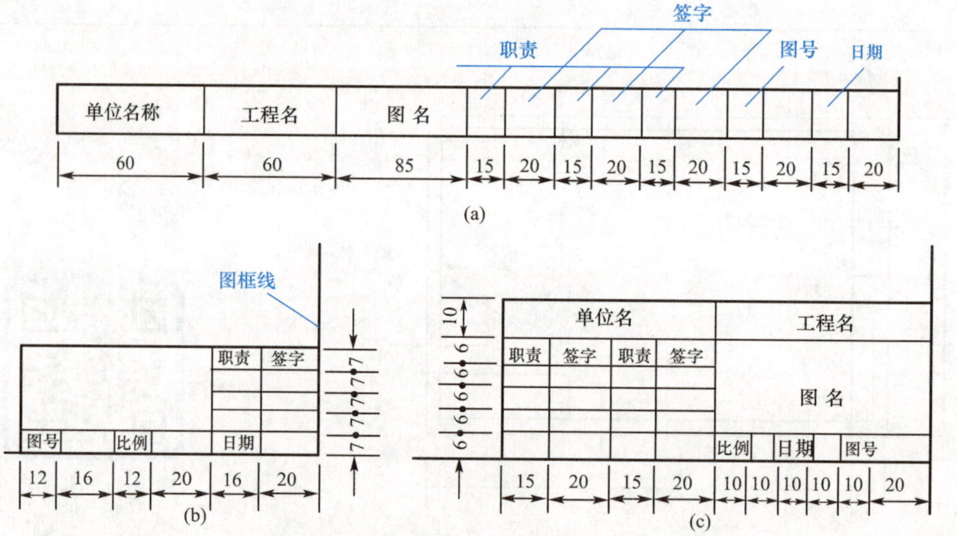

图 2-2-16　标题栏的几种格式

(4)会签栏

会签栏绘制在图框外左下角,如图 2-2-18 所示。会签栏外框线宽为 0.5 mm,内框线宽为 0.25 mm。

(5)角标

当图纸需要绘制角标时,角标绘制在图框内的右上角,如图 2-2-47 所示。角标线宽为 0.25 mm。

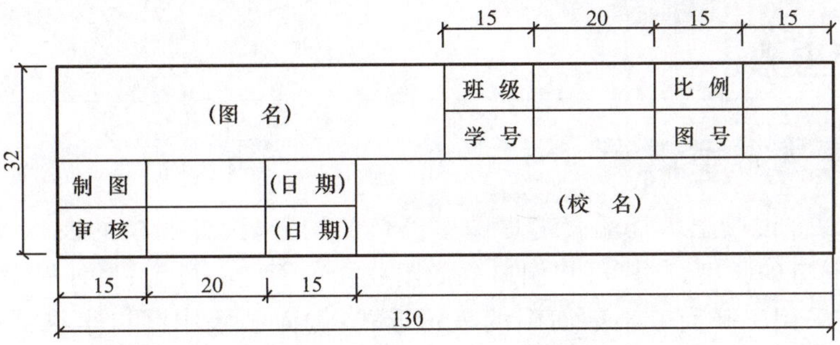

图 2-2-17　学生作业用的标题栏格式

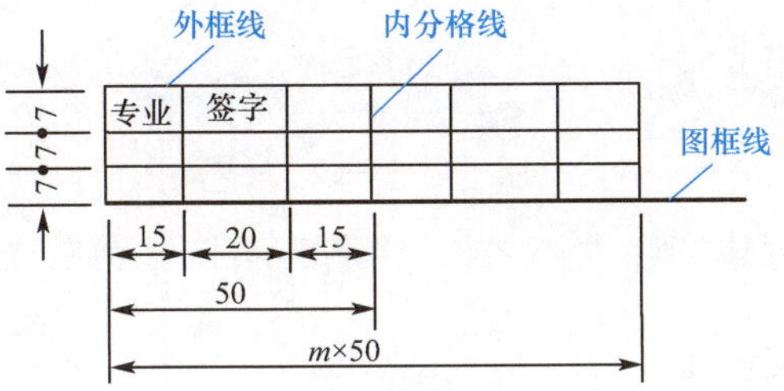

图 2-2-18　会签栏(单位:mm)

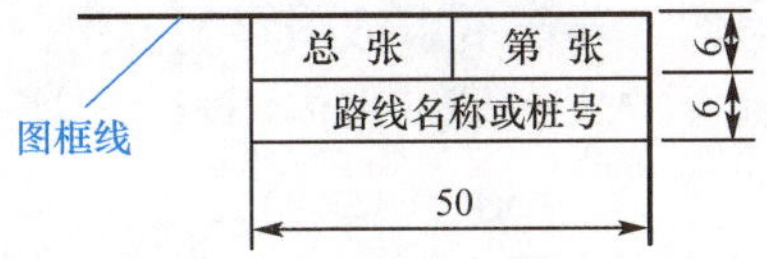

图 2-2-19　角标(单位:mm)

2. 比例

由于工程建筑物比图纸大得多,所以工程图样一般都不按实物的实际大小绘制,常常需要按比例缩小绘制。

比例是图样中图形与实物相对应的线性尺寸之比,比如 1∶50 表示将物体缩小为 1/50 绘制到图纸上。工程图样的比例应从国家标准规定的比例系列中来选择,见表 2-2-2。

表 2-2-2　　绘图所用的比例

常用比例	1∶1	1∶2	1∶5	1∶10	1∶20	1∶50
	1∶100	1∶200	1∶500	1∶1 000		
	1∶2 000	1∶5 000	1∶10 000	1∶20 000		
	1∶50 000	1∶100 000	1∶200 000			
可用比例	1∶3	1∶15	1∶25	1∶30	1∶40	1∶60
	1∶150	1∶250	1∶300	1∶400	1∶600	
	1∶1 500	1∶2 500	1∶3 000	1∶4 000		
	1∶6 000	1∶15 000	1∶30 000			

当同一图纸内的各图样采用相同比例时,比例一般应标注在标题栏内;若同一图纸内各图样的比例不相同时,应在每个图样的下方注写图名和比例,比例可注写在图名的下方或右方,字高比图名的字高小一号或二号,如图 2-2-20 所示。

图 2-2-20　图名和比例的注写方法

实施步骤

一、图形表达方案设计

根据图 2-2-13 混凝土盖板涵洞工程图中洞口的构造，设计洞口的表达方案：由于洞口的宽度远大于洞口的长度，所以可将洞口立面图放在正面图的位置；另外根据洞口为对称结构，平面图中宜采用半平面—半剖面图的表达形式；侧面图采用洞口半纵剖面图的表达形式。另外，由于需要标注的尺寸过多地集中在正面图中，可采用两个断面图作为辅助表达形式，同时分散图形尺寸的标注。

二、比例计算

1. 比例计算应考虑的因素

工程图的比例是工程体图形大小与工程体实际大小之比，绘制工程图之前首先要进行比例计算。

比例计算的两个已知条件是工程体的实际大小与选定的图纸大小。

比例计算应考虑三个方面的因素：

(1)图形本身的大小；

(2)图形外尺寸所占用的空间大小；

(3)图形与图形之间、图形与图纸边界之间需要的间距大小；

(4)图纸的大小。

2. 比例计算的步骤

若将图 2-2-13 所示的混凝土盖板涵洞的洞口构造图绘制到 A3(420 mm×297 mm)图纸上，图面布局简化如图 2-2-21 所示，由于断面图布置时可选择图面的空白处放置，因此计算图面总体尺寸时不必考虑。

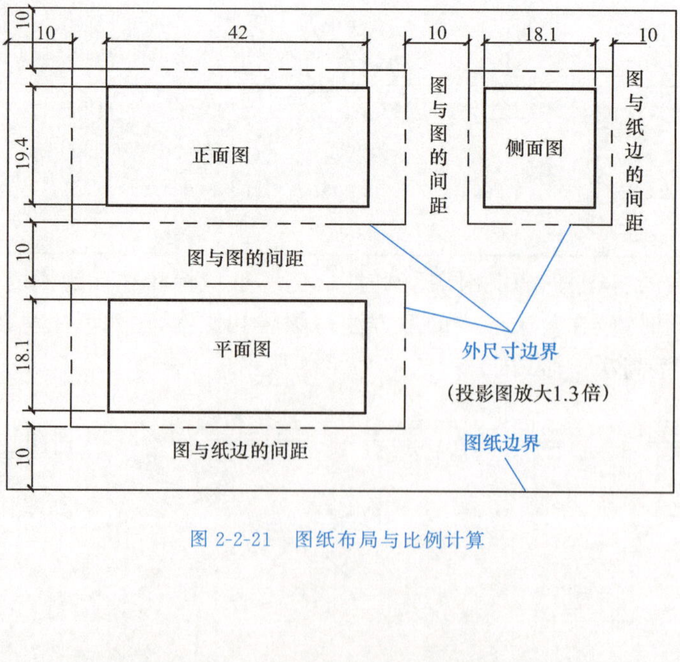

图 2-2-21　图纸布局与比例计算

(1)在一张草纸上绘制盖板涵工程图中的三面图的简化图形，单位为 mm，每个图形简化为一个矩形来表示，大小先采用 1∶100 的比例缩小，如图 2-2-21 所示。

(2)计算长度方向上的比例

①正面图与侧面图的实际图形大小：42＋18.1＝60.1 mm。

②加上外尺寸的空间为：60.1×1.3＝78.13 mm。

注：将图形放大到 1.3 倍作为标注外尺寸的空间，是通过粗略地估算得到的。

③加上图与图、图与边界之间的间距：78.1＋3×10＝108.1 mm。

注：将图与图的间距、图与纸边的间距定为 10 mm，也是通过目测估算得到的。

④放在 A3 图纸上需要缩小的倍数：108.1 mm÷4.2 mm＝25.7。

注：4.2 mm 为 A3 图纸的长边缩小为 1/100 后的值。

⑤长度方向上的比例为 1∶25.7。

(3)计算宽度方向上的比例

①正面图与平面图的实际图形大小：19.4＋18.1＝37.5 mm。

②加上外尺寸的空间为：37.5×1.3＝48.75 mm。

③加上图与图、图与边界之间的间距：48.75＋3×10＝78.75 mm。

④放在 A3 图纸上需要缩小的倍数：78.75÷2.97＝26.5。

⑤宽度方向上的比例为 1∶26.5。

(4)确定图形比例

综合长度、宽度方向上比例的计算，图形的计算比例应取 1∶26.5，通过查询表 2-2-2 可知，1∶26.5 在 1∶25 和 1∶30 之间，最后选择比例为1∶30。

三、粘贴图纸

准备图纸及工具，用透明胶带将图纸粘贴在图板上。

(1)将丁字尺放置在图板下边，使丁字尺的尺身水平，如图 2-2-22(a)所示；

(2)剪 4 条透明胶带贴于丁字尺的尺头，以备使用，如图 2-2-22(a)所示；

(3)以丁字尺为参照，将图纸水平放置，如图 2-2-22(b)所示；

(4)按顺序粘贴透明胶带，固定图纸，粘贴顺序如图 2-2-22(c)所示。

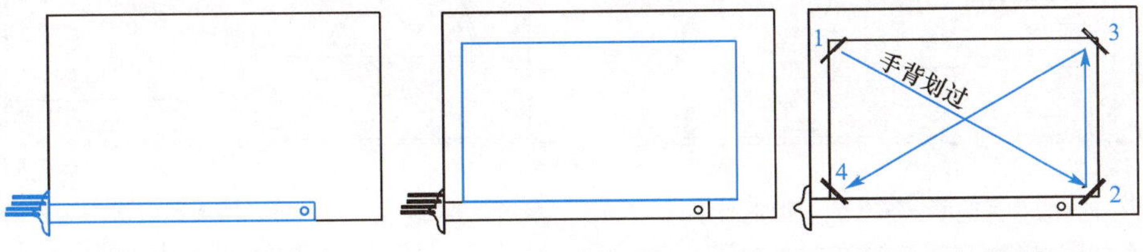

(a)准备 4 条透明胶带　(b)放置图纸　(c)粘贴图纸

图 2-2-22　图纸定位与粘贴

四、绘制底图

1. 绘制图框及标题栏格

用 2H 铅笔绘制图框及标题栏格，如图 2-2-23 所示。

2. 布置图面布局，绘制各投影图的基线

根据选定比例及三面投影图的投影关系将图样布置在适当位置，绘制各投影图的基线，如图 2-2-24 所示。

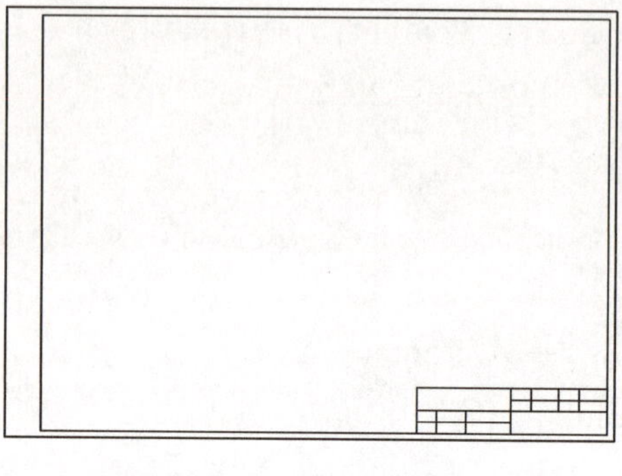

图 2-2-23 绘制图框及标题栏格

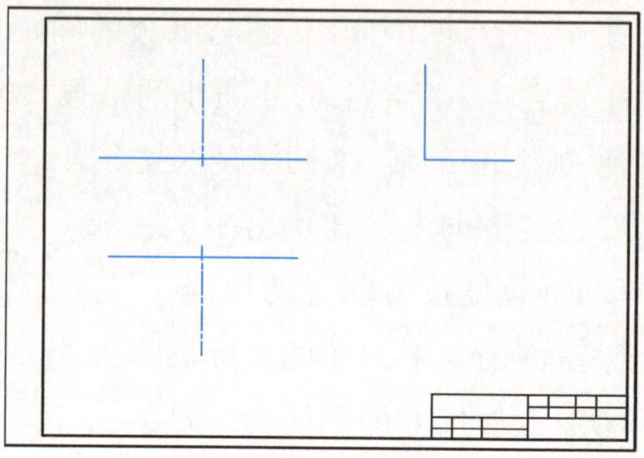

图 2-2-24 绘制各投影图的基线

3. 绘制洞口基础的三面投影图

绘制洞口基础的三面投影图，侧面图采用纵剖面图的表达形式，剖面图、断面图都先不要绘制材料图例，如图 2-2-25 所示。

4. 绘制洞口翼墙的三面投影图

在绘制洞口翼墙的三面投影图时，平面图采用半平面一半基顶剖面的表达形式，在对称线左面绘制翼墙的平面图，在对称线右面绘制翼墙底部的基顶剖面图，剖切位置在基础与墙身的交界面处，投影方向向下，如图 2-2-26 所示。

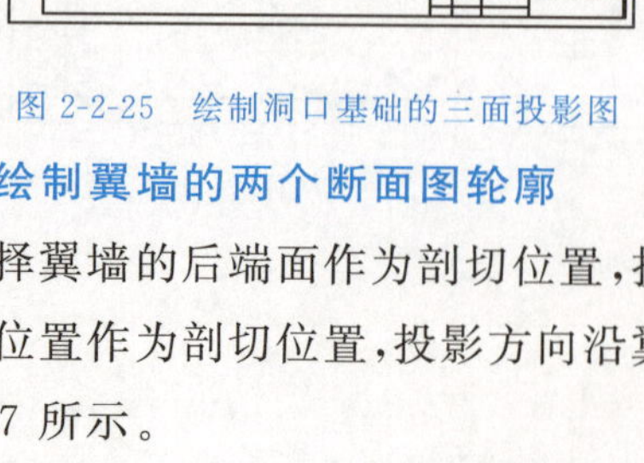

图 2-2-25 绘制洞口基础的三面投影图

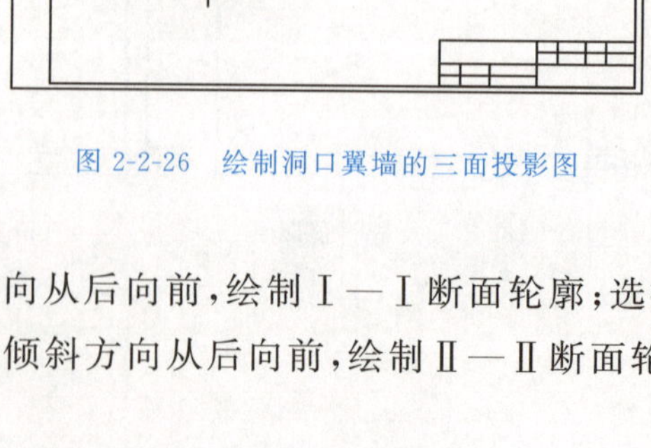

图 2-2-26 绘制洞口翼墙的三面投影图

5. 绘制翼墙的两个断面图轮廓

选择翼墙的后端面作为剖切位置，投影方向从后向前，绘制 Ⅰ—Ⅰ 断面轮廓；选择翼墙的中间位置作为剖切位置，投影方向沿翼墙的倾斜方向从后向前，绘制 Ⅱ—Ⅱ 断面轮廓，如图2-2-27 所示。

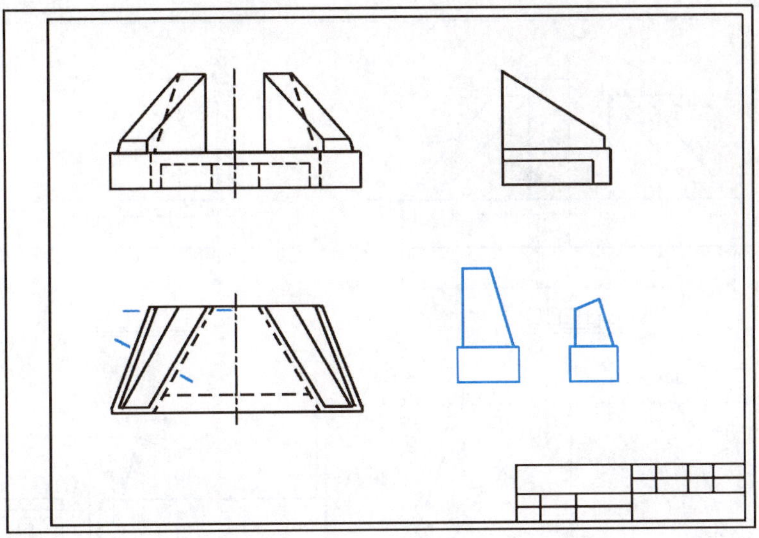

图 2-2-27　绘制翼墙的两个断面图轮廓

6. 绘制尺寸线及文字的字格

绘制标注尺寸(先不写尺寸数字)、控制点标高、坡度线、指引线、文字的字格等，如图 2-2-28 所示。

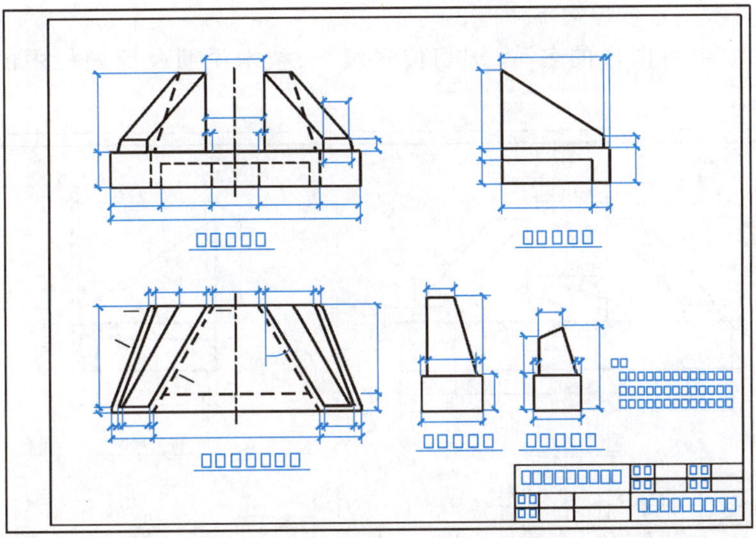

图 2-2-28　绘制尺寸线及文字的字格

五、检查、描深、完善图纸内容

1. 描深图形线条

检查无误后，将需加粗的线条及图框用 2B 铅笔加粗加重，线宽选择参照相关标准规定，如图 2-2-29 所示。

描图顺序：先左上、后右下，先曲后直，先粗后细。

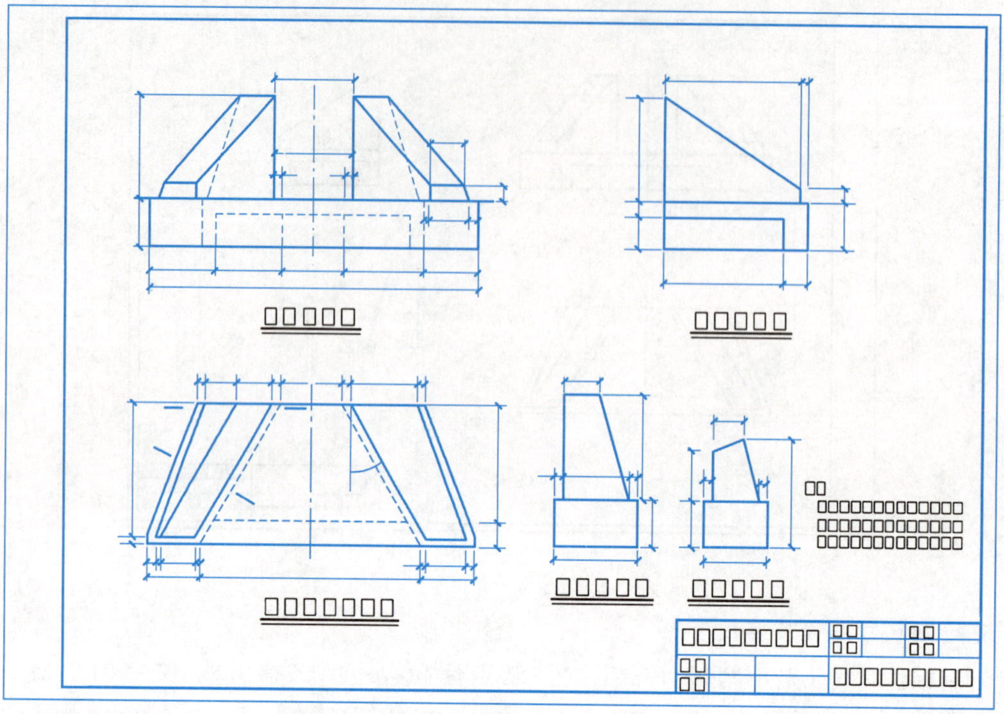

图 2-2-29 描深图形线条

2. 注写尺寸数字及各种文字

注写尺寸数字、各图形的名称、剖切位置编号、技术说明及标题栏中的文字等，如图 2-2-30 所示。

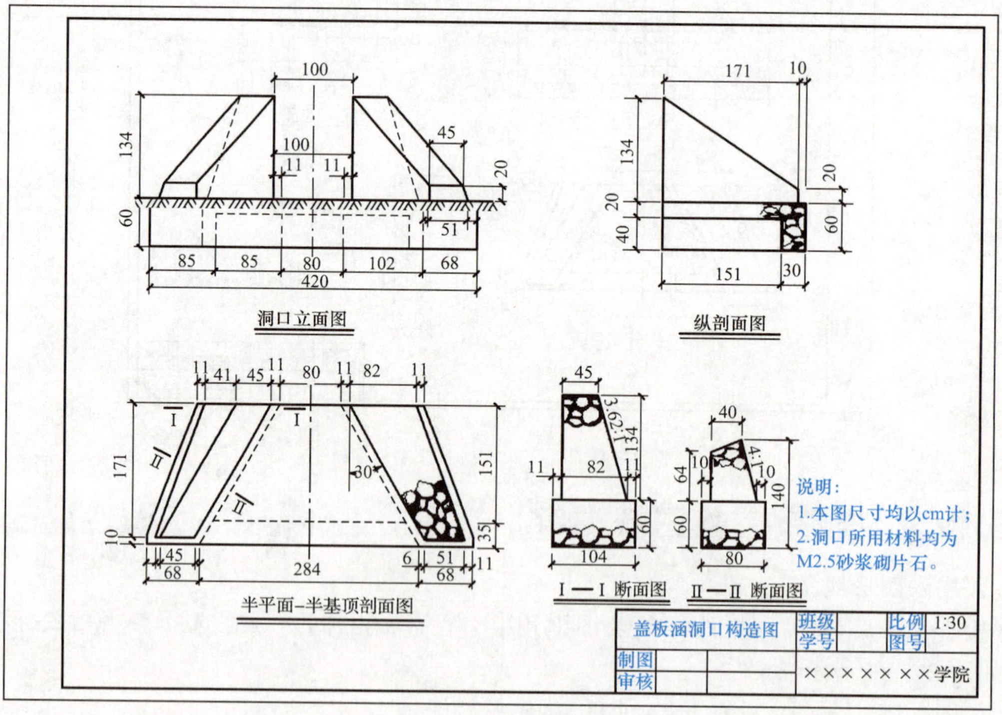

图 2-2-30 注写尺寸数字及各种文字，绘制材料图例

3. 绘制材料图例

在剖面图、断面图中绘制材料图例，如图 2-2-30 所示。

六、拆卸图纸及保管注意事项

图纸全部绘制完成，检查无误后，小心撕下透明胶带，即完成任务。在图纸保管时，注意防潮、防火、防污染。

项目3
识读隧道工程图

隧道是公路、铁路穿越山岭、地下或水下而修建的建筑物。根据其所在位置可分为山岭隧道、水下隧道和城市隧道三大类。为缩短路线距离和避免大坡道而从山岭或丘陵下穿越的称为山岭隧道；为穿越河流或海峡而从河底或海底通过的称为水下隧道；为铁路通过大城市的需要而从城市地下穿越的称为城市隧道。这三类隧道中修建最多的是山岭隧道。

隧道工程图用平面图表示它的位置，它的构造图主要用隧道洞门图、隧道衬砌断面图及避车洞图等来表达。

问题引例

识读图 2-3-1 直墙式衬砌断面图、图 2-3-2 端墙式隧道洞门图、图 2-3-3 避车洞详图，解决以下问题：

1. 隧道衬砌有哪几种？都是由哪几部分组成的？何为三心拱？

2. 端墙式隧道洞门图分析：

（1）端墙式隧道洞门图共有哪几个图？每个图都采用了哪种表达方式？怎样形成的？

（2）衬砌断面类型是哪种？拱圈厚度是多少？

（3）洞口净尺寸是多少？

（4）洞顶上方排水沟坡度是多少？流水方向是怎样的？

（5）洞门墙倾斜坡度为多少？洞门墙厚度是多少？

（6）从图中指出洞门墙、洞顶排水沟、拱圈及顶帽的位置。

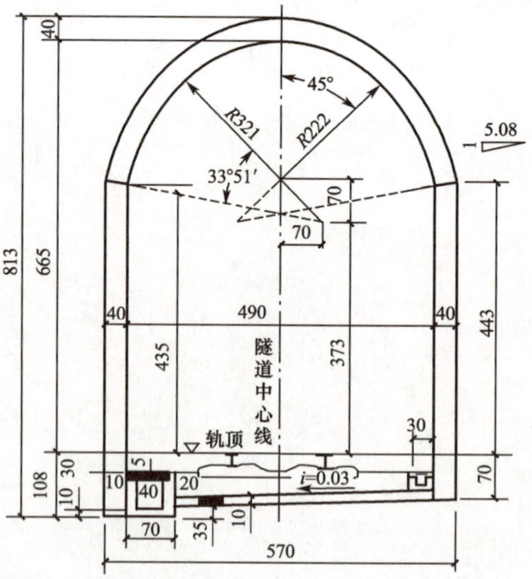

图 2-3-1　直墙式衬砌断面图

3. 避车洞有哪几种类型？避车洞的设置原则是什么？

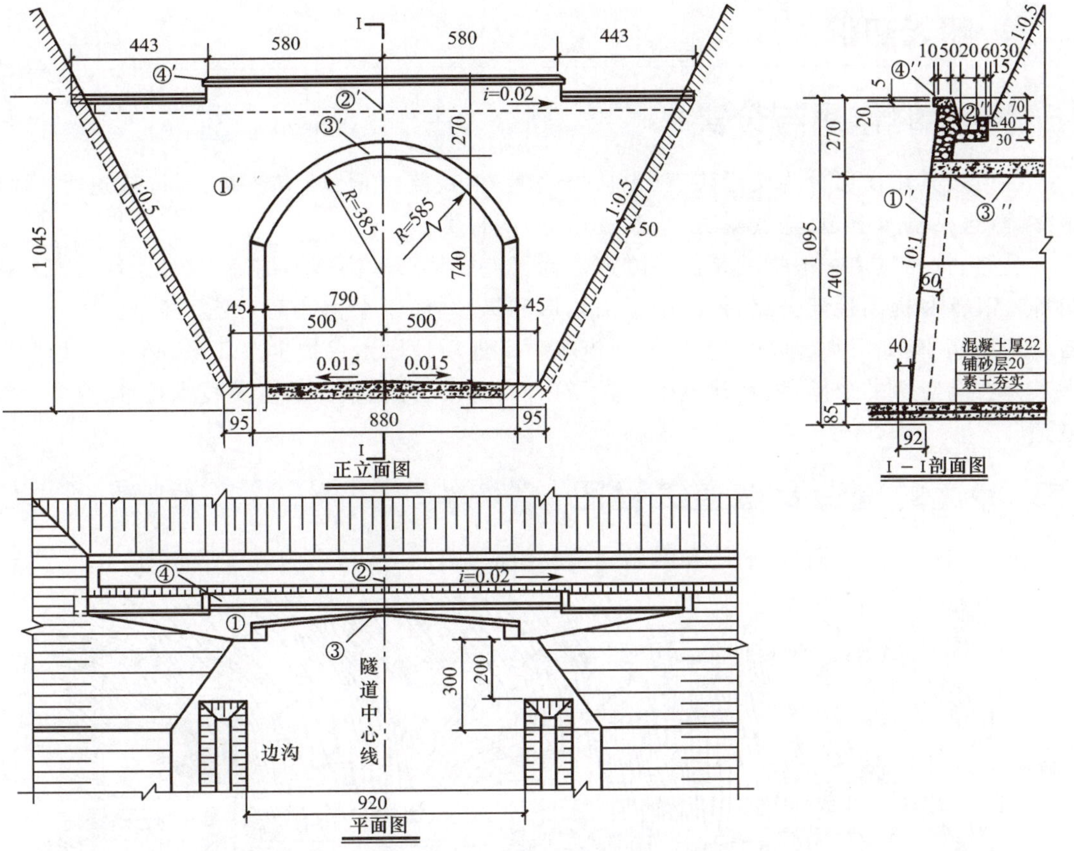

图 2-3-2 端墙式隧道洞门图

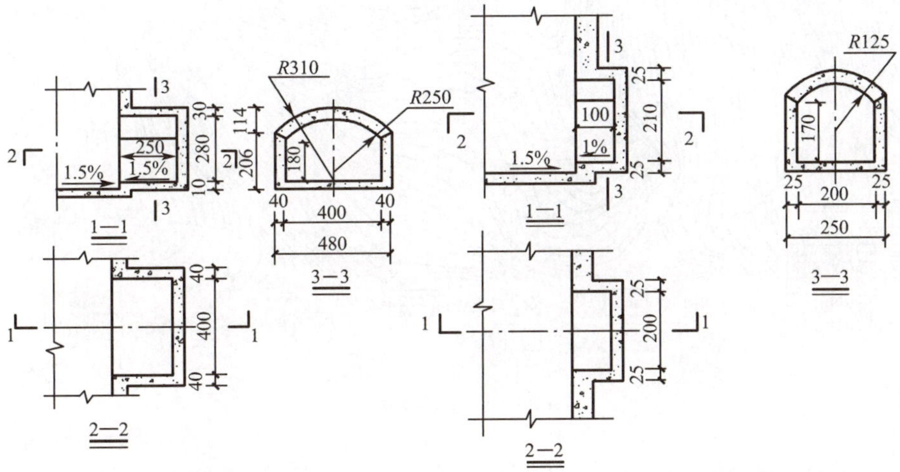

(a)大避车洞详图(比例 1:200)　　(b)小避车洞详图(比例 1:80)

图 2-3-3 避车洞详图

相关知识

一、隧道的作用与分类

隧道按其用途可分为交通隧道(包括公路隧道、铁路隧道、城市地铁、人行隧道等)和运输隧道(包括输水隧道、输气隧道、输液隧道等)两种类型。

公路、铁路隧道一般指的是山岭隧道。为了克服地形和高程上的障碍(如山梁、山脊、垭口等),改善和提高拟建公路、铁路的平面线形和纵坡,缩短公路里程,或为避免山区公路的各种地质病害(如滑坡、崩塌、岩堆、泥石流等不良地质地段),保护生态环境,必须修建隧道。尤其是在高等级的公路、铁路建设中,为了符合高等级公路、铁路的有关技术标准,必须修建隧道。

二、隧道的构造及隧道工程图

隧道结构主要由洞身、洞门和附属建筑物组成,图 2-3-4 所示为隧道平面图。

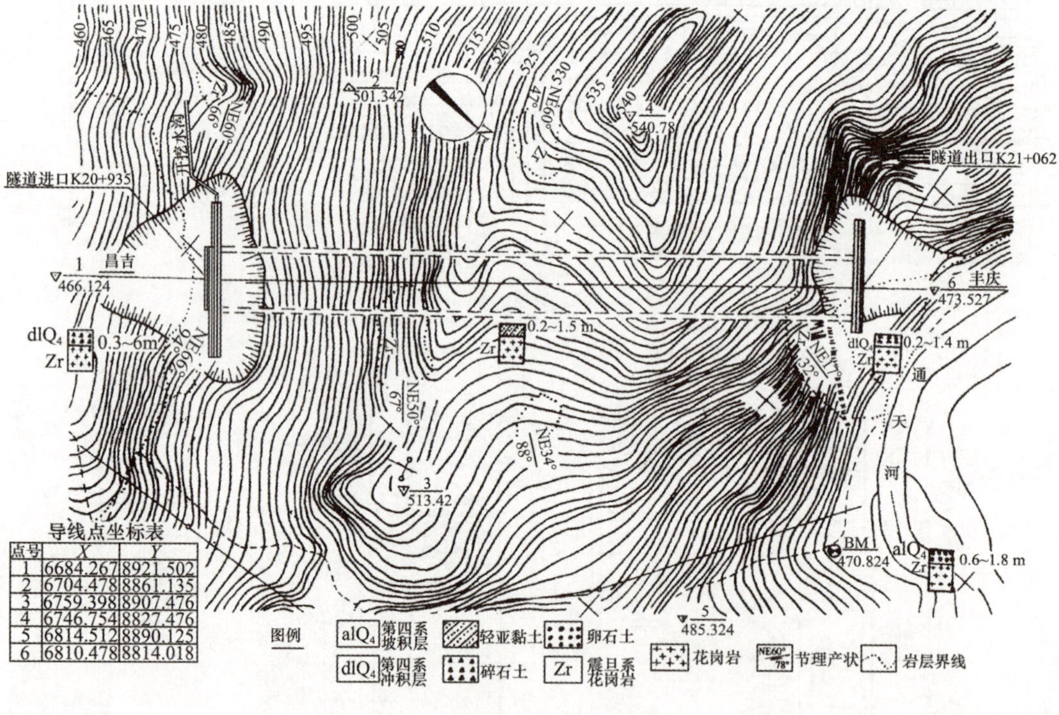

图 2-3-4 隧道平面图

1. 洞身

洞身是隧道结构的主体部分,是车辆通行的通道,洞身内有衬砌,其净空应符合国家规定的要求。洞身的长度由两端洞门的位置来决定。

洞身衬砌是洞身内承受围岩压力、维持岩体稳定、阻止隧道周围岩土变形的永久性支撑物。洞身衬砌由拱圈、边墙、铺底(仰拱)组成。

拱圈位于隧道顶部，呈半圆形，主要承受洞顶岩土压力。拱圈一般是由三段圆弧构成，故称三心拱。边墙位于隧道两侧，承受来自拱圈和隧道侧面的岩土压力，边墙是直的叫直墙式衬砌，边墙是曲线形的叫曲墙式衬砌。位于隧道衬砌底部的是铺底或仰拱，直墙式衬砌底部为铺底，有些曲边墙式衬砌底部为仰拱。铺底有一定的横向坡度以利排水，仰拱用来抵抗土体滑动和防止底部土体隆起。衬砌下面两侧分别设有洞内水沟和电缆槽。

用来表达衬砌结构的横断面图叫作隧道衬砌断面图，图 2-3-1 为直墙式衬砌断面图，图 2-3-5 为曲墙式衬砌断面图。

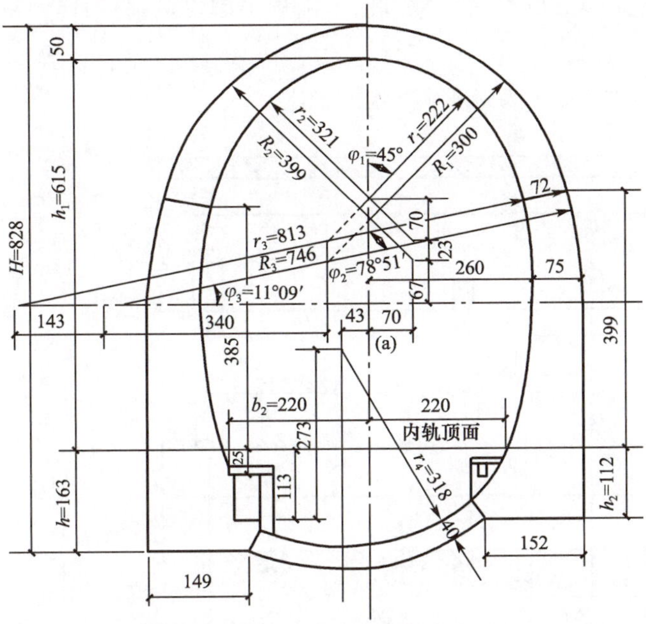

微视频

隧道洞门图

微视频

衬砌断面图

图 2-3-5　曲墙式衬砌断面图

2. 洞门

洞门位于隧道出入口，其作用是保持洞口仰坡和边坡岩土的稳定，引离仰坡流水，阻挡落石，装饰洞口。

根据洞口的地形和地质条件，可采用的洞门结构类型有端墙式、柱式和翼墙式等，如图 2-3-6 所示。

(a)端墙式　　(b)柱式　　(c)翼墙式

图 2-3-6　隧道洞门的种类

3. 附属建筑物

附属建筑物包括：为工作人员、行人及运料小车等避让列车而修建的避车洞；为防止和排除隧道漏水或结冰而设置的排水沟和盲沟；为机动车排出有害气体的通风设备；电气化铁道的接触网、电缆槽；等等。

避车洞的类型有大、小两种，沿线路方向交错设置在隧道两侧，小避车洞同侧每隔 60 m 设置一个，大避车洞同侧每隔 150 m 设置一个，采用位置布置图来表示，如图 2-3-7 所示。

由于位置布置图比较简单，为了节省图幅，纵、横方向可采用不同比例，纵向比例常采用 1∶2 000，横向比例常采用 1∶200。

图 2-3-3 为大、小避车洞详图，图 2-3-8 为避车洞的立体图。

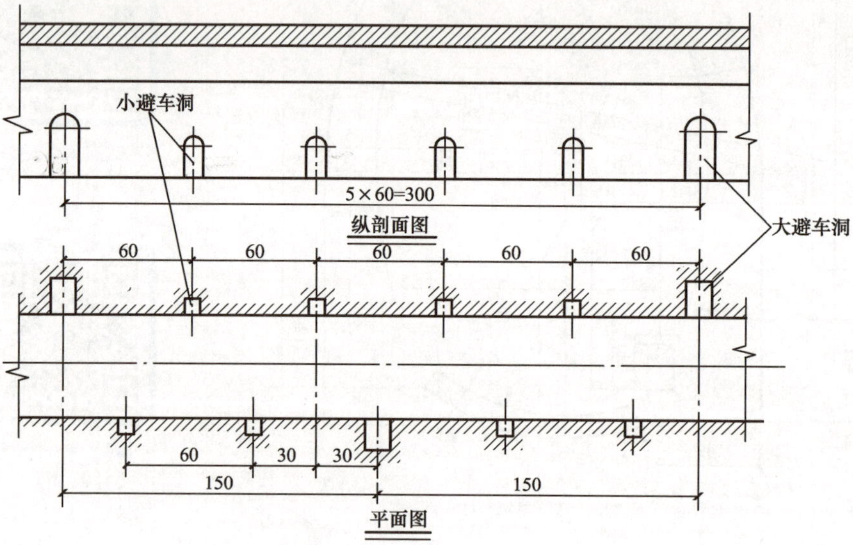

图 2-3-7 大、小避车洞布置图(单位：m)

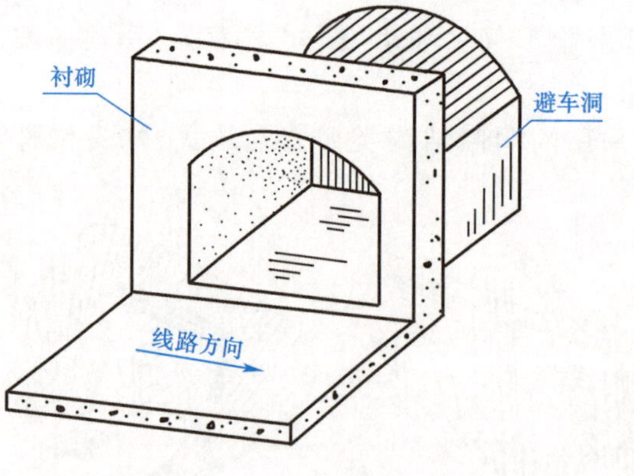

图 2-3-8 避车洞的立体图

微视频

避车洞图

实施步骤

一、识读端墙式隧道洞门图

1. 端墙式隧道洞门图的表达方案分析

图 2-3-2 中端墙式隧道洞门图的组成有平面图、正立面图、Ⅰ—Ⅰ剖面图。

(1)正立面图(立面图):从隧道外面沿线路方向进行投影得到洞门的正立面投影,正立面图反映出洞门墙的样式,洞门墙上面高出的部分为顶帽,同时也表示出洞门衬砌断面类型。洞门墙和隧道底面被洞门前面两侧路堑边坡和公路路面遮住,所以用虚线表示。

(2)平面图:从上向下俯视形成,仰坡及两侧路堑采取标高投影中的示坡线表示,增强图纸的可读性。整个隧道长度很大,而本工程图样的主要目的是表达出隧道洞口的作法,因此采用了折断画法,仅画出洞门外露部分的投影,平面图表达了洞门墙顶帽的宽度、洞顶排水沟的构造及洞门口外两边沟的位置(边沟断面未画出)。

(3)Ⅰ—Ⅰ剖面图:以假想侧平面沿隧道中心线将隧道剖切开,将阻碍我们视线的部分去掉,从右向左看,即形成了Ⅰ—Ⅰ剖面图,仅画靠近洞门的一小段,图中表示出洞门墙倾斜坡度、洞门墙厚度、排水沟的断面形状及材料、拱圈厚度及材料断面符号、铺底的材料及厚度等。

2. 端墙式隧道洞门图中各组成部分的形状大小分析

为了读图方便,在三个投影图上对不同的构件分别用数字注出。洞门墙为①′、①、①″,洞顶排水沟为②′、②、②″,衬砌为③′、③、③″,顶帽为④′、④、④″。

(1)衬砌类型及大小

从正立面图判断洞门衬砌断面类型,它是由两个不同半径的三段圆弧($R=385$ cm 和 $R=585$ cm)和两直边墙所组成,由于边墙是直的所以衬砌类型为直墙式衬砌,拱圈厚度为 45 cm。

洞门衬砌净尺寸高为 740 m,宽为 790 m。

(2)洞门墙的形状及大小

由正立面图和Ⅰ—Ⅰ剖面图可知,洞门墙的形状为一个纵卧的斜柱体,顶部呈中间高两边低的台阶状,上面盖有帽石。洞门墙顶部宽度为 2 046 cm(443 cm+580 cm+580 cm+443 cm),底部宽度为 1 070 cm(95 cm+880 cm+95 cm),中间高度为 1 095 cm,两边高度为 1 045 cm,墙面倾斜坡度为 10∶1,墙厚度为 60 cm。帽石断面为 60 cm×25 cm,前面和两侧有 10 cm×5 cm 的抹角。

(3)顶水沟

由正立面图可知,洞门墙的顶部后面有一条左高右低的倾斜虚线,为顶水沟的底部,并注有 $i=0.02$ 箭头,这表明顶水沟坡度为 2%,箭头表示流水方向。由Ⅰ－Ⅰ剖面图可知,顶水沟的断面为直角梯形,沟深 40 cm,沟底宽度 20 cm,前壁为直的,后壁倾斜,后壁厚度为 60 cm,底部厚度为 30 cm。

(4)洞顶仰坡及两边路堑坡度

由正立面图知,两边路堑坡度为 1∶0.5;由Ⅰ－Ⅰ剖面图知,洞顶仰坡坡度为1∶0.5。

二、识读直墙式衬砌断面图

1. 衬砌总体形状

由图 2-3-1 直墙式衬砌断面图可知,衬砌由两侧的边墙、顶部的拱圈和底部的铺底组成。洞内净空 665 cm,洞内宽度 490 cm。垂直方向上的尺寸都是以轨顶为基准标注的。

2. 边墙

衬砌两侧的边墙形状为纵卧的梯形柱,顶部有 1∶5.08 的坡度,这个坡度也是拱圈的起拱线,应通过拱圈相应的圆心。边墙厚度为 40 cm,左高度为 551 cm(443 cm＋108 cm),右高度为 513 cm(443 cm＋70cm)。

3. 拱圈

拱圈为三心拱,由三段圆弧组成,拱圈厚度为 40 cm。中间的拱圈圆弧内径为 222 cm,圆心的横向位置在隧道中心线上,纵向位置在轨顶上面的 443 cm(373 cm＋70 cm)高度,圆心角为 90°;两边的拱圈圆弧内径为 321 cm,圆心的横向位置在隧道中心线另一侧的 70 cm 处,纵向位置在轨顶上面的 373 cm 高度,圆心角为 33°51′。

4. 衬砌铺底

衬砌铺底厚度为 10 cm,由右向左倾斜,坡度为 3%,左下面有洞内排水沟,右下面有电缆槽。

知识拓展

一、识读翼墙式铁路隧道洞门图

图 2-3-9 为翼墙式铁路隧道洞门图。

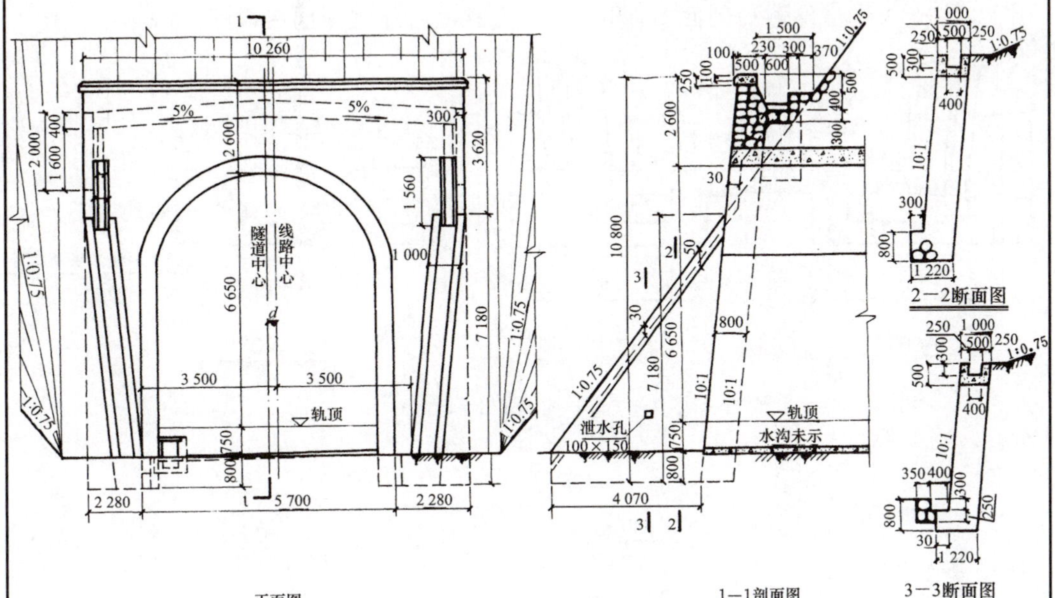

正面图　　1—1剖面图　　2—2断面图　　3—3断面图

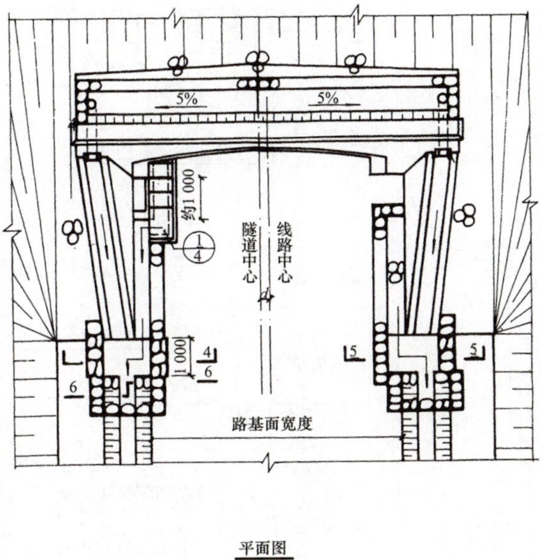

平面图

说明:

1.建筑材料

端墙：C10浆砌片石，块石镶面，勾平缝；

翼墙：浆砌片石，顶部用C15混凝土整体灌注；

顶帽：C10浆砌粗料石或C15混凝土；

端墙顶水沟：C7 浆砌片石，勾平缝。

2.施工时，应将隧道门范围内的衬砌与洞口环节衬砌用同一种材料整体灌注。

单线非电气化铁路翼墙式隧道门	图号	
	日期	
	×××设计院	

图 2-3-9　翼墙式铁路隧道洞门图

二、识读隧道排水系统图

图 2-3-10 为隧道外侧沟剖面图，图 2-3-11 为隧道内外侧沟连接详图。

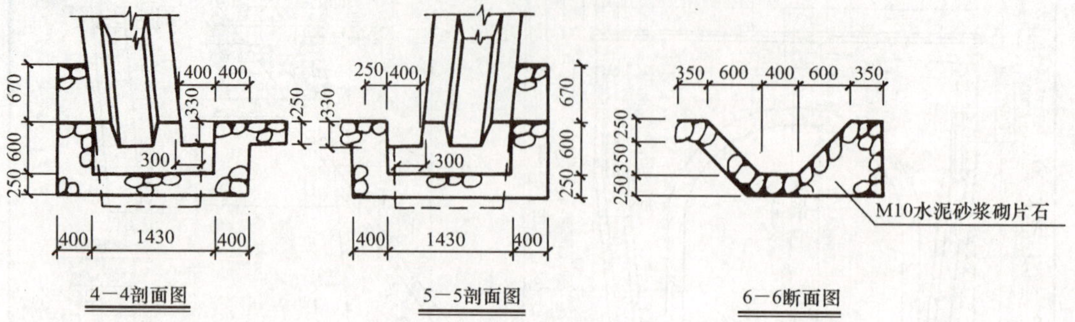

图 2-3-10　隧道外侧沟剖面图

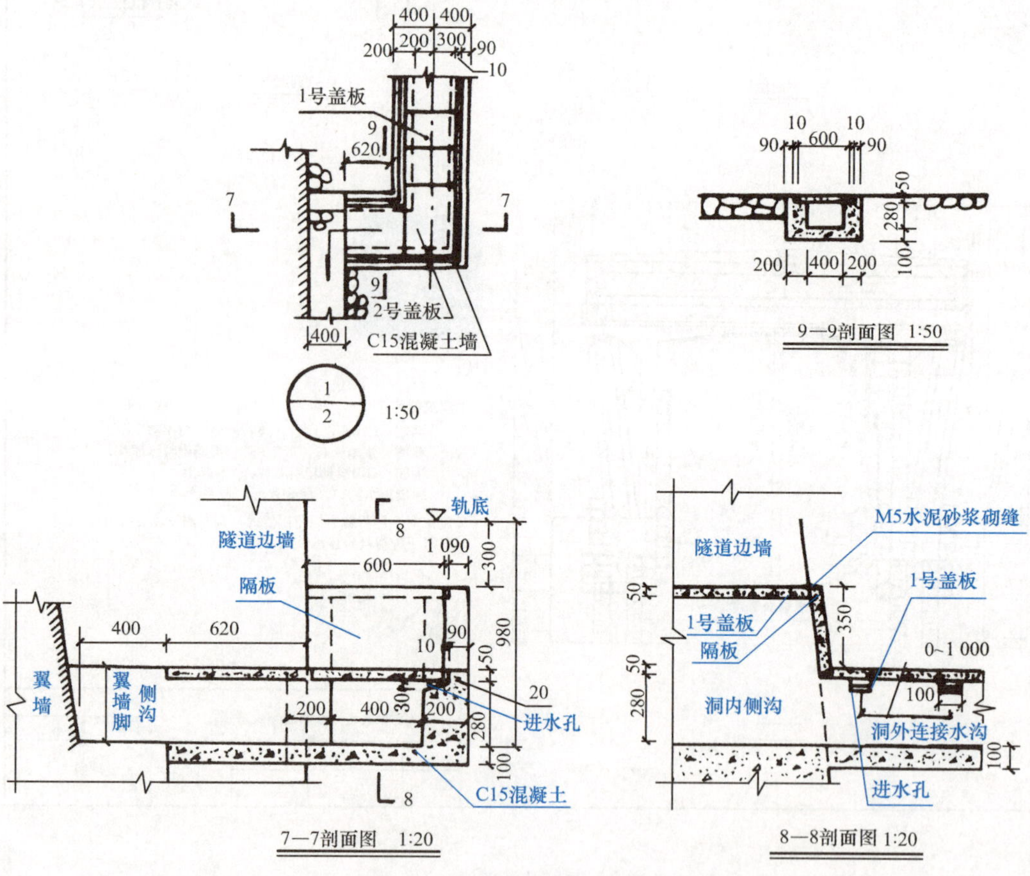

图 2-3-11　隧道内外侧沟连接详图

项目4

识读与绘制桥梁工程

桥梁工程图一般由桥位平面图、桥位地质断面图、桥梁总体布置图(全桥布置图)、构件图、详图等组成。桥梁总体布置图(全桥布置图)和构件图是指导桥梁施工的主要图样。

桥梁总体布置图主要表明桥梁的形式、跨径、孔数、总体尺寸、各主要构件的相互位置关系,及桥梁各部分的标高、材料数量以及总的技术说明等,作为施工时确定墩台位置、安装构件和控制标高的依据。

构件结构图是根据桥梁总体布置图并采用较大的比例把构件的形状、大小完整地表达出来作为施工依据的图样。构件结构图包括桥墩图、桥台图、主梁结构图等。

识读桥梁工程图的基本方法是形体分析法,桥梁虽然是庞大而又复杂的建筑,但它是由许多构件所组成的,我们了解每一个构件的形状和大小,再通过总体布置图把它们联系起来,弄清彼此之间的关系,就不难搞清整个桥梁的形状和大小了。

(1)先看图纸标题栏和附注,了解桥梁名称、种类、主要技术指标、施工措施、比例、尺寸单位等。

读桥位平面图、桥位地质断面图,了解桥的位置、水文、地质状况。

(2)看总体图:掌握桥型、孔数、跨径大小、墩台数目、总长、总高,了解河床断面及地质情况,应先看立面图(包括纵剖面图),对照平面图和侧面图、横剖面图等,了解桥的宽度、人行道的尺寸和主梁的断面形式等。如有剖、断面,则要找出剖切线位置和观察方向,以便对桥梁的全貌有一个初步的了解。

(3)分别阅读构件图和大样图,搞清构件的详细构造。读懂各构件图之后,再次阅读总体图,了解各构件的相互位置和尺寸,直到全部看懂为止。

(4)看懂桥梁图,了解桥梁所用的建筑材料,并阅读工程数量表、钢筋明细表及说明等。再对尺寸进行校核,检查有无错误或遗漏。

子项目 1 识读桥位平面图、桥位地质断面图

问题引例

一、识读图 2-4-1 清水河桥位平面图

（1）桥梁方向如何？

（2）周围地形如何？

（3）河流在什么位置？流向如何？

（4）沿途有什么地物？

（5）路线走向是什么？

（6）桥梁在哪里？在路线的什么位置？钻孔数是多少？

（7）水准点有几个？分别是多少？

微视频

桥位图、地质断面图

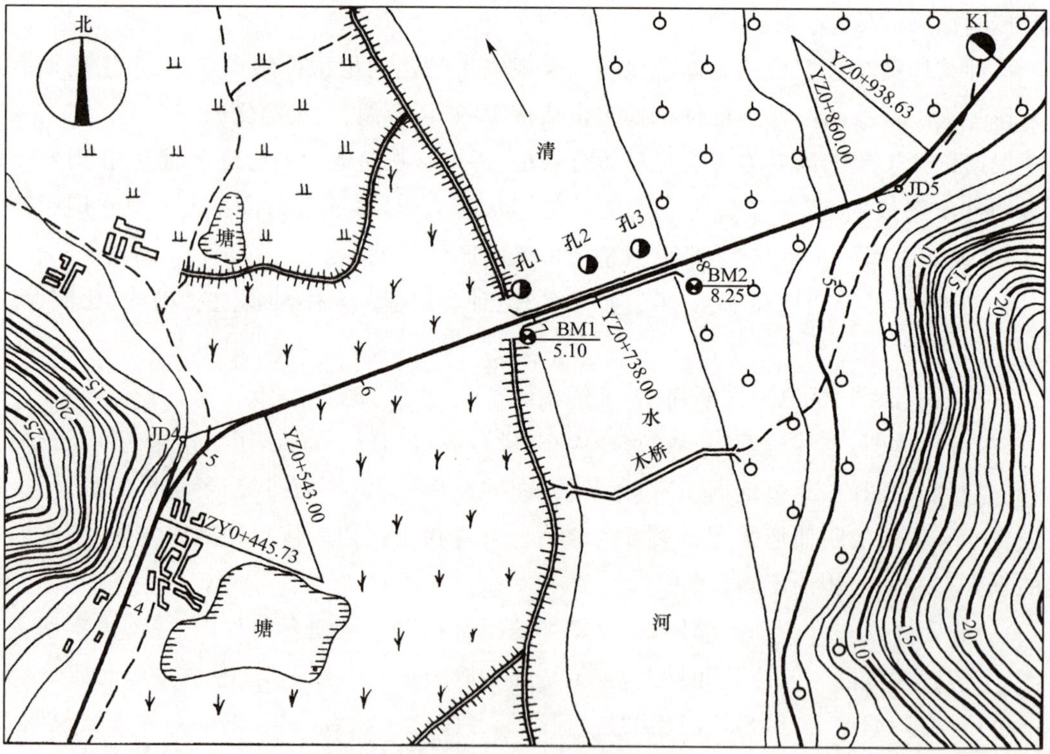

图 2-4-1　清水河桥位平面图

二、识读图 2-4-2 清水河桥位地质断面图

(1)桥位平面图与桥位地质断面图有哪些相似之处?

(2)水平方向和竖直方向比例分别是多少?

(3)地质状况如何?

(4)水文情况如何?

(5)图样中 CK_i 是指的什么?

(6)资料表中钻孔的参数与图样如何对应?

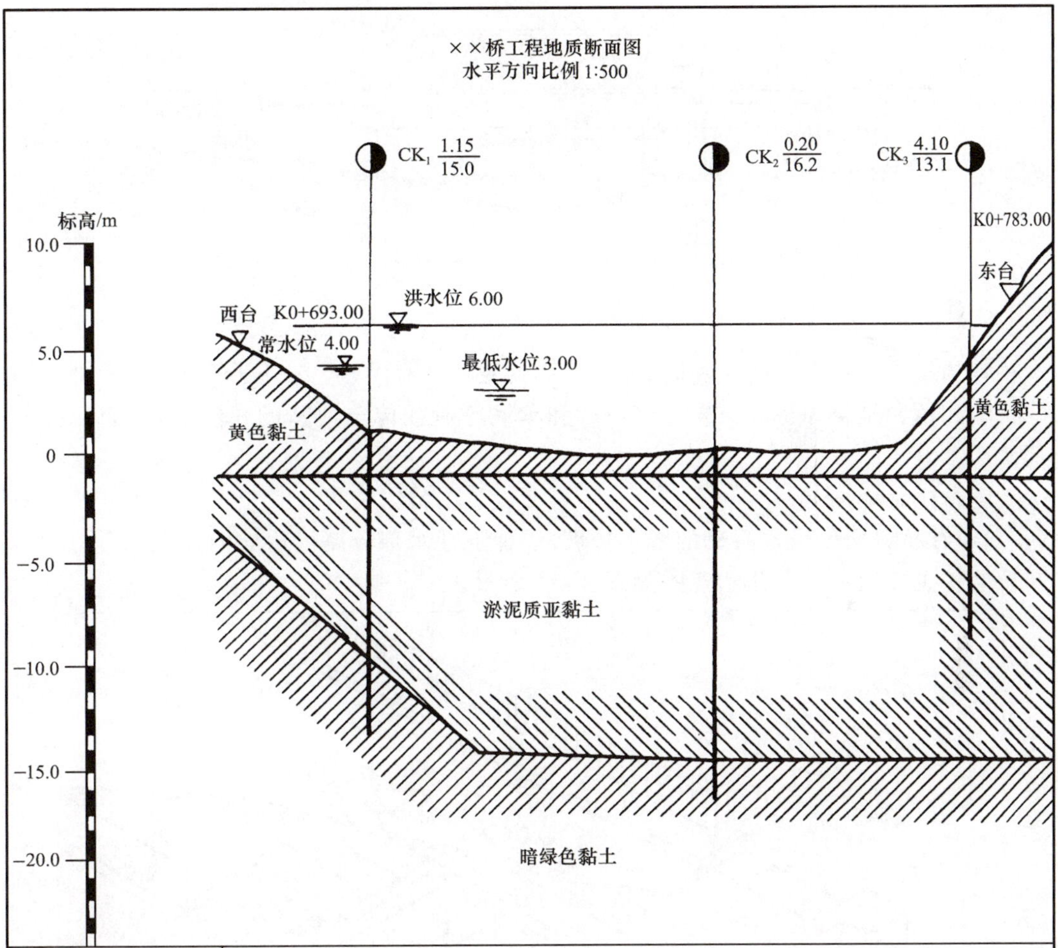

钻孔编号	1		2		3	
孔口标高/m 钻孔深度/m	1.15	15.0	0.20	16.2	4.10	13.1
间距/m		40.00		38.00		

图 2-4-2　清水河桥位地质断面图

相关知识

一、桥梁基本知识

1. 桥梁的基本组成及相关术语

由图 2-4-3 可见，桥梁由上部桥跨结构（主梁或主拱圈和桥面系）、下部结构（桥台、桥墩和基础）及附属结构（栏杆、灯柱、护岸、导流结构物等）三部分组成。

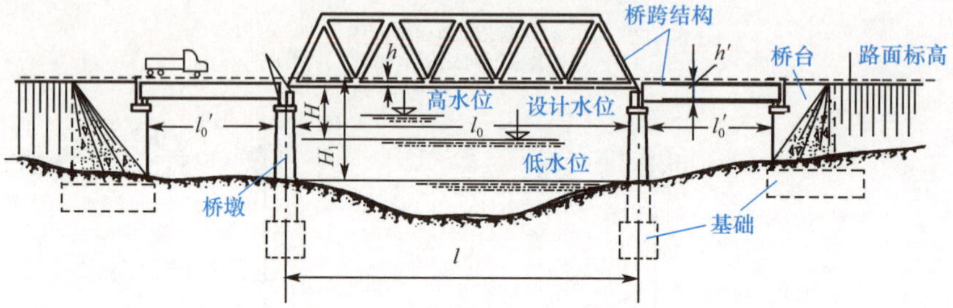

图 2-4-3 桥梁基本组成

桥跨结构是一种在路线中断时，跨越障碍的主要承载结构，人们习惯称之为上部结构。

桥墩和桥台是支撑桥跨结构并将恒载和车辆等荷载传至地基的建筑物，人们又称之为下部结构。

支座是桥跨结构与桥墩和桥台的支承处所设置的传力装置。其位置在路堤与桥台衔接处，一般还在桥台两侧设置石砌的锥形护坡，以保证迎水部分路堤边坡的稳定。

桥梁各主要构件的立体示意图如图 2-4-4 所示。

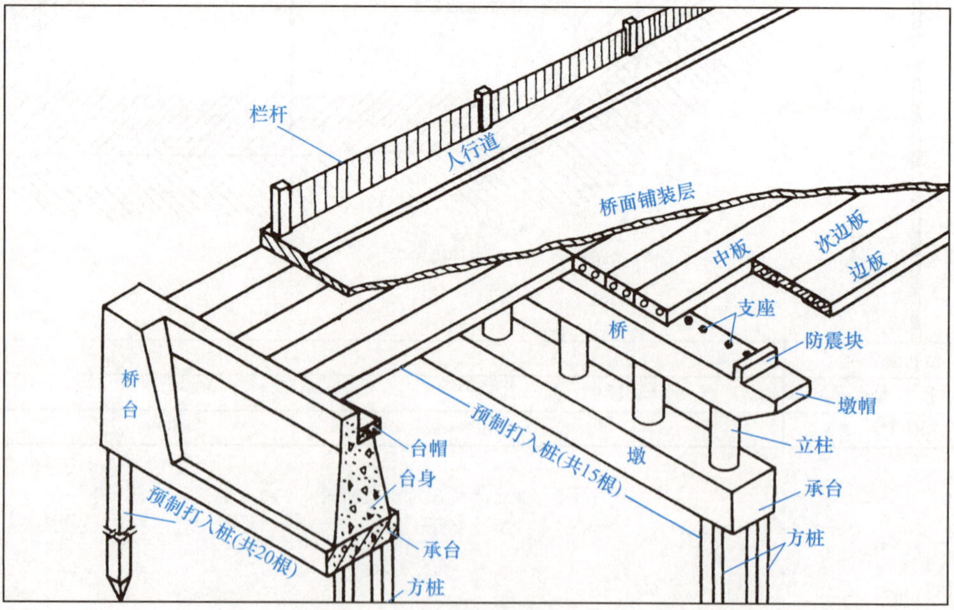

图 2-4-4 桥梁各主要构件的立体示意图

2. 与桥梁有关的知识和术语

(1)水位:河流中的水位是变动的,在枯水季节的最低水位称为低水位,洪峰季节河流中的最高水位称为高水位,在桥梁设计中按规定的设计洪水频率计算所得的高水位称为设计水位。

(2)净跨径(l_0):对于梁式桥 l_0 指设计水位上相邻两个桥墩(台)之间的净距;对于拱式桥 l_0 指每孔拱跨两个拱脚截面最低点之间的水平距离。

(3)总跨径:是指多孔桥梁中各孔净跨径的总和,它反映了桥下泄洪的能力。

(4)计算跨径(l):对于具有支座的桥梁,是指桥跨结构相邻两个支座中心之间的距离。

(5)桥梁全长(桥长 L):是桥梁两端两个桥台的侧墙或八字墙后端点的距离。对于无桥台的桥梁为桥面行车道的全长。

(6)桥梁高度(简称桥高 H_1):是指桥面与低水位之间的高差,或为桥面与桥下线路路面之间的距离。桥高在某种程度上反映了桥梁施工的难易性。

(7)桥下净空高度(H):是设计水位或计算通航水位至桥跨结构最下缘之间的距离。它应保证能安全排洪,并不得小于对该河流通航所规定的净空高度。

(8)建筑高度(h):是桥上行车路面(或轨顶)标高至桥跨结构最下缘之间的距离。公路(或铁路)定线中所确定的桥面(或轨顶)标高对通航净空顶部标高之差,又称为容许建筑高度。桥梁的建筑高度不得大于其容许建筑高度,否则就不能保证桥下的通航要求。

3. 桥梁的分类

桥梁的形式有很多,常见的分类形式有:

(1)按结构形式划分为梁桥(图 2-4-3)、拱桥(图 2-4-5)、刚架桥(图 2-4-6)、刚桁架桥(图 2-4-7)、悬索桥(图 2-4-8)、斜拉桥(图 2-4-9)等。

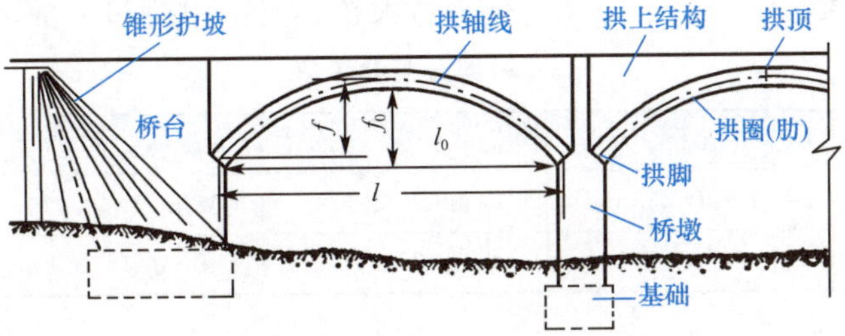

图 2-4-5 拱桥

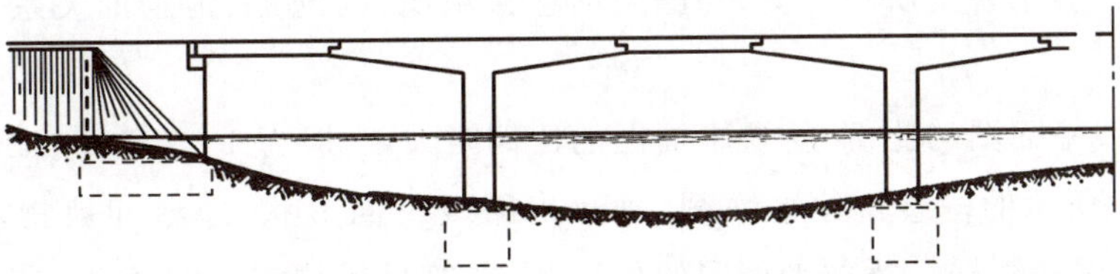

图 2-4-6 刚架桥

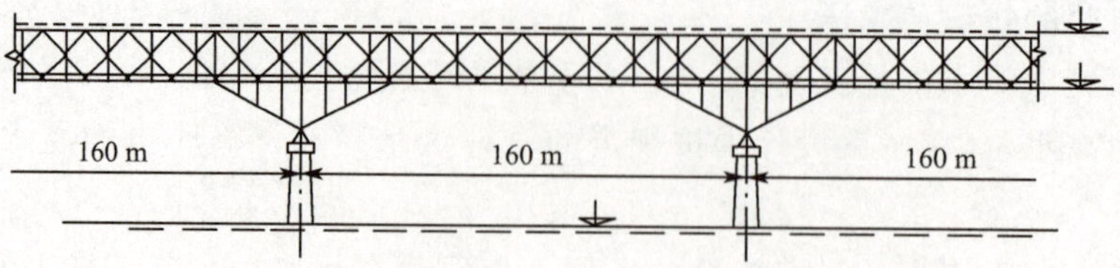

图 2-4-7 刚桁架桥

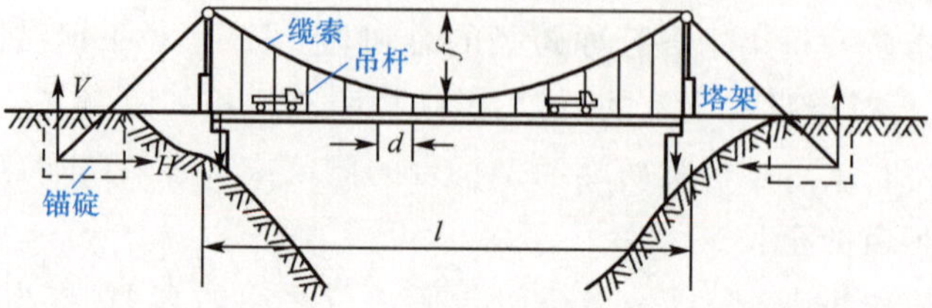

图 2-4-8 悬索桥

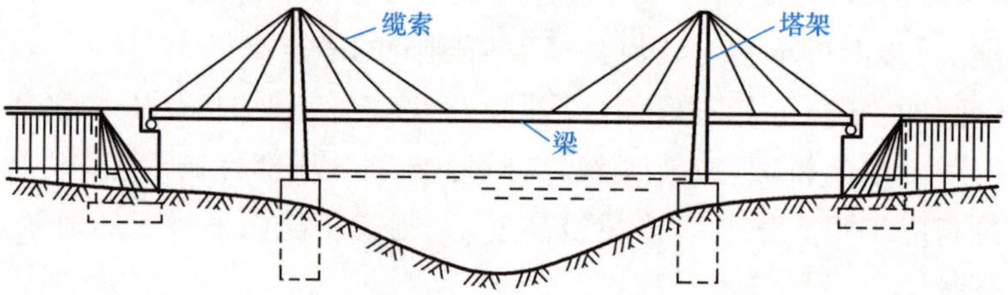

图 2-4-9 斜拉桥

（2）按建筑材料划分可分为钢桥、钢筋混凝土桥、石桥、木桥等，其中以钢筋混凝土梁桥应用最为广泛。

（3）按桥梁全长和跨径的不同又可分为特大桥、大桥、中桥和小桥，见表 2-4-1。

表 2-4-1　　桥梁分类参考值

桥梁分类	小桥	中桥	大桥	特大桥
全长	8 m≤L<30 m	30 m≤L<100 m	100 m≤L<1 000 m	L≥1 000 m
单孔跨径	5 m≤l<20 m	20 m≤l<40 m	40 m≤l<150 m	l≥150 m

二、桥位平面图的图示方法

桥位平面图表示桥梁所在位置，与路线的连接情况，与地形、地物的关系。其画法与路线平面图相同。

相较于路线平面图的比例，桥位平面图的比例略大，一般为 1∶200、1∶500 等。

如图 2-4-1 所示的桥梁桥位平面图，表示出路线平面形状、地形和地物，以及钻孔、里程、水准点的位置和数据。桥位平面图的植被、水准符号等均应按照正北方向为准，图中文字方向则可按路线要求及总图标方向来决定。

三、桥位地质断面图的图示方法

桥位地质断面图是根据水文调查和钻探所得的地质水文资料，绘制桥位所在河床位置的地质断面图，包括河床断面线、最高水位线、常水位线和最低水位线，以便作为设计桥梁、桥台、桥墩和计算土石方工程数量的根据。

地质断面图为了显示地质和河床深度变化情况，特意把地形高度（标高）的比例较水平方向比例放大数倍画出。如图 2-4-2 所示，地形高度的比例采用 1∶200，水平方向的比例采用 1∶500。

实施步骤

一、识读图 2-4-1 中的桥位平面图

根据问题引导，逐步识读桥位平面图：

1. 判断方向

看指北针或者坐标来判断图中方向。

图 2-4-1 是用指北针指出北向，为图纸正上方，桥的方向为由西向东略偏北。

2. 地形、地貌、地物

地形：西南方有一座海拔约 29 米的小山丘，山脚海拔约为 11 米；东面有两座海拔约 25 米的小山丘（可视为一座），山脚海拔约为 4 米，两座山丘间形成一个鞍部地形。

地貌：东西两座山丘之间的开阔地上，有一条清水河，河流方向是自南向北略偏西方向。清水河西岸有一条沿河堤坝，西南山脚下有一片大池塘，西北山脚下支堤北面有一小片池塘。清水河上原有一座小木桥，木桥西侧小路通往河堤主堤，木桥东侧有一条小路沿东面山脚向东北延伸。

地物：西南山脚下池塘边有一片村落，河堤主堤以西一支堤以南的村落周边种有一片水田；西北山脚下池塘边也有一片村落，河堤主堤以西一支堤以北的村落周边是一片旱地；清水河东岸至山脚有一大片果园。

3. 路线

图中路线约从 K0＋300 处沿西南山脚自西南向东北延伸，在 K0＋445.73 处发生右转，至 K0＋543.00 处转弯结束，延伸方向改为自西向东略偏北；路线通过一座桥梁直线跨过清水河，在河东岸的 K0＋860.00 处发生左转，至 K0＋938.63 处转弯结束，方向改为自西南向东北延伸。

4. 桥梁所在位置，与路线的连接情况，与地形、地物的关系

桥梁位于清水河上，大约在路线 K0＋700.00 至 K0＋800.00 之间的直线段，桥梁中点的桩号为 K0＋738.00，自西向东偏北延伸。桥梁的西岸越过河堤，东岸连着一片果园。

5. 其他细节:钻孔、水准点等

桥梁设置有 3 个钻孔,2 个水准点,河床西岸的水准点 BM1,高程为 5.10 米,河床东岸的水准点 BM2,高程为 8.25 米。

二、识读图 2-4-2 中的桥位地质断面图

在识读桥位地质断面图时,应将图样和资料表结合起来进行识读。

1. 比例

水平方向比例采用 1∶500,竖直方向比例通过图样计算得知为 1∶200。

2. 地质状况

地质状况可从图样中直接读出,表层为黄色黏土,第二层为淤泥质亚黏土,第三层为暗绿色黏土。

3. 水文情况

从图样中可读出河床断面线和水位线。洪水位为 6.00 米,常水位为 4.00 米,最低水位为 3.00 米。

4. 里程桩

图中有西台里程桩为 K0+693.00,东台里程桩为 K0+783.00。

5. 地质钻孔

地质钻孔有 3 个,结合资料表可识读出,编号为 CK_1 的钻孔孔口标高为 1.15 米,钻孔深度为 15.0 米;编号为 CK_2 的钻孔孔口标高为 0.20 米,钻孔深度为 16.2 米;编号为 CK_3 的钻孔孔口标高为 4.10 米,钻孔深度为 13.1 米。CK_1 与 CK_2 间距为 40 米,CK_2 与 CK_3 间距为 38 米。

子项目 2 识读桥梁总体布置图

问题引例

识读图 2-4-10 所示的×××桥梁总体布置图,解决以下问题:

一、桥梁总体布置图的表达方案

桥梁总体布置图的立面图、平面图、侧面图分别是如何组成的?

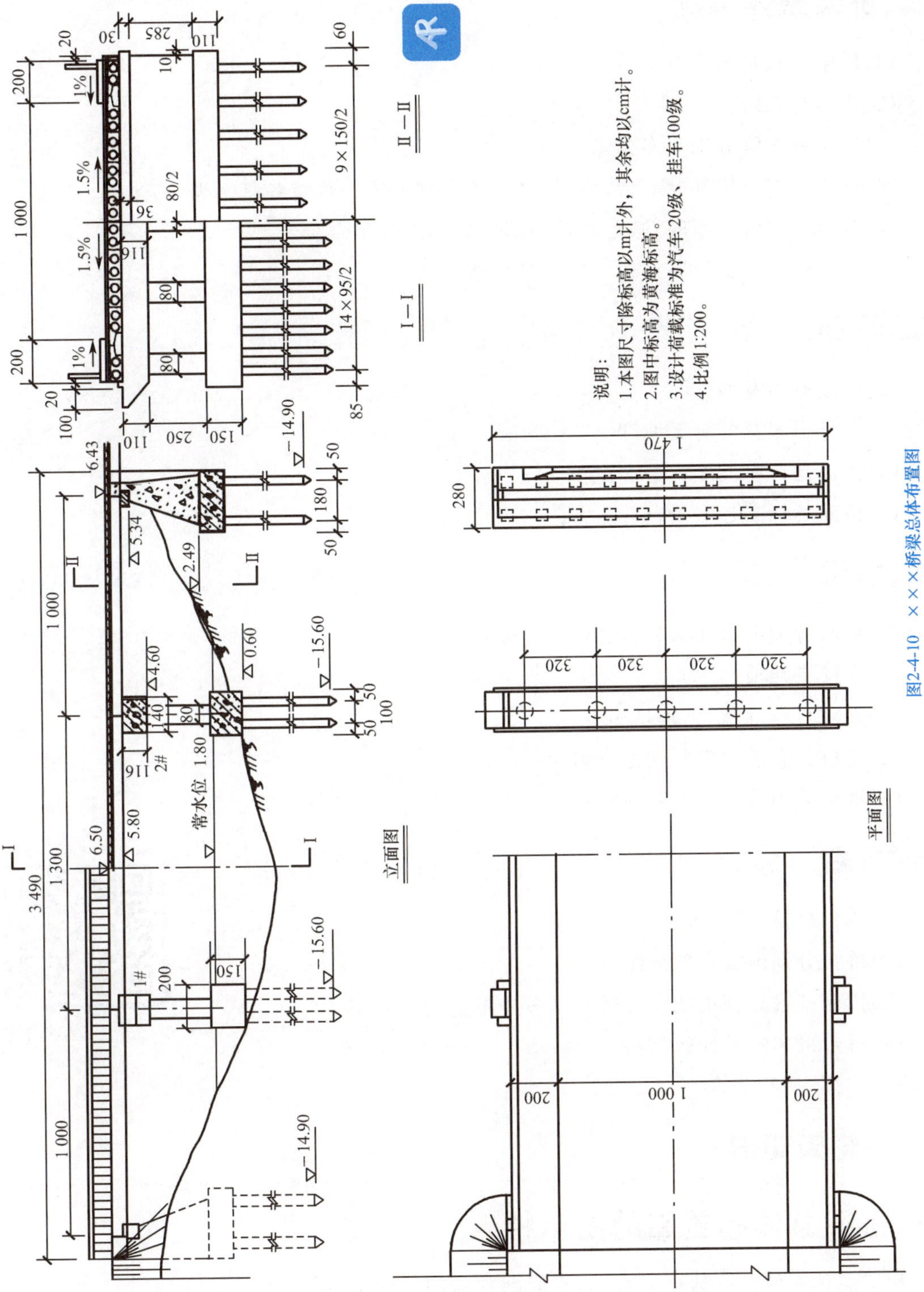

说明：

1.本图尺寸除标高以m计外，其余均以cm计。

2.图中标高为黄海标高。

3.设计荷载标准为汽车20级、挂车100级。

4.比例1:200。

图2-4-10 ××桥梁总体布置图

二、桥梁整体情况

(1)桥梁总长是多少?

(2)桥梁有几跨?

(3)边跨和中跨分别为多少米?

(4)桥梁各部分构件(墩、台、梁)都采用了哪种形式?数量各是多少?

(5)常水位、路面、梁底、墩台各重要部位的标高各是多少?

(6)桥梁还有什么附属结构?尺寸各是多少?

三、桥面

(1)桥面有多宽?

(2)人行道多宽?有无坡度?

(3)桥面是否有坡度?是多少?

(4)桥面的标高是多少?

四、桥墩

(1)桥墩分别由哪几部分组成?

(2)立柱有几根?

(3)立柱直径、间距分别是多少?

(4)基桩共有多少根?间距是多少?

(5)桥墩采用的是什么材料?

五、桥台

(1)桥台总长、总宽分别是多少?

(2)桥台分别由哪几部分组成?

(3)桥台基桩是圆桩还是方桩?有多少根?间距是多少?

(4)桥台采用的是什么材料?

微视频

识读桥梁总体布置图

相关知识

一、桥梁总体布置图的图示特点

桥梁总体布置图一般由立面图、平面图和横剖面图组成。

1. 立面图

图 2-4-10 所示立面图是由半立面和半纵剖面合成的。

左半立面图为左侧桥台、1号桥墩、板梁、人行道栏杆等主要部分的外形视图；右半纵剖面图是沿桥梁中心线纵向剖开而得到的，2号桥墩、右侧桥台、板梁和桥面均按剖开绘制。

图中画出了河床的断面形状，在半立面图中，河床断面线以下的结构如桥台、桩等用虚线绘制，在半剖面图中地下的结构均画为实线。由于预制桩打入到地下较深的位置，采用了折断画法。按照道路工程制图习惯，桩基部分埋入土体，故画虚线表示。

图中还注出了桥梁各重要部位如桥面、梁底、桥墩、桥台、桩尖等处的高程，以及常水位（即常年平均水位）。

2. 平面图

桥梁的平面图也常采用半剖的形式。

图2-4-10中左半平面图是从上向下投影得到的桥面俯视图，主要画出了车行道、人行道、栏杆等的位置，比例较小，栏杆、立柱的布置尺寸未画出。

右半部采用的是剖切画法（或分层揭开画法）。假想把上部结构移去后，画出了2号桥墩和右侧桥台的平面形状和位置。桥墩中的虚线圆是立柱的投影，桥台中的虚线正方形是下面方桩的投影。

3. 横剖面图

桥梁的横剖面图是左半部Ⅰ—Ⅰ剖面和右半部Ⅱ—Ⅱ剖面拼成的，Ⅰ—Ⅰ剖面是在中跨位置剖切的，Ⅱ—Ⅱ剖面是在边跨位置剖切的，由于钢筋混凝土空心板的断面形状太小，没有画出其材料符号。在Ⅰ—Ⅰ剖面图中画出了桥墩各部分，包括墩帽、立柱、承台、桩等的投影。在Ⅱ—Ⅱ剖面图中画出了桥台各部分，包括台帽、台身、承台、桩等的投影。

实施步骤

一、看标题栏及说明，了解桥梁的名称、比例、尺寸单位、设计荷载标准

该桥梁的名称为×××桥，比例为1∶200，尺寸单位为cm，高程单位为m，设计荷载标准为汽车20级、挂车100级。

二、了解桥梁的整体情况

从立面图中可以看出，该桥梁跨越一条河流，为简支板桥，共有3跨，两边跨径均为10米，中间跨径为13米，桥梁总长为34.9米，河流常水位高程为1.80米，河床断面用一曲线表示。

从半平面图可以看出桥面净宽为10米，人行道两边宽各为2.0米。

三、结合立面图、平面图和横剖面图，进一步了解桥梁各部分的具体情况

1. 上部结构

(1)梁跨结构：由Ⅰ—Ⅰ和Ⅱ—Ⅱ两个剖面可知，上部构造为预应力混凝土空心板梁结构，中间桥跨与两端桥跨结构相同，都是由 10 块预应力混凝土空心板组成，其中左右两侧有 4 块边板，中间有 6 块为中板。梁底高程为 5.80 m。

(2)桥面形状：桥面横向为中间高两侧低的形式，横向坡度为 1.5%；桥面纵向也有坡度，桥面中心高程为 6.50 m，两端高程为 6.43 m；两侧设有人行道和栏杆，人行道两侧高、中间低，横向坡度为 1.0%。

2. 下部结构

下部结构由中间的 1#、2#桥墩和两端的两个桥台组成。

(1)桥墩

河床中间的两个桥墩为柱式轻型桥墩。桥墩从上到下由墩帽盖梁、立柱、承台和基桩组成。

墩帽盖梁为钢筋混凝土结构，采用端部逐渐变薄的矩形截面，梁底高程为 4.6 m，盖梁长为 1 000＋2×(200＋20＋100)＝1 640 cm，梁中截面尺寸为 140 cm×116 cm，梁端截面尺寸为 140 cm×110 cm，并在盖梁两端设有防震挡块，防止主梁滑落。

立柱有 5 根，呈一字排列，间距为 320 cm，立柱直径均为 80 cm，立柱高为 250 cm。

承台为钢筋混凝土结构，其形状为长方体，底部高程为 0.60 米，长度为 2×85＋14×95＝1 500 cm，截面尺寸为 200 cm×150 cm。

基桩分为 2 排，基桩底部高程为－15.6 m，详细情况见桥墩构造图。

(2)桥台

桥两端各有一耳墙式 U 形重力桥台。桥台由台帽、台身、侧墙、承台和基桩组成。另外，桥台两侧还有锥体护坡。

台帽和承台的材料为钢筋混凝土，台身和侧墙的材料为混凝土。台帽底面的高程为 5.34 米，承台顶部的高程为 2.49 米。

承台截面尺寸为 280 cm×110 cm，长度为 1 470 cm。

基桩为方桩，有 20 根，分为 2 排，每排 10 根，两排的间距为 180 cm，一排内基桩的间距为 150 cm，基桩底部高程为－14.9 m。

知识拓展

识读铁路桥的全桥布置图(图 2-4-11)。

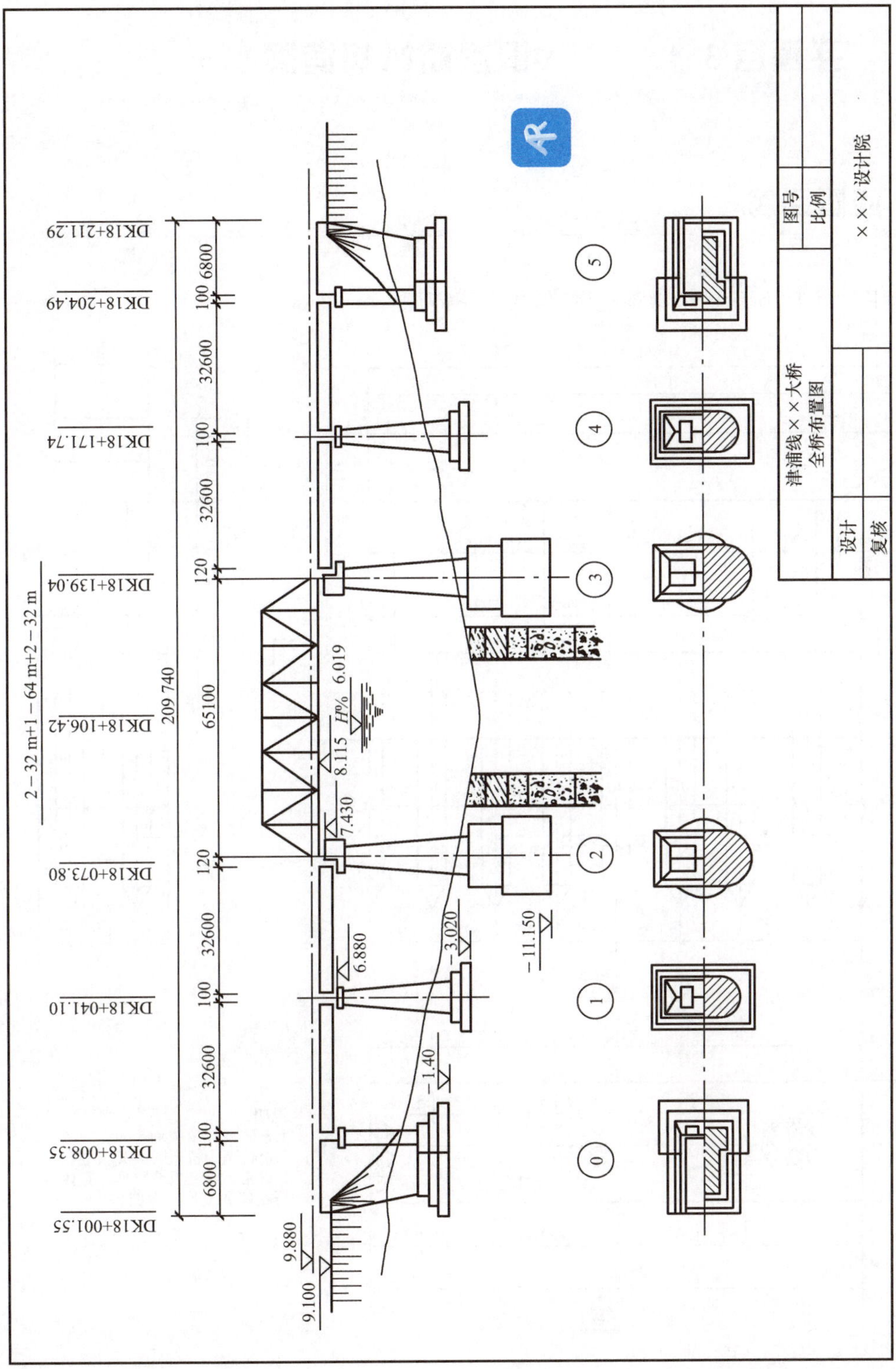

图2-4-11　铁路桥的全桥布置图

子项目 3 识读桥墩构造图

问题引例

识读图 2-4-12 所示的桥墩构造图，解决以下问题：

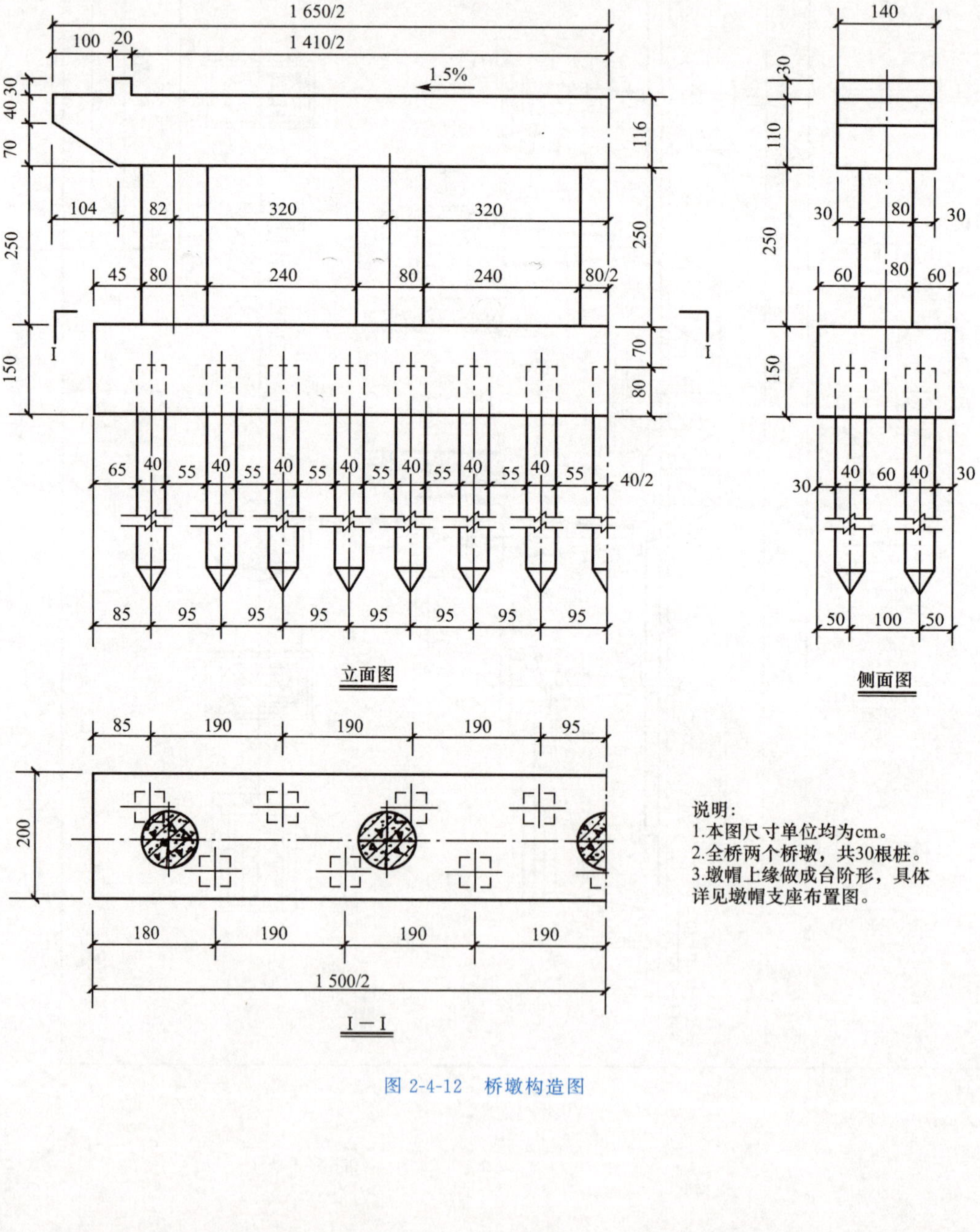

图 2-4-12 桥墩构造图

(1)桥墩由哪几部分组成?

(2)承台是什么形状?其长、宽、高分别是多少?

(3)基桩共有多少根?位置在哪里?如何布置的?基桩的形状是什么?尺寸是多少?深入承台内部多少距离?哪一部分是深入承台的?

(4)立柱共有多少根?位置在哪里?形状是什么?其直径、高度、轴间距分别是多少?

(5)墩帽盖梁的形状和尺寸是多少?防震块在哪里?桥面横坡的坡度是多少?

微视频

桥墩构造图

相关知识

一、桥墩的作用、构造及分类

1. 桥墩的作用

桥墩是桥的下部结构之一,它起着中间支承的作用,将梁及梁上所受的荷载传递给地基。

2. 桥墩的分类及构造

根据河道的水文情况及设计要求,桥墩分为重力式桥墩和轻型桥墩两种类型。

(1)重力式桥墩

重力式桥墩常用于荷载较大、地基较好的场合,或流冰及漂浮物较多的河流中,常用天然石材或片石混凝土砌筑而成。它的特点是充分利用圬工材料的抗压性能,借助自身较大截面尺寸和重量承受竖直方向和水平方向的外力,具有坚固耐久,施工简单,取材方便,节约钢材等优点。缺点是圬工量大,对地基要求高,外形粗大笨重,减少桥下有效孔径,增大地基负荷;当桥墩较高、地基承载力较低时尤为不利。

重力式桥墩一般以桥墩墩身断面的形状划分,常见的有圆形桥墩、矩形桥墩、尖端形桥墩、圆端形桥墩,如图 2-4-13 所示。

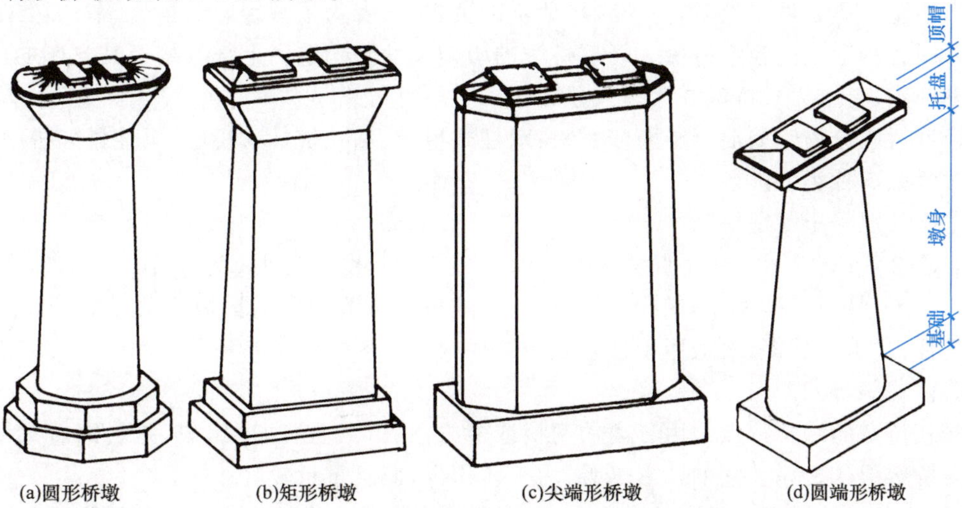

图 2-4-13 重力式桥墩的类型

重力式桥墩由基础、墩身和墩帽组成，如图 2-4-13(d)所示。

基础在桥墩的底部，一般埋置在地面以下，其形式根据受力情况及地质情况，可采用明挖扩大基础、沉井基础及桩基础等。

墩身是桥墩的主体，其顶部小，底部大，自上而下形成一定的坡度。

墩帽在桥墩的顶部，它是由顶帽和托盘组成。顶帽的顶面为斜面，可作为排水用，俗称排水坡。为了安放桥梁支座，其上设有两块支承垫石。

空心式桥墩如图 2-4-14 所示，是实体墩向轻型化发展的一种较好的结构形式，尤其适用于高桥墩。其特点是可充分利用材料的强度，节省材料，减轻桥墩自重，减少基础工程量。

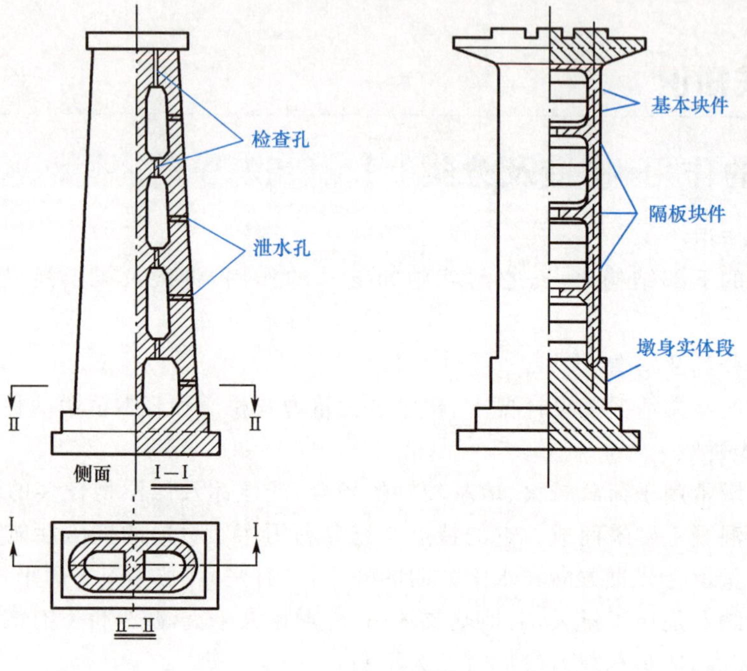

图 2-4-14 空心式桥墩

(2)轻型桥墩

当地基土质条件较差时，为了减轻地基的负担，或者为了减轻墩身重量，节约圬工材料，常常采用各种形式的轻型桥墩。轻型桥墩的墩帽尺寸及构造由上部结构及其支座的尺寸等要求来确定，与重力式桥墩并无多大差异。

轻型桥墩分为钢筋混凝土薄壁桥墩、双柱式桥墩、钻孔桩柱式桥墩、柔性排架桩墩、拱桥桩柱式桥墩五种类型。

①钢筋混凝土薄壁桥墩

如图 2-4-15 所示，墩身直立，其厚度与高度的比值较小(为 1/10～1/15，厚度为 30～50 cm)，特点是体积小，结构轻巧，比重力式桥墩可节约圬工量 70%左右，且施工简便，外形美观，过水性良好，故适用于地基软弱的地区。

②柱式桥墩

柱式桥墩的结构特点是由分离的两根或多根立柱(或桩柱)所组成，是公路桥梁中采用较多的桥墩形式之一。它的外形美观，圬工体积少，而且重量较轻。

图 2-4-16(a)所示为双柱式桥墩，它由两个腰圆形柱和设置在柱顶上的墩帽以及连系梁

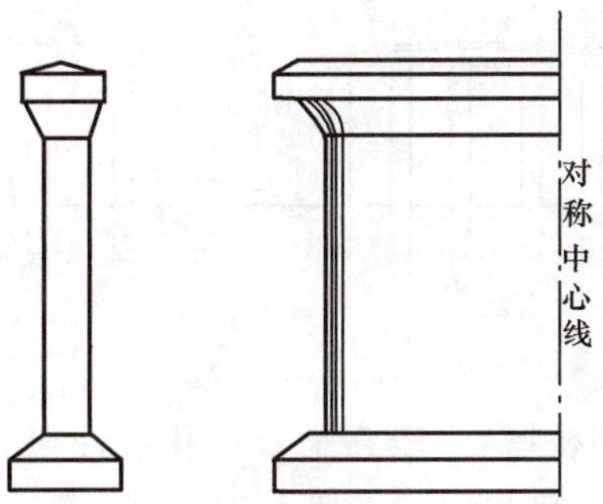

图 2-4-15 钢筋混凝土薄壁桥墩

所组成，柱的底端被连成整体。这种桥墩的刚度较大，适用性较广，并可与桩基配合使用。缺点是柱间空间小，易于阻滞漂浮物，故一般多在水深不大的浅基础或高桩承台上采用，而避免在深基础及漂浮物多、有木筏的河道上采用。

近年来，我国较多地采用钻孔灌注桩双柱式桥墩，如图 2-4-16(b)所示。它由钻孔灌注桩与钢筋混凝土墩帽组成。柱与桩直接相连，柱即是地面以上的桩。当墩身桩柱的高度大于 1.5 倍的桩距时，通常就在桩柱之间布置横系梁，以增加墩身的侧向刚度。

钻孔桩柱式桥墩适合于许多场合和各种地质条件。对于宽桥可采用三柱式或多柱式，视桩的承载能力而定，也可把洪水位以下部分墩身做成实体式，以增强抵抗漂浮物的能力。通过增大桩径、桩长或多排桩加建承台等措施，也能适用于更复杂的软弱地质条件以及较大跨径和较高的桥墩。

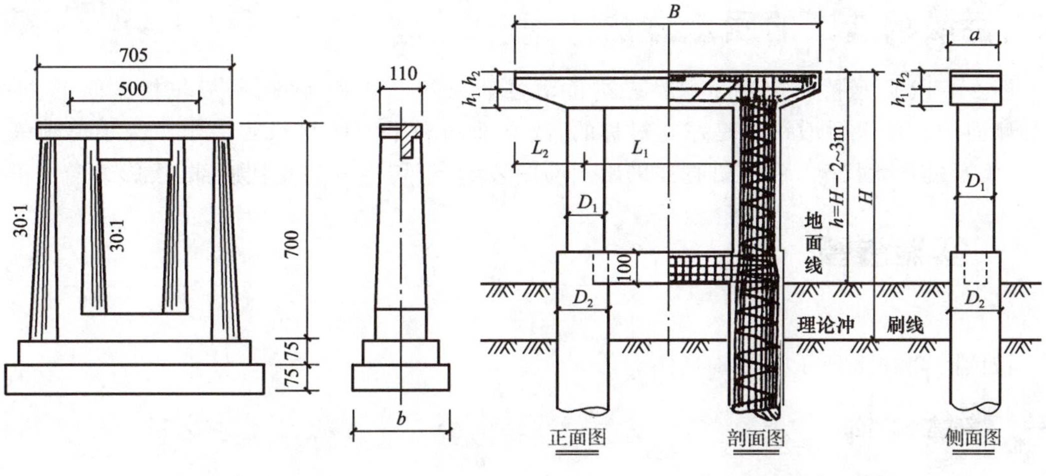

图 2-4-16 柱式桥墩

图 2-4-17 所示为柔性排架桩墩，是由单排或双排钢筋混凝土桩与钢筋混凝土盖梁连接而成的。其主要特点是通过一些构造措施，将上部结构传来的水平力传递到各个柔性墩台，以减少单个柔性墩所受的水平力。其优点是用料省、修建简便、施工速度快。适用于低浅宽滩，且通航要求低和流速不大的河流。

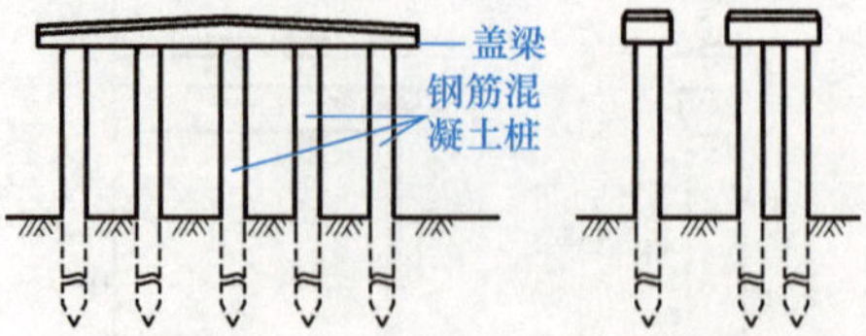

图 2-4-17 柔性排架桩墩

图 2-4-18 所示为拱桥轻型桥墩，一般为配合钻孔灌注桩基础的桩柱式桥墩。从外形上看，它与梁桥上的桩柱式桥墩非常相似。主要差别为：在梁桥墩帽上设置支座，而在拱桥墩顶部分别设置拱座。

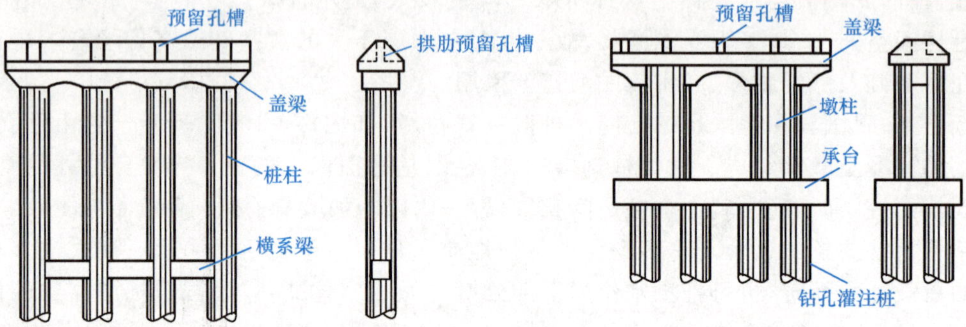

图 2-4-18 拱桥轻型桥墩

二、桥墩构造图的图示方法

图 2-4-12 所示桥墩构造图主要表达桥墩各部分的形状和尺寸，一般包括立面图、平面图和侧面图。由于桥墩一般是左右对称的，故立面图和平面图均只画一半。为了清晰表达立柱、承台的形状尺寸，平面图通常采用剖面图表示，剖切位置为立柱底部，投影方向向下。

实施步骤

识读图 2-4-12 所示桥墩构造图。

一、整体结构

首先从立面图看出，该桥墩为柱式轻型桥墩，由上至下分别由墩帽、立柱、承台和基桩四部分组成。

二、墩帽盖梁

墩帽盖梁的形状和尺寸、防震块位置均可从立面图结合侧面图读出：墩帽为一个纵卧的六棱柱，墩帽全长为 1650 cm，宽为 140 cm，高度在中部为 116 cm，在两端为 110 cm，桥面有 1.5％的横坡；墩帽两端各有一个 20 cm×30 cm 的防震块，是防止空心梁板移动而设置的。墩帽的三面投影图和立体图分别如图 2-4-19、图 2-4-20 所示。

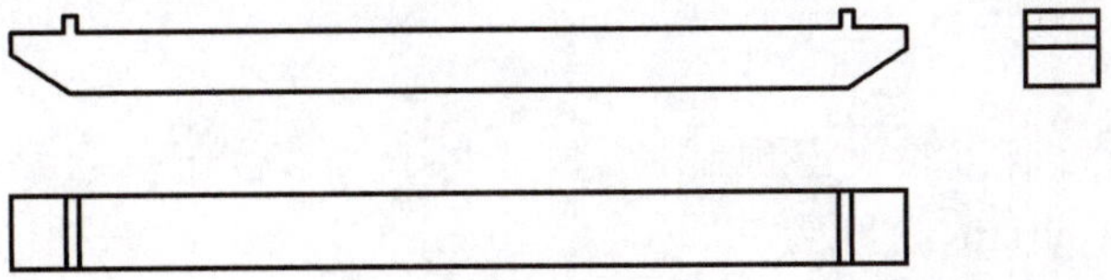

图 2-4-19　墩帽三面投影图

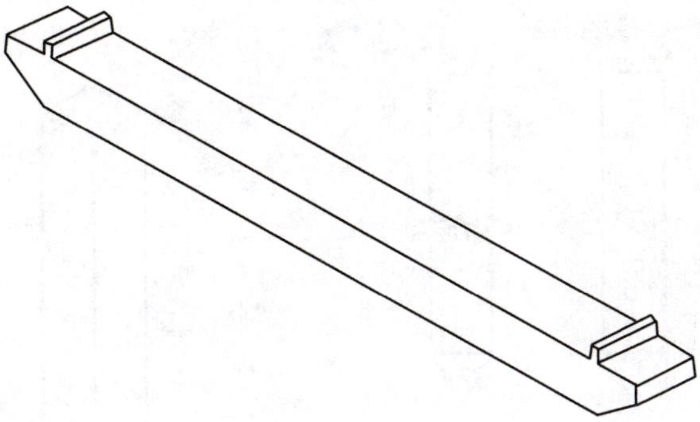

图 2-4-20　墩帽及其防震块立体图

三、立柱

立柱共 5 根，位于承台之上，从平面图中可看出，立柱为圆形立柱，由立面图或侧面图可读出直径为 80 cm、高度为 250 cm、轴间距为 320 cm。立柱的三面投影图和立体图分别如图2-4-21、图 2-4-22 所示。

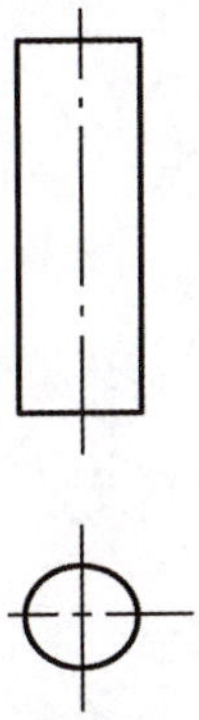

图 2-4-21　立柱三面投影图

图 2-4-22　立柱立体图

四、承台

从平面图中可看出，承台是长方体，结合三面投影图可看出，其长、宽、高分别为 1 500 cm、200 cm、150 cm。承台的三面投影图和立体图分别如图 2-4-23、图 2-4-24 所示。

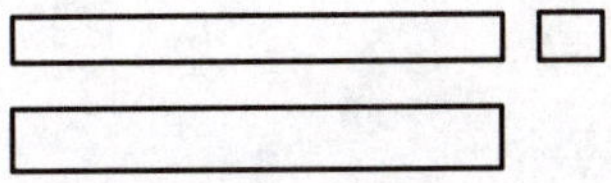

图 2-4-23　承台三面投影图

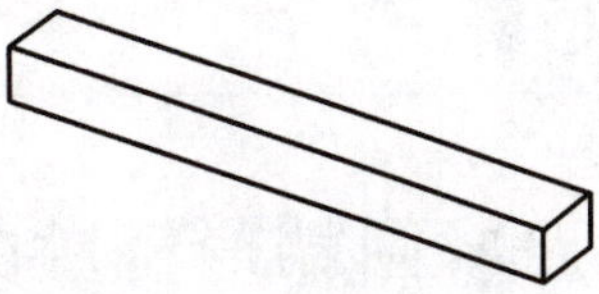

图 2-4-24　承台立体图

五、基桩

该桥墩的基桩均为钢筋混凝土预制桩，基桩共 15 根，位于承台之下，分两排交错布置(呈梅花形)，排距为 100 cm，桩距为 95 cm，为 40 cm×40 cm 的方桩；基桩施工时先将预制桩打入地基，待下端到达设计深度后，再浇筑承台，桩的上端深入承台内部 80 cm。基桩的三面投影图和立体图分别如图 2-4-25 和图 2-4-26 所示。

基桩的钢筋构造图见习题集。

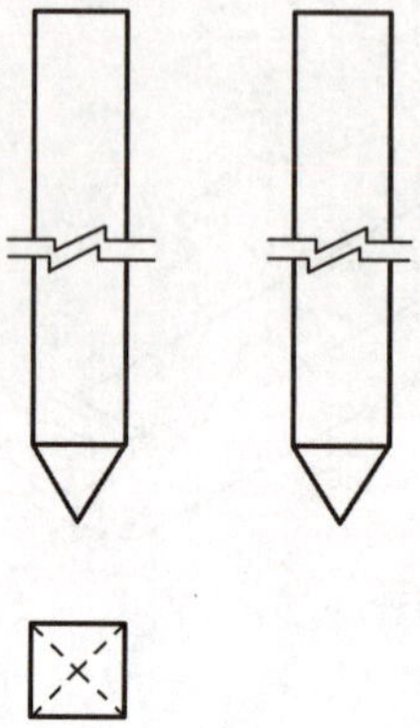

图 2-4-25 基桩三面投影图

图 2-4-26 基桩立体图

将墩帽、立柱、承台和基桩四部分自上而下组合起来便可得到完整的桥墩形状，桥墩立体图如图 2-4-27 所示。

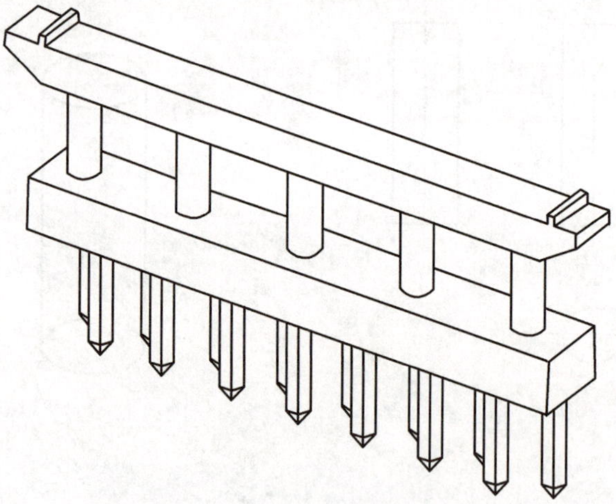

图 2-4-27 桥墩立体图

知识拓展

一、识读铁路桥圆端形桥墩的构造图

识读图 2-4-28 铁路桥圆端形桥墩总图和图 2-4-29 墩帽构造图。

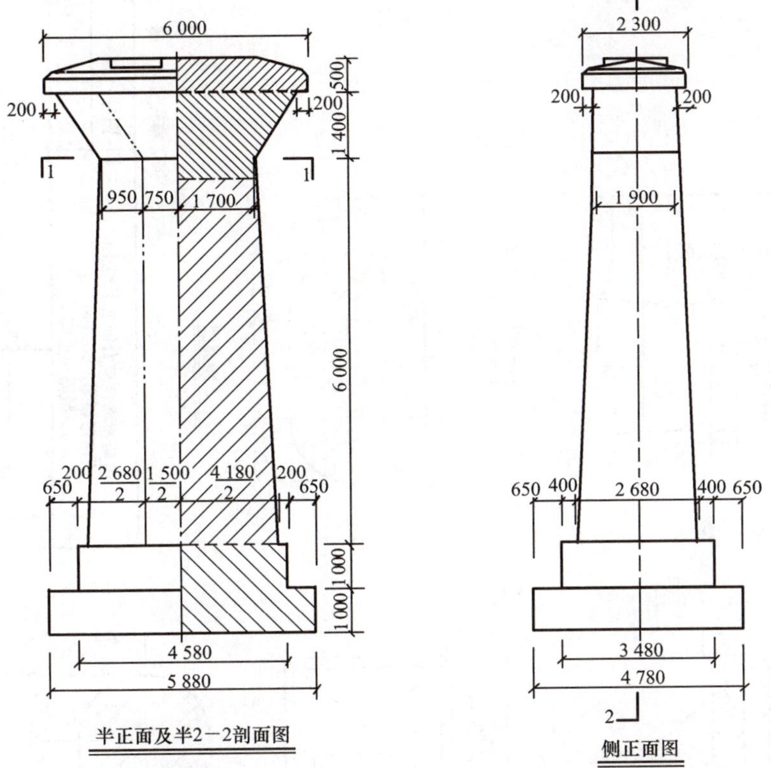

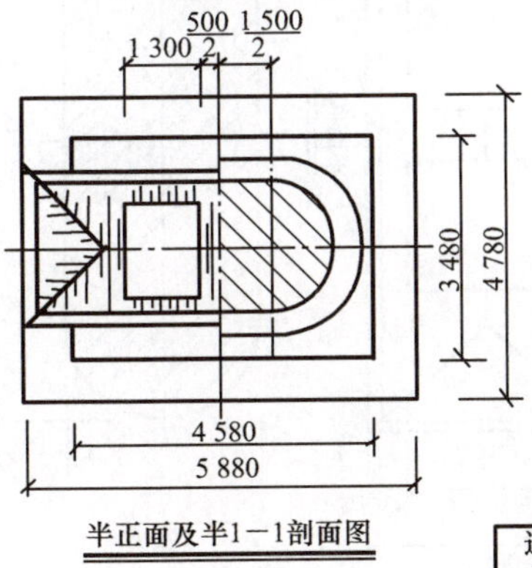

工程数量表

序号	工程名称	单位	数量	附注
1	C15基础混凝土	m^3	44.10	
2	C15墩身混凝土	m^3	45.00	
3	C20托盘混凝土	m^3	10.90	
4	C20顶帽钢筋混凝土	m^3	6.90	

道碴桥面预应力钢筋混凝土梁 l_p=32.0 m圆端形桥墩		图号	
		比例	1 : 100
设计		×××设计院	
复核			

图 2-4-28 铁路桥圆端形桥墩总图

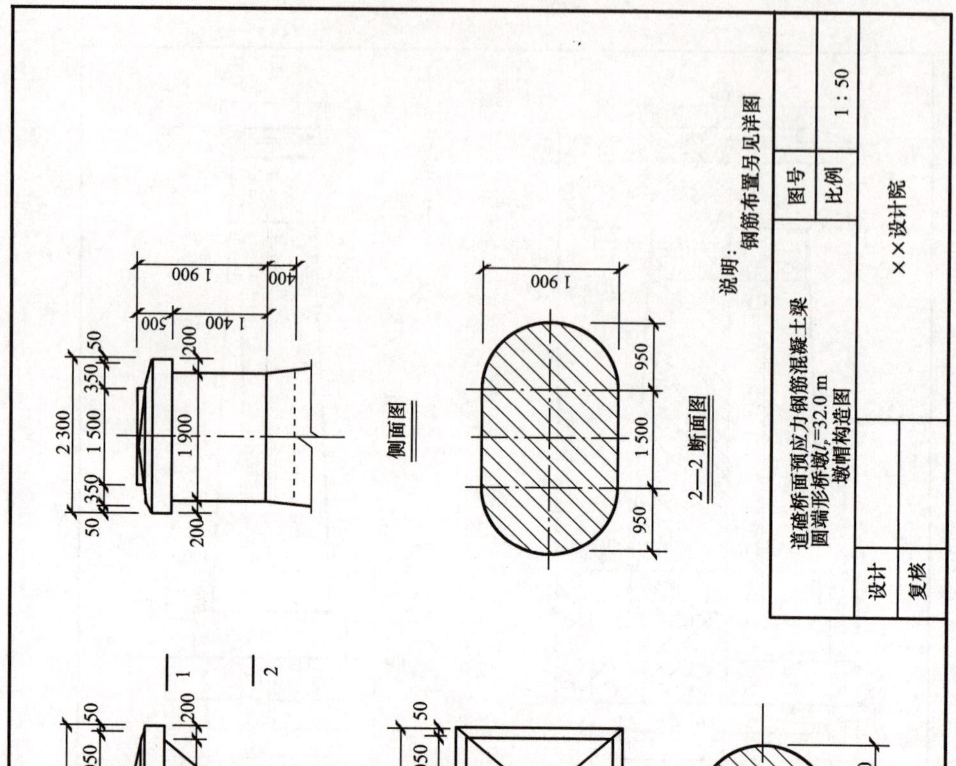

图2-4-29 圆端形桥墩墩帽构造图

子项目 4　识读桥台图

问题引例

识读图 2-4-30 所示的桥台构造图，解决以下问题：

(1)台前、台后是如何定义的？

(2)桥台由哪几部分组成？

(3)承台是什么形状？其长宽高分别是多少？材料是什么？

(4)基桩共有多少根？位置在哪里？如何布置的？排距是多少？基桩的形状是什么？尺寸是多少？深入承台内部多少距离？哪一部分是深入承台的？

(5)台身是什么材料的制作？其形状如何？

(6)台帽是什么形状的？其尺寸是多少？防震块在哪里？桥面横坡的坡度是多少？

(7)侧面图中台后有一个 3∶1 的坡度是什么？

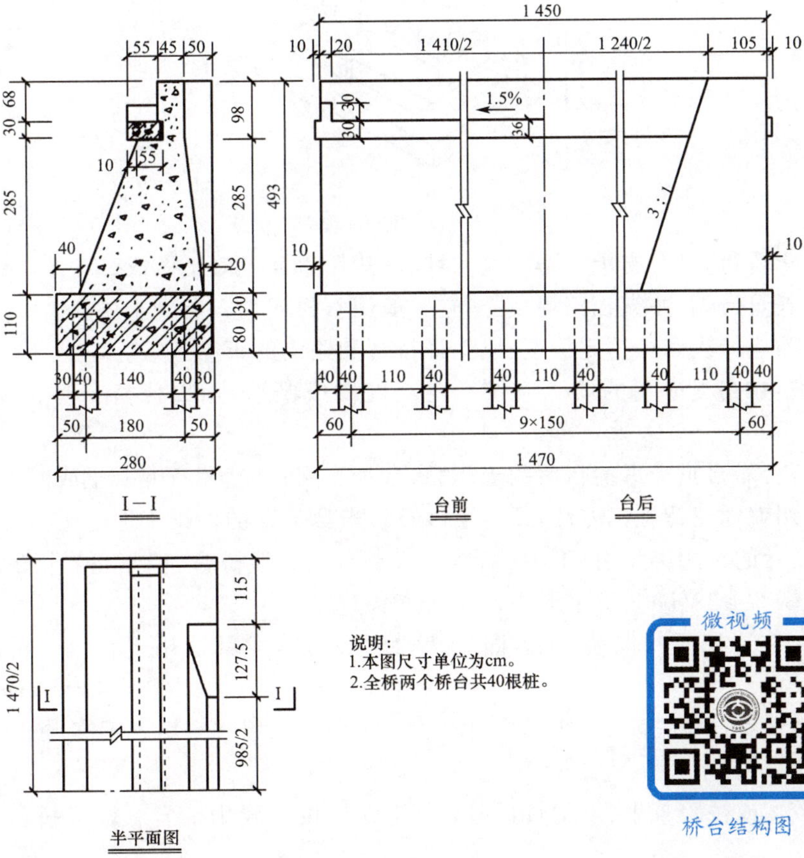

微视频

桥台结构图

图 2-4-30　桥台构造图

相关知识

一、桥台的作用、构造、分类

桥台属于桥梁的下部结构，主要支承上部的板梁，并承受路堤填土的水平推力。桥台迎水面为前面，背水面为后面。

我国公路桥梁桥台的形式主要有实体式桥台（又称重力式桥台）、轻型桥台、组合式桥台等。

1. 重力式桥台

重力式桥台一般由台帽、台身（前墙、胸墙和后墙）及基础等组成，如图 2-4-31 所示。

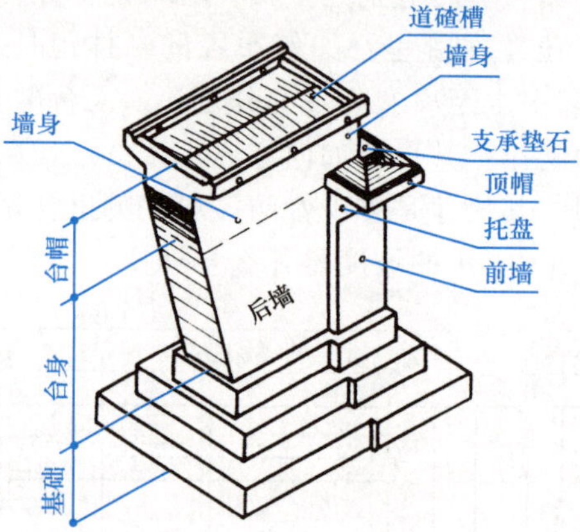

图 2-4-31 桥台的构造

台帽：支承桥跨，设有支承垫石和排水坡，一般用钢筋混凝土做成。

台身：承托着台帽，并支挡路堤填土，它一般用石材或片石混凝土做成。

桥台上部：应伸入路堤一定深度，以保证桥台和路堤的可靠连接。

锥体护坡：在路堤前端的填土应按一定坡度做成锥形，用以保持台身稳定，称为锥体护坡。

重力式桥台靠自重来平衡台后的土压力，台身多用石砌、片石混凝土或混凝土等圬工材料建造，并采用就地建造施工方法，适合于砂石料来源丰富的桥梁工地选用。

重力式桥台的常用类型有：T 形桥台（图 2-4-31）、矩形桥台、U 形桥台[图 2-4-32(a)]、耳墙式桥台[图 2-4-32(b)]、十字形桥台[2-4-32(c)]等。

T 形桥台主要用于铁路桥，工程量较小，使用广泛，尤其适用于较大的桥跨和较高的路堤。

矩形桥台形状简单，施工方便，但工程最大，已较少采用。当填土不高，桥跨较小且桥面不宽时可考虑采用。

当桥面较宽或桥跨较小，填土较低时，采用 U 形桥台较为节省。U 形桥台为公路桥常用形式。

耳墙式桥台是在台尾上部用两片钢筋混凝土耳墙代替实体台身并与路堤连接，借以节省圬工，也可设计成埋入式。

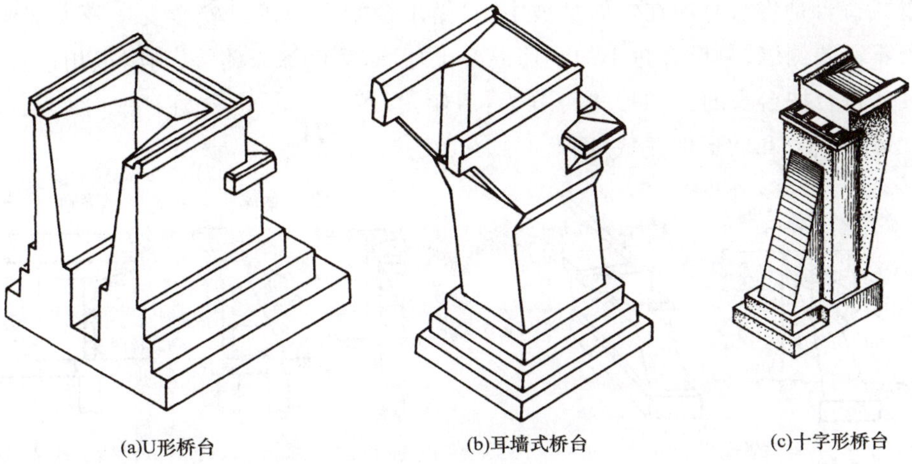

图 2-4-32 重力式桥台的类型

2. 轻型桥台

轻型桥台的主要特点为利用结构本身的抗弯能力来减少圬工体积而使桥台轻型化，所用材料为钢筋混凝土或少量配筋的混凝土。

轻型桥台主要用于公路桥梁。

轻型桥台分为支撑梁轻型桥台、埋置式桥台、钢筋混凝土薄壁桥台三种类型。

（1）支撑梁轻型桥台

支撑梁轻型桥台常用于单跨或孔跨不多的小跨径桥，在轻型桥台之间或台与墩间，设置3～5根支撑梁，支撑梁设在冲刷线或河床铺砌线以下，梁与桥台设置锚固栓钉，使上部结构与支撑梁共同支撑桥台，承受台后土压力，此时桥台与支撑梁及上部结构形成四铰受力框架。

支撑梁轻型桥台包括一字形、八字形和耳墙式，如图 2-4-33 所示。

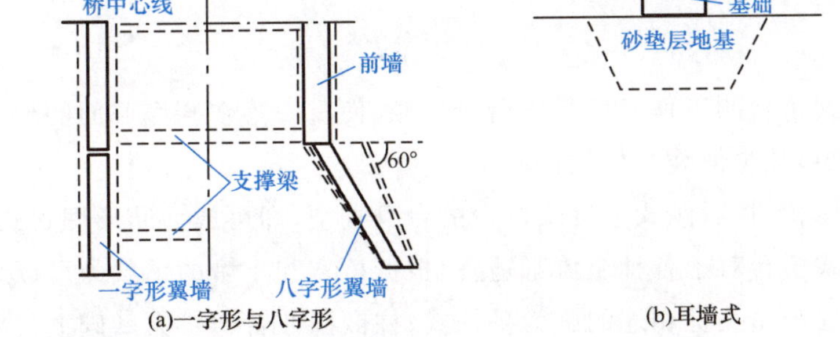

图 2-4-33 支撑梁轻型桥台

(2)埋置式桥台

埋置式桥台是将台身埋在锥体护坡中,只露出台帽在外用以安装支座及上部结构。埋置式桥台不需要侧墙,只设有短小的钢筋混凝土耳墙,耳墙深入路堤,与路堤相连。

埋置式桥台按台身的结构形式可分为:后倾式[图 2-4-34(a)]、桩柱式[图 2-4-34(b)]、框架式[2-4-34(c)]和肋形埋置式(图 2-4-35)。

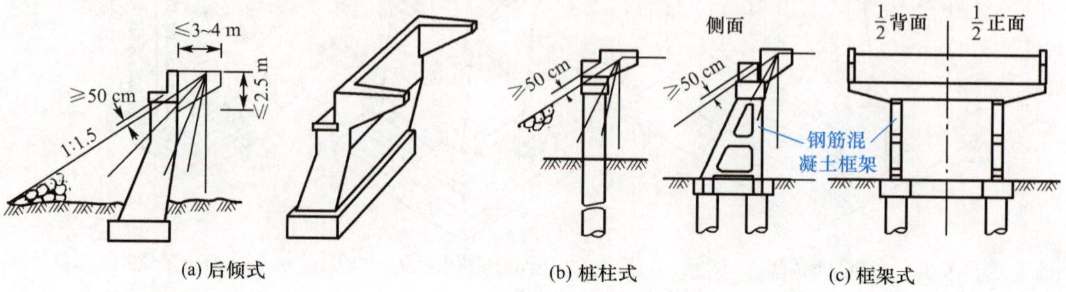

图 2-4-34 埋置式桥台

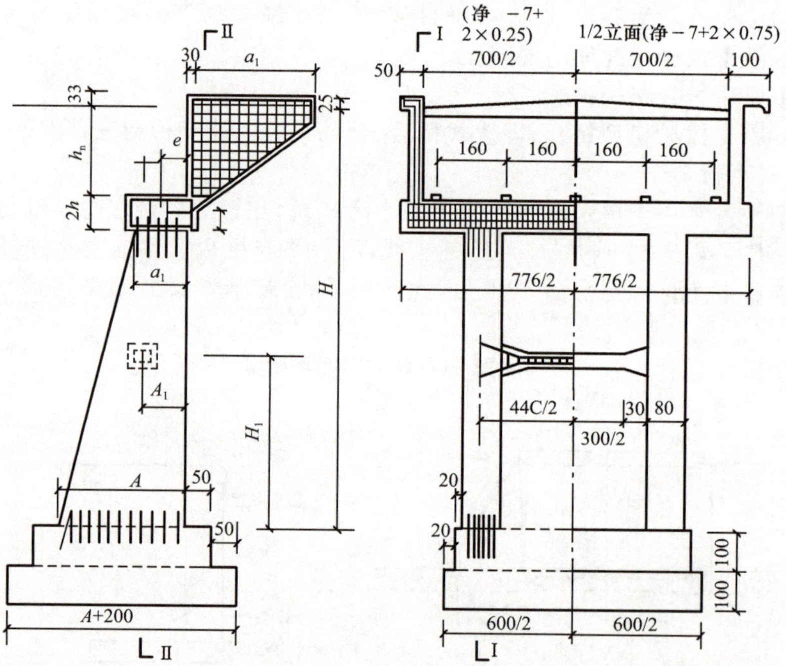

图 2-4-35 肋形埋置式桥台

后倾式埋置式桥台的工作原理是靠台身后倾,使重心落在基底截面的形心后,以平衡台后填土的倾覆力矩,减少恒载产生的偏心距。

为节约圬工体积,将后倾式埋置式桥台的台身挖空,即可成为肋形埋置式桥台。

桩柱式埋置式桥台对于各种土壤都适宜,根据桥宽和土壤的承载力可以采用双柱式、三柱式和多柱式。柱与钻孔桩相连的称为桩柱式;柱嵌固在普通扩大基础上的称为立柱式;完全由一排钢筋混凝土桩和桩顶盖梁连接而成的称为柔性桩台。

框架式桥台相比桩柱式桥台刚度和稳定性好，相比肋形埋置式桥台挖空率高，更节约圬工体积。

(3)钢筋混凝土薄壁桥台

钢筋混凝土薄壁桥台是由扶壁式挡土墙和薄壁侧墙构成。两侧薄壁与前墙垂直的称为U形薄壁桥台；两侧薄壁与前墙斜交的称为八字形薄壁桥台，如图 2-4-36 所示。

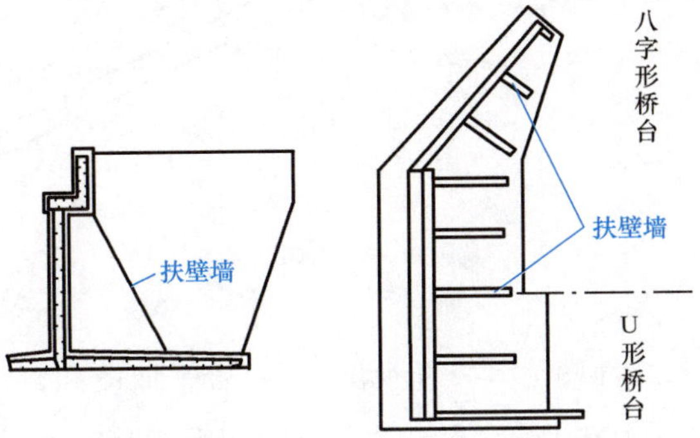

图 2-4-36 钢筋混凝土薄壁桥台

二、桥台构造图的图示特点

图 2-4-30 所示的桥台构造图主要表达桥台各部分的形状和尺寸，一般包括立面图、平面图和侧面图。由于桥台一般是左右对称的，故平面图可只画一半。为了清晰表达台帽、台身、承台的形状和材料，立面图可以用剖面图表示。

实施步骤

识读图 2-4-30 桥台构造图。

首先从立面图看出，该桥台由下至上分别由基桩、承台、侧墙、台身和台帽五部分组成。立面图为全剖面图，即可表示出桥台的内部构造，又可画出材料符号；由于宽度尺寸较大且对称，所以平面图只画出了一半；侧面图由台前和台后两个方向视图各取一半拼成。为了节省图幅，平面图和侧面图都采用了断开画法。

1. 台帽

材料为钢筋混凝土，侧面图的台前部分为其特征视图，长度为 65 cm，高度在中部为 36 cm，在两端为 30 cm，桥面有 1.5%的横坡，两端各有一个 20 cm×30 cm 的防震块。台帽的三面投影图和立体图分别如图 2-4-37 和图 2-4-38 所示。

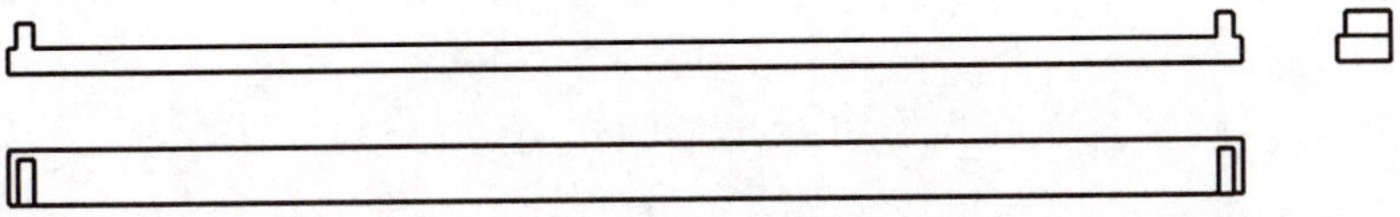

图 2-4-37 台帽三面投影图

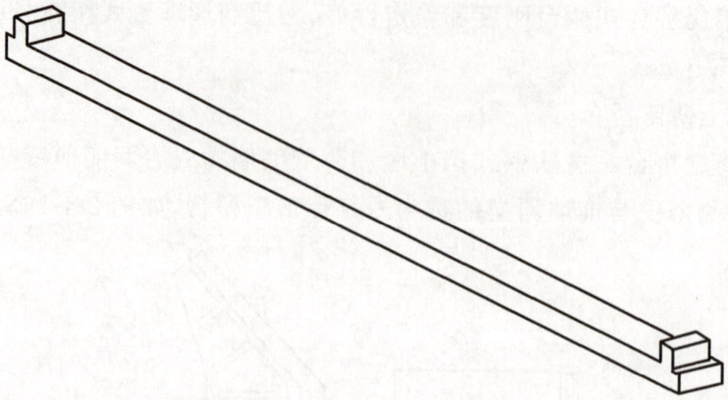

图 2-4-38 台帽立体图

2. 台身

台身材料为混凝土，立面图为其特征视图，可结合平面图和侧面图分析其形状和尺寸。台身的三面投影图如图 2-4-39 所示，台身的立体图如图 2-4-40 所示。

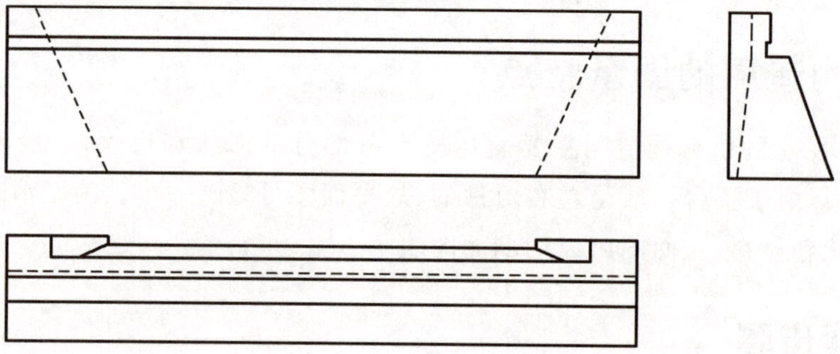

图 2-4-39 台身三面投影图

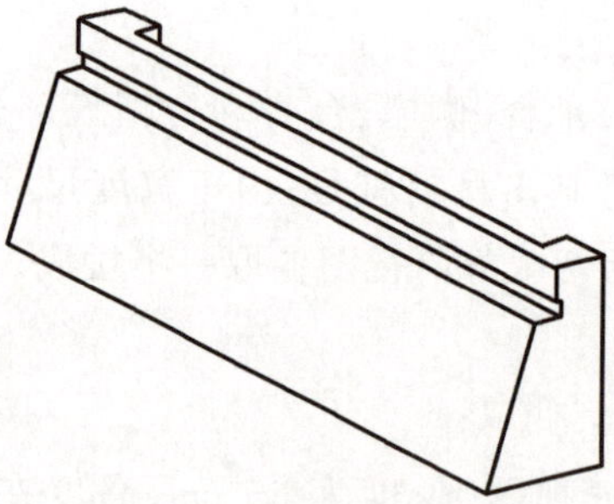

(a) 前面

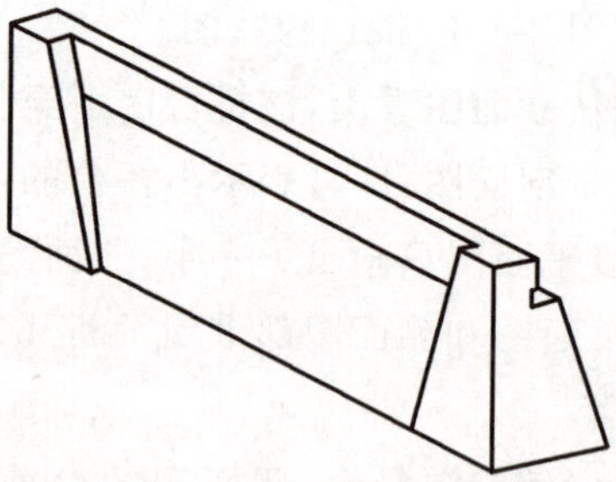

(b)后面

图 2-4-40 台身立体图

3. 承台

承台是一个长方体，结合三面投影可看出，其长、宽、高分别为 280 cm、1 470 cm、110 cm，材料为钢筋混凝土。承台的三面投影图和立体图与桥墩的承台类似，此处略去。

4. 基桩

每个桥台基桩共 20 根，位于承台之下，分两排对齐布置，排距为 180 cm，桩距为 150 cm，形状为 40 cm×40 cm 的方桩；桩的上端深入承台内部 80 cm，在立面图和侧面图中用虚线绘制。基桩的三面投影图和立体图与桥墩的基桩类似，此处略去。

5. 侧墙

从侧面图的台后部分可看出，侧墙坡度为 3∶1。

将台帽、台身、承台和基桩四部分自上而下组合起来便可得到完整的桥台，桥台立体图如图 2-4-41 所示。

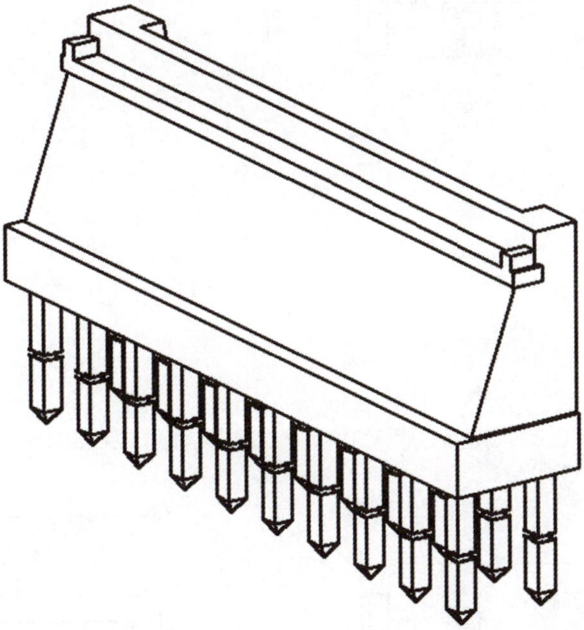

图 2-4-41　桥台立体图

知识拓展

一、识读铁路桥 T 形桥台的构造图

识读图 2-4-42 铁路桥 T 形桥台总图和图 2-4-43 T 形桥台台顶构造详图。

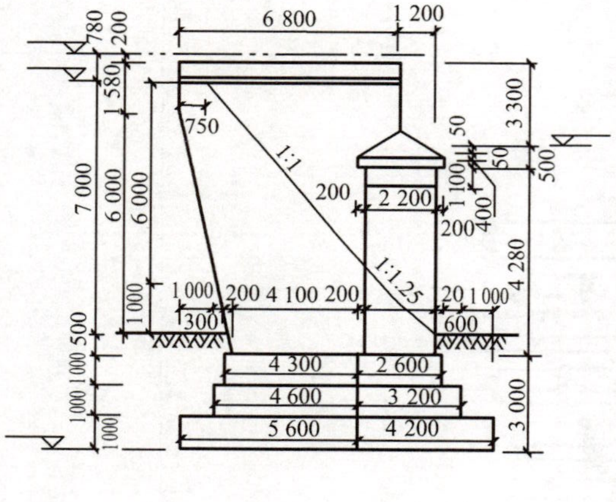

侧面图

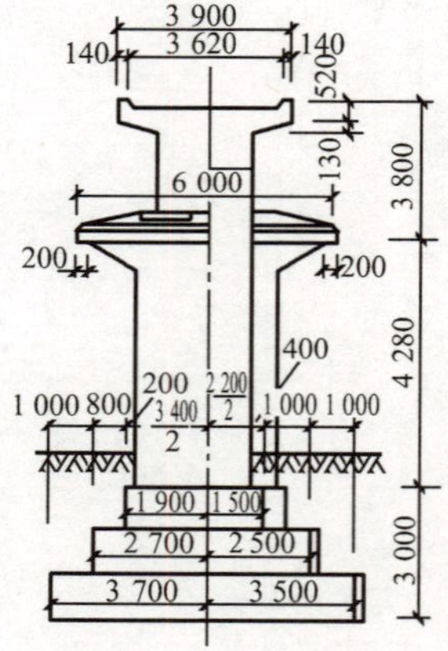

半正面图 半背面图

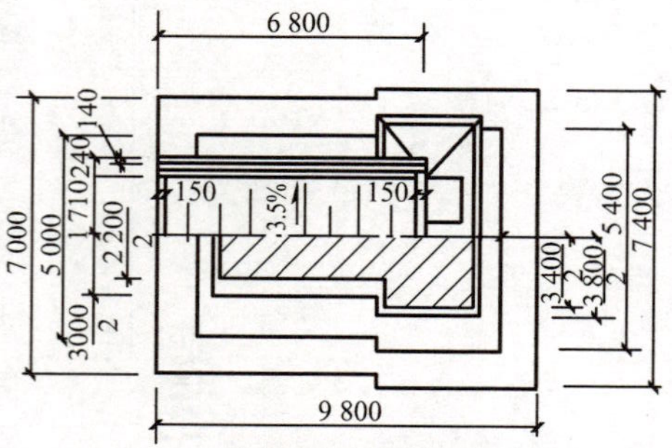

半平面、半基顶剖面

说明：

1.桥台的台顶构造见台顶构造详图。

2.基础为M10水泥砂浆砌片石；

台身为M10水泥砂浆砌片石；

托盘为C20混凝土；

顶帽及道碴槽为C20钢筋混凝土。

道碴桥面l_p=32.0m后梁T形桥台桥台总图		图号	
		比例	1:100
设计		×××设计院	
复核			

图2-4-42 铁路桥T形桥台总图

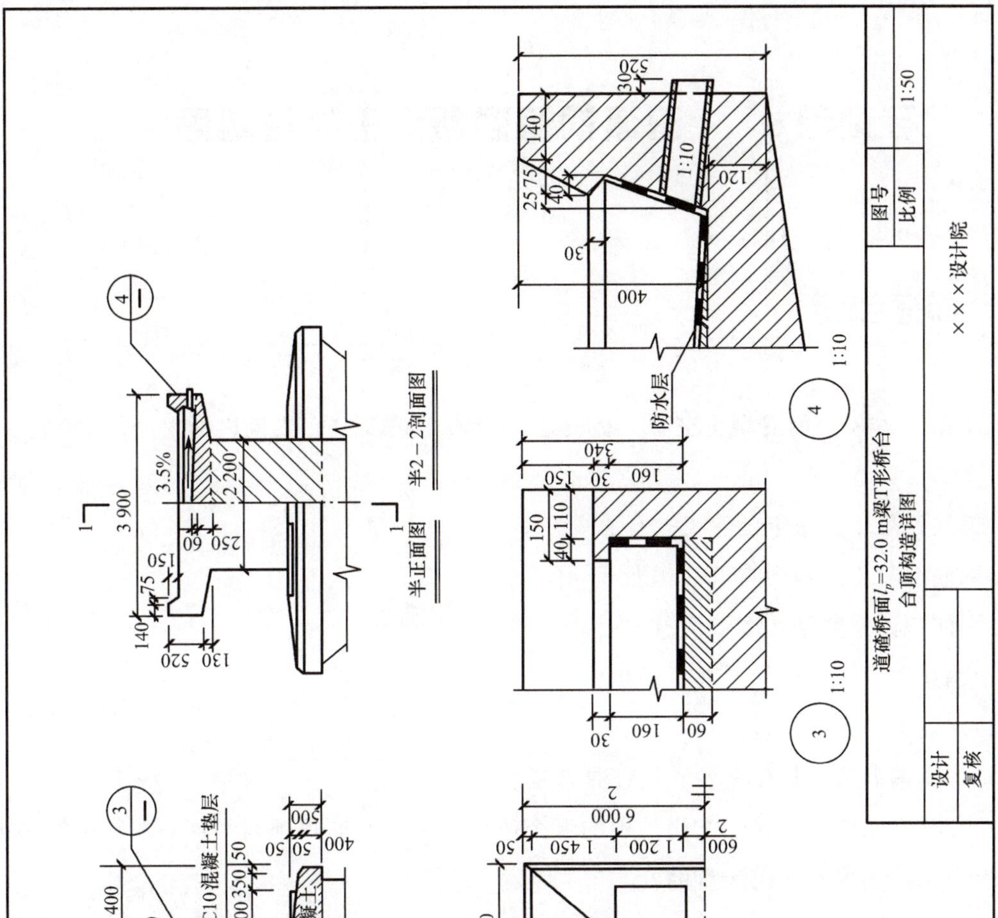

图2-4-43　T形桥台台顶构造详图

子项目 5 识读钢筋混凝土主梁结构图

问题引例

识读图 2-4-44 钢筋混凝土空心梁板构造图和图 2-4-45 空心梁板边板配筋图，解决以下问题：

1. 钢筋符号中各数字的意义是什么？

2. 钢筋混凝土结构图有哪几类？

3. 如何识读钢筋结构图？

(1)钢筋混凝土梁外形尺寸是多少？

(2)钢筋种类共有几种？

(3)各类钢筋形状是什么？直筋还是弯筋？

(4)各种钢筋如何放置？在构件中的哪个位置？以什么形式排列？钢筋的数量是多少？

(5)净距是多少？如何计算的？

4. 钢筋数量表如何填写？

5. 如何绘制不同断面的钢筋断面图？

微视频

钢混结构

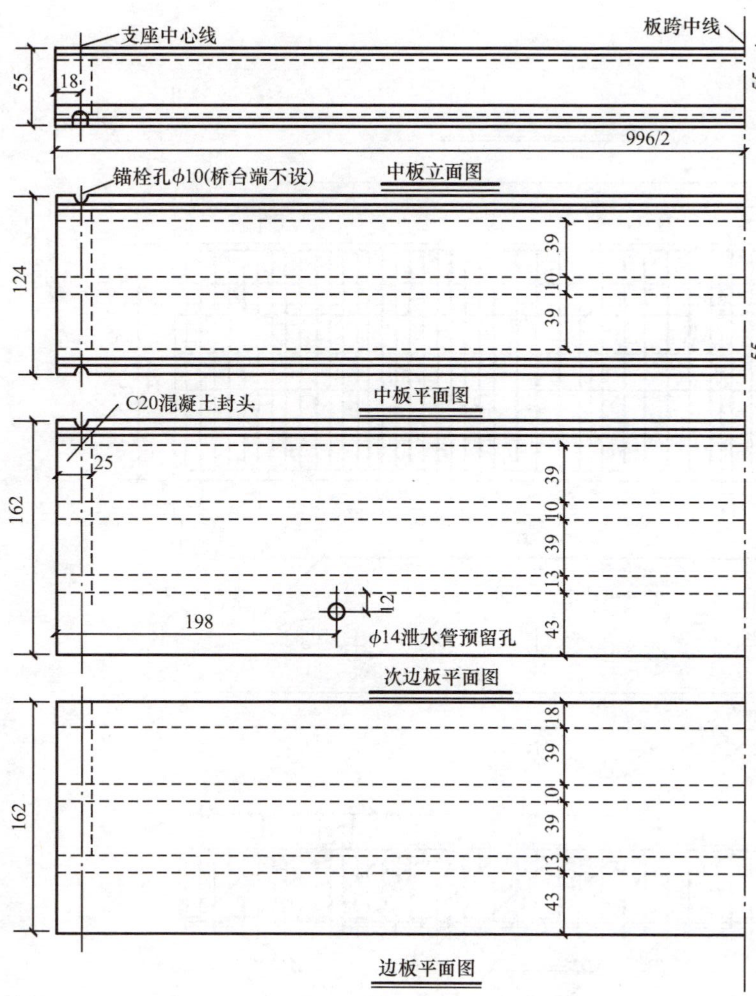

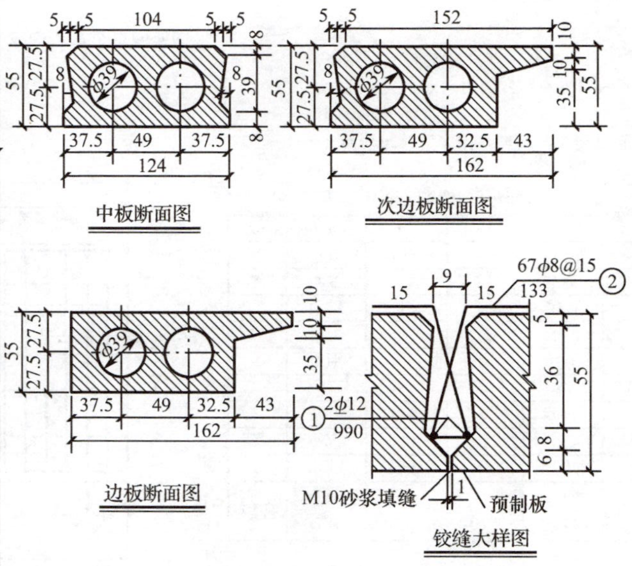

一块空心板混凝土数量表

封头	中板		边板		次边板	
C20混凝土/m^3	C25混凝土/m^3	安装质量/T	C25混凝土/m^3	安装质量/T	C25混凝土/m^3	安装质量/T
0.119	3.874	9.762	4.081	13.3	4.523	11.44

说明：

1.本图尺寸除钢筋直径以mm计外，其余均以cm计；

2.浇筑铰缝混凝土前先用M10水泥砂浆填底缝，待砂浆强度达50%后方可浇筑铰缝；

3.铰缝钢筋①②号先绑扎好再放入铰缝内，并与预制板中伸出的箍筋绑扎在一起，②号钢筋每隔15cm绑扎一根。

图2-4-44　钢筋混凝土空心梁板构造图

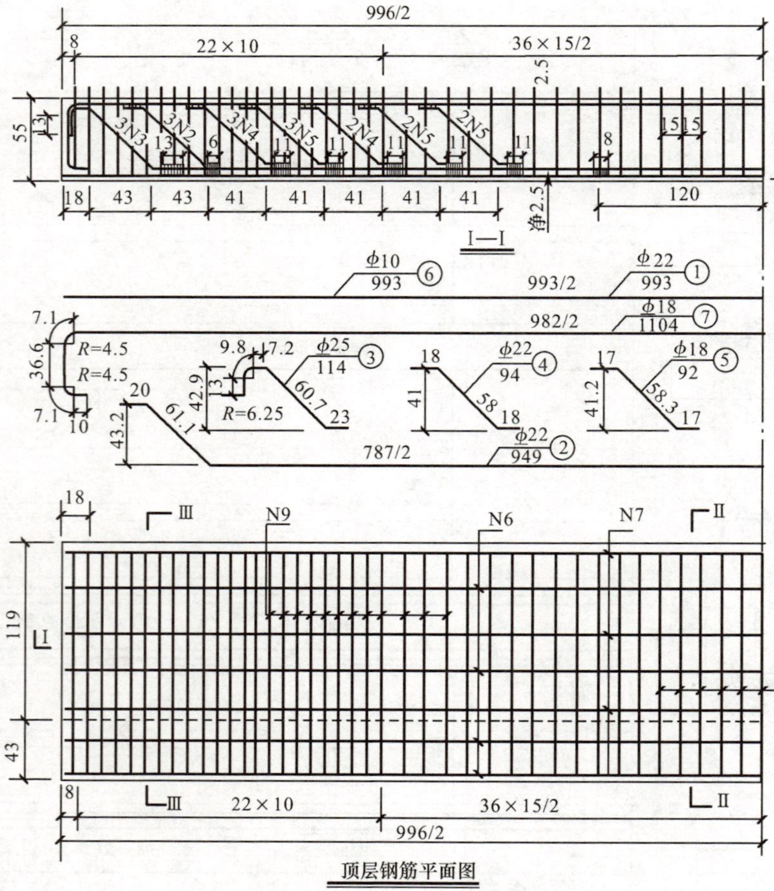

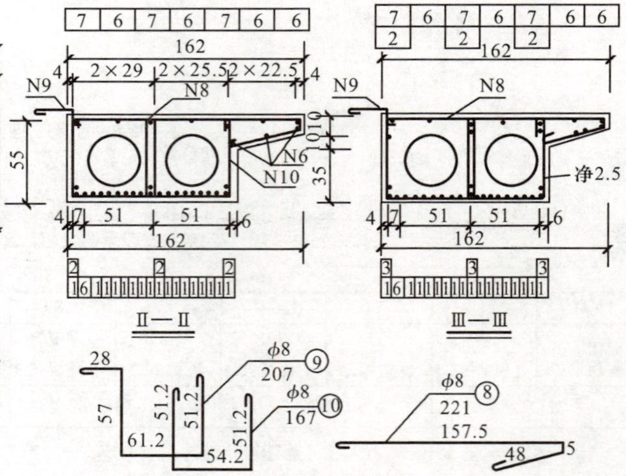

一块板钢筋明细表

编号	直径 /mm	每根长度 /cm	根数	总长 /m	质量 /kg
1	ϕ22	993	17	168.8	503
2	ϕ22	949	3	28.5	85
3	ϕ25	114	6	6.8	26
4	ϕ22	94	10	9.4	23
5	ϕ18	92	14	12.9	26
6	ϕ10	993	8	79.4	49
7	ϕ18	1 104	3	33.1	66
8	ϕ 8	221	81	179	71
9	ϕ 8	207	81	167.7	66
10	ϕ 8	167	81	119.1	47

说明：1.本图尺寸除钢筋直径以mm计外，其余均以cm为单位；

2.焊接钢筋均采用双面焊，焊接长度按“公路桥规”处理；

3.N8与N9、N10钢筋对应设置，N9钢筋弯曲伸入人行道。

图2-4-45　空心梁板边板配筋图

相关知识

一、桥梁钢筋混凝土主梁的分类

钢筋混凝土主梁按承载结构的截面形式可分为：板式梁、肋式梁和箱形梁三种形式。

1. 板式梁

主梁的承载结构截面为矩形的钢筋混凝土梁或预应力钢筋混凝土梁称，为板式梁，如图2-4-46(a)、图2-4-47(a)所示。

2. 肋式梁

主梁的承载结构截面呈肋式结构的钢筋混凝土梁或预应力钢筋混凝土梁称为肋式梁，也称T形梁，如图2-4-46(b)、图2-4-47(b)所示。

3. 箱形梁

主梁的承载结构截面中呈一个或几个封闭箱形的钢筋混凝土梁或预应力钢筋混凝土梁称为箱形梁，如图2-4-46(c)、图2-4-47(c)所示。

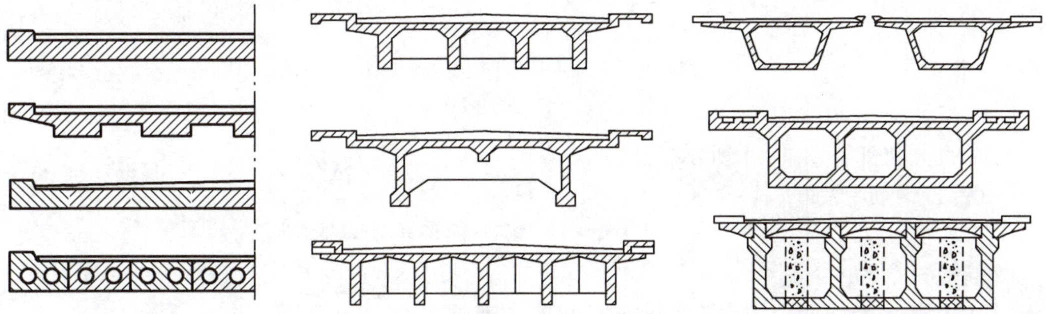

(a)板式梁　(b)肋式梁　(c)箱形梁

图2-4-46　公路桥主梁的类型

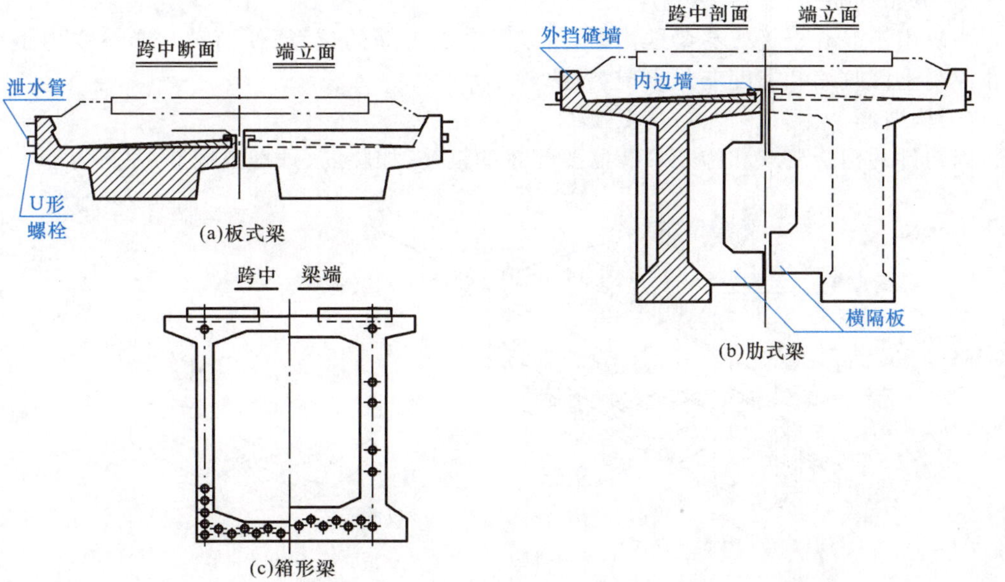

图2-4-47　铁路桥主梁的类型

二、钢筋混凝土结构基本知识

1. 钢筋混凝土结构

混凝土是由水泥、砂、石子和水按照一定的比例搅拌和硬化而成的一种人造石料。由于混凝土的抗压强度较高，抗拉强度较低，而钢筋抗拉能力强，因此常在混凝土构件的受拉区内加入一定数量的钢筋，使两种材料黏结成一个整体，共同承受外力，这种配有钢筋的混凝土称为钢筋混凝土，如图 2-4-48 所示。

钢筋混凝土是最常用的建筑材料，桥梁工程中的许多构件都是用它来制作的，如梁、板、柱、桩、桥墩等。

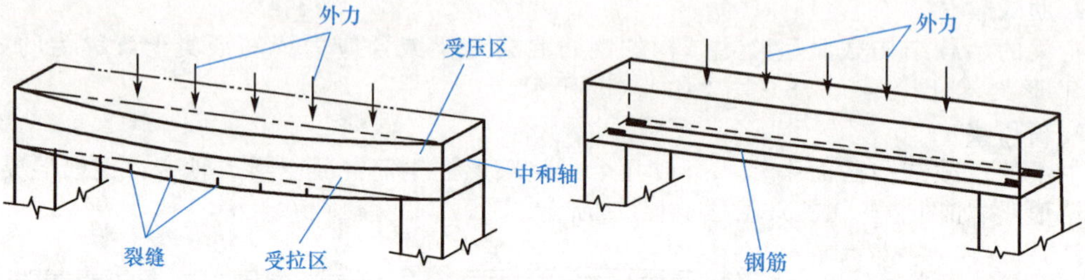

图 2-4-48 钢筋混凝土梁受力示意图

2. 钢筋的分类和作用

钢筋的分类如图 2-4-49 所示。

(1)受力钢筋(主筋)

用来承受拉力或压力的钢筋，用于梁、柱、板等钢筋混凝土构件。

(2)箍筋(钢箍)

用以固定受力钢筋位置，并承受一定的剪力或扭力。

(3)架立钢筋

在钢筋混凝土梁中，用于固定箍筋的位置，并与梁内的受力筋、箍筋一起构成钢筋骨架。

(4)分布钢筋

一般用于混凝土板或高梁结构中，用以固定受力筋的位置，使荷载分布给受力钢筋，并防止混凝土因收缩和温度变化出现裂缝。

(5)构造筋

因构件的构造要求和施工安装需要配置的钢筋，如腰筋、预埋锚固筋、吊环等。

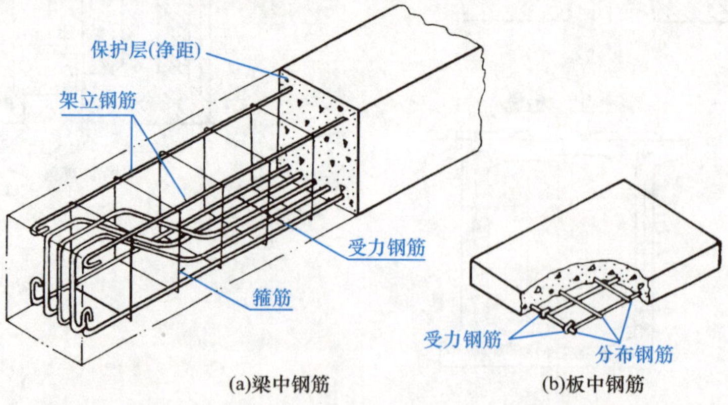

图 2-4-49 钢筋混凝土构件配筋示意图

3. 钢筋的产品规格和符号

钢筋按强度和产品规格分为五个等级，分别用不同的直径符号表示，见表 2-4-1。

表 2-4-1　　钢筋的产品规格与符号

钢筋品种	钢号及外形	符　号
Ⅰ级	3 号光圆	ϕ
Ⅱ级	16 锰人字纹	$\underline{\phi}$
Ⅲ级	25 锰硅人字纹	$\overline{\underline{\phi}}$
Ⅳ级	44 锰 2 硅光圆或螺纹	$\overline{\underline{\phi}}$
Ⅴ级	热处理 44 锰 2 硅光圆或螺纹	$\overline{\underline{\phi}}^{t}$
Ⅰ级冷拉		ϕ^{l}
冷拔钢丝		ϕ^{b}

4. 混凝土保护层

为了防止钢筋裸露在大气中锈蚀，钢筋外表到混凝土表面必须有一定的厚度，这一层厚度的混凝土就称为钢筋的保护层，我们将此距离称为净距，如图 2-4-49 所示。

在桥涵工程中，钢筋保护层的厚度一般不小于 30 mm，也不得大于 50 mm，但板中的高度小于 300 mm 时，钢筋的保护层的厚度可减为 20 mm，箍筋的保护层厚度不得小于 15 mm。

5. 钢筋的弯钩和弯起

（1）钢筋的弯钩

对于光圆外形的受力钢筋，为了增加它与混凝土的黏结力，需在钢筋的端部做成弯钩状，弯钩的形式有半圆、斜弯钩和直弯钩（180°、135°、90°）三种，如图 2-4-50 所示。根据需要，钢筋实际长度要比端点长出 $6.25d$、$4.9d$ 或 $3.5d$。这时钢筋的长度要计算其弯钩的增加数值。

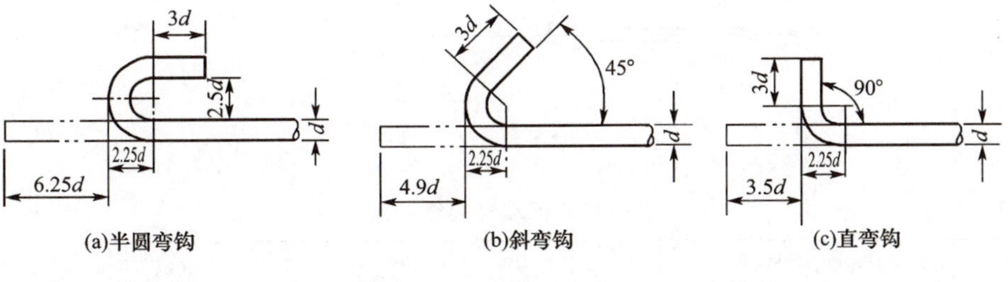

图 2-4-50　钢筋弯钩示意图

带弯钩的钢筋下料长度为设计长度加上相应弯钩的增加数值。在图 2-4-50 中用双点画线表示出了弯钩弯曲前的下料长度，它是计算钢材用量的依据。当弯钩为标准形式时，图中不必标注其详细尺寸。为方便画图和钢筋下料长度计算，标准弯钩的修正值见表 2-4-2。

表 2-4-2　　**标准弯钩修正值**

钢筋直径/mm	弯钩修正值/cm				理论质量/(kg·m⁻¹)	螺纹钢筋外径/mm
	光圆钢筋			螺纹钢筋		
	90°	135°	180°	90°		
10	3.5	4.9	6.3	4.2	0.617	11.3
12	4.2	5.8	7.5	5.1	0.888	13.0
14	4.9	6.8	8.8	5.9	1.210	15.5
16	5.6	7.8	10.0	6.7	1.580	17.5
18	6.3	8.8	11.3	7.6	2.000	20.0
20	7.0	9.7	12.5	8.4	2.470	22.0
22	7.7	10.7	13.8	9.3	2.980	24.0
25	8.8	12.2	15.6	10.5	3.850	27.0
28	9.8	13.6	17.5	11.8	4.830	30.0
32	11.2	15.6	20.0	13.5	6.310	34.5
36	12.6	17.5	22.5	15.2	7.990	39.5
40	14.0	19.5	25.0	16.8	9.870	43.5

(2)钢筋的弯起

根据结构受力要求，有时需要将构件下部的受力筋弯到上边去，即为钢筋的弯起，如图2-4-51所示。在弯起钢筋的终点外应留有锚固长度，其长度在受拉区不应小于20d，在受压区不应小于10d。标准弯起的弯起角为45°或90°，这时弧长比两边切线之和短些，如图2-4-51所示。其修正值见表2-4-3。其计算长度应减去修正数值（钢筋直径小于10时可忽略不计）。除标准弯起外，其他角度的弯起应在图中画出大样，并标出切线与圆弧的差值。

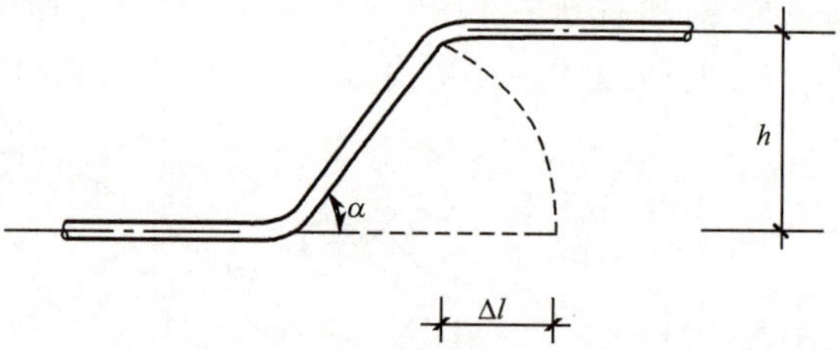

图 2-4-51　弯起钢筋增长示意图

表 2-4-3　　**钢筋的标准弯起修正值**　　cm

类别＼钢筋直径/mm			10	12	14	16	18	20	22	25	28	32	36	40
弯起修正值	光圆钢筋	45°		−0.5	−0.6	−0.7	−0.8	−0.9	−0.9	−1.1	−1.2	−1.4	−1.5	−1.7
		90°	−0.8	−0.9	−1.1	−1.2	−1.4	−1.5	−1.7	−1.9	−2.1	−2.4	−2.7	−3.0
	螺纹钢筋	45°		−0.5	−0.6	−0.7	−0.8	−0.9	−0.9	−1.1	−1.2	−1.4	−1.5	−1.7
		90°	−1.3	−1.5	−1.8	−2.1	−2.3	−2.6	−2.8	−3.2	−3.6	−4.1	−4.6	−5.2

三、钢筋混凝土结构图的图示特点

钢筋混凝土结构图包括两类图样，一类是一般构造图，只表示构件的形状和大小，但不涉及内部钢筋的布置情况，如图2-4-44所示。另一类是钢筋结构图（又叫钢筋构造图、配筋图或钢筋布置图），主要表示构件内部的钢筋布置情况，如图2-4-45所示。

1. 钢筋结构图的图示特点

（1）突出钢筋的配置情况

为突出结构物中钢筋的配置情况，可以把混凝土假设为透明体，结构的外形轮廓用细实线画出，钢筋的形状用粗实线抽象画出（线的粗细不表示钢筋的直径大小），断面图中不画材料图例。

（2）断面图

断面图主要表达构件内钢筋的排列情况，所以断面图的剖切位置常选在钢筋排列有变化的地方。断面的数量应视钢筋情况而定，以将各种钢筋布置表示清楚为宜。

在断面图中钢筋被剖切后，钢筋的断面需用小黑圆点来表示。

（3）夸张画法

当钢筋密集，难以按比例画出时，允许采用夸张画法，当钢筋并在一起时，中间应留有一定空隙。

（4）等距离分布钢筋的表示方法

钢箍若沿梁长等距离分布，则在立面图中部画出3～4个即可，但应注明间距；钢筋与构件轮廓线应有适当距离，以表示混凝土保护层厚度。

（5）钢筋编号的表示方式

对钢筋编号时，宜先编主、次部位的主筋，后编主、次部位的构造筋。在桥梁构件中，钢筋编号及尺寸标注的一般形式如下：

①编号标注在引出线右侧的细实线圆圈内，如图2-4-52(a)～图2-4-52(e)所示。

②钢筋的编号和根数也可采用简略形式标注，根数注在N之前，编号注在N之后，如图2-4-52(c)所示。

③在钢筋断面图中，编号可标注在对应的方格内，如图2-4-52(d)所示。

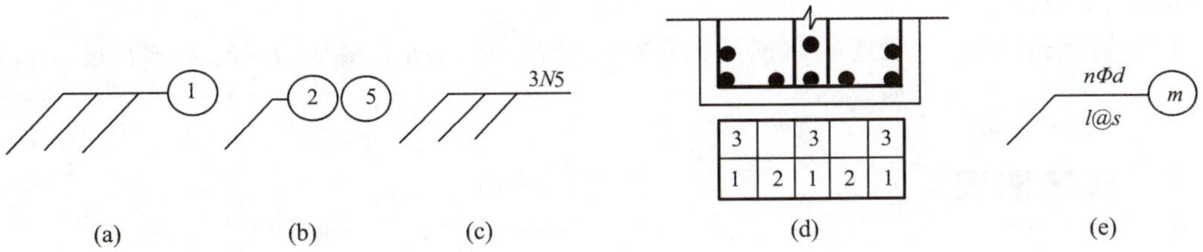

图2-4-52 钢筋的标注方法

m——钢筋编号，圆圈直径为4～8 mm；

n——钢筋根数；

Φ——钢筋直径符号，也表示钢筋的等级；

d——钢筋直径的数值(mm)；

l——钢筋总长度的数值(cm)；

@——钢筋中心间距符号；

s——钢筋间距的数值(cm)。

(6)尺寸标注

在路桥工程图中，钢筋直径的尺寸单位采用 mm，其余尺寸单位均采用 cm，图中无须注出单位。在建筑制图中，钢筋图中所有尺寸单位均为 mm。

在钢筋立面图中应标注梁的长度、高度尺寸；在断面图中应标注梁的宽度、高度尺寸。

2. 钢筋结构图的内容

(1)构件的配筋图

构件的配筋图主要表明构件中各钢筋的配置情况，它是绑扎或焊接钢筋骨架的依据。为此，应根据结构的特点选用基本投影。配筋图中钢筋的画法见表 2-4-4。

表 2-4-4　配筋图中钢筋的画法

序号	名　称	图　例	说　明
1	无弯钩的钢筋		
2	长短钢筋重影		表示长短钢筋投影重叠后，可在短钢筋的端部用 45° 短画线表示
3	带半圆形弯钩的钢筋端部		
4	带直钩的钢筋端部		
5	带丝扣的钢筋端部		
6	无弯钩的钢筋搭接		
7	带半圆弯钩的钢筋搭接		
8	带直钩的钢筋搭接		
9	套管接头(花篮螺丝)	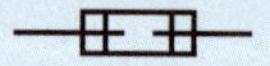	

(2)钢筋成型图

在钢筋结构图中，为了能充分表明钢筋的形状以便于配料和施工，还必须画出每种钢筋加工成型图(钢筋详图)，在钢筋详图中尺寸可直接注写在各段钢筋旁。图上应注明钢筋符号、直径、根数、弯曲尺寸和下料长度等。有时为了节省图幅，可把钢筋成型图画成示意图放在钢筋数量表内。

(3)钢筋数量表

在钢筋结构图中，一般还附有钢筋数量表，内容包括钢筋的编号、直径、每根长度、根数、总长及质量等，必要时可加画略图。

实施步骤

一、识读空心梁板结构图，了解构件的形状和尺寸大小

分析空心梁板构造图(图 2-4-44)可知，空心梁板有三种：中板、次边板和边板，它们的形状都是横卧的广义柱体，梁板的长度为 10 m，三种梁板的断面形状及尺寸大小分别如各自的断面图所示：中板厚度 55 cm、宽度 124 cm，次边板厚度 55 cm、宽度 162 cm，边板厚度 55 cm、宽度 162 cm，每块梁板中有两个直径为 39 cm 的圆柱通孔。

边板的结构示意图如图 2-4-53 所示。

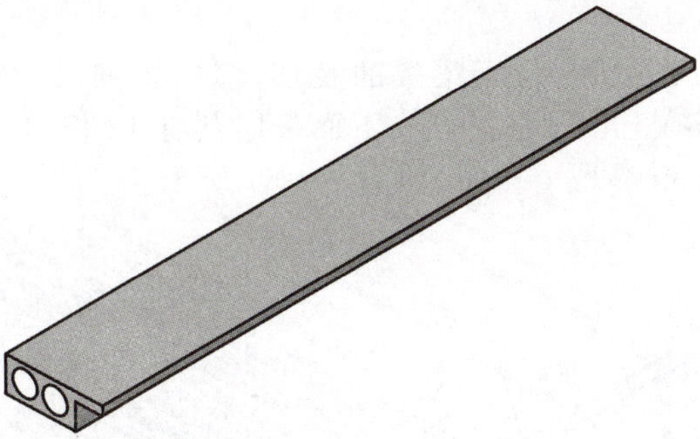

图 2-4-53　边板的结构示意图

二、识读边板配筋图

1. 识读钢筋数量表和各种钢筋的成型图

识读钢筋数量表和各种钢筋的成型图（图 2-4-45），初步了解每种钢筋的型号、直径、弯曲形状、总体尺寸，并结合构件外形的形状大小猜想这种钢筋在构件中的作用、放置部位、放置形式。

空心梁边板中的配筋共有 10 种。

(1)1 号筋和 6 号筋

1 号筋和 6 号筋的形状都为一根直筋，长度为 993 cm，接近边板的长度 10 m，由此推测这两种钢筋在边板中沿梁板长度方向放置。其中 1 号筋的直径为 22 mm，6 号筋的直径为 10 mm，由此推测 1 号筋为受力钢筋，6 号筋为架立筋或分布筋。

(2)2 号筋、3 号筋、4 号筋、5 号筋和 7 号筋

2 号筋、3 号筋、4 号筋、5 号筋和 7 号筋的形状为带有弯起的钢筋，从弯起的形状可以推测这些钢筋都是受力筋。其中 2 号筋、7 号筋的弯曲成型后的长度分别为 949 cm、1 104 cm，接近边板的长度 10 m，由此推测这两种钢筋在边板中沿梁板长度方向放置。3 号筋、4 号筋和 5 号筋的放置形式暂时无法判断。

(3)8 号筋、9 号筋和 10 号筋

8 号筋、9 号筋和 10 号筋的弯曲形状分别为开口的矩形和开口的梯形，与梁板的横断面形状接近，由此推断这三种钢筋都是箍筋，沿梁板的横向断面放置。其中，8 号筋和 9 号筋的放置位置应在梁板的主梁部分，支撑起主梁的横断面形状；10 号筋的放置位置应在梁板的桥面板部分，支撑起桥面板的横断面形状。

2. 识读梁板的Ⅰ—Ⅰ剖面、Ⅱ—Ⅱ剖面、Ⅲ—Ⅲ剖面、顶层钢筋平面图

根据上一步中对每种钢筋的初步推测，进一步在梁板的Ⅰ—Ⅰ剖面、Ⅱ—Ⅱ剖面、Ⅲ—Ⅲ剖面、顶层钢筋平面图中找出每种钢筋在梁板中的放置位置、放置形式、排列形式和排列数量。

查找方法：对于某种钢筋的放置位置和放置形式，应从反映该种钢筋的成型图形状的图中去找；钢筋的排列形式和排列数量，应从截断该种钢筋的图中去找。

(1)查找沿梁板长度方向放置的钢筋

根据推测，1 号筋、2 号筋、3 号筋、4 号筋、5 号筋、6 号筋和 7 号筋沿梁板长度方向放置，其放置位置和放置形式应从Ⅰ—Ⅰ剖面和顶层钢筋平面图中去找，排列形式和排列数量应从Ⅱ—Ⅱ剖面、Ⅲ—Ⅲ剖面中去找。

①1 号筋

1 号筋沿梁板长度方向放置，位于梁板的底部，横向排列形式如Ⅱ—Ⅱ剖面、Ⅲ—Ⅲ剖面图中所示，在梁板底部有上、下两层钢筋，下面一层共有 18 根，均匀排列，除从后往前的第 2 根为 6 号筋外，其余 17 根都是 1 号筋，如图 2-4-54 所示。

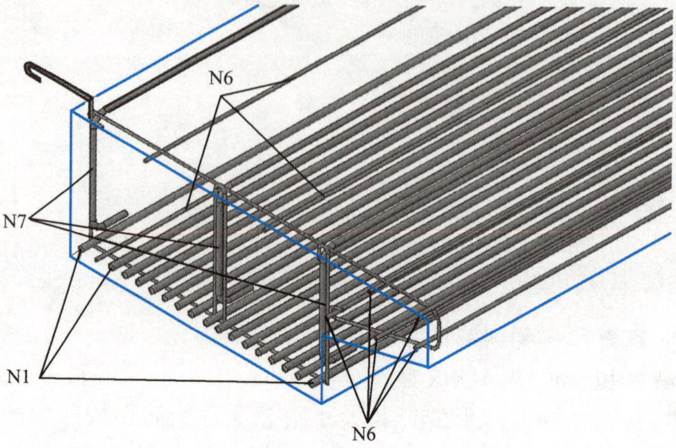

图 2-4-54　1 号筋、6 号筋和 7 号筋布置示意图

②2 号筋

2 号筋沿梁板长度方向放置，在梁长的中部位于梁板的底部，在梁长的两端弯起到了梁板的顶部，横向排列形式如Ⅱ—Ⅱ剖面图中所示，在梁板中部的底部有上、下两层钢筋，上面一层共有 3 根钢筋为 2 号筋，如图 2-4-55 所示。

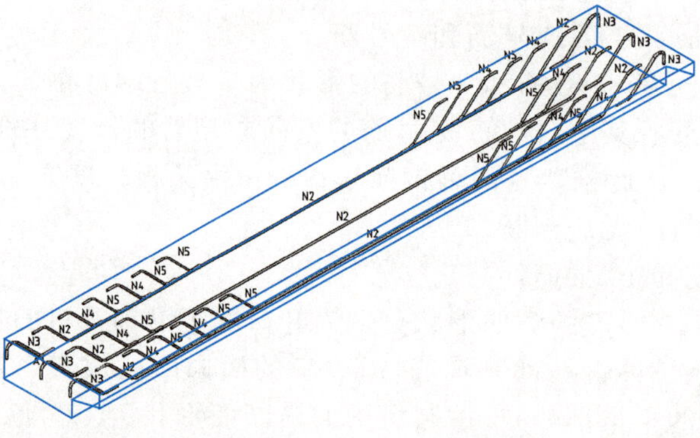

图 2-4-55　2 号筋、3 号筋、4 号筋、5 号筋布置示意图

③6 号筋和 7 号筋

6 号筋和 7 号筋沿梁板长度方向放置，如图 2-4-54 所示。6 号筋共有 8 根，其中有 4 根位于板梁的顶面，3 根位于桥面板的下表面，1 根位于梁板的底部；7 号筋共有 3 根，全部位于梁板的顶部，排列形式和横向定位尺寸如Ⅱ—Ⅱ剖面图、Ⅲ—Ⅲ剖面图和顶层钢筋平面图中所示。顶部的 6 号筋和 7 号筋，从后往前，第 1、3、5 根为 7 号筋，第 2、4、6、7 根为 6 号筋，第 1 根 7 号筋距梁板最后面的距离为 4 cm，第 1、2、3 根筋的间距为 29 cm，第 3、4、5 根筋的间距为 25.5 cm，第 5、6、7 根筋的间距为 22.5 cm。

④3 号筋、4 号筋、5 号筋

3 号筋、4 号筋、5 号筋沿梁板长度方向放置，位于梁板的两个端部，从梁板的底部弯起到了梁板的顶部，在梁板的每一端分 7 列放置，横向排列形式如Ⅲ—Ⅲ剖面图中所示，排列形式如图 2-4-55 所示。

端部第 1 列有 3 根钢筋，为 3 号筋，长度方向上的定位尺寸：钢筋下面弯起的拐点距板梁左端的距离为 18 cm＋43 cm，横向排列在梁板的前、中、后各一根；

端部第 2 列有 3 根钢筋，为 2 号筋，长度方向上的定位尺寸：钢筋下面弯起的拐点距板梁左端的距离为 18 cm＋2×43 cm，横向排列在梁板的前、中、后各一根；

端部第 3 列有 3 根钢筋，为 4 号筋，长度方向上的定位尺寸：钢筋下面弯起的拐点距板梁左端的距离为 18 cm＋2×43 cm＋41 cm，横向排列在梁板的前、中、后各一根；

端部第 4 列有 3 根钢筋，为 5 号筋，长度方向上的定位尺寸：钢筋下面弯起的拐点距板梁左端的距离为 18 cm＋2×43 cm＋2×41 cm，横向排列在梁板的前、中、后各一根；

端部第 5 列有 2 根钢筋，为 4 号筋，长度方向上的定位尺寸：钢筋下面弯起的拐点距板梁左端的距离为 18 cm＋2×43 cm＋3×41 cm，横向排列在梁板的前、后各一根；

端部第 6 列有 2 根钢筋，为 5 号筋，长度方向上的定位尺寸：钢筋下面弯起的拐点距板梁左端的距离为 18 cm＋2×43 cm＋4×41 cm，横向排列在梁板的前、后各一根；

端部第 7 列有 2 根钢筋，为 5 号筋，长度方向上的定位尺寸：钢筋下面弯起的拐点距板梁左端的距离为 18 cm＋2×43 cm＋5×41 cm，横向排列在梁板的前、后各一根。

(2)查找沿梁板宽度方向放置的箍筋

①箍筋的放置形式

沿梁板宽度方向放置的箍筋为 8 号筋、9 号筋和 10 号筋。放置形式为 9 号筋、10 号筋开口朝上，9 号筋在后，顶部弯曲向后伸入人行道，10 号筋在前，8 号筋的梯形弯曲在梁板顶部的桥面板内。在梁长方向的同一位置，由 8 号筋、9 号筋和 10 号筋各 1 根组成一环箍筋。

②箍筋的排列形式与位置尺寸

由 8 号筋、9 号筋和 10 号筋各 1 根组成若干环箍筋，沿梁长方向排列，排列形式及沿梁长方向的定位尺寸如Ⅰ－Ⅰ剖面图和顶层钢筋平面图中所示，一环箍筋积聚成一条竖直线，共有 81 环箍筋，定位尺寸为：最端部的第 1 环箍筋距梁板断面的距离为 8 cm，端部的第 1 环～第 23 环箍筋的间距都是 10 cm，中间的 37 环箍筋的间距都是 15 cm。

箍筋的布置示意图如图 2-4-56 所示。

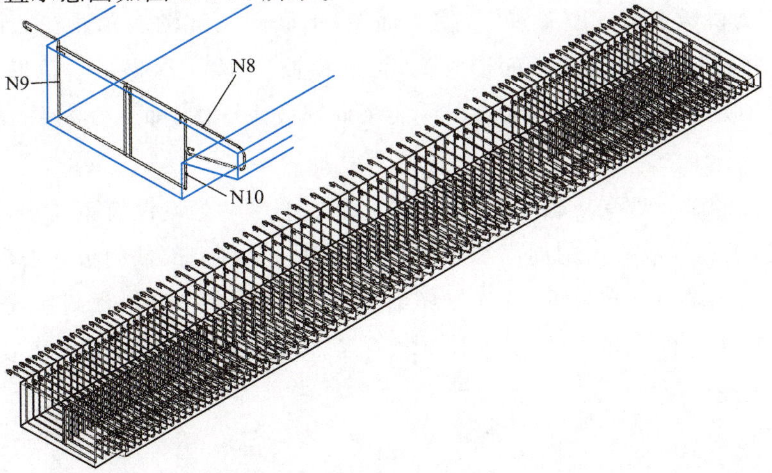

图 2-4-56　箍筋的布置示意图

通过以上分析，可以综合得出梁板配筋的总体布置情况，如图 2-4-57 所示。

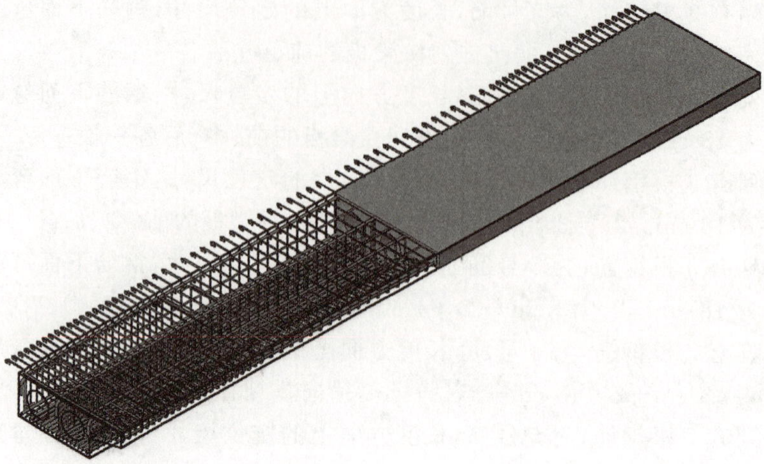

图 2-4-57　梁板配筋的总体布置示意图

知识拓展

一、识读支座布置图

1. 支座

支座位于桥梁上部结构与下部结构的连接处，桥墩的墩帽和桥台的台帽上均设有支座，板梁搁置在支座上。上部荷载由板梁传给支座，再由支座传给桥墩或桥台，可见支座虽小但很重要。

2. 识读支座布置图

图 2-4-58 为桥墩上的支座布置图，用立面图、平面图及详图表示。在立面图上详细绘制了预制板的拼接情况，为了使桥面形成 1.5%的横坡，墩帽上缘做成台阶形，以安放支座。立面图上画得不是很清楚，故用更大比例画出了局部放大详图，即 A 大样图，图中注出台阶高差 1.88 cm。

在支座下方的墩帽处受压较大，为此在支座下方的墩帽处增设有钢筋垫，由①号和②号钢筋焊接而成，以加强混凝土的局部承压能力。平面图是将上部预制板移去后画出的，可以看出支座在墩帽上是对称布置的，并注有详细的定位尺寸。安装时，预制板端部的座中心线应与桥墩的支座中心线对准。支座是工业制成品，本桥采用的是圆板式橡胶支座，直径为 20 cm，厚度为 2.8 cm。

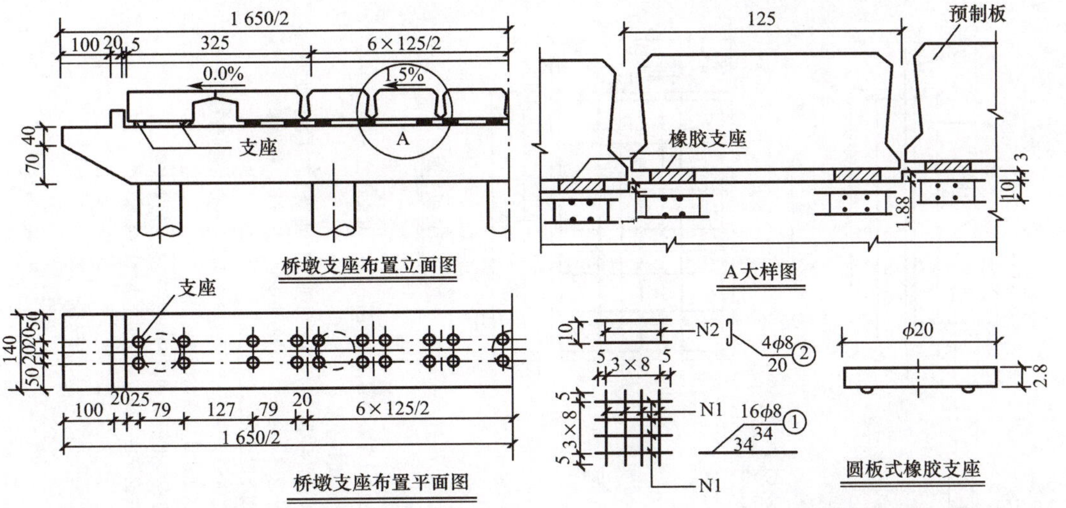

说明：

1.图中尺寸除钢筋直径以mm计外，其余均以cm为单位。

2.抗震挡块与空心板之间5cm填塞油浸纤维板。

全桥桥墩支座材料表

钢筋总质量(kg)ϕ8	圆板式橡胶支座(套)
93.5	80

图 2-4-58　桥墩上的支座布置图

二、识读人行道及桥面铺装构造图

图 2-4-59 为人行道及桥面铺装构造图，这里绘出的人行道立面图，是沿桥的横向剖切而得到的人行道的横剖面图。

桥面铺装层主要是由纵向①号钢筋和横向②号钢筋形成的钢筋网，其中现浇 C25 混凝土，厚度为 10 cm。车行道部分的面层为 10 cm 厚沥青混凝土。人行道部分是在路缘石、支撑梁、栏杆垫梁上铺设人行道板后构成架空层，面层为地砖贴面。人行道板长 74 cm，宽 49 cm，厚 8 cm，用 C25 混凝土预制而成，另画有人行道板的钢筋布置图。

三、识读桥墩基桩钢筋构造图

在图 2-4-10 中桥梁的桥墩和桥台的基础均为钢筋混凝土预制桩。

图 2-4-60 为预制桩的钢筋构造图。钢筋构造图主要用立面图和断面图以及钢筋详图来表达。由于桩的长度尺寸较大，为了布图的方便将桩水平放置，断面图画成中断断面或移出断面。

四、识读铁路桥板式梁的构造图

识读附图 1 铁路桥钢筋混凝土板式梁的构造图和附图 2 铁路桥跨度 6 m 钢筋混凝土板式梁的配筋图。

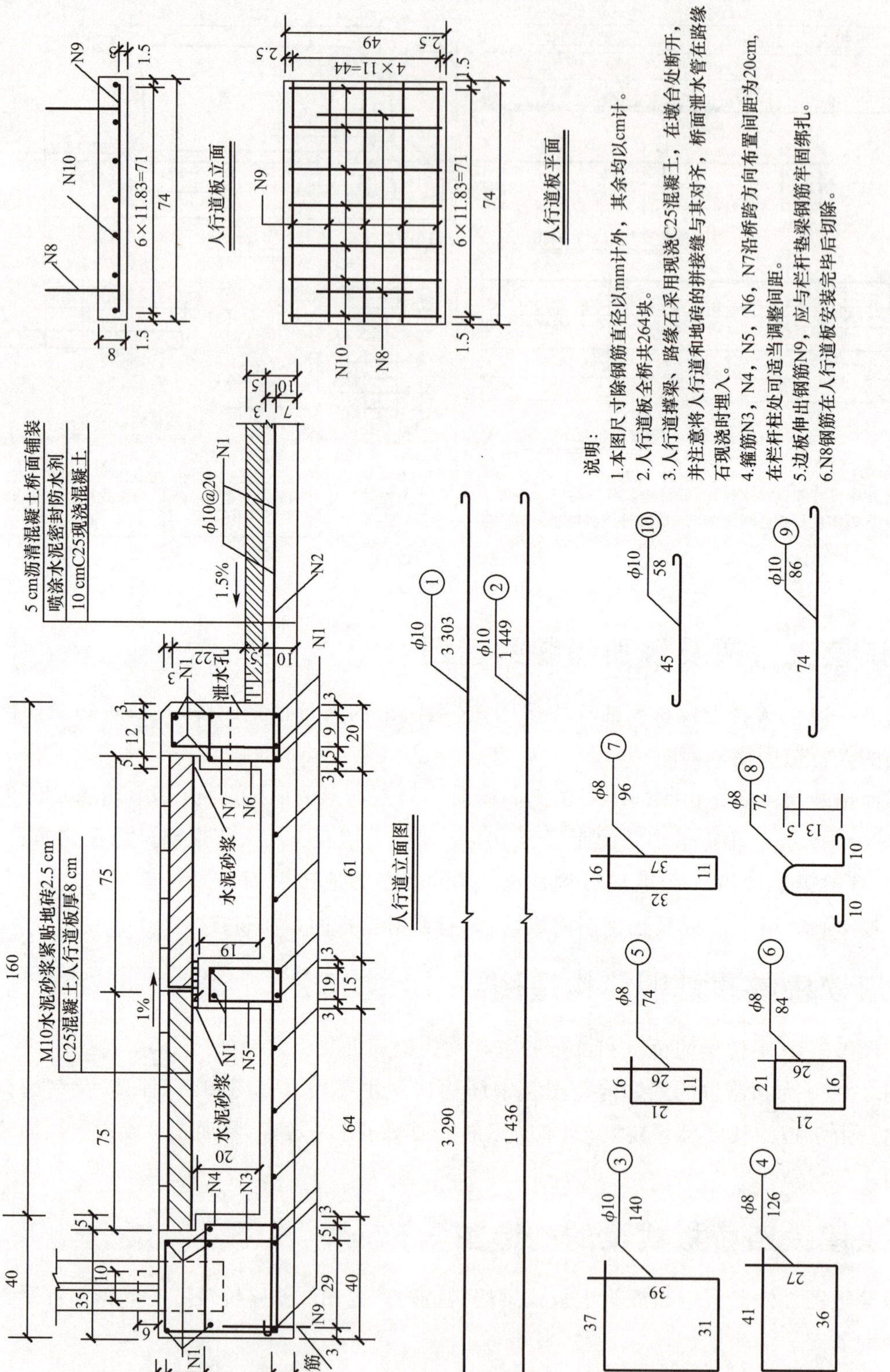

图2-4-59 人行道及桥面铺装构造图

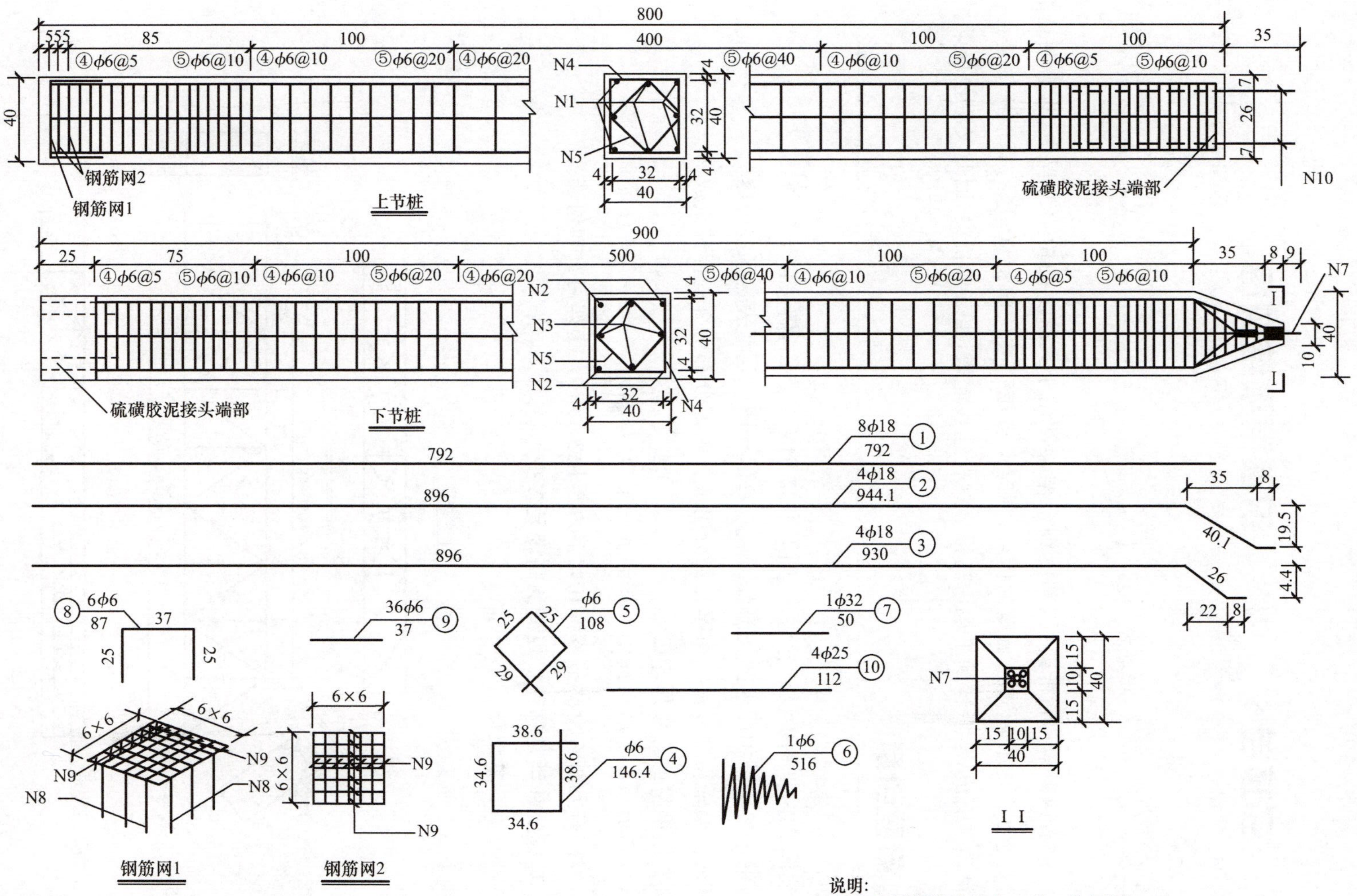

说明：
本图尺寸除钢筋直径为mm外，其余均为cm。

图2-4-60 预制桩的钢筋构造图

子项目 6 识读钢梁结构图

在土建工程中，钢梁、钢屋架、钢脚手架等都是由各种型钢组拼而成的，这些结构统称为钢结构。

钢梁包括钢板梁和钢桁架梁，其中钢桁架梁常用于大跨度的桥梁工程中，具有制造容易、使用安全、养护方便、造价低廉的优点；同时又有施工方便的特点，它的每根杆件是在工厂用型材焊接而成，然后运到工地用高强度螺栓连接起来，组装成桥梁，因此又称栓焊梁。

问题引例

识读图 2-4-61 钢梁设计轮廓图、图 2-4-62 钢梁节点图，解决以下问题：

(1)钢桁架梁结构图由哪几部分组成？每部分图分别都表达哪些内容？

(2)钢桁架梁尺寸多大？由哪几部分组成？每部分都由哪些杆件组成？

(3)所用钢材的牌号是什么？

(4)每种钢构件为何种型钢？长度是多少，如何制作？

(5)节点有几种？有哪些零件在此节点连接？形状大小如何？如何连接？

(6)焊缝的种类是哪种？焊缝的高度是多少？

(7)螺栓型号是哪种？

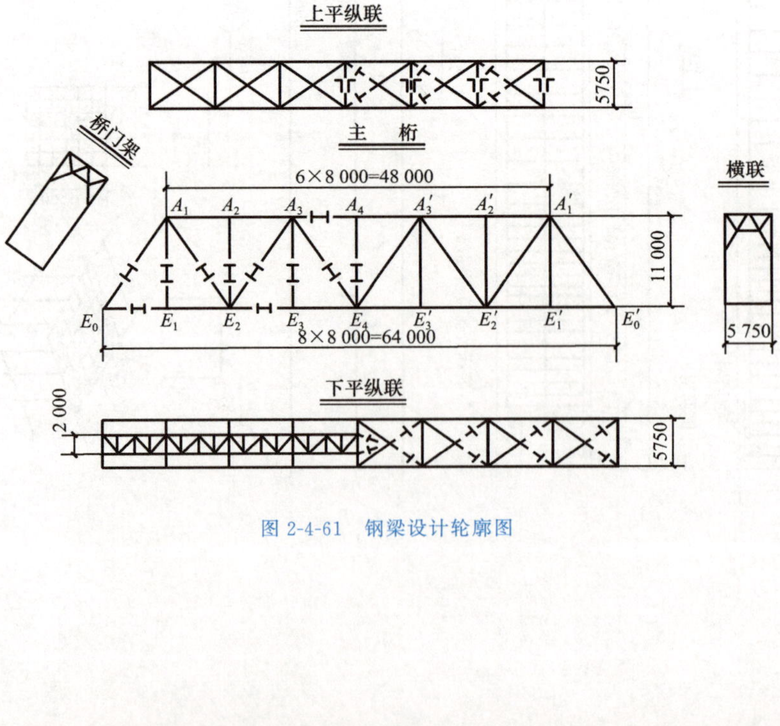

图 2-4-61 钢梁设计轮廓图

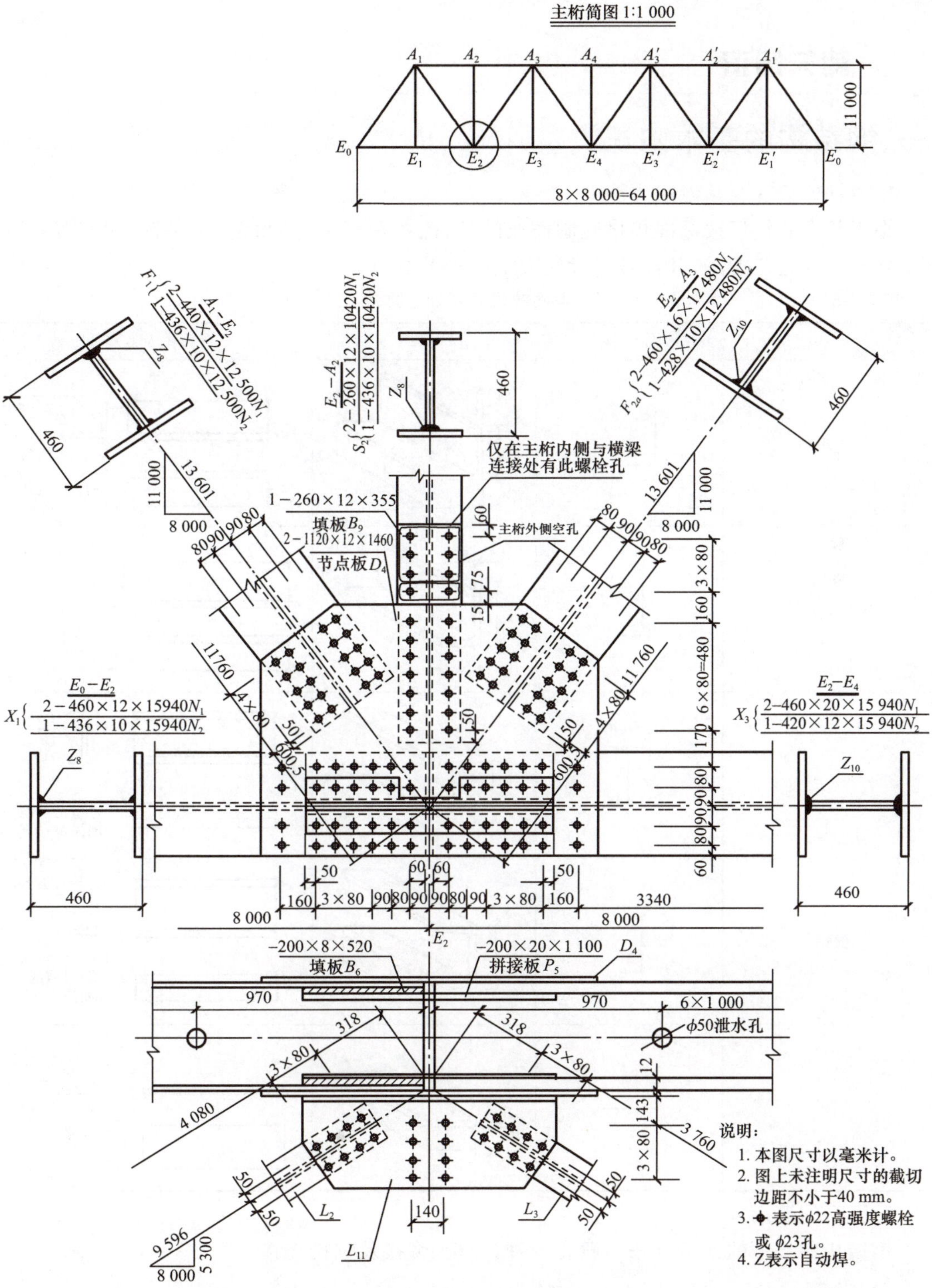
主桁简图 1:1 000
8×8 000=64 000
11 000
仅在主桁内侧与横梁连接处有此螺栓孔
1－260×12×355
填板B9
2－1120×12×1460
节点板D4
主桁外侧空孔
E0－E2
X1{2－460×12×15940N1 / 1－436×10×15940N2}
E2－E4
X3{2－460×20×15 940N1 / 1－420×12×15 940N2}
E2－A2
S2{2－260×12×10420N1 / 1－436×10×10420N2}
A1－E2
F1{2－440×12×12 500N1 / 1－436×10×12 500N2}
E2－A3
F2a{2－460×16×12 480N1 / 1－428×10×12 480N2}
－200×8×520
填板B6
－200×20×1 100
拼接板P5
6×1 000
ϕ50泄水孔
说明：
1. 本图尺寸以毫米计。
2. 图上未注明尺寸的截切边距不小于40 mm。
3. ◆表示ϕ22高强度螺栓或ϕ23孔。
4. Z表示自动焊。

图 2-4-62　钢梁节点图

相关知识

一、钢结构的基本知识

1. 型钢的标注及其连接方法

型钢是在轧钢厂按标准规格轧制而成的，因此各种型钢（如角钢、工字钢、槽钢等）的断面形状和尺寸是定型的，其代号和标注方法见表 2-4-5。

表 2-4-5　　型钢的代号及标注方法

名　称	代　号	立体图	投影图及其标注
等边角钢	∟	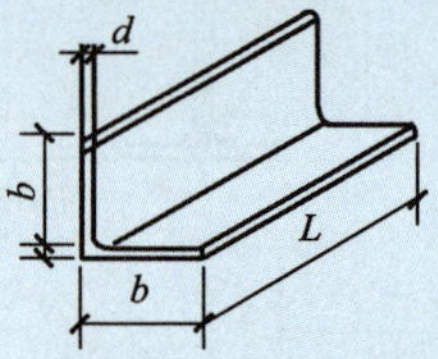	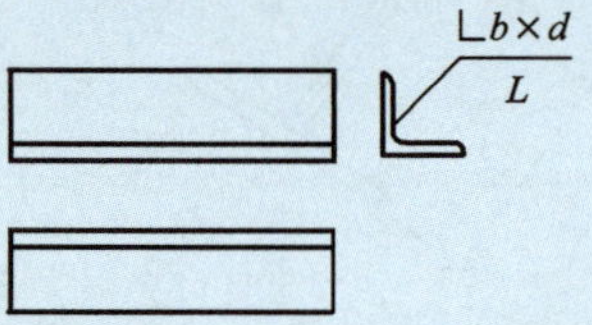
不等边角钢	∟	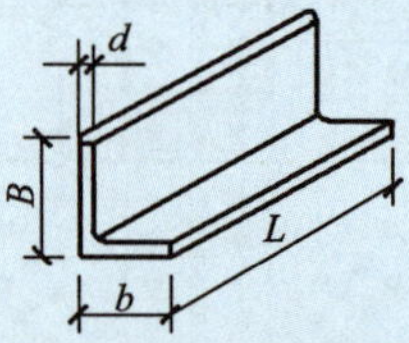	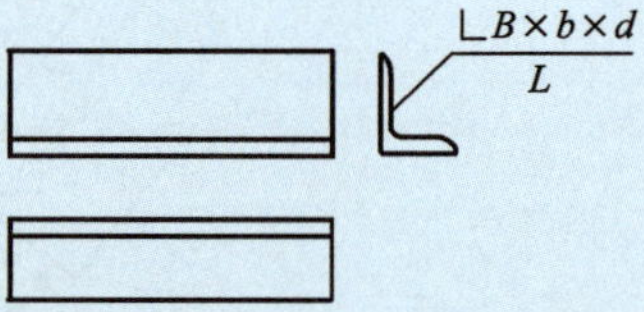
工字钢	I	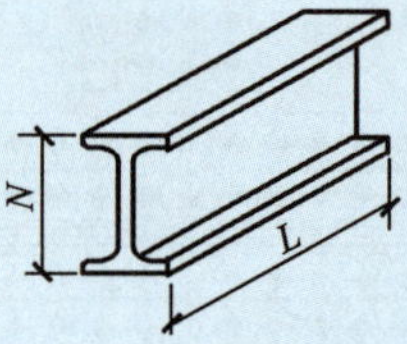	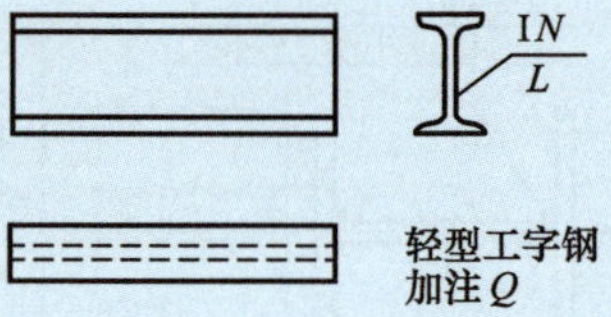
槽钢	[	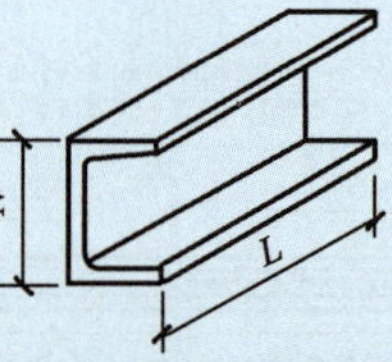	
钢板	—	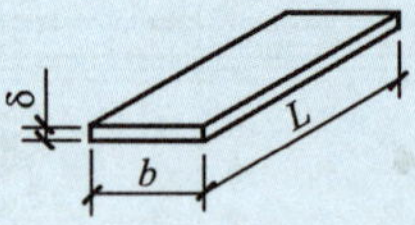	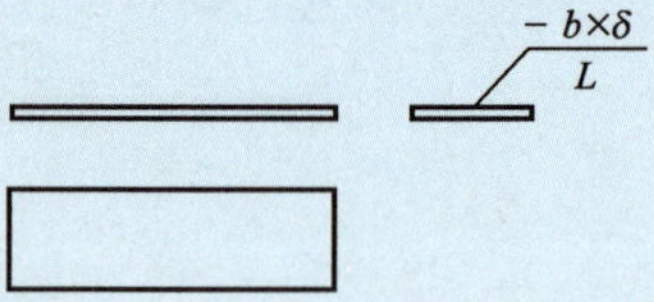

2. 型钢的连接方法

钢结构中型钢的连接方法一般有三种：焊接、铆接及螺栓连接。

（1）焊接

将被连接的型钢在连接部位加热使其和焊条一起熔化，凝结后成为不可分离的整体。在钢结构的连接中焊接应用最广。

焊接的焊缝形式有 V 形焊缝、I 形焊缝、角焊缝、塞焊缝等。在钢结构图中，必须把焊缝的位置、形式和尺寸标注清楚。按国家制图标准规定，焊缝采用焊缝代号表示。

①焊缝代号

焊缝代号主要由基本符号、辅助符号、引出线和焊缝尺寸符号等组成。焊缝的基本符号和辅助符号见表 2-4-6，基本符号是表示焊缝横断面形状的符号，辅助符号是表示对焊缝辅助要求的符号。

表 2-4-6　　焊缝的基本符号和辅助符号

焊缝名称	焊缝形式	基本符号	符号名称	焊缝形式	辅助符号
V形焊缝		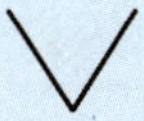	凸起符号		
I形焊缝	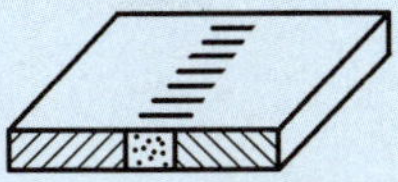		平面符号		
角焊缝	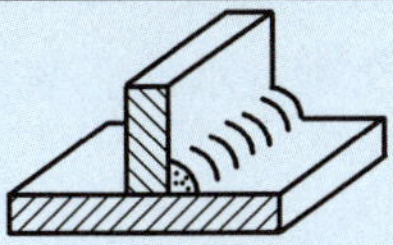	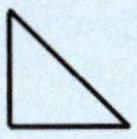	凹陷符号	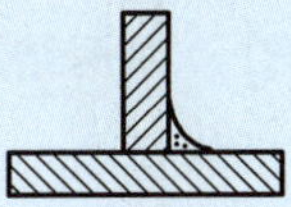	
塞焊缝	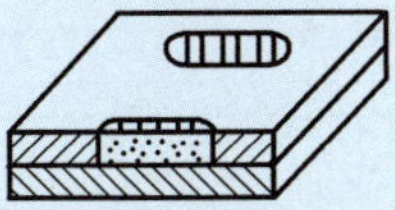	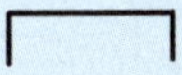	三面焊缝符号	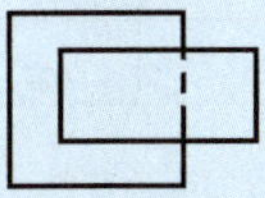	
喇叭形焊缝	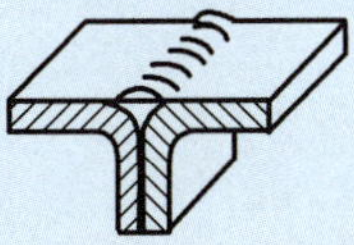	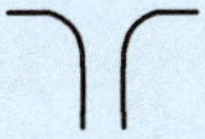	周围焊缝符号	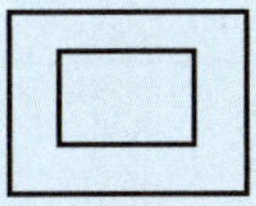	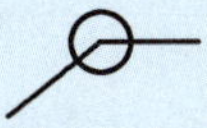

②焊缝的标注方法

焊缝尺寸一般不标注。如设计或生产需要注明焊缝尺寸时，其标注方法如图 2-4-63(a)所示，其中 h 为焊缝高度(mm)。引出线一般由指引线和横线组成，指引线应指向有关焊缝处，横线一般应与标题栏方向一致。焊缝符号应标注在横线上，必要时，可在横线末端加一尾部，作为其他说明之用。

图 2-4-63(b)所示为焊缝标注的举例。

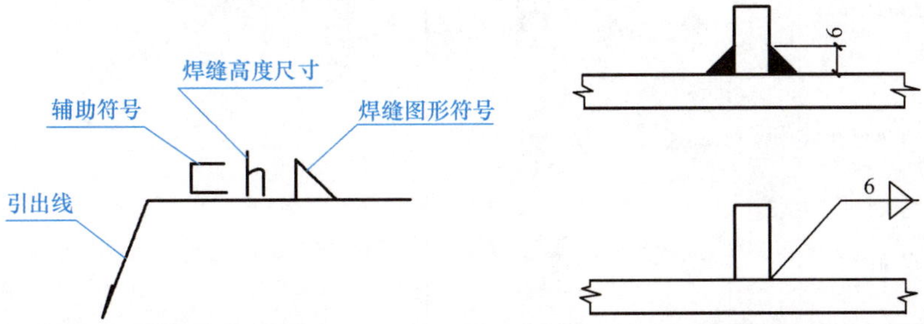

(a)焊缝标注的组成　　(b)焊缝标注举例

图 2-4-63　焊缝的标注

(2)铆接

用铆钉将两块或两块以上型钢连接在一起的方法叫作铆接。连接时，首先将被连接的型钢钻出比铆钉直径稍大的铆钉孔，然后把它们叠在一起，并将预先加热的铆钉插入孔内，最后用铆钉枪冲打铆钉尾部，使其冲打成铆钉头形状，如图 2-4-64 所示。

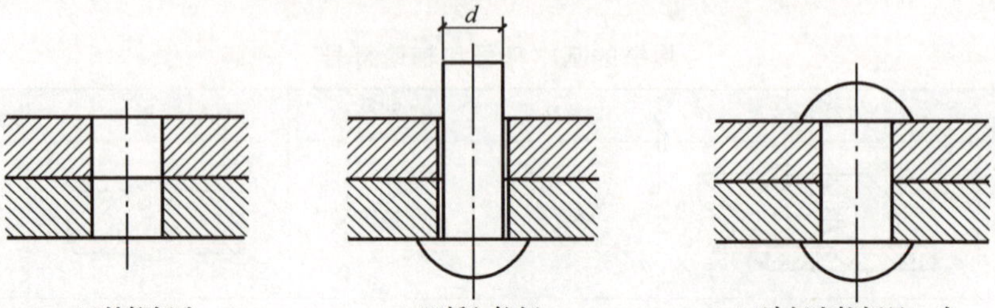

(a)钻铆钉孔　(b)插入铆钉　(c)冲打出铆钉另一头

图 2-4-64　铆接的过程

铆接分车间铆接和工地铆接两种。铆钉按其头部形状分半圆头、埋头、半埋头多种。通常多用半圆头铆钉。在钢结构图中，各种铆钉是按规定的图例表示的。表 2-4-7 列举了孔、螺栓及铆钉的表示法。

表 2-4-7　螺栓、孔、电焊铆钉图例

序号	名称	图例	说　明
1	永久螺栓	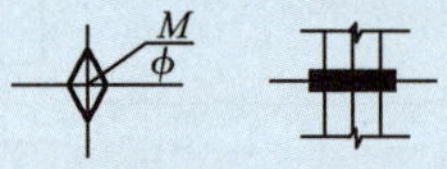	1. 细“十”线表示定位线。 2. M 表示螺栓型号。 3. ϕ 表示螺栓孔直径。 4. d 表示胀锚螺栓、电焊铆钉直径。 5. 采用引出线标注螺栓时，横线上标注螺栓规格，横线下标注螺栓孔直径。
2	高强螺栓	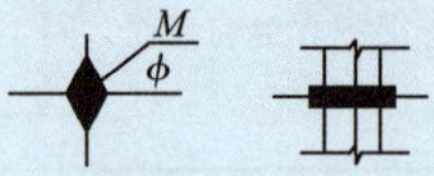	
3	安装螺栓	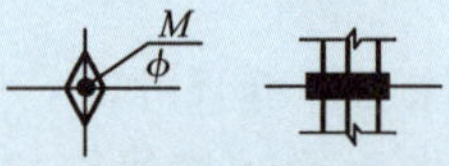	
4	胀锚螺栓	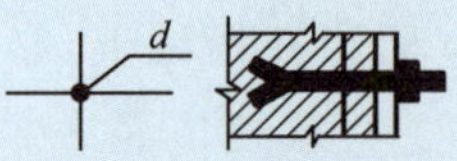	
5	圆形螺栓孔	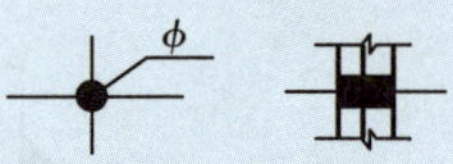	
6	长圆形螺栓孔	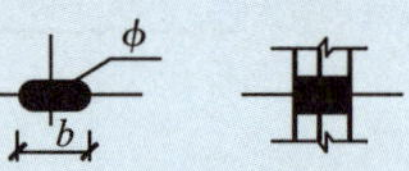	
7	电焊铆钉	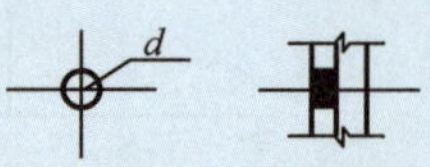	

(3)螺栓连接

螺栓连接是可拆的连接方法。在被连接的型钢上钻出比螺栓直径稍大的孔后，将螺杆插入，垫上垫圈并拧紧螺母，将型钢连接起来，如图 2-4-65 所示。

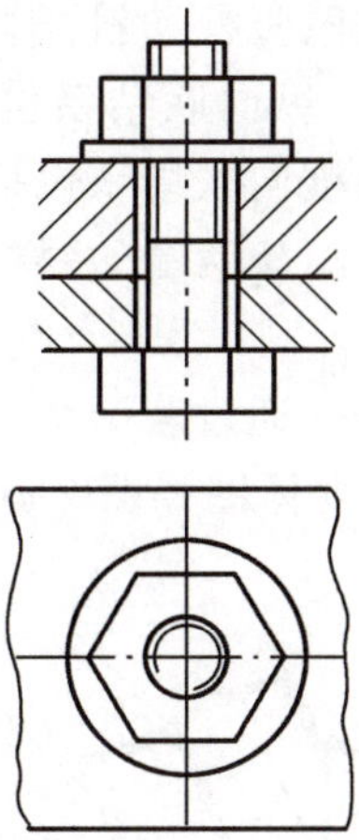

图 2-4-65　螺栓连接

3. 钢材的牌号

目前钢结构行业采用的牌号，是国家标准《碳素结构钢》(GB/T 700—2006)和《低合金高强度结构钢》(GB/T 1591—2018)的表示方法。它由代表屈服点的字母、屈服点的数值、质量等级符号、脱氧方法符号等四个部分按顺序组成。所采用的符号分别用下列字母表示：

Q——钢材屈服点“屈”汉语拼音首位字母；

A、B、C、D、E——质量等级；

F、b、Z、TZ——分别为沸腾钢、半镇静钢、镇静钢和特殊镇静钢。

碳素结构钢的牌号分为五种，Q195、Q215、Q235、Q255、Q275；每个等级的钢材都有 A、B、C、D 四个质量等级。其中最常用的为 Q235B。

低合金高强度结构钢的牌号也分为五种，Q295、Q345、Q390、Q420、Q460；质量等级与碳素结构钢相比，在 A、B、C、D 之外又添加了 E，其中最常用的为 Q345B。

二、钢梁的构造及表达方式

1. 钢桁架梁的组成及构造

钢桁架梁主要由主桁架、联结系和桥面系等组成，如图 2-4-66 所示。

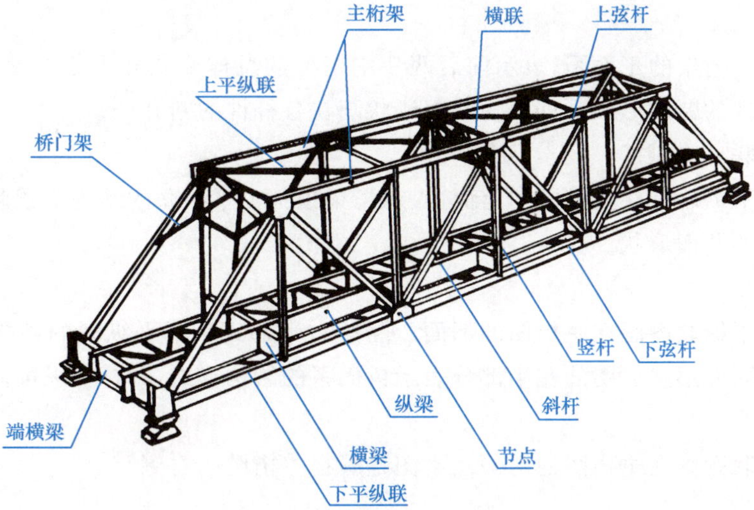

图 2-4-66　钢桁架梁的示意图

(1)主桁架:共两片,每片均由上弦杆、下弦杆、竖杆和斜杆组成。

(2)联结系:包括纵向联结系和横向联结系。纵向联结系包括上平纵联和下平纵联,分别设置在两主桁架的上弦杆及下弦杆的平面内;横向联结系包括横联和桥门架,横联设置在两主桁架各相应竖杆的平面内,桥门架设置在主桁架两端的斜杆平面内。

(3)桥面系:包括纵梁和横梁。

(4)节点:钢桁梁是一个空间结构,由多根杆件通过若干个节点连接而成,每个节点是由若干个杆件的端部连接在一起构成。节点 E_2 的立体图如图 2-4-67 所示。

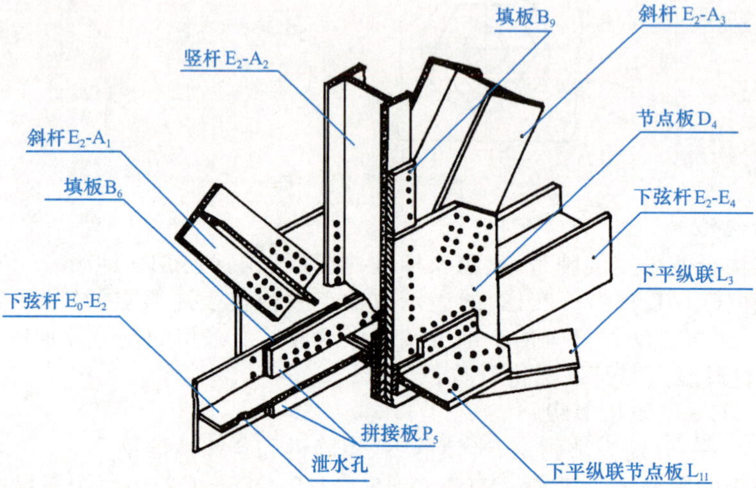

图 2-4-67 E_2节点的立体图

2. 钢梁结构图的组成及图示特点

钢梁结构图通常包括设计轮廓图、节点图、杆件图及零件图。

(1)设计轮廓图

设计轮廓图是表示整个钢梁的示意图,一般只画出各杆件的中心线,用粗实线画出。图 2-4-66 是跨度为 64 m 下承式钢桁架梁的设计轮廓图,它由 5 个图形组成。

①主桁

主桁图是主桁架的正面图,表示前后两片主桁架的总体形状和大小。图中标出各节点的代号和各杆件的断面形状。杆件的断面形状画在各杆件的断开处。

②上平纵联

通常把上平纵联画在主桁图的上面,表示桁梁顶部上平纵联的结构形式和大小,图中也画出了各杆件的断面形状。

③下平纵联

通常把下平纵联图画在主桁图的下面。图的右半部表示下平纵联的结构形式和尺寸,以及各杆件的断面形状。图的左半部分表示桥面系的结构形式,并标出纵梁间的距离。

④横联

通常把横联图画在主桁图的两侧。本图是画在主桁图的右侧。

⑤桥门架

桥门架图是沿垂直于桥门架平面方向投射而得到的一个辅助投影，通常画在与主桁图中桥门有投影联系的位置，反映桥门架的实际形状。

(2)节点图

由于杆件的断面形状沿杆长方向是不变的，所以只要把每个节点的构造形式和大小表达清楚，并配合设计轮廓图、杆件图、零件图，整跨桁梁的构造形式和大小就可以表达清楚了。

表明节点详细构造的图样叫节点详图，简称节点图。节点图主要包括主桁简图和节点详图，由于节点构造复杂，所以采用较大比例画出节点详图，整个节点详图包括两个基本投影和各杆件的断面图。如图 2-4-62 所示为 E_2 节点的详图。

①主桁简图

主桁简图通常采用较小的比例(如 1∶1 000)，用示意图的形式画在节点详图的右上部，并用圆圈标出所画 E_2 节点在整个桁架中的位置。

②节点正面图

正面图是假设人站在两片主桁架之间，面对着该节点画的，它表明了两根下弦杆、两根斜杆、一根竖杆的连接情况。在节点正面图的下部，拆去下平纵联的两根水平斜杆后，画出了下平纵联的节点板，这种表达方法称为拆卸画法。

③节点平面图

平面图主要反映两根下弦杆的连接、下平纵联的两根水平斜杆与主桁架的连接情况。在平面图中也采用了拆卸画法，它是把竖杆和两根斜杆拆去后画出的，因为这三根杆件用正面图和断面图已经表达清楚了；另外还拆去了横梁，因为这些下平纵联另有详图表示。

填板画上与水平线呈 45°、间隔均匀的细实线，这是钢结构图中的一种特殊表示方法，用来表示填板所在位置。

④断面图

断面图画在正面图中各杆件的轴线上，表明杆件的断面形状和组成，图上不画剖面符号。

⑤尺寸标注

节点图中的尺寸基本上分为三种类型：

一种是确定各杆件或零件大小的尺寸，常注写在各杆件的断面图旁或注写在零件的引出线上。例如在斜杆 E_2—A_3 的断面图旁，就标有 2—460×16×12 480N_1 和 1—428×10×12 480N_2，表明这一杆件是由两块编号为 N_1(厚 16 mm、宽 460 mm、长 12 480 mm)的钢板和一块编号为 N_2(厚 10 mm、宽 428 mm、长 12 480 mm)的钢板组成的。组成的形式和连接方法在断面图中已表明。又如在正面图中对节点板 D_4 画有引出线，线的上下写有节点板 D_4、2—1 120×12×1 460，表明编号 D_4 的节点板有两块，其备料尺寸为 1 120 mm×12 mm×1 460 mm。

另一种尺寸是用来确定螺栓或孔洞位置的，用一般尺寸标注形式注写。例如斜杆 E_2－A_3 与节点板 D_4 的连接，顺杆件轴线方向注有尺寸 600.5 和 4×80 等，表示第一排螺栓距各杆件中心线的交点是 600.5 mm，而五排螺栓有四个间距，每一间距为 80 mm。在垂直于杆件的轴线方向上也注有 80、90 等，用来确定各螺栓在该方向上的位置。

第三种是确定杆件位置的尺寸。例如斜杆 E_2—A_3 的斜度，用画在它轴线上的直角三角形来表示。在直角三角形的各边上注写各相应节点间的距离。杆件端部的尺寸 50 是表示该杆件端部至第一排螺栓中心的距离，这个距离称为端距，应不小于规范规定的尺寸。

此外，图上还用注解形式对有关部分进行了说明。

在节点图中，常把邻近的几个节点画在同一张图纸上。节点之间的杆件部分如没有变化，可省略不画，也就是采用断开画法。

(3)杆件图和零件图

表示钢梁中某一杆件或零件的形状和大小的图叫作杆件图或零件图。

每种杆件都应配有杆件图，每种零件都应配有零件图。

实施步骤

一、识读钢梁设计轮廓图(图 2-4-61)

1. 钢梁的形式及总体尺寸

图 2-4-61 所示的钢梁为下承式桁梁，总跨度为 64 m，总高度为 11 m，总宽度为 5.75 m。

钢桁架梁主要由 2 片主桁架、1 片上平纵联、1 片下平纵联、2 片桥门架、4 片横联以及桥面系的横梁和纵梁组成。

(1)主桁架：每片主桁架均由 3 根上弦杆、4 根下弦杆、7 根竖杆和 8 根斜杆组成，杆件的型材都是工字钢，共有 16 个节点。

(2)上平纵联和下平纵联：上平纵联的横梁型材为两根角钢背焊的组合，水平斜杆为 T 型钢；下平纵联的水平斜杆也为 T 型钢。

(3)桥面系：桥面系两纵梁之间的宽度为 2 m。

二、识读图 2-4-62 中 E_2 节点图

1. 了解节点 E_2 的在主桁架中位置

根据主桁架简图可知，节点 E_2 是主桁架下面的第 2 个节点，与它结构相同的节点还有 E_4、E_2'。

2. 了解与节点 E_2 相连接的所有杆件的情况

与节点 E_2 相连接的杆件共有 6 根：主桁架中的 2 根下弦杆 E_0－E_2 和 E_2－E_4、2 根斜杆 E_2－A_1 和 E_2－A_3、1 根竖杆 E_2－A_2，下平纵联中的 2 根水平斜杆 L_2 和 L_3、1 根横梁(横梁未画出)。

每根杆件的长度、断面形状、组成、定位尺寸等具体情况如下。

(1)下弦杆 E_0－E_2

杆件长度 15 940 mm，断面为工字钢，由 2 块长 15 940 mm、宽 460 mm、厚 12 mm 的 N_1

钢板和1块长15 940 mm、宽436 mm、厚10 mm的N_2钢板焊接而成，焊接方式为自动焊，焊缝高度为8 mm。

杆件水平左右方向放置，右端距节点中心的距离为90－60＝30 mm。

(2)下弦杆E_2-E_4

杆件长度15 940 mm，断面为工字钢，由2块长15 940 mm、宽460 mm、厚20 mm的N_1钢板和1块长15 940 mm、宽420 mm、厚12 mm的N_2钢板焊接而成，焊接方式为自动焊，焊缝高度为10 mm。

杆件水平左右方向放置，左端距节点中心的距离为90－60＝30 mm。

(3)竖杆E_2-A_2

杆件长度10 420 mm，断面为工字钢，由2块长10 420 mm、宽260 mm、厚12 mm的N_1钢板和1块长10 420 mm、宽436 mm、厚10 mm的N_2钢板焊接而成，焊接方式为自动焊，焊缝高度为8 mm。

杆件竖直放置，下端距节点中心的距离为90＋80＋170－50＝290 mm。

(4)斜杆A_1-E_2

杆件长度12 500 mm，断面为工字钢，由2块长12 500 mm、宽440 mm、厚12 mm的N_1钢板和1块长12 500 mm、宽436 mm、厚10 mm的N_2钢板焊接而成，焊接方式为自动焊，焊缝高度为8 mm。

杆件在正平面内倾斜放置，倾斜度为11 000∶8 000，节点A_1、E_2之间的距离为13 601 mm，下端距节点中心的距离为600.5－50＝550.5 mm。

(5)斜杆E_2-A_3

杆件长度12 480 mm，断面为工字钢，由2块长12 480 mm、宽460 mm、厚16 mm的N_1钢板和1块长12 480 mm、宽428 mm、厚10 mm的N_2钢板焊接而成，焊接方式为自动焊，焊缝高度为10 mm。

杆件在正平面内倾斜放置，倾斜度为11 000∶8 000，节点A_1、E_2之间的距离为13 601mm，下端距节点中心的距离为600.5－50＝550.5 mm。

(6)水平斜杆L_2、L_3

水平斜杆L_2、L_3的断面为T型钢。杆件L_2长度4 080＋2×3×80＋2×50＝4 340 mm，杆件L_3长度3 760＋2×3×80＋2×50＝4 660 mm。

杆件在水平面内倾斜放置，倾斜度为5 300∶8 000，节点E_2与水平斜杆另一端的节点之间的距离为9 596 mm，后端距节点中心的距离为318－50＝268 mm。

3. 了解节点E_2的连接零件

节点E_2的连接零件有：2块节点板D_4、4块拼接板P_5、4块填板B_6、1块下平纵联节点板L_{11}、1块填板B_9。

(1)节点板D_4为长1 460 mm、宽1 120 mm、厚12 mm的钢板，形状为纵卧的五棱柱。

(2)拼接板P_5为长1 100 mm、宽200 mm、厚20 mm的钢板，形状为长方体。

(3)填板B_6为长520 mm、宽200 mm、厚8 mm的钢板，形状为长方体。

(4)填板下平纵联节点板L_{11}为由两块钢板焊接而成，一块为纵卧的凹形柱，一块为纵卧的五棱柱。

(5)填板 B_9 为长 355 mm、宽 260 mm、厚 12 mm 的钢板，形状为长方体。

4. 了解节点 E_2 处杆件的连接方式

(1)将 2 根下弦杆 E_0-E_2、E_2-E_4 连接起来

下弦杆 E_0-E_2 和斜杆 E_2-E_4 之间是通过节点板 D_4、拼接板 P_5、填板 B_6 连接在一起的。

由于下弦杆 E_0-E_2 和斜杆 E_2-E_4 的工字翼缘的外尺寸相同，所以连接两根下弦杆时先将两块节点板 D_4 前后放在两根下弦杆工字翼缘的外表面，再将 4 块拼接板 P_5 分别放在两根下弦杆工字翼缘的内表面，由于下弦杆 E_0-E_2 工字翼缘的厚度比下弦杆 E_2-E_4 的厚度小8 mm，所以为了稳定固定两根下弦杆，还需要在拼接板 P_5 和下弦杆 E_0-E_2 工字翼缘的内表面之间分别塞入 4 块 8 mm 厚的填板 B_6，用以填平两根下弦杆的板厚差距，然后再用 14 排、4 列、前后各 56 条高强度螺栓内外夹紧固定。螺栓的位置分布及定位尺寸如正面图中所示，下弦杆连接螺栓的端距为 60 mm，从端部往里数 6 排的间距分别为80 mm、90 mm、80 mm、80 mm、80 mm、160 mm；中间两列的间距为 2×90＝180 mm，其余列间距为 80 mm。

(2)将 1 根竖杆 E_2-A_2 和 2 根斜杆 E_2-A_1、E_2-A_3 连接在两块节点板 D_4 上

竖杆 E_2-A_2 与两块节点板 D_4 的连接是通过用 7 排、2 列、前后各 14 条高强度螺栓固定，竖杆连接螺栓的端距为 50 mm，螺栓的排间距为 80 mm，列间距为 2×90＝180 mm。

每根斜杆 E_2-A_1、E_2-A_3 与两块节点板 D_4 的连接是通过用 5 排、4 列、前后各 20 条高强度螺栓固定，斜杆连接螺栓的端距为 50 mm，螺栓的排间距为 80 mm，中间两列的间距为 2×90＝180 mm，其余列间距为 80 mm。

(3)将 1 块下平纵联节点板 L_{11} 连接在主桁架上节点板 D_4 上

下平纵联节点板 L_{11} 是通过 2 列、22 条螺栓连接在主桁架上节点板 D_4 上，上面一列螺栓有 10 条，下面一列螺栓有 12 条。

(4)将 1 根横梁和 2 根水平斜杆 L_2、L_3 连接在节点 E_2 上

两根水平斜杆 L_2、L_3 是通过下平纵联节点板 L_{11} 连接到节点 E_2 上。每根水平斜杆 L_2、L_3 与下平纵联节点板 L_{11} 的连接是通过用 4 排、2 列、共 8 条高强度螺栓固定，水平斜杆最端部一排螺栓距节点中心的距离为 318 mm，螺栓的排间距为 80 mm，列间距为 2×50＝100 mm。

横梁与节点 E_2 的连接方式在此节点详图中已略去，详细情况参见其他详图。

知识拓展

一、识读图 2-4-68 中下弦杆 E_2-E_4 的杆件图

由于杆件较长，而且断面形状在全长上又是一样的，所以采用断开画法。如果是竖杆或斜杆，画图时应平放。

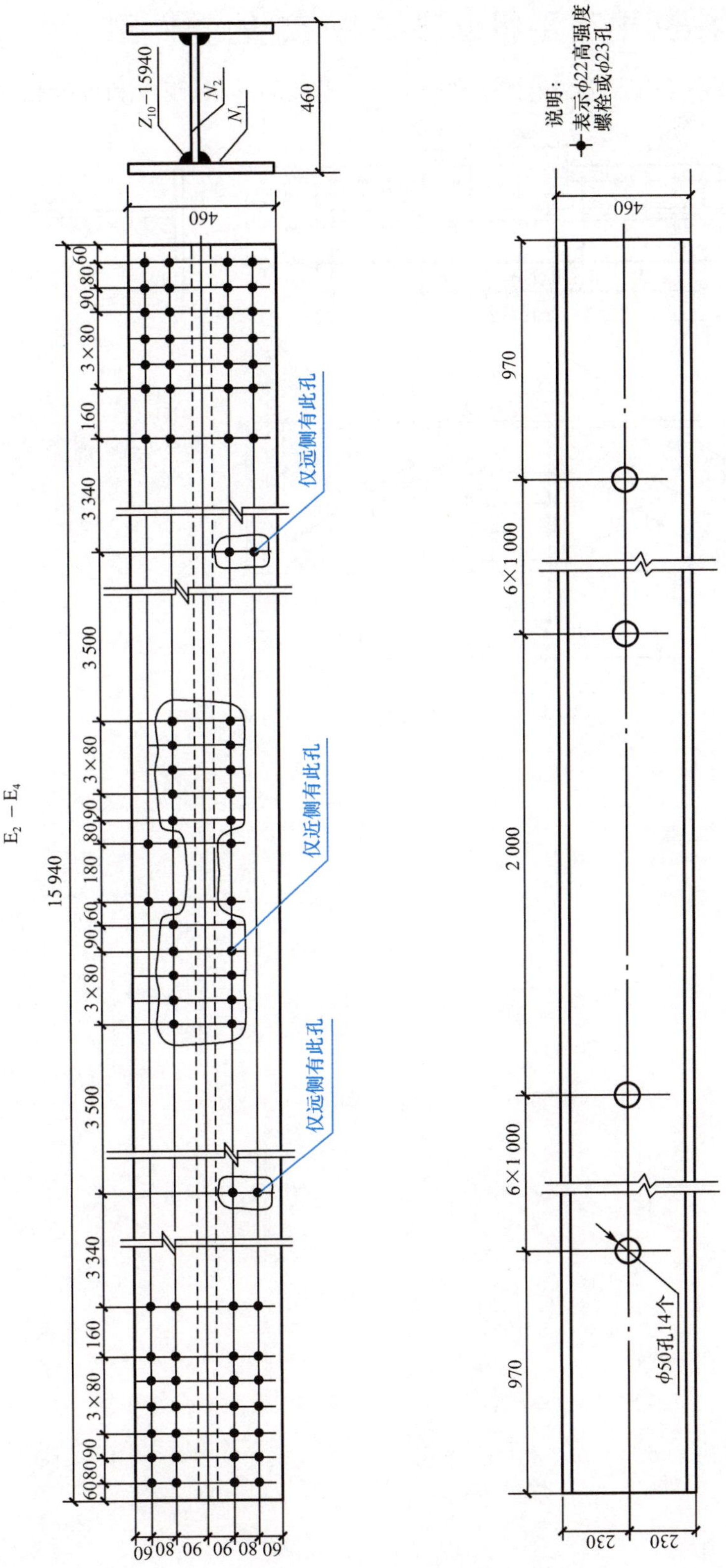

图2-4-68　下弦杆E_2-E_4的杆件图

二、识读图 2-4-69 中下平纵联节点板 L_{11} 的零件图

图 2-4-69 是下平纵联节点板 L_{11} 的零件图，表达零件的形状、组成和螺栓孔的位置。

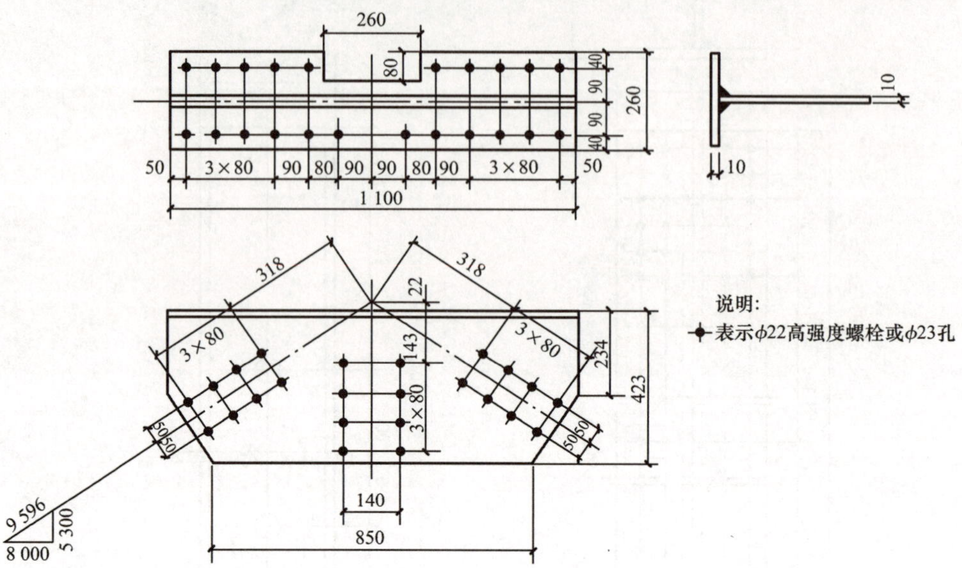

图 2-4-69 下平纵联节点板 L_{11} 的零件图

参考文献

1. 宋兆全. 画法几何及工程制图(第2版). 北京:中国铁道出版社,2011.

2. 何铭新. 建筑工程制图（第4版). 北京:高等教育出版社,2008.

3. 刘松雪. 道路工程制图（第2版). 北京:人民交通出版社,2006.

4. 张春娥. 道路工程制图. 济南:山东大学出版社,2006.

5. 王玲娟. 道路工程制图. 北京:中国水利水电出版社,2008.

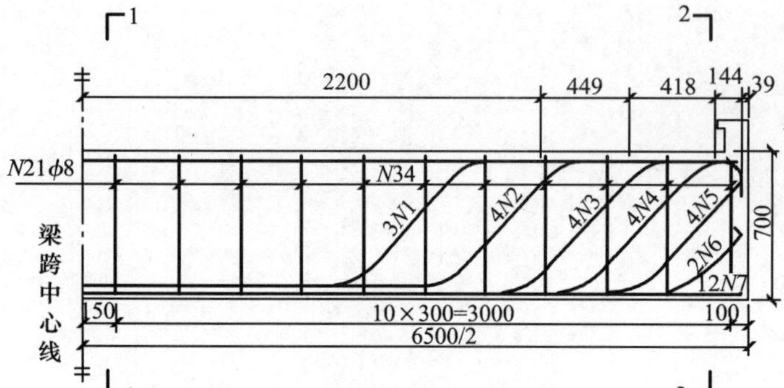

梁梗中心剖面图

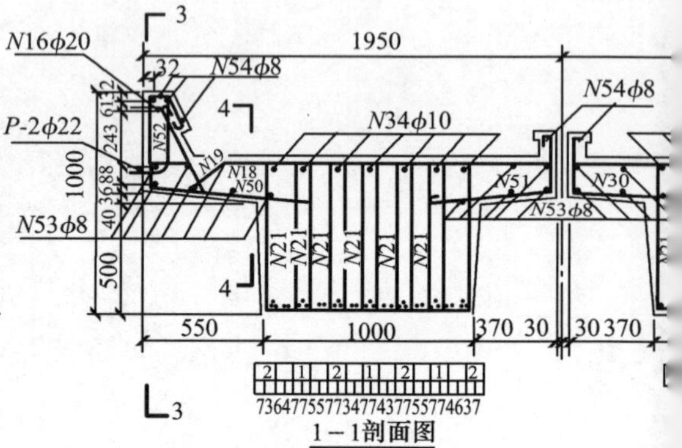

1－1剖面图

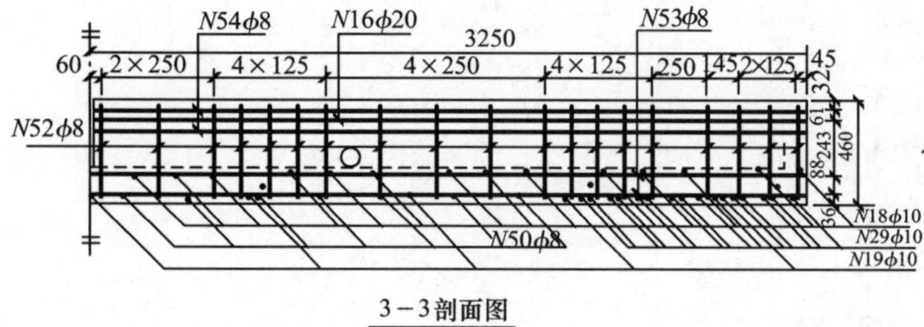

3－3剖面图

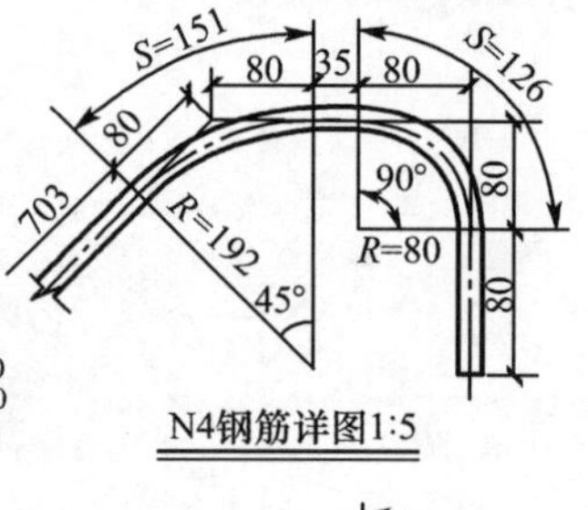

N4钢筋详图1:5

说明：1.本图尺寸均以

2.U形螺栓及洩水管、

3.桥面防水层之设置及

4.工程数量表内梁重包

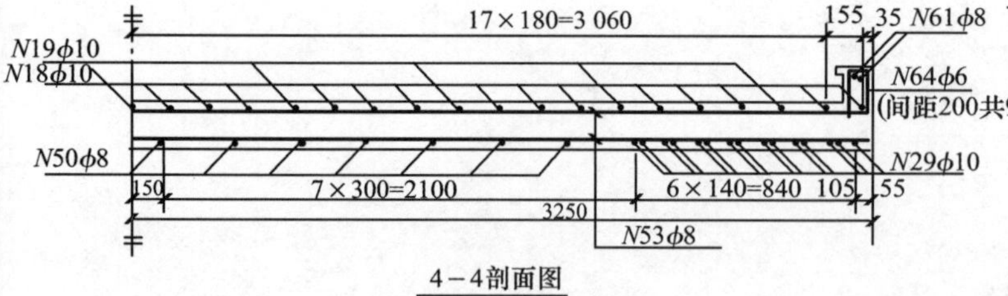

4－4剖面图

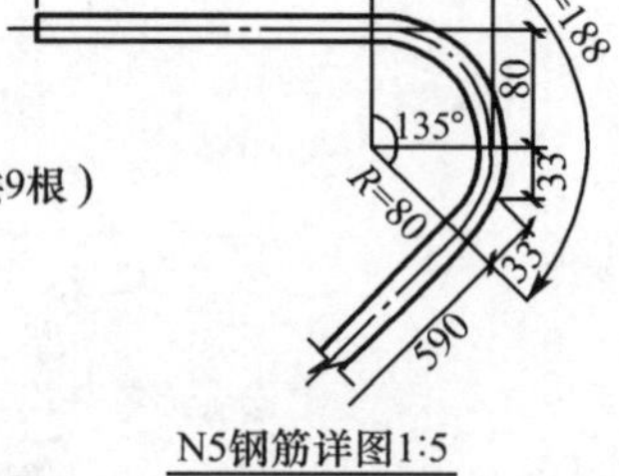

N5钢筋详图1:5

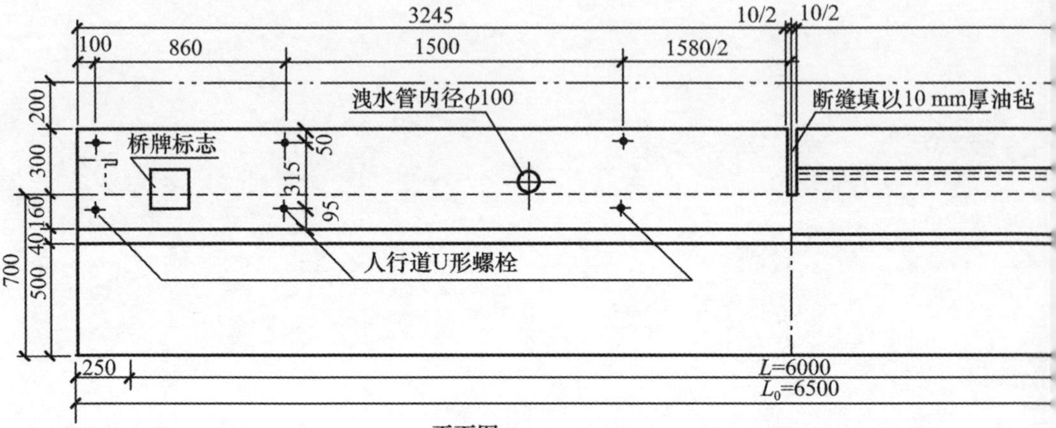
3245
10/2
10/2
100
860
1500
1580/2
泄水管内径ϕ100
断缝填以10 mm厚油毡
桥牌标志
人行道U形螺栓
200
300
160
40
500
700
50
315
95
250
L=6000
L0=6500
正面图

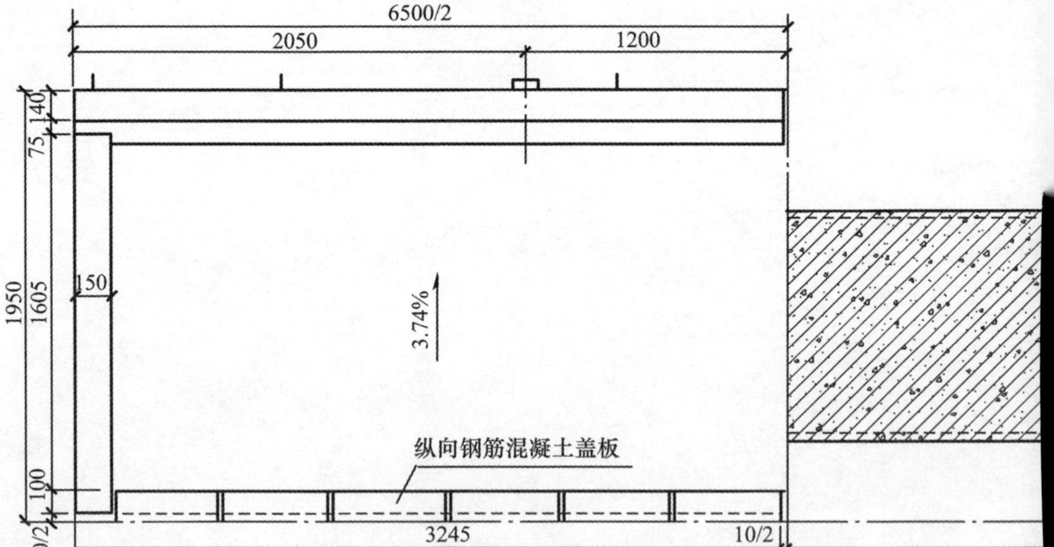
6500/2
2050
1200
140
75
1950
1605
150
3.74%
纵向钢筋混凝土盖板
100
60/2
3245
10/2
平面图

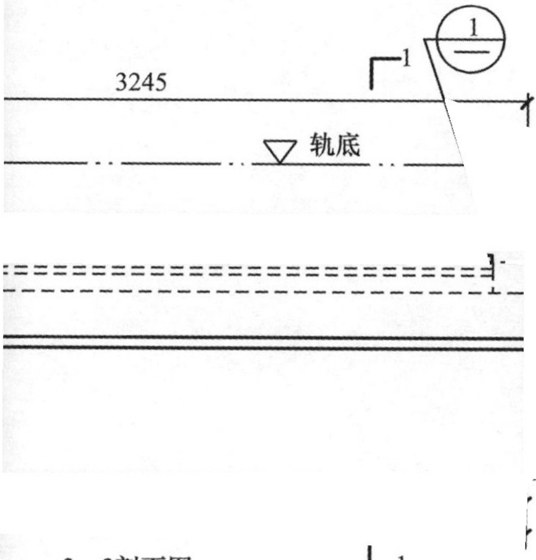

2－2剖面图

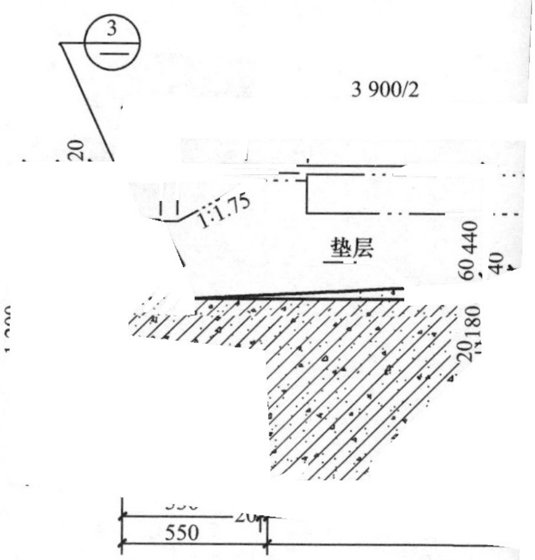

1－1剖面图

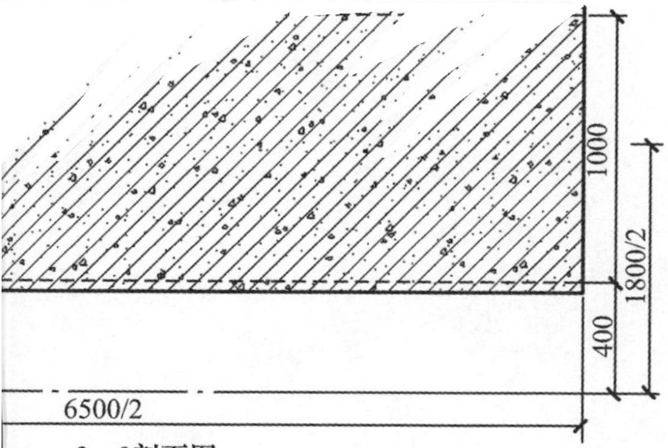

3－3剖面图

工程数量表(

梁

附图1　铁路桥钢筋混凝土板式梁的构造图

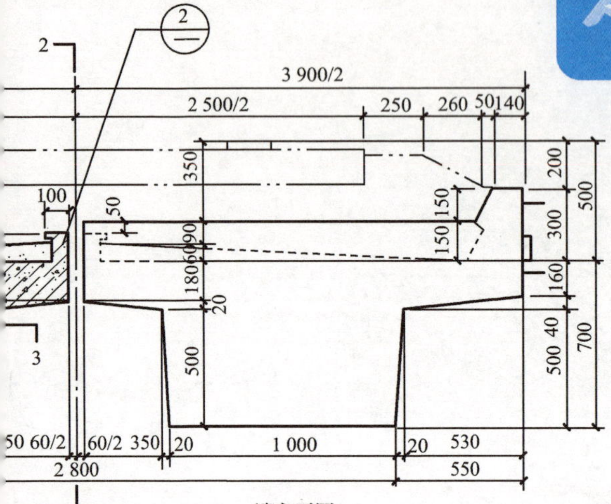

端立面图

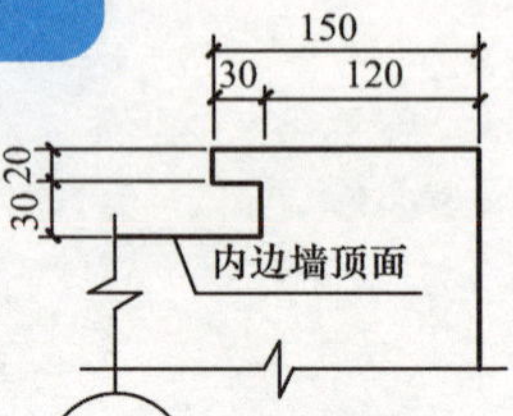

1 端边墙大样 1:5

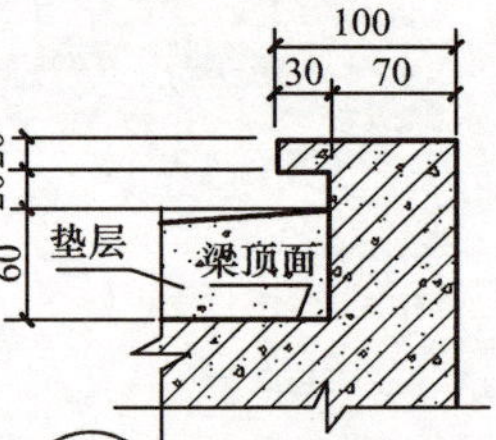

2 内边墙大样 1:5

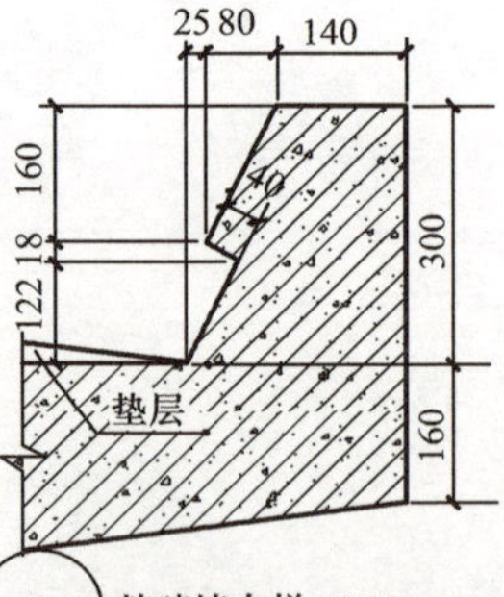

3 挡碴墙大样 1:10

一孔梁)

	其他								梁重(t)
层积)	沥青混凝土保护层(m³)	防水层面积(m²)	横向铁盖板材料	纵向钢筋混凝土盖板 钢筋(t)	纵向钢筋混凝土盖板 200号混凝土(m³)	L形挡碴块 钢筋(t)	L形挡碴块 150号混凝土(m³)	人行道栏杆及步板	一孔梁 / 一孔梁
0	0.64	21.84	见配件图	0.013	0.078	–	–	见参桥标51–54	33.79 16.89
0	0.64	21.84	见配件图	0.013	0.078	0.018		同上51~52	33.79 16.89

道碴桥面钢筋混凝土梁概图跨度6.0m	图号	
	比例	1:20
设计	××设计院	
复核		

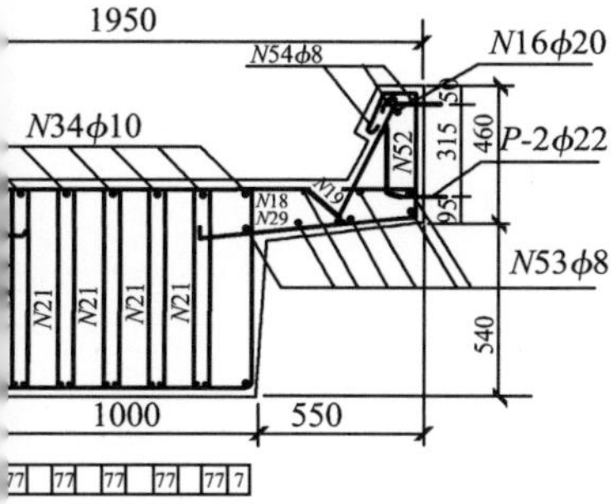

2－2剖面图

米计。

牌等配件之尺寸和用料见配件图。

管之安放，见参桥标1023-50图。

的垫层防水层保护层重量。防水材料重以23 t/m³计。

编号 N	示意图	直径 (mm)	每根长 (m)	数量 (m)	总长 (m)	每米重 (kg/m)	总重 (kg)	
1	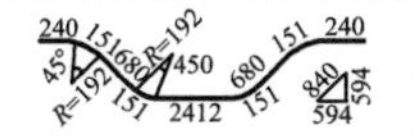	ϕ16	4.856	3				
2	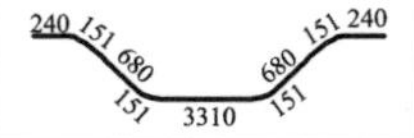	ϕ16	5.754	4				
3	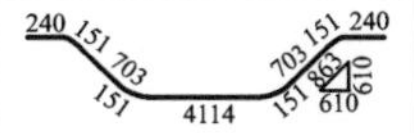	ϕ16	6.604	4				
4	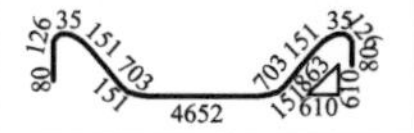	ϕ16	7.144	4				
5	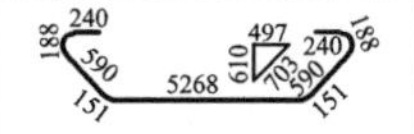	ϕ16	7.606	4				
6	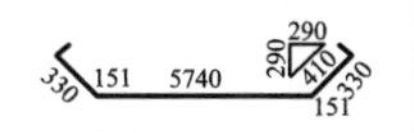	ϕ16	6.838	2				
7	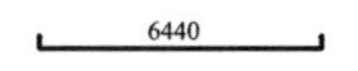	ϕ16	6.576	12				
		ϕ16			小计			
16		ϕ20	3.205	2				U
		ϕ20			小计			
18	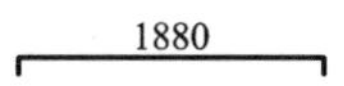	ϕ10	1.965	28				
19	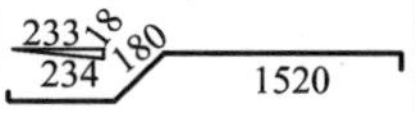	ϕ10	2.019	9				
29	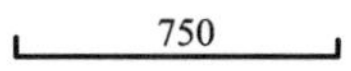	ϕ10	0.835	30				
30	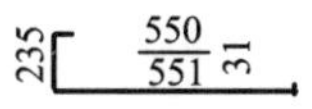	ϕ10	0.871	30				
	总　计							

附图 2　铁路桥跨度 6 m 钢筋混凝土板式梁的配筋图

钢筋数量表(一片梁)

备注	编号 N	示意图	直径 (mm)	每根长 (m)	数量 s (m)	总长 (m)	每米重 (kg/m)	总重 (kg)	备注
梁内主筋			ϕ10				小计		
梁内主筋	21		ϕ8	1.570	132				腹板箍筋
梁内主筋			ϕ8				小计		
梁内主筋	34	6460	ϕ10	6.460	7				梁内架立钢筋
梁内主筋			ϕ10				小计		
梁内主筋	50	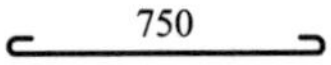	ϕ8	0.850	14				道碴槽板底钢筋
梁内主筋	51	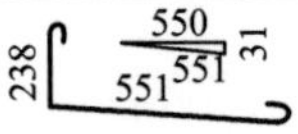	ϕ8	0.889	14				
	52	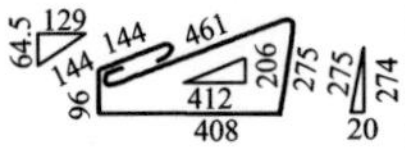	ϕ8	1.484	38				挡碴墙钢筋
彡螺栓内分布筋	53	6470	ϕ8	6.470	12				道碴槽板分布钢筋
	54	3215	ϕ8	3.215	8				挡碴墙分布钢筋
道碴槽板钢筋	61	1880	ϕ8	1.880	4				端边墙钢筋
道碴槽板钢筋			ϕ8				小计		
特设钢筋	64	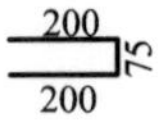	ϕ6	0.475	18				端边墙钢筋
特设钢筋			ϕ6				小计		